刘小枫　主编

柏拉图全集
Platonis Opera

法　义

[古希腊] 柏拉图　著

林志猛　译

华夏出版社
HUAXIA PUBLISHING HOUSE

本成果获中国人民大学 2022 年度
"中央高校建设世界一流大学(学科)和特色发展引导专项资金"支持
Supported by fund for building world – class universities(disciplines)of Renmin University of China

"柏拉图全集"出版说明

　　语文学家、数术家、星相家忒拉绪洛斯（Thrasyllos Mendēsios）生逢罗马帝制初期，据说曾任提比略皇帝（公元前 14 年—公元 37 年）的政治顾问。[①] 作为亚历山大里亚语文学派的传人，忒拉绪洛斯按雅典戏剧演出方式，将柏拉图传世的 35 篇对话及书简一束编成九部四联剧出版，史称最早的柏拉图全集（莎草纸本）。

　　以四联剧形式著录柏拉图作品，始于托勒密王朝时期的古典语文学家卡利马科斯（Kallimachos，前 310—前 240）。但这种编排方式并非卡利马科斯的发明，而是一种可追溯到"柏拉图在世或者刚刚去世时"的传统，因为"在重要的节假日期间，柏拉图的对话会在舞台上演出，比如奥林匹亚盛会"。除第一出四联剧有明确的共同特征（涉及苏格拉底的受审）外，这种分类方式并没有固定规矩。[②]

　　1513 年，威尼斯的古典学者、出版家阿尔都斯（Aldus Pius Manutius，1449—1515）的出版社（Aldine Press）按忒拉绪洛斯体例刊印柏拉图作品，史称现代印刷术出品柏拉图全集的开端。[③] 法兰西宗教战争期间（1578 年），古典学者、出版家亨利·斯特方（Henricus Stephanus，1528—1598）在日内瓦出版了由古典学家、史学家、法王亨利四世的政治顾问让·德瑟雷（Jean de Serres，1540—1598）执译的柏拉图全集拉丁语译本，亦依循忒拉绪洛斯体例，分三卷，拉丁文 – 希腊文对照（希腊文每 10 行为一节，依次用 A、B、C、D、E 标记）。[④] 随着柏拉图作品研究逐渐增多，斯特方版的页码和分节成为通行的引用标

[①]　Barbara Levick, *Tiberius: The Politician*, Routledge, 1999/2003; Frederick H. Cramer, *Astrology in Roman Law and Politics*, Philadelphia, 1954/2011.

[②]　康斯坦蒂诺斯·斯塔伊克斯，《柏拉图传统的证言》，刘伟译，北京：中国民主法制出版社，2018，页 29。

[③]　Paul J. Angerhofer 等, *In Aedibus Aldi: The Legacy of Aldus Manutius and His Press*, Brigham Young University Library, 1995; John N. Grant, *Aldus Manutius: Humanism and the Latin Classics*, Harvard University Press, 2017.

[④]　*Platonis Opera Quae Extant Omnia edidit*, Henricus Stephanus, Genevae, 1578; See Olivier Reverdin, "Le *Platon* d'Henri Estienne", in *Museum Helveticum*, 1956, 13 (4), pp. 239 – 250.

注——"斯特方页码"（Stephanus pagination）。

19 世纪以降，欧洲文史学界兴起疑古风，古传柏拉图作品好些被判为伪作。随后，现代的柏拉图"全集"编本迭出，有 31 篇本、28 篇本，甚至 24 篇本（删除多达 12 篇），作品顺序编排也见仁见智。20 世纪初，西方古典学界开始认识到，怀疑古人得不偿失，不如依从古人受益良多，回到古传忒拉绪洛斯体例在古典学界渐成共识。

苏格兰的古典学家伯内特（1863—1928）遵循忒拉绪洛斯体例编辑校勘希腊文《柏拉图全集》，附托名作品 6 篇，并将"斯特方页码"细化（A、B、C、D、E 每个标记下的内容，每 5 行做一标记，以 5、10、15 等标明），分五卷刊行，迄今仍具权威地位。①

这套汉译《柏拉图全集》依托伯内特的希腊文校勘本并参照西方古典语文学家的笺注本和权威英译本迻译，分三卷出品。第一卷为中短篇作品（包括对话、书简及托名作品，篇目顺序按伯内特本），后两卷分别为柏拉图的长制对话《理想国》和《法义》。充分吸纳西方学界柏拉图学者的笺注成果，是这套汉译《柏拉图全集》的基本特色。

参与翻译的二十六位译者，均有过古希腊语文学训练。《法义》以及中短篇作品的多数译者，还曾就所译篇目撰写过博士论文，是基于研究的翻译。

本《全集》面向普通文史爱好者，译文在尽可能贴近希腊语原文的同时，注重传达柏拉图作品的文学色彩和对话的口语特色，自然段落也尽可能按文意来划分。为了读者更好地理解原作，译者还对人名、地舆、诗文典故、语言游戏等做了简要注释。

本《全集》的编辑出版工作自 2016 年启动，历时七年有余，虽经反复校阅，种种失误仍然难免。柏拉图作品的汉译没有止境，欢迎读者不吝指正，以便来日臻进。

刘小枫
古典文明研究工作坊
2023 年元月

---

① Ioannes Burnet, *Platonis Opera*：*Recognovit Brevique Adnotatione Critica Instruxit*, Oxford, 1900 – 1907.

柏拉图九卷集篇目

目　录

序 言

林志猛

  《法义》①是柏拉图最长的对话作品。作为西方法哲学思想的源头，《法义》首次深入、完整而又系统地阐述了立法的目的及其哲学基础，以及法律与政制、德性、教育、宗教之间的关系，在西方法哲学史上具有举足轻重的地位。柏拉图赋予法特殊的哲学意图：法意在发现实在，认识最重要的人类事务的本质。真正的法是由理智规定的分配。可以看到，西方诸多大思想家都深受柏拉图《法义》影响。对于柏拉图这部经典著作，西方学界的研究由来已久，但有些学者囿于某种立场或偏见，未能发现《法义》中蕴涵着深刻的哲学和教育意图。

  《法义》以"神"（θεός）这一语词开篇，追问是神还是人立法。但对于"谁是立法者"的问题，《法义》一开始给出的回答非常含混。或许，对话实际要导向的问题是，什么样的神或人可成为真正的立法者。要弄清这个问题，首先得明白立法的目的及其基础是什么。

  这场对话涉及雅典、克里特和斯巴达这三个主要的城邦，暗含着三种不同的政治制度之间的比较。对话从检审克里特和斯巴达立法的目的入手：立法若仅仅着眼于战争的胜利及其果实，便是以勇敢这一最低德性为基础。克里特和斯巴达这两个多里斯（Doris）城邦都非

---

① 书名 Νόμοι 的译法主要有四种："法律篇"（张智仁等）、"法篇"（王晓朝）、"礼法"（吴寿彭）和"法义"（刘小枫）。为何译为"法义"，参第四节的相关讨论。

常好战，具有创立帝国的野心。①柏拉图为何一开始就考察这两个城邦的法律，从探讨立法与战争（勇敢）的关系切入呢？如果说立法旨在维护正义，不是更好理解吗？立法与正义的关系岂不更显而易见？也许，战争或帝国问题就是柏拉图有意引导我们去思考的重大问题：如果一个城邦专注于对外战争和对外扩张，那会对内部的政制、法律、教育和公民德性产生何种影响？立法应如何协调对外与对内的关系？实际上，柏拉图反思克里特和斯巴达的帝国野心，也是在反思雅典本身。

既然立法可能基于最低的德性，即主要服务于战争，那么它是否也有可能基于哲学所关注的最高德性或完整德性呢？正是通过审视有关立法目的的流俗意见，柏拉图暗中让哲学成为立法的起点，使我们看到了对立法的独特理解。立法的旨归不在于培养勇敢或追求财富，而在于让人变得有德和优异。立法不应着眼于惩罚，更重要的是要有劝谕和教育作用。因此，《法义》对立法的探讨最终回到了教育问题：德性教育造就好人和完美的公民，也会带来战争的胜利；但胜利有时会导致教育的失败，使人变得肆心和邪恶。

通过阐明柏拉图如何理解法是什么，以及立法的目的及其哲学基础，可进一步探究柏拉图理解自然、战争、德性、教育等重要主题的方式，辨析出柏拉图在立法上与众不同的见解。由此，我们也可发现柏拉图对某些重要关系的独特看法：如自然与礼法、政制与礼法、法与德性教育、战争与和平、德性的一与多、法律与宗教之间的关系。在任何时代，战争与和平、财富与德性、肆心与教育都是每个城邦（国家）始终要面对的问题。经由探讨古典哲人如何处理这些亘古不移的人世问题，也有益于反观现代面临的价值虚无、道德危机的困境。

---

① Seth Benardete, *Plato's "Laws": The Discovery of Being*, Chicago: University of Chicago Press, 2000, p.53. 中译本参《发现存在者——柏拉图的〈法义〉》，叶然译，上海：华东师范大学出版社，2018。

一　《法义》的戏剧场景

《法义》这部对话在三位老人之间展开，他们分别是匿名的哲人雅典异乡人、克里特立法者克莱尼阿斯和斯巴达立法者墨吉罗斯。对话发生在从克里特的都城克诺索斯到宙斯神庙的朝圣之旅上，从白昼最长的夏至日开始，持续了一天一夜。

对话一开始就是雅典异乡人的提问："神还是某个人，对你们而言，异乡人啊，可归为制定礼法的起因？"克莱尼阿斯表示，"最正义的回答"是"一位神"，在克里特是宙斯，在拉刻岱蒙则是阿波罗。随之，雅典异乡人问他们是否跟随大诗人荷马的说法：米诺斯（Minos）每隔九年去造访父亲宙斯，并根据宙斯的神谕为克里特城邦立法（624b）。[①] 可能是由于米诺斯臭名昭著，[②] 克莱尼阿斯并不十分肯定这一点，反倒称赞起米诺斯的兄弟拉达曼图斯（Rhadamanthus），说他是"最正义的"，因为他"正确管理了司法事务"（625a）。于是，雅典异乡人提议，他们应该"边走边讨论政制和礼法，且说且听"，这是打发眼下时光的最好方式。从雅典异乡人那里我们获悉，他们正在从克里特的都城克诺索斯（Knossos）去宙斯的"洞府和神庙"（ἄντρον καὶ ἱερόν，或译为"神社"）[③] 朝圣的路上，这是一段"漫长"的旅

---

① 参《奥德赛》19.172–179，中译本见王焕生译，北京：人民文学出版社，1997，页356。亦参柏拉图，《米诺斯》319b–320b。

② 据说，米诺斯曾要求雅典人每九年进贡七对少男少女给克里特，用于喂养半人半兽的怪物米诺陶（Minotaur）。因此，米诺斯在大多数人的心目中是个"野蛮、残酷和不义之人"（《米诺斯》318d）。不过，米诺斯是为子复仇才这样惩罚雅典人的：米诺斯的爱子去参加泛雅典娜节运动会，却因获胜而被嫉妒的雅典人杀死。参见普鲁塔克，《希腊罗马名人传》（上），"忒修斯"，陆永庭等译，北京：商务印书馆，1999，页15。

③ "洞府和神庙"也可译为"神社"，具体原因请参柏拉图，《米诺斯》，林志猛译/疏，北京：华夏出版社，2010，页42注释1。

途（625b）。^①就这样，三位老人走在米诺斯造访父亲宙斯的同一条路上。难道他们也要效仿米诺斯去求神谕为城邦立法？引人深思的是，对话最终并没有告诉我们，三位老人有没有到达宙斯的神社。

这场对话发生在城邦之外，^②讨论的主题却是与城邦政治事务最密切相关的"政制和礼法"，这是否表明，探求最好的政制和礼法需要有超越城邦的视角？雅典异乡人有意提到雅典的宿敌米诺斯，把他视为神圣礼法的制定者，显得超越了城邦。走向宙斯的神社意味着走出城邦，上升到法律的源头。^③因此，《法义》的对话是一个上升之旅，由雅典异乡人引导的上升。这与《理想国》（又译《王制》）的开篇形成了对照。在《理想国》开场，苏格拉底"下到"了象征民主自由和开放的佩莱坞斯（Piraeus）港，被迫与几个年轻人讨论起正义问题，连晚餐也省去了，更不用说观看马背上的火炬接力赛。哲人下降到洞穴（城邦）谈论正义问题，看起来略为紧张。苏格拉底先要让年迈而虔敬的克法洛斯（Cephalus）离开，才能真正进行正义的讨论，而后又要面对智术师忒拉绪马霍斯（Thrasymachus）的纠缠，紧接着还有两位富有血气的年轻人的盘诘……对话中的苏格拉底显得孤立无援，在人世的洞穴中，被迫应对各种挑战。

《法义》的对话看起来更从容不迫、悠闲自在。尽管天气炎热，路途遥远，且三人都上了年纪，但雅典异乡人庆幸沿途有休憩之地，"高高的树下有阴凉"，可以不时歇歇脚；最主要的是，他们可以用"言语

---

① 据莫罗（Glenn Morrow）考证，克诺索斯附近至少有三处宙斯的神社，分别是迪克特洞府（Dictaean Cave），伊达洞府（Idaean Cave）和朱克塔（Juktas）山的洞府。从克诺索斯走到伊达洞府要十二三小时，三位老人最有可能前往伊达洞府。据说，迪克特洞府是宙斯的出生地，伊达洞府是宙斯成长的地方，也是他的墓地。伊达洞府还是重要的敬拜中心和朝圣场所。参 Glenn Morrow, *Plato's Cretan City: A Historical Interpretation of the Laws*, Princeton: Princeton University Press, 1993, p.27.

② 另一场发生在城邦之外的柏拉图对话是《斐德若》，两篇对话的场景有诸多类似之处。

③ 参见施特劳斯，《柏拉图〈法义〉的论辩与情节》，程志敏、方旭译，北京：华夏出版社，2011，页1、4。

相互激励”，“轻松”走完全程（625b）。对此，克莱尼阿斯深表赞同，他补充说：“我们沿途走下去，异乡人啊，树林中柏树丛丛，高得惊人，美得出奇，还有片片绿茵可供我们休息，消磨时光。”（625c）① 严肃的讨论在怡然自得的漫步中展开，他们平心静气，娓娓道来，有如和风细雨。三位老人的谈话不像苏格拉底与年轻人的对话那样剑拔弩张，因为他们不是下降到城邦的洞穴中，而是上升到最高神宙斯的洞府——往“高”处、往“美”的圣地走，在神圣肃穆的古柏下寻找阴凉，缓解旅途的辛劳。

从对天气的描述中，我们了解到，对话发生在炎热的夏日，但开场还没有向我们明确提到具体在哪一天。直到第三卷我们才获知是在夏至，在“神将夏天转为冬天的这一天”（683c5）。夏至是白昼最长夜晚最短的一天，太阳直射最厉害、阳气最盛，虽不是最热的一天，却也闷热无比。柏拉图将对话设在这一天绝非无意为之。夏至太阳的炙烤，加上道路的崎岖，②旅途的漫长，这对日趋衰弱的老人们无疑是巨大的考验。为了抵达宙斯的神社，他们必须克服身体、年龄的障碍，并克服自然气候的严酷。雅典异乡人的谈话使他们恢复了年轻活力（657d5，907c5），无异于克服这些障碍的“阴凉”：通过引入言辞中的会饮，雅典异乡人振奋了其他两位老人，激起他们浓厚的谈兴，使他们敢于言谈，也乐于倾听。在卷四，雅典异乡人提到，他们从黎明时分开始讨论，现在已是正午（722c7）。从篇幅来看，这场关于法律的对话持续了一天一夜。③我们不知道三位老人在这一整天中有没有吃喝（他们肯定没有睡），对话只是提到他们在正午的时候歇了歇脚。关于法律的谈论需要一天一夜的时间，这是否意味着，法律陪伴了人一生一世，人的生生

① 在《论法律》中，西塞罗明确提到并模仿了《法义》的这一场景。

② 克莱尼阿斯在随后的讨论中提到，克里特的地形天然崎岖不平（625d）。

③ 如果是从黎明五点开始谈起，到正午就有七小时，篇幅按斯特方编码来算为：722-624=98行，《法义》的总篇幅为345行，这样，总的谈话时间应为：345/98*7=24.6小时，大致为一天一夜的时间。我们不得不为柏拉图如此精心的安排感到震惊。另参 Seth Benardete, *Plato's "Laws": The Discovery of Being*, p.1。

死死都要打上法律的印记。

在白昼最长的夏至日谈论最重要的人类事务（政制和礼法），这相当于表明，要用最清醒的头脑去对待人类事务。雅典异乡人甚至建议，让最优秀的人组成"夜间议事会"，在黎明之前处理最重大的城邦事务——对治邦者来说，夜晚也要保持清醒。在沃格林看来，夏至的太阳是个重要的象征。①夏至不仅意味着季节的转变，②而且是转折点（turning point）的象征。墨吉罗斯提到夏至的地方就是对话的一个转折点。那时，在探讨过"政制的起源"后，雅典异乡人提议，应"从头讨论""什么曾高贵和不高贵地建立，哪种法律保存了被保存之物，哪种法律毁灭了遭毁灭之物，以及什么样的变化会使城邦幸福"（683b）。对此，墨吉罗斯表示，若能更好地再次探究立法，他宁愿"长途跋涉"，而且对他来说，白昼最长的这一天看起来也会变得更短。"第二次起航"——推倒重来，重新进行讨论是柏拉图（苏格拉底）对话的典型特征。

雅典异乡人要重新探究何为高贵和不高贵，保存或毁灭城邦的法

---

① 沃格林认为，在柏拉图的早期对话中，型相（idea，或译为理念、样式、相）是可理解域的太阳，而在《法义》里，我们处于体现型相的制度的可见域中，这个领域里可见的太阳就是统治者，它的旋转决定了城邦的神圣步伐。参 Eric Voegelin, *Plato and Aristotle*, in *Order and History* III, Columbia: University of Missouri Press, 2000, p.283。

② 《礼记·月令》中记载了自然界有关夏至节气的明显现象：

> 日长至，阴阳争，死生分。君子齐戒，处必掩身，毋躁。止声色，毋或进。薄滋味，毋致和。节嗜欲，定心气。百官静事毋刑，以定晏阴之所成。鹿角解，蝉始鸣。半夏生，木堇荣。

鹿的角朝前生，属阳。夏至日阴气生而阳气始衰，所以阳性的鹿角便开始脱落。而麋因属阴，在冬至日角才脱落；雄性的知了在夏至后因感阴气之生便鼓翼而鸣。可对比《斐德若》里的"蝉鸣"（230c）。百官不要随意动用刑罚，则可对比《法义》更侧重教育而非惩罚。另外，在中国古时夏至日，人们通过祭神以祈求灾消年丰。《周礼·春官》载：

律，以及城邦的幸福之路，这是个意义非凡的转折。这表明，必须有别于惯常的理解，重新理解这一切。随后不久，雅典异乡人便将这一转向带入了新城邦（殖民地）的建设中。在他提到"正午"的地方（722c7），在夏至的太阳最炙热的时候，他谈到了"法律序曲"，这也是个至关重要的转折点。雅典异乡人认为，法律不应该只有强迫性的命令，而且要在前面附上巧妙编织的劝谕性言辞（序曲），好让人更容易信服法律，接受命令，并从中学到东西。也就是说，这种双重性的法律还具有教育作用，而非只有约束作用。引入法律序曲，对于立法是个重大的变革。从后文我们还了解到，选举最好的法官也是在夏至日，这种法官是"看起来最好的人"，他们将承诺作出"最好和最虔诚的判决"（767d）。① 柏拉图将夏至这一富有转折意味的戏剧要素融入了对话本身的结构中：雅典异乡人指出，处于暮年的"我们"应该把完善法律的任务交给更年轻的人，培养他们成为立法者和法律维护者（770a）。在朝气蓬勃、生机益然的夏至，年老的立法者把完善法律、培养好人的精神传递给了年轻的立法者，并选出了最好的法官。这一转折意味着宙斯（神）统治时代的结束，新的时代即将开启。

我们不知道三位老人在夏至前往圣地的目的究竟何在，是否为了参加跟宙斯有关的节日。总之，他们的交谈取代了宙斯神社的相关活动——恰如《理想国》中苏格拉底与年轻人的对话取代了观看节日的比赛。什么样的谈话如此引人入胜，以至于三位老人不畏艰辛，一直

"以夏日至，致地方物魅。"周代夏至祭神，为的是清除疫疠、荒年与饿死。《史记·封禅书》记载："夏至日，祭地，皆用乐舞。"夏至作为古代节日，宋朝在夏至之日始，百官放假三天，辽代则是"夏至日谓之'朝节'，妇女进彩扇，以粉脂囊相赠遗"（《辽史》），清朝又是"夏至日为交时，日头时、二时、末时，谓之'三时'，居人慎起居、禁诅咒、戒剃头，多所忌讳……"（《清嘉录》）。

① 卷十二945e4—946c5提到，在夏至（"太阳从夏天转到冬天"）之后，整个城邦必须集结到太阳神与阿波罗共有的区域，选出三名各方面都最好的人作为监察官，献给太阳神和阿波罗。

逗留在旅途上，而不急于赶往目的地？是类似于米诺斯与宙斯的交谈吗？根据《米诺斯》中苏格拉底的解释，米诺斯定期与宙斯相会、交谈，是为了向宙斯学习、求教，宙斯通过讨论对米诺斯"进行德性教育"，米诺斯由此制定的法律使民人们获得了"永世的幸福"（《米诺斯》320b）。在随后的对话中，雅典异乡人也屡屡关注"德性教育"的问题，可以说，"德性教育"是整篇对话的一个核心议题。只不过，进行德性教育的不再是宙斯，而是雅典异乡人这位立法哲人，他似乎取代了宙斯的位置。

二　《法义》中的对话者

《法义》中的对话在三位老人之间展开，在对话一开始，柏拉图就彰显了雅典异乡人的神圣性。关于这位匿名的雅典人的身份，主要有三种看法。一种认为他是苏格拉底，另一种认为他是柏拉图本人，还有的将他视为独断论者、道德主义者、神权论者等等。①在对话中，对他的称呼大多为"异乡人"。

将雅典异乡人看作苏格拉底，可追溯到亚里士多德。在《政治学》中，亚里士多德在探讨《法义》时，径直把雅典异乡人当作《理想国》中的苏格拉底，将柏拉图的作品统统归为"苏格拉底对话"（《政治学》1265a12）。施特劳斯帮我们指明了区分两者的途径。在《克里同》（Crito）中，克里同力图说服苏格拉底逃狱，但苏格拉底并不同意，主要原因在于没有合适的去处：如果逃到雅典附近治理良好的城邦（如忒拜［Thebes］或麦伽拉［Megara］），他会因违法而被另眼相看，并因逃跑而证明法官的判决公正；倘若逃到毫无法度的帖撒利亚（Thessaly），他也只能卑躬屈膝地生活着，过得很悲惨（《克里同》53b–54a）。但施特劳斯指出，苏格拉底的这一推断并不完整，他还可

_____

① 最后一种看法主要是现代学者的观点，如波普尔、巴克、萨拜因等。

以去法律良好的遥远城邦克里特或斯巴达，[①]在那里他不会为人所知，而只以雅典异乡人的身份出现。因此，如果苏格拉底逃狱，他会去克里特。[②]既然苏格拉底"一向称赞"克里特的礼法，这似乎表明，他以雅典异乡人的面目谈论礼法并非不可能。问题是，苏格拉底没有逃狱，而是遵守雅典的法律，选择死在雅典。"苏格拉底宁愿牺牲生命以在雅典保留哲学，也不愿保留生命而把哲学引入克里特。"[③]雅典的自由最有利于哲人的生活方式，而处死苏格拉底这位最睿智、孜孜于德性的哲人，雅典城邦将不得不反过来审视自身。苏格拉底死后，哲学在雅典获得了更大的自由，更好地得到了延续。没有逃离雅典的苏格拉底会是到了克里特的雅典异乡人吗？

对话中的雅典哲人为一座拟建的城邦制定了精良的法典，无异于参与了政治。雅典异乡人指导两位年老的立法者进行立法，这相当于下降到城邦的洞穴。但这样的下降，是在寻求最好的法律和政制的上升之旅中，是在太阳最直射、最普照大地、最光亮的时候——实际上，他们始终在树荫下惬意地谈话，并未被迫下降到洞穴中。雅典异乡人作为立法者的老师指导政治和立法，显然是位立法哲人。而苏格拉底并不参与政事，因为他的精灵不允许。[④]苏格拉底不参政的表面理由是，参政会让他早早丧命，于人于己均无益。深层原因则是，他藐视并不高贵的政治活动，认为过沉思的生活、促使人追求德性更高贵。在《克里同》中，苏格拉底明知法律有缺陷，却自愿接受而不试图改变法律，潜在原因就在

---

① 就在苏格拉底作出那一推断前不久，他还让"法律"作为发言者，称赞克里特和斯巴达"政法修明"（ευνομεῖσθαι）（《克里同》52e）。而在靠近《法义》开头处，克莱尼阿斯就谈到，"整片克里特领土自然（φύσιν）不像帖撒利亚那样平坦"（625d），柏拉图似乎在此暗示，克里特的政制和礼法跟帖撒利亚截然有别。看来，《克里同》和《法义》遥相呼应。

② 参见施特劳斯，《柏拉图〈法义〉的论辩与情节》，前揭，页2；《什么是政治哲学》，李世祥等译，北京：华夏出版社，2011，页24。

③ 参见施特劳斯，《什么是政治哲学》，前揭，页24。

④ 参见《苏格拉底的申辩》31c3–32a3，中译本见吴飞译/疏，北京：华夏出版社，2007。

于，不这样做他就得参与政治活动。①看来，通过参与立法活动而参与政治的雅典异乡人不同于苏格拉底。

在《法义》中，雅典异乡人从事的主要是立法工作，他作为立法哲人的面相比作为政治哲人更加明显。作为立法哲人的雅典异乡人首先也是位哲人，他在卷一就提到，制定法律应着眼于最大的德性、完美的正义，或者说整体德性（630c，630e），而且应该告诉公民诸善的等级秩序（631d）。已然了解德性的自然秩序的雅典异乡人显然懂得哲学，只是他深深地隐藏着，仅以立法哲人的面貌出现。②他甚至在前两卷中大谈特谈醉酒，有意削弱哲人智慧的锋芒，模糊自己的头脑，并限制自己的视野，不再显得那么疯狂，从而使智慧与守法达成一致。③但柏拉图的《会饮》（Symposium）显示，苏格拉底从不会喝醉（214a），在对话结尾，他甚至将谐剧诗人和悲剧诗人侃入酣睡，而自己仍保持清醒。最为典型的是，在《法义》最具哲学性的卷十中，雅典异乡人提出了有关不虔敬的法律，从而使哲学与宗教、哲学与城邦（政治）取得了和谐。苏格拉底被处死的罪名之一是渎神（不信城邦所信的诸神），而《法义》卷十却论证了诸神的存在等"神学"问题。这也可以解释，为何《法义》的场景选在克里特而非雅典，毕竟从《克里同》可以看出，关于法律的对话也可能发生在雅典，并由苏格拉底

① 参见施特劳斯，《论柏拉图的〈苏格拉底的申辩〉和〈克力同〉》（应星译），收于《柏拉图式政治哲学研究》，北京：华夏出版社，2012，页89。

② 值得注意的是，有些视雅典异乡人为哲人的学者，倾向于论证哲学引领《法义》的整个进程，如肖里（Shorey）和莫罗。而将雅典异乡人当作非哲人的学者，常常把《法义》判为"独断"，甚至是"神权政制的"论述，如格罗特（Grote）、拜里（Bury）、贝克尔（Baker）。

③ 参见施特劳斯，《什么是政治哲学？》，前揭，页32。在《法义》卷三701c，雅典异乡人谈到了一种"终极自由"："不再考虑任何誓言、许诺和有关诸神的东西，反而展现和模仿所谓古代提坦神的自然本性——再次返回到相同的状态，进入一个邪恶从未断绝过的恶劣时期。"此时，他突然要求自己停止论述，要像马儿那样"箝住嘴"。雅典异乡人明显在克制自己。

来主导。①我们看到，来到克里特的雅典异乡人，在对话开始后不久便含蓄地质疑了克里特法律——出自宙斯的神法，后来甚至批评了其缺点，但他这样做却得到两位对话者的首肯。不难设想，这场对话要是发生在雅典，在雅典质疑神法和城邦的政制，雅典异乡人也难逃苏格拉底的命运，最终也可能会因渎神罪而被处死。将对话安置在克里特，并带上异乡人的面具，谈论起神的问题会相对稳妥些。

尽管苏格拉底的哲学发生了政治转向，转而关注人类事务，但苏格拉底方法的非妥协性必然要求哲人与公众的意见决裂。②苏格拉底似乎无法驾驭民众，他没能劝谕雅典城邦相信他的好（《苏格拉底的申辩》37a7-b1）。但在《法义》里，雅典异乡人明确要求把劝谕和强制结合起来（722c）。他制定的"法律序曲"便是着眼于劝谕——他甚至劝谕肆心的年轻人信仰诸神。由此我们也可以看到苏格拉底与雅典异乡人的区别。

苏格拉底不妥协的方法有异于柏拉图的方法。苏格拉底的方法适合于处理哲人与精英的关系，但不包含处理哲人与大众关系的忒拉绪马霍斯的方法——劝谕的技艺。③而柏拉图的方法却融合了这两种方法，与公众意见形成一致。④如此看来，作为立法哲人的雅典异乡人似乎更接近柏拉图。雅典异乡人看起来比苏格拉底更温顺，在

---

①　葛恭非常关注这一问题，见《〈法义〉的开场》，收于《柏拉图与政治现实》，黄瑞成等译，上海：华东师范大学出版社，2010，页161以下。但葛恭始终无法解释，为什么对话是在克里特而非雅典。

②　参见施特劳斯，《阿尔法拉比如何解读柏拉图的〈法义〉》，收于阿尔法拉比，《柏拉图的哲学》，程志敏译，上海：华东师范大学出版社，2006"附录一"，页196。

③　被驯服后的忒拉绪马霍斯审慎地运用劝谕的技艺抚慰城邦对哲学的愤怒，说服民众不再斥责哲人用心险恶和百无一用，让他们相信哲学并非邪恶阴毒和腐蚀人心灵的东西。忒拉绪马霍斯的劝谕工作让人们接受了哲学有益这一认识，减少了人们对哲学的猜忌。参朗佩特，《施特劳斯在柏拉图式政治哲学史上的地位》，贺志刚译，收于《施特劳斯与古典政治哲学》，刘小枫编，上海：上海三联书店，2002，页693、695、697、703。

④　参见施特劳斯，《阿尔法拉比如何解读柏拉图的〈法义〉》，前揭，页196。

品性上可能与柏拉图较接近。但两者毕竟不能互换，因为柏拉图从不直接现身于自己的对话中，而这又涉及写作的性质。在《论法律》中，西塞罗这位忠实的柏拉图追随者将雅典异乡人当作柏拉图。西塞罗说，柏拉图同克莱尼阿斯和墨吉罗斯经常在"克诺索斯柏树林的浓荫下逗留、休息"，谈论"国家政制和完善的法律"（《论法律》I.15）。不过，第欧根尼·拉尔修表示，雅典异乡人和爱利亚异乡人并不指柏拉图本人和帕默尼德（Parmenides），而是"想象的无名氏"。因为，"即使是苏格拉底和蒂迈欧说的那些话，其所确定的观点也仍旧是柏拉图的"。①而柏拉图为了驳斥错误见解，还引入忒拉绪马霍斯、普罗塔戈拉（Protagoras）等智术师。对话中的每个人物都有可能从不同角度展现柏拉图本人的见解。我们或许可以说，雅典异乡人是柏拉图想象中的自己。雅典异乡人作为立法者的老师，非常隐蔽地给城邦引入了哲学，可谓节制的立法哲人。

　　雅典异乡人的两位对话者并非等闲之辈，都是实际的立法者。克莱尼阿斯乃是克里特的立法者，在对话中充当雅典异乡人的主要对话者。雅典异乡人似乎与他更为熟悉，正是雅典异乡人首先提到他的来处和名字：克诺索斯的克莱尼阿斯（《法义》629c3）。这表明，他们两人在对话前已经认识。在卷三结尾，克莱尼阿斯透露，他受到克诺索斯城邦的委托，要和其他九人负责为克里特的一块新殖民地立法。《法义》从卷四开始，主要是在言辞中为这座未来的新城邦立法。

　　克莱尼阿斯在回答开篇雅典哲人的提问时，就说神作为礼法的起因是"最正义的回答"，接下来又说米诺斯的兄弟拉达曼图斯"最正义"，因为他"正确"管理了司法事务。在随后的谈话中，克莱尼阿斯不断提到"正确"这个字眼，经常在一段短短的谈话中使用

---

①　参见第欧根尼·拉尔修，《名哲言行录》，徐开来等译，桂林：广西师范大学出版社，2010，3.52。

两三次，简单的回答中也会用到。①此外，开篇后不久，克莱尼阿斯在他整部对话最长的谈话中，就两次提及"自然"，一个涉及领土的"自然"（625c10），另一个有关城邦的"自然"："一切城邦之间不宣而战，自然就一直存在"（626a5）。不过，克莱尼阿斯理解的"自然""正义"和"正确"是素朴的、前哲学的。在他看来，克里特的礼法乃是依据克里特土地的自然特性而定，自然与礼法并没有冲突。同样，克莱尼阿斯没有意识到神圣与世俗、灵魂与身体之间的张力。②这源于他过于关注战争、敌对和身体的自然需求。雅典异乡人正是从他的基本理解入手，逐步扭转他对自然、正义和正确的看法，让他关怀灵魂、德性和教育。年老的克莱尼阿斯忠诚于传统礼法，但他也显得敏锐、开放且不偏执。他很快就接受了雅典异乡人对其城邦法律的批评，认为找出法律中"卑贱的东西"，根本算不上不光彩，闻过能改便是"治病救人"（635a6-b1）。另外，克莱尼阿斯还富有探索和学习的热情。在雅典异乡人提出法律序曲的问题后，正是克莱尼阿斯表示要"更好地第二次起航"（723e1），也正是他在最具哲学性的卷十中与雅典异乡人对话。克莱尼阿斯并不厌恶讨论的漫长和繁难，他非常耐心地倾听雅典异乡人的论述。雅典异乡人称赞他相当"热情和专注"（887c6）。在雅典异乡人的引导下，克莱尼阿斯的视野不断拓宽，逐渐摆脱了习传礼法的约束，向哲学敞开。无怪乎克莱尼阿斯担得起为新城邦立法的重任。

比克莱尼阿斯年长的墨吉罗斯是斯巴达的立法者，他与雅典异乡人的对话较少，但并非无足轻重。在墨吉罗斯提到自己的名字（642c2）之前，雅典异乡人三次称他为"拉刻岱蒙的异乡人"（633c8，635e5，637b7）。雅典异乡人看起来与墨吉罗斯较为生疏。在回答开篇

---

① 比如，"你已正确把握"，"刚才所说的正确"（625d），"这样问正确"，"可以正确地说"（627a），"正确举行"，"正确领导"，"正确引导"（641a5-b1），"说得正确"在整部对话中不时出现。

② Randall Clark, *The Law Most Beautiful and Best*: *Medical Argument and Magical Rhetoric in Plato's Laws*, Lanham: Lexington Books, 2003, p.5.

的问题时，克莱尼阿斯顺带向雅典异乡人介绍，"这位"（指墨吉罗斯）来自拉刻岱蒙。我们可以推测，要是雅典异乡人在对话展开前就认识墨吉罗斯，克莱尼阿斯就无需再插入这句介绍了。因此，对雅典异乡人而言，拉刻岱蒙的墨吉罗斯确实也是异乡人。但克莱尼阿斯和墨吉罗斯相互认识。

墨吉罗斯也深表认同，治理得好的城邦须"着眼于在战争中击败其他城邦"（626b7-c2）。斯巴达那种兵营式的城邦对战争更情有独钟。除了公餐、体育训练和狩猎制度外，墨吉罗斯指出，斯巴达的制度还侧重于训练忍受痛苦、辛劳和炎热（633b5-c5）。这些制度都旨在战争中的胜利。但在雅典异乡人看来，这种只能忍受痛苦无法征服快乐的勇敢只是"跛脚的勇敢"。由此，雅典异乡人批评了克里特和斯巴达的制度。克莱尼阿斯欣然接受。但是，当雅典异乡人指责同性恋的快乐不合自然本性时，墨吉罗斯就谴责起雅典的"会饮"，认为会饮才是最大、最放肆的快乐，他坚称，"斯巴达关于快乐方面的法律，是人间能找到的最好法律"（637a1）。墨吉罗斯显得颇为爱邦（亦参806c9）。在此之前，他就表示应先检审克里特而非他自己的城邦的制度（633a1）。不过，正是墨吉罗斯的这一反击戏剧性地引入了会饮的话题，并成为《法义》前两卷的重要议题。或许是通过谈论饮酒，两位老人的戒备思想逐渐松弛下来，不再那么固守自己的传统，而恢复了活力。为了让雅典异乡人无所顾虑地谈下去，墨吉罗斯甚至谈起了对雅典城邦的"好感"，以及对雅典异乡人的方言的"亲切"，并要让他鼓起勇气，想怎么讲就怎么讲（642b2-d2）。后来，墨吉罗斯还表示，为了聆听关于立法的更好论述，他宁愿"长途跋涉"，他不会畏惧论述的漫长——尽管他是三位对话者中最年老的（683c3，721e7）。在对话的结尾，墨吉罗斯要克莱尼阿斯极力挽留雅典异乡人，不让他离开，以免被迫放弃建城计划。

墨吉罗斯起初看起来更忠实于传统，更爱自己的城邦，他不仅是立法者，而且是典型的守法者和好公民。不过，在雅典异乡人的引领下，他也一步步走出了传统的视域。还值得注意的是，墨吉罗斯熟悉雅典的诗歌。墨吉罗斯不仅对图尔泰俄斯（Tyrtaeus）的诗烂熟于心（629b4），而且熟悉荷马史诗——克莱尼阿斯则说自己不熟悉荷马的说法，因为克里特人不常使用外邦的诗（680c2-d3）。从这一点来看，墨吉罗斯似乎比克莱尼阿斯更有教养，更常接触外邦人——我们不知道他来克里特的目的何在，是否跟古老的立法者吕库尔戈斯（Lucurgus）一样是来学习克里特的礼法。①

在开篇不久，雅典异乡人就建议"边走边讨论政制和礼法，且说且听"。为何要强调"说"和"听"呢？说者是谁，听者又是谁？可以看到，《法义》卷五、卷六大部分是雅典异乡人在说。因此，克莱尼阿斯和墨吉罗斯既是对话者，又是听者，而雅典异乡人同时也扮演了说者的角色。在卷四末尾，雅典异乡人就直接提到，"对于应该如何严肃对待和放松自己的灵魂、身体和财产，这非常适合说者和听者讨论"（724a7-b3）。卷五的第一个语词就是"请听着"，这一卷最不具对话性质，除克莱尼阿斯最后说了一句话外，都是雅典异乡人在讲。雅典异乡人多次要求"听"他说。②最典型的是卷十的"渡河"比喻：雅典异乡人担心论证进入湍急之处，两位年老的对话者凭自身的力量无法渡过，因此决定自己先尝试下水摸摸情况，自问自答，而两位老人则"太太平平地听"，以此审查整个论证（892d2-893a7）。确实，在对话中，两位老人很多时候都充当听者。但这并不意味着雅典异乡人是在做纯粹的演讲，两位老人是一言不发的听众。毋宁说，雅典异乡人是老师，其他两位年老的立法者是学生——雅典异乡人是立法者的老师。老师是主讲者，学生有时候听，有时候跟老师交流、对话。如此看来，这场由对话和演说构成的法律谈话也是一种教育，

---

① 可对比雅典异乡人规定的派到外邦的一种"观察员"，他们外出观察他人的生活状况，通过与外邦人交往获得关于好人与坏人的知识。最重要的是，他们要通过与"神样的人"交往来改善自己城邦的法律。这种人在五十岁与六十岁之间，在战争和其他方面享有好声誉，是邦民的模范。见951a5-d5。墨吉罗斯看起来与这样的"观察员"很相似，而雅典异乡人莫非就是那类"神样的人"？

② 另参638b，641e，652a，694a，772e，781d，797a，797d，832b，885c，931b。

而非仅涉及法规的制定。

值得注意的是，三位老人进行的这场对话没有年轻人在场。雅典异乡人曾称赞拉刻岱蒙和克里特最好的一条法律是，不许年轻人去探究法律的好坏，而是命令所有人都说诸神制定的法律都很好。[①]或许，年轻人过于轻浮，随意质疑法律不利于城邦的稳健。雅典异乡人似乎高度赞同传统的重要性，但他又允许老人们私下悄悄探究法律的好坏。这种限制可能会让雅典异乡人避免像苏格拉底那样被指控败坏青年。雅典异乡人制定的许多法律便是针对年轻人的，他在卷十的虚拟对话中甚至以肆心的年轻人为谈话对象。不过，柏拉图编织的这场对话没有年轻人参与却又时时提到年轻人，这是否在暗示，这部对话也是写给年轻读者的？年轻读者一看到对话里对年轻人的禁止，反而会更想参与这场对话，进去看个究竟——禁止和引诱并存。[②]因此，听者不仅包括对话中的两位多里斯老人，还包括我们这些年轻读者。同时，对"听"的强调暗示了，《法义》可能是一部关于法律的故事，值得我们认真听听。

三　《法义》的结构和主题

《法义》的副题是"关于立法"，全书十二卷，主要探讨"政制和

---

①　可对比亚里士多德《尼各马可伦理学》（廖申白译注，北京：商务印书馆，2003）里的说法：

> 青年人不适合听政治学。他们对人的行为缺少经验，而人的行为恰恰是政治学的前提与题材。此外，青年人受感情左右，他学习政治学将既不得要领，又无所收获，因为政治学的目的不是知识而是行为。一个人无论是在年纪上年轻还是在道德上年嫩，都不适合学习政治学。他们的缺点不在于少经历了岁月，而在于他们的生活与欲求受感情宰制。（1095a3-9）

不过，亚里士多德并没有否认那些"期求和行为合于逻各斯的人"不能学习。

②　可对比卷二提到的用神话和有益的谎言来说服"年轻人的灵魂"（664a1）。

法律"。在这部作品中，柏拉图考察了立法的目的及其哲学基础、诗人与立法者的教育、政制的起源、法律序曲、刑法、宗教、灵魂、德性，以及家庭、城邦、婚姻、财产、葬礼等等议题，这些问题涵盖人世的方方面面，贯穿人的一生。《法义》涉及的不是纯粹的法律条文，仅仅关乎社会关系和各种惩罚，不是所谓民法、刑法、商法等等的汇总。《法义》更侧重于教育而非惩罚。

《法义》前三卷主要探讨立法的基础，论及立法的目的、立法与德性、诗教、政制的起源等问题。卷一开篇就讨论谁是立法者（神还是人），并逐步使立法的目的从战争转向完整的德性。而德性又与教育紧密关联，卷二主要讨论音乐、合唱的教育作用，诗教的问题尤为突出，依然涉及立法的目的。在《法义》中，诗人与立法者之争的激烈程度不亚于诗哲之争。卷三考察"政制的起源"，探索适合现实城邦的最好政制——混合政制，但其核心议题是对潜在王者的正确教育，雅典异乡人在此批评了后宫教育对王子的败坏。前三卷作为《法义》中所有法律的序曲，主要关涉立法的基础（德性、教育和政制），这些问题没有先解决，立法就无从展开。因为没有好的教育，立法者、治邦者、王者就不会有"整体德性"，也就不可能形成优良的政制，而没有好的政制，恰切的立法也无从谈起（对比718b5-c3）。教育和政制优先于法律，这就是《法义》为何极其强调并不断谈及教育的原因。

卷四开始探讨新城邦的创建，根据迪埃（A. Diès）的划分，卷四至卷八可看作《法义》的第二部分，主要处理城邦的组织及物质安排，政治安排，社会组织，法律系统，经济运作。[①]但在这部分中，灵魂、教育、政制问题仍是关键。卷四就诗人还是立法者适合作为法律序曲的书写者进行了争辩，这个议题在《法义》中相当重要。这里初步为崇敬诸神、祖先、父母拟定了法律序曲。紧接着卷五就讨论如何对待（崇敬）排在诸神之后的灵魂、身体和财产。前五卷涉及的问

---

① 参见布舒奇，《〈法义〉导读》，谭立铸译，北京：华夏出版社，2006，页8。

题不宜直接用法律的形式来呈现，但这些问题至关重要，立法者在制定法律之前必须先探究。因此，前五卷可视为不成文法。卷六探讨城邦官职的设置，这是立法者面对的第一项任务，主要还是涉及政制问题。其中引用了"最聪明的诗人"荷马的诗句讨论奴隶问题。关于城墙的建造，则提到了另一位诗人的说法。卷六以制定婚姻法作结，接下来卷七自然而然便处理孩子的抚养和教育。在谈过教育后，卷八顺理成章为节日进行了安排和立法，节日里的歌曲同样要严格审定才能歌唱。

卷九至卷十二可视为《法义》的第三部分，涉及具体的法律规定。人会犯法源于教育的失败，因此，卷九开始讨论刑法。但刑法需要神义的支撑，卷十处理的便是"神学"问题，不过，针对不虔敬的法律只占了一小部分。卷十一又下降到财产和交易这些最低下的人类事务（如同刑法）。最后一卷后半部分谈论德性的统一性和夜间议事会，又上升到哲学问题。即便是涉及法规最多的地方，《法义》看起来也不会像是令人生厌的法律条文的汇集。卷九至卷十二涉及诗的问题包括：立法者与诗人的作品孰高孰低（卷九）、诗人有关诸神的说法（卷十）、谐剧的创作（卷十一）等等，对话结尾再次提及诗人将哲人比作狗——这也是《理想国》卷十诗人对哲人的辱骂。

《法义》卷十是整部对话最具哲学性的部分，专门为不虔敬之罪制定了法律，但在制定这一法律前，先拟制了整部《法义》中"最高贵和最好的序曲"，也是最长的法律序曲，其目的在于驳斥三种观点：诸神不存在，或存在却不关心人类，或关心人类但可用献祭和祈祷求情。《法义》以神开篇，但直到卷十才真正开始讨论诗人的"神学"。为什么"神学"问题要放在这样一个位置？要弄清卷十在《法义》中的位置，必须考虑卷九和卷十一这前后两卷。卷九的主题是刑法，涉及的罪行包括抢劫庙宇、颠覆政制、叛变城邦、盗窃、杀人、自杀、伤害等等，最后一个话题是殴打（殴打父母、自由民、外邦人等），这些罪行主要由血气驱动。

卷九表明，制定刑法是一种耻辱，因为这意味着教育的失败。但这也透露，并非人人可教，人人都能听从劝谕，总有一部分性情顽梗的人会违法、作恶，惩罚将无从避免。卷十关于诸神存在的三个论证，便是要震慑潜在的罪犯，让刑法获得神义的支撑，拥有稳固的根基，从而满足公民的道德义愤，使公民们更顺从法律，相信法律的公正。①其实，卷九结尾部分就已屡屡提到今生或来世的惩罚（870e，871b，872e，880e，881a），这似乎为卷十的神学讨论做好了准备。值得注意的是，卷十结尾证明了冥府的存在，邪恶的灵魂将落入冥府，接受诸神的审判。由于作恶跟血气和欲望密切相关，血气与欲望的关联也是卷九的主题之一。而卷十的核心论述在于灵魂的优先性，也就是对理智的强调。因此，卷九和卷十处理了灵魂的三部分：欲望、血气和理智。血气和快乐在灵魂中的僭政导致杀人，而智慧的自负的极端形式是唯物主义的无神论。②从卷九到卷十，是从最低点攀升到最高点。正是在卷九，雅典异方人在发誓之后，首次提到了与哲学有关的语词（857d2），这暗示，我们将前往卷十这一最具哲学性的部分。由此可以看到，卷十提供的"最高贵和最好的序曲"结合了宗教和哲学，它同时面对两类人：劝谕多数公民走向虔敬的生活，并引导追求智慧的人走向哲学生活。可以说，卷十是整部《法义》的顶峰。

在伯纳德特看来，卷十对灵魂优于物体的论证，乃基于音乐对体操的优先性，所以，卷十的论述融合了《法义》前三卷的论述。③卷十最终将诸神、灵魂和理智三者等同起来，也让我们重新回到了卷一开篇的问题：神还是人立法。卷十涉及前苏格拉底的自然学、基于运动论的灵魂学等较为艰深的论证，采取"颇为陌生的论证方式"（891d6）。④可想而知，要是这一卷的讨论放在《法义》前面部分，两

---

① T. Pangle, "The Political Psychology of Religion in Plato's *Laws*," in *The American Political Science Review*, Vol.70, No.4(Dec., 1976), p.1060.

② Seth Benardete, *Plato's "Laws": The Discovery of Being*, p.287.

③ Seth Benardete, *Plato's "Laws": The Discovery of Being*, p.286.

④ 卷十的哲学特性对传统诸神构成了潜在的挑战，由此也可以理解卷十作为《法义》的顶峰，为何要放在讨论刑法这一较隐蔽和不大受人关注的语境中。

位年老的对话者定然无法进入——他们必须在雅典异方人的充分教导后，方能展开这样的对话。在这一卷中，主要的对话者是雅典异方人和克莱尼阿斯，墨吉罗斯只说过两句简短的话。此时的克莱尼阿斯已具有哲学的心性，他并不畏惧陌生的论证，甚至表示可为此"走出立法的领域"（891d7-8）。卷十可谓是雅典异方人对两人年老立法者的最高教育。

卷十撇下侵犯私人财产问题，转而谈论神学和灵魂的优先性，直到卷十一才继续谈财产。这预示了，财产具有神圣性，同时，要正确对待他人或自己的财产，必须先正确认识自己的灵魂。早在卷一中，雅典异方人就将财富列为属人之善中的最低位，而且不应盲目追求财富，而是要审慎获取（631c4-5）。卷五显示，在最好的城邦和政制中，妇女、儿童公有，各种各样的所有物公有，并排除一切所谓的"私有"，可能的话，甚至要把双眼、双耳和双手这些私有的东西（身体）变成公有，而获得极致的德性，这样的城邦诸神或神子们都乐于居住（739b8-e1）。在卷九，雅典异方人将对钱财的贪欲视为犯罪的首要原因。到了卷十一则表明，富裕导致的奢侈会败坏人的灵魂（919b8）。卷十一甚至规定，临终之人不能随意处置自己的财产，个人财产应从属于城邦，因为病危之人无法"认识你自己"，可能受阿谀奉承的人哄骗，立下不恰当的遗嘱（922e5-923c2）。如此看来，如何恰切对待财富、不因贪欲而犯罪，均与灵魂的完善、正确认识自己所处的位置息息相关。

在卷十中，雅典异方人表示，"一切凡人、生灵均是诸神的所有物"（902b8-9），并禁止私设神龛。我们就如同诸神的财产，"过去、现在和未来"都是。①只不过，诸神会悉心照料而不会侵犯我们，诸神是我们福祉而非罪行的根源。雅典异方人随后制作了一个神话，说我们每一份子都是整体的一部分，诸神（即王者）为我们确定的位置最有益于整体和我们自己（903b4-e1）。实际上，卷十的神学模糊了

---

① 雅典异方人在卷首用三个不同的时态来突显侵犯他人财产的罪行之重，其实也在暗示将谈论永恒的东西：诸神与灵魂。

所谓的私人财产，勾销了"个体"，而把每个人纳入整全之中，力图取得极致的德性。认识到我们是神的所有物，认识到自己在宇宙中的位置，并认识到自己与永恒的关联，也就能塑造好自己的性情，从而合宜地对待他人（所有物）和自身。要是人能体认到自己与最高的东西的神圣关联，罪行也就不会产生，或受到很好地约束。

四 题解：法是什么

从篇名上看，柏拉图对话只有《法义》（*Νόμοι*）、《理想国》（*Πολιτεια*）和《治邦者》（*Πολτικος*）以有关政治的主题来命名。《法义》的篇名 *Νόμοι* 一词到底是什么意思呢？柏拉图为何不用单数形式的 *νόμος*？他在《法义》的导言《米诺斯》中不是探究过"法（*νόμος*）是什么"吗？

在《米诺斯》中，苏格拉底一开始就明确区分了单复数形式的"法"，好像对复数的 nomoi 颇有微词。确实，单数的 nomos 义项十分复杂，有些地方与复数的 nomoi 不尽相同。据奥斯特瓦尔德（Martin Ostwald）细致入微的考订，nomos 有十几种含义。[1] 首先，nomos 可用来描述生活秩序、生活方式，处于其中的人普遍视其为适用、有效和有约束力的，是一种描述性和规定性意义上的准则，与正义相关。[2] 第二，nomos 指某种较狭隘的普遍有

---

① Martin Ostwald, *Nomos and the Beginnings of the Athenian Democracy*, Oxford：Oxford University Press, 1969, pp.20–54.

② 例如，赫西俄德在《劳作与时日》276–280行提到，宙斯将"倾听正义，完全忘记暴力"的 *νόμον*（nomos 的单数宾格）"交给了人类"，"由于鱼、兽和有翅膀的鸟类之间没有正义，因此他们互相吞食。但是，宙斯已把正义这个最好的礼品送给了人类。因为任何人只要知道正义并且讲正义，无所不见的宙斯会给他幸福"（中译本见吴雅凌，《劳作与时日笺释》，北京：华夏出版社，2015）。宙斯给人的 nomos 是一种生活秩序、生活方式，不同于给予相互吞食的野兽的 nomos。人的 nomos 有正义，动物的没有。就此而言，nomos 成了任何不想沦为兽的人遵循的准则。参 Martin Ostwald, *Nomos and the Beginnings of the Athenian Democracy*, p.21.

效的准则或事物的正常秩序，如男女按nomos结合生小孩。①第三，nomos可指做某事的正常方式、程序，如按节气耕耘、播种和收获。②第四，nomos可定义为既定环境下或特定一类人的恰当行为的准则。③第五，nomos指准则产生的来源，产生和确保准则的权威。④第六，nomos表示法律和秩序或服从法律和秩序的环境。⑤第七，nomos指某个特定人群的习惯，如雅典、斯巴达、忒拜城邦的习惯。而nomoi可视为许多特定的nomos的集合，主导着一群人的生活的不同方面。这群人认为这些nomoi是在社会、宗教和政治生活中有效、有约束力的准则。第八，nomos也用于表示惯常的习俗（custom），这些习俗为社会中的大多数人视为有效和正确。⑥第九，

---

① 可参埃斯库罗斯，《阿伽门农》（*Agamemnon*）1207行："你们俩是不是按照习惯（*νόμῳ*），做了那会生孩子的事？"中译本见埃斯库罗斯等，《埃斯库罗斯悲剧三种 索福克勒斯悲剧四种》，罗念生译，上海：上海人民出版社，2004。

② 如赫西俄德，《劳作与时日》386行以下："平原要遵循这个节气规律（nomos），海洋附近的居民、远离咆哮的海洋、土地肥沃的山谷居民也遵循这个规律。你如果愿意及时收获地母神赐予的一切果实，就必须出力耕耘、播种和收获，因为各种作物都只能在一定的季节里生长。"

③ 参埃斯库罗斯，《阿伽门农》594行："妇女依nomos（*νόμῳ*）欢呼。"

④ 参赫拉克利特残篇114："所有的人类法律都靠神圣的法律（或一个神圣者）维系。"神法是人类法律的来源。

⑤ 品达（Pindar）在《皮托凯歌之二》（*Pythian* 2.86-8）写道：

　　一个说话正直的人为［他做的］一切事情提出了法律（*νόμον*）和秩序，无论处于僭政之下，还是受暴烈的主人统治，或时处睿智者照管城邦。

在此，法律（nomos）具有一种价值，高于三类政制——一个人的统治、多数人的统治和少数人的统治。法律位于党派之上，成了井然有序的社会的标志。参Martin Ostwald, *Nomos and the Beginnings of the Athenian Democracy*, p.31.

⑥ 希罗多德（Herodotus）曾称赞波斯一项"贤明的"习俗（nomos）：孩子在五岁前不能见到自己的父亲，以免孩子不能养大，父亲遭受亡子的痛苦。参希罗多德，《历史》（又译《原史》），王以铸译，北京：商务印书馆，1959，1.136–137。

nomos描述一种观念、意见、观点或知识人的态度。①第十，宗教语境下的nomos指原则、惯常的习俗或观念，与葬礼尤为相关。②第十一，在政治和司法方面，nomos指规定城邦社会的内部生活的那些原则和规章，有"法令"的含义，也有成文法和不成文法的区分。③最后，nomos在时间上有开端，它的使用和树立判例的行为有关；nomos

---

① 品达曾说："nomos是万物之王。"在《高尔吉亚》（*Gorgias*）482e–484c，柏拉图将nomos与自然（φύσις）对立起来。

② 赫西俄德在《神谱》（*Theogony*，416–418）提到：

> 直到今天，凡是大地上的人类／依礼法（νόμον）向神们敬献美好的祭品／呼唤赫卡忒，便有万般荣誉。（中译本见吴雅凌，《神谱笺释》，北京：华夏出版社，2010）

埃斯库罗斯、品达和希罗多德的相关文本都提到nomos与葬礼的关联，如希罗多德《原史》2.36、3.16、6.58。但修昔底德表示，在伯罗奔半岛战争第二年，nomoi与葬礼的关联在雅典已消失，"此前沿用的葬礼仪式（nomoi），统统被放弃了"。参Thucydudes, *The Peloponnesian War*, Lattimore trans., Indianapolis: Hackett Publishing Company, 1998, 2.52.4。3.82.6还提到：

> 这些党派阻止的目的不是为了享受现行礼法（νόμων）的利益，而是决意要推翻现行礼法；这些党派的成员彼此间的信任，不是有赖于任何宗教的约束力，而是因为他们是作恶的同伙。

奥斯特瓦尔德指出，联盟较少从神圣的nomoi——可能指对违誓的宗教约束——获得力量，更多地从违背法律的共同欲望中获得力量。参Martin Ostwald, *Nomos and the Beginnings of the Athenian Democracy*, p.42。

③ 在《普罗米修斯》（*Prometheus*）中，埃斯库罗斯以复数形式的nomoi描述宙斯统治的政治原则。"宙斯滥用新的法令（νόμοις），专制横行。"（149–150）"真是可怕啊，宙斯凭自己的法律统治，向前朝的神现出一副傲慢的神情。"（403–406）司法方面的nomos，参俄狄浦斯向歌队申诉，"在法律面前，我是清白无辜的"，因为他杀死拉伊俄斯是为了自卫（《俄狄浦斯在科罗诺斯》551–2）。中译本见《埃斯库罗斯悲剧三种 索福克勒斯悲剧四种》，前揭。

还表示在某些严格规定的条件下，建立一种原则或遵循一种程序。①
从以上义项来看，单数的nomos可译作"法"，复数的nomoi可译为
"礼法"或"法律"。②要用一种译法概括《法义》中nomos或nomoi的
意思，几乎不大可能。

以上义项几乎涵盖了《法义》中的nomos或nomoi，但nomoi还
有一种特别的意思，奥斯特瓦尔德并未提到。在《法义》卷三，柏拉
图指出，按照古代的法律，其民人非常自愿地受法律奴役，那种法
律就是音乐的法律，音乐按其本身的样式和风格来划分，有一类歌就
叫做 νόμους（nomos的复数宾格），这类歌用在基塔拉琴上，一经安排
就不许用不同样式的歌，裁定这类歌的权威并非众人的嘘声或掌声，
而是有知识和教养的人（700a3-c7）。也就是说，nomoi也有歌的含
义，用这种歌（nomoi）的有序形式来统治，大多数公民都乐意接受
（700d1），而不会反过来用叫喊声掩盖这种美妙的歌声，形成"邪恶
的剧场政制"。这种nomoi如同所有音乐那样，开头都带有严肃的序
曲（722d6-e1）。

那么，篇名 Νόμοι 到底该如何翻译呢？刘小枫建议译为
"法义"，因为，繁体字的"义"的含义不仅指"意思""意义"，
也指政治共同体合宜的道理和行为，还旁通作外在礼节和法度的
"仪"以及议论之"议"。③笔者认为，这个译名最恰当，主要基于这
几方面的考虑：

首先，汉语"义（義）"有非常丰富的含义：正义、④合宜、⑤仪制

---

① 参 Martin Ostwald, *Nomos and the Beginnings of the Athenian Democracy*, p.52-
53。

② 依据不同的语境，两者有时可互换，或译为"法律"。有人译作"律法"，这
个译法具有较强的基督教色彩。翻译总有不尽意之处。

③ 参布舒奇，《〈法义〉导读》，"中译本说明"，前揭，页2。

④ "不义而富且贵，于我如浮云。"（《论语·述而》）

⑤ "《易传》常以义为宜。义、宜古通用。"（高亨，《周易大传今注·需》，"附
考"）

或法度、①顺应（理应）、②名分、③良善、④意义、⑤道理、⑥情谊、⑦仪容⑧
等。康有为有言："立法者将导人以上达，则人争向上而为义；将抑
人以下达，则人争向下流而为恶。"（《大同书》丙部）

柏拉图的《法义》一开篇就暗中质疑神法，并很快就提到
法要着眼于整体德性和最高的德性（理智［nous］或完美的正
义），依据诸德性的自然秩序立法，而且要探索法律本身所依
据的样式。在对话中，柏拉图屡次将自然与法（nomos）关联
在一起。卷一就指出，我们现在"着眼于法律中自然的正确和
错误"（627d）；"这种习俗（ἐπιτήδευμα，指公餐）看起来败
坏了某种依据自然的古法"（636b）。而后还谈到，"法对自愿
的臣民行使的自然统治不带暴力"（690c）；男女结合生儿育女是"依
据自然建立的法则"（839a）。柏拉图还驳斥了智术师和自然哲人的看
法："整个立法不是源于自然，而是出自技艺"，"出于自然的高贵之
物不同于出自礼法的高贵之物"（889e）。相反，柏拉图证明"灵魂尤
其是出于自然"，"灵魂依据自然行统治"（892c）。柏拉图也非常看重
法律与理智的关联，他还指出：

如果由于神圣的命数，有朝一日出现某个天性完善的人，能够实
现这些事情［即让个人利益遵从公共利益］，那他就不需要任何支配
他的法律了。因为，没有一条法律或规则强于知识，同样不恰切的
是，让理智成为臣仆或受役于任何东西；相反，理智应该统治所有的

---

① "朝以正班爵之义，帅长幼之序。"（《左传·庄公二十三年》）

② "此所谓便其习而义其俗者也。"（《墨子·节葬下》）

③ "圣人列贵贱，制爵秩，立名号，以别君臣上下之义也"（《商君书·君臣》）；
"此臣主之分定，上下之义明"（《史记·李斯列传》）。

④ "强而义。"（《尚书·皋陶谟》）

⑤ "故《诗》有六义焉。"（《诗大序》）

⑥ "《春秋》之义，用贵治贱。"（《谷梁传·昭公四年》）

⑦ "及荐寝席，义盛情深。"（元稹《莺莺传》）

⑧ "义"与"仪"相通，"服美义淫"（《逸周书·粂匡》）。

事物，倘若理智依据自然是真正的、名副其实的自由的话。（875c-d）

由此可见，法与自然、理智、正义关联紧密，这在《法义》中是一个至关重要的问题。《法义》表面上敬重习俗，但始终在反思习俗（礼），其反思的程度在卷十用灵魂来重新定义自然和诸神时达到了顶峰，因此不宜用"礼法"翻译这个篇名。法的背后是自然或正义的样式，如同《理想国》中完美的城邦（政制）参照了正义的样式。如果说自然正义是智慧者分配给每个人依其自然本性而言对他好的东西，那么善法作为理智的一种分配也应基于自然正义（或德性的自然秩序）。"法义"这个译名可以体现这层含义。

其次，《法义》中更强调法的教育意义、劝谕和培养友谊的作用，而非惩罚作用。雅典哲人教育两位立法者摆脱习俗的视角，转向理智和哲学。柏拉图尤为强调，法应能洞察人的自然本性，体现人世最重要事务的道理。"法义"也可理解为法的意图、意义、道理。

第三，如果把"法"看作动词，"法－义"便如同"道法自然"。"义"有上下之别（自然差异），顺应、效法的"义"基于自然差异、自然正义、宇宙秩序。立法始终是属人的行为，立法者应效法、模仿完美的正义和最高的德性。《法义》的副标题是"关于立法"，"法"若作动词，也可体现副题之意。

第四，从显隐的角度来看，"哲学"在整部对话中只以不定式和分词的形式出现过两次，[①]但对话中又处处隐含着哲学问题。《法义》被看作柏拉图最具写作艺术、最隐微的作品。从译名"法义"来看，"法"是显，"义"（自然、理智、哲学）是隐。译为"礼法"过于显，没有内在张力。"法义"这个译名让人乍看之下会略感惊异和不解，而去思索法与义的关系到底为何，法的面相、样式（仪）应当是什么。我们应深入思考法本来的样子是什么（对比《金刚经》，"如来者，即诸法如义"）。

----

① 857d的不定式 φιλοσοφεῖν［哲学化］，967d的分词 φιλοσοφοῦντας［从事哲学］。

最后，在发音上，*Nómoi*（诺谟义）的 *i* 发作"义"。

《法义》并没有明确提出"法是什么"的问题，而是一开始就询问谁制定了法，这似乎在暗示，关于法是什么已经探讨过了，现在的主题是"关于立法"。实际上，《法义》的导言《米诺斯》探讨的主题便是"法是什么"，其中提到 *νόμος* 的三种定义。苏格拉底的匿名对话者提到的第一个定义是，法是"人们视为合法的东西（*τὰ νομιζόμενα*）"（313b）。这是出于习俗的视角将法当作合法之物的整体构成，法类似于言说、观看的过程，即认可某些东西为合法的过程，但过程与结果不能相等同。由此进一步修改的定义是，法是"公共意见和投票通过的法令"，法整体而言是"城邦的公共意见"（314b-c）。这个定义是基于民主的视角将法看作投票通过的法令，法是民人通过一套程序制定出来的。法是意见的产物，但意见有好有坏，坏的意见会危害城邦。法作为高贵之物，应是智慧而非意见的产物。苏格拉底最后给出对法的第三个定义：法意图（*βούλεται*）成为对实在（*τοῦ ὄντος*）的发现（《米诺斯》314c-315a）。法意图发现存在的本质、事物本来的样子，力图揭示人世的真相。苏格拉底的这一定义是从应然的角度来看待法，从智慧者、哲人的视角理解法。①

对于《米诺斯》中关于法的后两种定义，《法义》也有所呼应。在《法义》中，有关未来的各种意见统称为"预感"（*ἐλπίς*），"恐惧"是对痛苦的预感，"大胆"则对快乐的预感。"对于所有这些，就有何者更好何者更坏的推理（*λογισμός*）——当这种推理成为城邦的共同意见（*δόγμα*）时，就叫做'法'"（《法义》644c9-d3）。这意味着，法是关于痛苦、快乐、恐惧、大胆等情感的较好"推理"。显然，这个定义剔除了那些坏的"推理"，或者说剔除了那些有害的"公共意见"。柏拉图进一步引入"美德神话"来阐明。他说，每个生灵都是神的玩偶，人体内的各种激情就像肌腱或绳索一样拉扯着人，使人在美德与邪恶之间挣扎。人必须跟随那条金质的和神圣的推理绳索，这

---

① 柏拉图，《米诺斯》，前揭，页52–57。

种推理称为"城邦的公法"（ϰοινὸν νόμον）。但推理并不等于法，因为推理虽高贵，却温和而不强制，它需要坚硬的铁质绳索襄助。总之，个人必须获得关于这些绳索的"真正推理"，并据此生活，而城邦所采用的那种推理可能来自诸神或有识之士（《法义》644d7–645c1）。

"城邦的公法"就是推理的力量，意味着法首先是对灵魂秩序的正确认识。城邦的立法者应充分了解人的自然本性，以及各种非理性情感对人的支配性力量，而推导出诸德性的等级秩序和灵魂有序的原则，以此制定出法律来引导人朝向理性的生活。但问题在于，即便立法者能作出这种推理，也未必能直接运用于城邦。因为，多数人非理性的力量远远大于推理的力量。推理的力量高贵而脆弱，需要城邦护卫者（铁质部分）强有力的支持。换言之，推理（哲人）无法在城邦中直接进行统治。哲人需要借助法才能将理智注入公民生活之中。不过，对于明智的人，他们会遵守明智的法，却不必事事用法来指引自己。如果一个人完全受糟糕的法引导，而不懂得判定法的优劣，就形如任人拉拽的"木偶"，也像是那些受感情支配的人。①关于法的定义，落脚点在于有识之士，有识之士担负着作出那些推理并制定法的职责。因此，《法义》最终将法称作"理智的分配"（714a）。作出这种分配的人无疑也是"有识之士"，即有智慧的哲人或王者。在《法义》中，雅典异方人关于法的阐述要隐晦得多，表面上接近城邦的立场，实际上却又为理智（哲学）留下了空间——《法义》不愧为古典政治哲学的完美体现。

五　立法与德政

《法义》一开始就检审了克里特和斯巴达的立法旨归。这两个城邦都非常好战，其法律制度上的安排着眼于战争的胜利。在克里特立法者看来，战争是一种自然状态，和平不过是空名，"一切城邦对一

① 参施特劳斯，《柏拉图〈法义〉的论辩与情节》，前揭，页18–19。

切城邦的不宣而战，天然就一直存在"（626a）。因此，克里特制定的一切公私制度（如公餐、体育训练）皆针对战争。

克里特立法者从战时公餐的必要性，推导出公餐在和平时期也有必要实行。既然源于战争的公餐在各个时期都存在，反过来就可以说，战争是永恒的。有论者尖锐地指出，克里特立法者将"永无休止的战争"与始终有效的合法习俗结合起来，从而形成了对战争本质的看法。公餐这个习俗的意义源于其一时的必要性，但在获得意义后，公餐又会通过习俗本身的常态性去时间化，变成一种自然事实。从公餐习俗的暂时性推导出战争的永恒性，这是用个人的习俗经验扭曲实在而产生相关的变种，并不表明克里特的制度指向永恒的实在。[1]克里特立法者通过将公餐这一"习俗"转变为"自然"，战争的非常态化、暂时性也转变为普遍、永恒和自然的状态。

在探讨立法的目的时，柏拉图为何独出心裁，从立法与战争的关系入手？如果说立法旨在维护正义，岂不更显而易见？无疑，战争或帝国问题是柏拉图有意引导我们思考的重大问题。一旦将战争的胜利和获取作为第一原则，就会滋生帝国观念。一个城邦若专注于对外战争和对外扩张，势必对内部的政制、法律、教育和公民德性产生重大影响。立法又如何协调对外与对内两种关系？或许，尚武观念应像亚里士多德所说的那样，仅限于两点：一是保护自己，以免受外人奴役；二是取得统治地位，但不企图树立普遍奴役的体系，而仅旨在维持被统治者的利益（《政治学》1334a1–4）。克里特、斯巴达和雅典都曾试图通过战争不断扩展帝国的版图，但结果均遭覆灭。因此，立法若仅着眼于从胜利中获取财富、领土等"好东西"，未必能确保城邦的长盛不衰，这对我们现时代仍不失为深刻的启示。

从不同城邦间的不宣而战，克里特立法者还进一步得出结论："在公共领域，一切人对一切人皆是敌人，而在私底下，每个人自己

---

[1] Seth Benardete, *Plato's "Laws": The Discovery of Being*, pp.9–10.

对自己均是敌人。"（626d）[①]人与人之间甚至个体内部的敌对关系源出于城邦之间永恒的敌对性。正是从敌对的自然状态来理解城邦与人，斯巴达法律专注于训练男子忍受各种痛苦和辛劳，以培养他们的坚毅和勇敢。但由此引发的问题是，男人们常年在外征战，斯巴达妇女变得放荡不羁、奢侈爱财。斯巴达男子好女色，从而致使妇女控制政治权力。但女人气反过来又削弱男子气，在斯巴达受到入侵时，妇女的恐慌造成的扰乱甚于敌人的侵袭。斯巴达的立法者吕库尔戈斯原想用法律约束妇女，但在遭到妇女的反对后就放弃了。妇女的放荡导致整个城邦的政治结构失调，又间接培育了贪婪这一恶德，还带来贫富不均（《政治学》1269b12-1270a13）。[②]

如果敌对性也是个体内部的主要特征，自己战胜自己就成了首要的胜利。但从个体灵魂来理解人，自己战胜（强于）自己主要意指灵魂的和谐与节制，即灵魂中的理智能控制血气和欲望（626e-627a；对比《理想国》430e-432a）。这意味着，个人内部的和谐比冲突更可取。[③]同样，值得城邦追求的是和谐而非内战。内战和外部战争是两种基本的战争形式，但内战是最为残酷的战争和"最大的战争"。如果立法着眼于战争的胜利，至少应该首先针对内战。在柏拉图看来，解决内战的最好方式是邀请优异之人来设立不偏不倚的法律。败方将因恐惧而守法，胜方则因敬畏和征服快乐（节制）而顺从法律。如果胜方显得比败方更守法，公共利益就会受到维护，城邦将充满安宁和幸福（《书简七》336e-337e）。这表明，消除内乱或党争需要一方的

---

① 人人皆敌也是现代哲人霍布斯的著名看法。参见霍布斯，《利维坦》，黎思复等译，北京：商务印书馆，1996，页94；《论公民》，应星、冯克利译，贵阳：贵州人民出版社，2002，页9。

② 参亚里士多德，《政治学》1269b12-1270a13，《修辞学》1361a9-11；欧里庇得斯，《安德罗玛刻》595-604。关于斯巴达妇女，参 S. Pomeroy, *Spartan Women*, Oxford: Oxford University Press, 2002; *Goddesses, Whores, Wives, and Slaves: Women in Classical Antiquity*, New York: Schocken Books, 1995, pp.35-39.

③ 亦参《高尔吉亚》491d，《普罗塔戈拉》358c；色诺芬，《回忆苏格拉底》卷一，第二章，24；《居鲁士的教育》卷六，第一章，41。

节制和良好的政制，或者说需要节制的政制。实际上，克里特也经常发生内乱，贵族、党派好争斗。虽然克里特岛的地理位置天然远离外邦，但终究无从避免在内乱时受外敌入侵，这正是源于其法律和政制的内在缺陷。①

质而言之，立法者制定的所有法律应着眼于最好的东西。可是，最好之物既非对外战争，也非内战。起码应该说，最好之物是和平及彼此间的友善。就连城邦对自身的胜利也只是必需之物，而非最好之物（628c-d）。尽管内外战争具有必然性，但必然性并非理解人类事务和行事的最高准则。立法若仅仅依据战争的必然性和实际的需要，那不过是从最低的要求和实然出发。立法若旨在追求最好之物，便是从应然入手，这样才可能带来和平与友善这类次好的东西。在此，城邦的自我胜利或内乱的消除仅为必需或手段，其本身并非目的，遑论最好。由此可见，内外战争不应被视为自然状态。

如果克里特和斯巴达的立法着眼于战争和财富不正确，那么，雅典的立法指向自由和民主是否恰当呢？在《法义》中，柏拉图也深入反思了雅典的法律。民主雅典的法律给民众提供了充足的自由，结果无论在剧场还是在公民大会上，人们都善于用嘘声、粗鲁的叫喊声或赞赏的掌声对演出或政策作出自己的评判。法律赋予的极度自由使公民们不愿再服从权威，而是根据是否满足自己的欲望和快乐来评判一切。人们因过度的自由而变得无所畏惧和不知羞耻，甚至膨胀到自认为是聪明人，不必害怕更高贵之人的看法。极端的自由形成了极端的民主制，其后果是人们不愿再听从统治者、父母和长者，甚至不服从法律。在获得"终极自由"后，人们不会再顾及誓言和诸神，反而会模仿提坦神野蛮的自然本性，进入"邪恶从未断绝过的恶劣时期"（699e-701c；对比《理想国》562b-563e）。这样看来，在人类价值秩序中，自由和民主并非最

---

① 参亚里士多德，《政治学》1272b3-21。亚里士多德还指出，由于内争，克里特政制常陷入解体；在政治机构的设计上，斯巴达优于克里特。

高、最好的东西，不应成为立法的最大目标。

柏拉图意味深长地指出，最好之物是"最大的德性"或"完美的正义""完整的德性"（630b-631d）。真正的立法应着眼于完整的德性，即理智、正义、节制和勇敢，而非着眼于德性的某个部分，甚至是最低的部分。立法若只是为了战争，着重培养的便是勇敢这种最低的且单一的德性。同样，自由民主并非德性本性，立法若只着眼于这两者也不能带来最大的德性。柏拉图使立法转向最好之物和完整的德性，无异于让习传的立法转向哲学，以变为德政的立法。

对法律意图的正确解释应从德性开始，说立法旨在德性。克里特和斯巴达立法者的错误在于，将立法的所有意图限于勇敢这一最小的德性。正如亚里士多德借《法义》所说，斯巴达法律的所有安排都朝向"部分的德性"，即战争的德性，以树立霸业。①实际上，闲暇的德性最为重要。但斯巴达人认为外在的善是最重要的善，高于内在的诸德性，并相信只要勇敢过人就可获得外在诸善。斯巴达人毫不关心和平时的生活与性情，在从战争转入和平后，就难以适从，堕落败坏。斯巴达专注于克敌制胜，向外扩张，教导公民们以暴力侵袭外邦。这对内政也造成了不良影响，任何人一有机会也会用暴力夺取本邦政权。②

一个城邦对外若穷兵黩武，其邦民也会反过来用同样的手段对付自己人；若过于自由放纵，则会使人的欲望无限膨胀。因此，柏拉图更看重城邦的内部结构、最佳政制和法律，以及最好的生活方式问题，尤为关注静止、德性与和平。③在《法义》中，柏拉图从对外战争

---

① 在《政治学》1271b1-10，亚里士多德不仅提到柏拉图所说的"部分的德性"（μέρος ἀρετῆς），还使用了κρείττω［更强的］一词：斯巴达人认为外在的善强于德性。关于《法义》与《政治学》的关系，参 P. Simpson, *A Philosophical Commentary on the Politics of Aristotle*, Chapel Hill and London: University of North Carolina Press, 1998, pp.91-99, 120.

② 与柏拉图一样，亚里士多德同样坚持，立法者应着眼于"完整的德性"，顾及灵魂的各部分，尤其是较高的部分（《政治学》1269a29-1271b19，1333b30-1334b28）。

③ 施特劳斯，《古典政治理性主义的重生》，郭振华等译，北京：华夏出版社，2017，页140。

过渡到内战（最大的战争），最终落脚于完整的德性，亦即哲学与立法的关系。因为，立法若仅关注胜利和当下利益，便有可能激起城邦的帝国野心，导致内部的败坏。

尽管以战争为依据的立法基于勇敢这一最低的德性，但这预示了任何立法和政治均指向哲学。因为，每一种法律和政制都会持守某种德性观，无论多么低下和狭隘。在施特劳斯看来，即便是最低层面的人类生活或僭主最可鄙的行为，也可理解为对渴求完全美好事物（即哲学）的极端曲解或无知。完整的德性或最高的德性即智慧或知识，真正的立法和政治生活乃是走向哲学的辩证运动。① 柏拉图将从勇敢这一最低德性入手，上升到完整的德性。

残酷的战争和政治生活似乎不断证明，哲学对政治和立法没有作用。然而，大多数时代和地方未实行德政，并不表明一切时代皆不可能实行。总有那么一两个时代可能出现德政，即使后来中断了，德政也会成为后人永世追求的目标，始终激励着政治人和立法者向其靠近——周公的德政不就成了后世仰望的目标？柏拉图的《理想国》展现的言辞中的最佳城邦，《法义》描述的现实可行的混合政制以及哲人对立法者的德政教育，作为万世的楷模流传了下来。德政和指向德政的立法成了最高目标，观照着现实城邦的不足，引领其走向完善。因此，对最好的政制和立法的阐述并不一定意在让此时此地的城邦实现，而是要让千秋万代的现实城邦（国家）无限接近。即便此时此地的城邦存在缺陷，立法哲人也有必要去阐发最好的政制和法律。

柏拉图表明，正确的法律可使人获得幸福，带来属人的和属神的诸善。属人的诸善从高到低包括健康、俊美、强健和财富，属神的诸善则有明智、节制、正义和勇敢（631c-d）。属人的诸善级别较低，依赖于属神的诸善。城邦政治生活的好端赖于取得属神的诸善。柏拉图尤其强调，不应盲目追求财富，而是要明智而头脑清醒地获得财富。财富等外在的善并非立法的最高旨归。通过让属人的或身体的最

---

① 同上，页159–160。

低之善伴随属神的或灵魂的最高之善，立法哲人就沟通了高低上下，使最高者成为最低者的指南。

柏拉图也把灵魂看作人最神圣的东西，仅位于诸神之后。人的所有物分为两类，上等的和较好的那类是主人，低下的和较坏的那类则是奴隶。一个人最应尊敬的是灵魂这一高贵和神圣的部分（726a-727a）。可以看到，这里列举的属神诸善可谓灵魂的德性，与《理想国》探讨的四枢德基本一样。那么，《法义》为何要将人的灵魂德性冠之以"属神"呢？这是因为，具有最优异的灵魂德性（理智）的人确实似神，属神的诸善理应成为立法的最高目标。在《法义》中，柏拉图最终将诸神定义为具有完整德性的灵魂（899b）。由此，神圣性与哲人式的德性结合在一起，用于引导城邦的政治生活。城邦若专注于属神的诸善，不但会显得奠定在神圣的根基上，而且会获得哲学的最高指引。

柏拉图先是将明智（φρόνησις）视为属神的首善，φρόνησις也意为"审慎""见识"和"实践智慧"。灵魂的和谐亦即苦乐感与理性的一致乃是产生明智的前提。立法者应尽力给城邦注入这种品质，王者也应拥有（688e-689e）。立法的技艺是最高形式的实践智慧，因为它最全面地处理了整个人类的利益。所以，具有明智（实践智慧）比其他东西更"神圣"。[1]从《法义》的关注点来看，明智涉及用理性调节身体性的快乐和痛苦，使人热爱高贵和好的东西，憎恶丑恶和不义的东西，而非相反。这种正确的苦乐感的形成，需要从小开始练习，这也是儿童教育的核心（653a-c）。确实，只有灵魂的和谐与明智，才不会导致对财富的过度欲求，统治者也才会有所节制。

在这四种属神之善中，最引人注目的是正义，它是明智、节制和

---

①　参《理想国》518d-e。柏拉图《美诺》（Meno）88c指出，灵魂在明智的引导下行事才能获得幸福；亦参《欧蒂德谟》281a-c："财富、健康和俊美"诸善的正确使用，要靠知识（ἐπιστήμη）的指引和纠正；没有明智，就无法从其他东西中获得好处。另参 Planinc, *Plato's Political Philosophy: Prudence in the Republic and the Laws*, Columbia: University of Missouri Press, 1991.

勇敢的混合物。那么，正义若包含了其他三种德性，为何处于第三位
而非首位？原因在于，它含有勇敢这一最低的德性。勇敢对应财富这
种外在的善，乃是对外战争的德性。还有一种动物性的勇敢，灵魂没
有理性也能凭自然本性获得这种勇敢（963e）。ἀνδρεία［勇敢］的字
面意思是男子气，亦即对自己的所有物或权利的主张。一个称职的男
人或父亲是拥有某些财产的人，并且能捍卫自己的利益（对比《理想
国》549c-550a）。《法义》中的正义首先涉及占有和获取，是管束你
我的德性。[1]因此，正义需要勇敢的协助，这类正义是常人的德性。[2]

　　然而，立法旨在获得"完美的正义"又提醒我们，还有一种哲人
的正义。正义包含睿智、节制和勇敢，如果算上自身，就相当于囊括
了所有四种德性，可以说是"完整的德性"。习俗性的正义是"有话
实说""欠债还债"或守法之类，完美的正义在于分配给每个人依其
自然本性对他好的东西。但唯有智慧者（哲人）当王，才可能认清
每个人的自然本性并作出这样的分配。[3]归根结底，正义即知识或智
慧——所谓的德性即知识。[4]柏拉图对正义给出这种含混的说法是因
为，立法哲人应当在立法中联结常人德性与非常人德性，使整个社会
的不同阶层融为一体。

　　根据这两组善的排序可以看到，属神的善在自然等级上高于属人
的善，立法者应按这个等级秩序排列诸善。在柏拉图那里，各种德性
具有内在的自然秩序。由于灵魂各部分（如理性、血气和欲望）存在
自然的等级，灵魂内各要素构成的德性也就具有自然的高低秩序。好

---

　　① 参施特劳斯，《柏拉图〈法义〉的论辩与情节》，前揭，页8。

　　② K. Schöpsdau, *Platon Nomoi(Gesetze)*, Buch I–III, Übersetzung und Kommentar, Göttingen：Vandenhoeck & Ruprecht, 1994, p.184.

　　③ 参施特劳斯，《自然权利与历史》，前揭，页148–149。

　　④ 关于《法义》中的德性问题，参C. Bobonich, *Plato's Utopia Recast: His Later Ethics and Politics*, Oxford: Oxford University Press, 2002, pp.89–215; J. Annas, "Virtue and Law in Plato," in *Plato's Laws: A Critical Guide*, C. Bobonich ed., Cambridge: Cambridge University Press, 2010, pp.71–91.

的立法应基于诸德性的自然秩序，上升到"自然"这一比诸神更古老的源头——这也可视为"自然法"的起源。[1]在德性的秩序中，勇敢属于最低的目的。尽管战争是最紧迫的，但在等级上并非最高。在施特劳斯看来，"存在一种普遍有效的诸目的的等级制，但不存在普遍有效的行动规则"。人们可以先做此时此地最紧迫的事，但这不意味着可将其当作最高目的：

> 我们的职责是要尽可能多地将最紧迫或最必需的事情变成我们最高级的行动。我们所可以期待的人们的最大限度的努力也必定会因人而异。唯一普遍有效的标准是目的的等级制。这一标准足以令人们对于个人、群体、行动和制度的高尚程度作出判断。[2]

立法哲人要做的就是尽力将最紧迫的事情（战争）转变为最高级的行动（德政的立法）。立法的最高目的是，使人拥有全面的德性而达致灵魂的完善。赢得战争的胜利、获取大量的财富乃是较低的目的。诸德性的自然秩序隐含着诸目的的自然等级秩序。虽然认识到这一秩序不足以指引每一特殊情势下的具体行动，但追求人的优异及德政却是尽可能好地行动的前提。

六 《法义》在西方思想史中的位置

在西方的法哲学和政治哲学传统中，柏拉图的影响极为深远。亚里士多德、西塞罗、普罗克洛斯（Proclus）、迈蒙尼德（Maimonides）、斐齐诺（Ficino）、阿尔法拉比（Al farabi）、卢梭、孟德斯鸠、尼采等诸多思想家，在法律、政治、哲学思想上都深受柏

---

① V. Lewis, " 'Reason Striving to Become Law': Nature and Law in Plato's *Laws*," in *American Journal of Jurisprudence*, No.54, 2009, p.67. 在柏拉图那里，立法所依据的"自然"不是地理性或物质性的自然，而是灵魂和德性的自然。

② 参施特劳斯，《自然权利与历史》，前揭，页165-166。

拉图启发。《法义》展现了法律与哲学、德性之间的深刻关联，对人类价值领域的善恶、对错赋予极大的关怀，从而成为西方法哲学思想活力的根源。

亚里士多德《政治学》《雅典政制》等多部著作就经常提及《法义》。在《政治学》卷二，亚里士多德便详细探讨了《法义》中的政制、公有制、公餐、城邦大小、财产数量、人口数量等问题。亚里士多德关于混合政制、共和政体、善法、法律与德性之关系的看法，皆与柏拉图密切相关。[①]他也采用柏拉图的观点，认为斯巴达法律旨在培育战争德性，而忽略了和平时期性情的培养。亚里士多德对各种政体的论述，也都与柏拉图有紧密联系。《尼各马可伦理学》的最后一章"对立法学的需要：政治学引论"，也像柏拉图那样谈到了立法与医术、立法学与政治学的关系，以及法律与理性、教育、快乐之间的关联（1179b1以下）。《雅典政制》关于政制、法律的看法，[②]同样反映出柏拉图的影响。尽管亚里士多德与柏拉图的思想有些差异，但两者之间有着千丝万缕的联系。

西塞罗亦受柏拉图的巨大影响，在作品中时常效仿柏拉图。他的《论法律》（*De Legibus*）不仅在对话主题上模仿《法义》，甚至人物设置、戏剧场景等也与《法义》相对应。《论法律》的三卷如同《法义》卷十至十二的简化版本。[③]西塞罗像柏拉图那样认为真正的法律和正义植根于自然。自然是法律的正当性标准，也是正义和自然法的根源。西塞罗遵照柏拉图的观点，在解释自然法和自然正义时，回溯到法和正义的起源或第一原则。他也认为，某事物"是什么"由其开端决定，因为某物的开端朝向其目的，亦即其自然本性。理解事物的

---

① 亚里士多德，《政治学》，吴寿彭译，北京：商务印书馆，1983，1264b27以下，1293b22以下。

② 亚里士多德，《雅典政制》，日知、力野译，北京：商务印书馆，1999，章XLII以下。

③ Seth Benardete, "*De Legibus* I: Plan and Intention," in *American Journal of Philology* 108, No.2(1987), p. 297.

自然本性就能理解其终极目的。此外，西塞罗同样表示，正义并非法律机构或多数人意见的产物，自然才是正义真正的根基。法律是命令中的"正确理性"，而不仅是沉思中的正确理性。①

在《论法律》中，西塞罗探讨了诗人、法律序曲、混合政制、法庭、市民法、官职法、宗教法等议题，与柏拉图思想也有着深层的内在联系。第二卷专门讨论宗教法，西塞罗称之为"法律中的法律"（《论法律》卷二，7.18）。西塞罗也像柏拉图那样制作了"法律序曲"（legis prooemium），将其置于正式的法律条文之前，以劝谕公民们相信，诸神掌管万物，并决定万物的生成变化，而且对人类极有助益。② 这非常类似于《法义》中的神学观点。西塞罗的宗教法也要求永恒关注灵魂问题，将灵魂与理智关联起来，从而服务于正义和提升人的自然本性。这与柏拉图的思想如出一辙。西塞罗的《论神性》（De Natura Deorum）③更是细致入微地阐释了柏拉图《法义》卷十的神学观，检审了廊下派的思想，以回到柏拉图哲学。

中世纪的犹太教哲人、律法学家迈蒙尼德，也与柏拉图有密切的思想关联。在《迷途指津》④中，迈蒙尼德提出的先知学、预言说、律法思想等，都可看到《法义》的影响。可以说，对中世纪犹太哲学的解释应基于柏拉图哲学，尤其是《法义》。因为，《法义》从灵魂学和哲学的角度暗中转换了对"神法"的理解，从而最为接近启示律法的世界，使得中世纪思想家能根据哲学而非启示的引导来理解启示本身。迈蒙尼德认为先知集哲人–政治家–预言家于一身，是完美社会的缔造者。这也恰如柏拉图笔下的立法哲人。《法义》中重构的"神法"乃是以灵魂和心智的完美为旨归，柏拉图式的立法哲人就像先知

---

① Timothy Caspar, *Recovering the Ancient View of Founding: A Commentary on Cicero's De Legibus*, Lanham: Lexington Books, 2010, p.41.

② 西塞罗，《论法律》，王焕生译，上海：上海人民出版社，2006，卷二，7.15–16。译文略有改动。

③ 中译本参石敏敏译，上海：三联书店，2007。

④ 中译本参傅有德等译，济南：山东大学出版社，2004。

那样，从事着最高级的立法活动。[1]

　　文艺复兴时期著名的哲学家、神学家斐齐诺也详细疏解了《法义》《理想国》等诸多对话，而且极为关注柏拉图的神学。[2]在斐齐诺看来，柏拉图的《法义》既有哲学沉思，又有道德教诲，看起来结合了世俗与神圣的两面性，很容易适应人类的共同习俗，并让人类转向神圣与永恒之物。柏拉图对神圣力量与人类境况加以调和，而在神圣事务与人类事务之前保持中道。[3]孟德斯鸠《论法的精神》关于政体、宗教、刑法、法律与商贸等议题的讨论，也可看到柏拉图的潜在影响。[4]

　　卢梭对立法者、法律、公民宗教的看法，同样与柏拉图息息相关。他在《社会契约论》中表示，为找到适用于各民族的最好社会规范，需要一种最高的智慧，以洞悉人类的全部情感和人性的幽微，并为人类立法。这就要有一位"大立法者"，他是国家制度的缔造者，就连伟大的君王也需遵循其制度。这样的立法者不只用强力约束人或用论证说服人，还具有神明式的"权威"。可以发现，卢梭的大立法者如同柏拉图的大立法者那样，秉有哲人的智慧和先知式的权威，他将自己的决定"神道设教"，以让"神圣的权威来约束那些为人类的深谋远虑所无法感动的人们"。因为，"唯有立法者的伟大的灵魂，才足以证明自己使命的真正奇迹……虚假的威望只会形成一种过眼烟云的联系，唯有智慧才能够使之经久不磨"。[5]尼采也提到，"真正的哲

---

① 施特劳斯，《哲学与律法》，黄瑞成译，北京：华夏出版社，2012，页57–58，106–108。

② Marsilio Ficino, *When Philosophers Rule: Ficino On Plato's Republic, Laws, and Epinomis*, A. Farndell trans., London, 2009 ; *Platonic Theology*, M. Allen and J.Warden trans., Harvard University Press, 2001. 斐齐诺《柏拉图的神学》有18卷，新柏拉图主义者普罗克洛斯也早就写了煌煌巨作《柏拉图的神学》（中译本参石敏敏译，北京：中国社会科学出版社，2007 ）。

③ Marsilio Ficino, *When Philosophers Rule: Ficino On Plato's Republic, Laws, and Epinomis*, p.73.

④ 孟德斯鸠，《论法的精神》，张雁深译，北京：商务印书馆，1963。

⑤ 参卢梭，《社会契约论》，何兆武译，北京：商务印书馆，1980，页49–55。

人是发令者和立法者……他们确定人类走向何方，目的何在"。[①]在尼采的"大政治"中，哲人－立法者将为整个人类的价值重新立法。

　　从阿尔法拉比、黑格尔、格劳秀斯、普芬道夫、博丹、库朗热、马克思等思想家的著作里，同样可以看到柏拉图的身影。在整个西方法哲学和政治哲学史上，柏拉图无疑具有至关重要的地位和思想史意义。

七　《法义》的研究偏见及回应

　　一般认为，《法义》是柏拉图的最后一部著作，柏拉图在公元前347年逝世一年后，其学生奥普斯（Opus）的菲利普（Philip）抄录了《法义》，并刻在蜡板上。[②]很有可能，柏拉图在去世前13年或10年，就已开始写作《法义》。[③]但柏拉图的辞世使《法义》显得像未完成之作，《厄庇诺米斯》（Epinomis）被看作《法义》的续篇。因为，《法义》以讨论夜间议事会作结，而这正是《厄庇诺米斯》的主题。[④]

---

　　① 参尼采，《善恶的彼岸》，魏育青等译，上海：华东师范大学出版社，2016，第六章，第211节。

　　② 参见第欧根尼·拉尔修，《名哲言行录》，前揭，3.37。亚里士多德明确指出，《法义》是柏拉图晚年的作品，这就排除了《法义》是伪作的可能，参《政治学》，1264b27。普鲁塔克也把《法义》归于柏拉图的晚年之作，参《关于伊西德和奥西里德》（De Iside et Osiride），370e。

　　③ 参泰勒（A. Taylor），《柏拉图——生平及其著作》，谢随知等译，济南：山东人民出版社，1991，页640。

　　④ 第欧根尼·拉尔修先说《厄庇诺米斯》"据说"出自菲利普，而后又记载了柏拉图对话的两种分类法：拜占庭的阿里斯托芬（Aristophanes of Byzantium）将《理想国》《法义》《米诺斯》和《厄庇诺米斯》归为柏拉图的政治学代表作，语文学家、新柏拉图主义者忒拉绪洛斯（Thrasyllus）也把这四部作品视为柏拉图的政治性对话。第欧根尼比较偏向忒拉绪洛斯的分法，第欧根尼这种叙述实际上表明，他倾向于将《厄庇诺米斯》看成柏拉图所作。参见第欧根尼·拉尔修，《名哲言行录》，前揭，III.37，50，60。关于《厄庇诺米斯》的真伪之争，可参泰勒，《柏拉图——生平及其著作》，前揭，页681-82；程志敏，《〈厄庇诺米斯〉的真伪》，收于《经典与解释16：柏拉图的真伪》，刘小枫、陈少明编，北京：华夏出版社，2007，页2-41。

倘若这两部作品都出自柏拉图之手，《厄庇诺米斯》便有可能是在《法义》写作期间完成的。也就是说，柏拉图预先把《法义》的"结语"写好了。但柏拉图为何不直接将《厄庇诺米斯》作为最后一卷归入《法义》呢？为何他要让《法义》看起来像是未完成之作呢？这是否只是一种表象，《法义》实际已是完整的作品？传统上一般认为，《米诺斯》是《法义》的导言。《米诺斯》探讨了"法是什么"的问题，而《法义》没有再直接提出这一问题，开篇就询问谁制定了法。《米诺斯》以苏格拉底的一个疑问作结，看起来也是未竟之作，但实则并非如此。同样，我们不能为《法义》的表象所迷惑，作出各种臆断。要弄清这些问题，只能深入文本本身。

对《法义》的偏见或误解，并不仅在于《法义》的完不完整。要阅读、研究《法义》，首先得扫除这些偏见或误解。对《法义》的首要偏见是所谓的"风格"问题。在许多学者看来，《法义》显得啰哩啰唆、杂乱无章、重复不断、结构松散、前后矛盾，而且离题话特别多，几乎是独白而非对话。晚年的柏拉图似乎能力衰退，无力再构建出像《理想国》那样精美的作品，整部《法义》都充满了"暮年"气息。①对此，沃格林（Eric Voegelin）作出了深刻而有力的回应。他表示，《法义》发展出了一种成熟的风格，为某些最伟大的思想家所独有，这些思想家的活力在晚年仍丝毫未损，《法义》并不因为是柏拉图的晚年之作就显得苍白无力。其实，《法义》的内容与形式精妙地融为一体，我们甚至看不到创作者，

---

① 巴克（Ernest Barker）甚至还说，柏拉图的论证随意，几乎不依据任何明显的逻辑方案。参见巴克，《希腊政治理论：柏拉图及其前人》，卢华萍译，长春：吉林人民出版社，2003，页406-408；萨拜因（George Sabine），《政治学说史》（上），邓正来译，上海：上海人民出版社，2008，页101。泰勒也认为《法义》缺乏戏剧成分，风格并不吸引人，见《柏拉图——生平及其著作》，前揭，页637。布舒奇罗列了学者们认为矛盾、重复的地方，见《〈法义〉导读》，前揭，页2-5。

作品如同自然生长起来的。①《法义》是各种风格的混合，有如一首交响曲，它那高雅而庄重的修辞，结合了书信平铺直叙的风格，以及《厄庇诺米斯》庄严而笨拙的故作风雅，以保持那些貌似模仿的真实性。②

《法义》看似混乱是因为，批评家们没有理解《法义》形式上的安排。前三卷像是离题话，实际上是即将制定的新城邦法律的序曲，没有前三卷的讨论，立法就没有坚实的基础。而教育（卷七）和宗教（卷十）这些最高的议题又回应了卷一的主题。《法义》对各种看起来风马牛不相及的问题的呈现，实则对应着人的一生的方方面面。至于一些重复的地方，则蕴含着柏拉图的某些重要意图。例如，卷四提到法律序曲的时候，以奴隶医生和自由民医生作类比（720a2-e5），而卷九（857c6-e1）再次提到了这个类比。事实上，这里并非简单的、无意识的重复。卷九再度提及时首次谈到了哲学，柏拉图可能是在向我们暗示，法律序曲与哲学有关。而这会让我们重新思考立法者与哲人的关系。《法义》作为柏拉图"最伟大的艺术之作"，要弄清其写作艺术的精妙之处，需要悉心阅读文本。

第二种偏见是对《法义》的意识形态解读。这种做法的典型代表当属波普尔（K.Popper）。波普尔站在自由主义的立场上，指责柏拉图如同开放社会的"敌人"。波普尔从《法义》中看到，柏拉图对"个人主义"充满敌意，对"个人自由"极其憎恨，为"极权主义"

---

① Eric Voegelin, *Plato and Aristotle*, pp.269–270.

② Paul Shorey, *What Plato Said*, Chicago: University of Chicago Press, 1933, p.355. 肖里（Shorey）认为《法义》极具戏剧性，他还生动地说，《法义》带点暴躁的卡莱尔式（Carlylean）大演说，以及故作的罗斯金式（Ruskinian）怪念头，这使格罗特（Grote）和贡珀茨（Gomperz）这些自由主义者两眼一抹黑，完全看不到如下独特结合真实的历史意义：将亚里士多德明智的财富、政治智慧和有辨别力的观察，与占卜的洞见、始终规避辩证之网的希腊情感深度，以及半外来的百科全书主义者几近无遗的范畴结合起来。见页355–356。

铺平了道路。[①]在波普尔笔下，柏拉图成了"反动者"和"极权主义者"。波普尔的幼稚看法和随意臆解古书已为众多学人所不齿。[②]若想真正进入《法义》这部经典，必须杜绝用现代思想来任意切割和肢解它。这种"撕书"行为对思想的推进毫无益处。就阅读卷十而言，应该排除的意识形态偏见是将柏拉图与所谓的"宗教迫害"联系起来。格罗特（George Grote）虽然极其捍卫柏拉图著作的真实性，但他仍认为，《法义》"充斥着中世纪天主教和宗教法庭的迫害精神"，柏拉图"厌恶所有异议，用严苛的惩罚维护正统"。[③]巴克也表示，在《法义》中，柏拉图出于"国家理由"而倡导"宗教迫害""宗教不宽容"，令人想起中世纪的罗马教会。[④]萨拜因则感叹，《法义》的宗教讨论是柏拉图的天才"最可悲的产物"，《法义》由此变得"声名狼藉，因为它首次为宗教迫害作了理据充足的辩护"。[⑤]古尔德（John

---

① 参波普尔，《开放社会及其敌人》（第一卷），郑一明等译，北京：中国社会科学出版社，1999，页204–205。波普尔将伯里克勒斯（Pericles）的一句话和《法义》中的一段话置于《开放社会及其敌人》篇首。伯里克勒斯的话被视为"赞成开放社会"，柏拉图的话则被视为"反对开放社会"。可见波普尔对柏拉图的成见、憎恨之深。可以说，《开放社会及其敌人》的立论主要建立在对《法义》的极端误读之上。

② 参 M. Nussbaum, *Plato's Republic: The Good Society and the Deformation of Desire*, Washington, 1998, p.12; Christopher Bobonic, "Persuasion, Compulsion and Freedom in Plato's *Laws*," in *The Classical Quarterly*, Vol 41, No.2(1991), pp.367–368. 在沃格林看来，波普尔只是个粗鄙的意识形态的争吵者，在哲学上极度缺乏修养，"甚至没有能力近乎准确地复述柏拉图的哪怕一页内容"。波普尔的著作"从思想态度上看，它是不成功的知识分子的典型产物；从精神上看，我们非得用卑鄙、粗野、愚笨之类的词来描述它；从技巧上看，它是半吊子的、毫无价值的思想史作品"。阅读这样的著作，对于"实现我们的天职"是一种浪费和妨碍。参见恩田莱、寇普编，《信仰与政治哲学》，谢华育等译，上海：华东师范大学出版社，2007，页95–97。《开放社会及其敌人》已被"美国院际研究协会"评为20世纪50本最糟糕的著作之一。

③ George Grote, *Plato and the Other Companions of Socrates* III, London: John Murray, 1875, pp.409–412.

④ 参巴克，《希腊政治理论》，前揭，页513。

⑤ 参萨拜因，《政治学说史》，前揭，页120–121。译文略有改动。

Gould）也有类似的看法，将柏拉图贴上"集体主义"的标签。①

实际上，这些观点大多是依据政教分离、世俗国家的现代自由思想，极具教条色彩和讽刺意味。如果带着这样的墨镜来研究《法义》，将会一无所获。我们要明白，在《法义》中，"雅典异乡人不仅借用了古典世界极为常见的宗教制度，而且通过多种方式重构了诸神，使诸神一来成为人类行为更合适的楷模，二来成为更合适的哲学沉思对象"。②从意识形态入手的研究方法，无法看清柏拉图的意图所在。

第三种误解在于，认为《法义》只是部"法理学"著作，没有柏拉图常见的辩证法、理念论、认识论、逻辑学等，在哲学上不值得关注。许多学者从现代法理学出发，认为《法义》由刑法、民法、商法、宗教法、道德法等法律组成，有如各种法律的汇集。为此，桑德斯（Trevor Saunders）专门写了一本《柏拉图的刑法典》，③将《法义》中的各种法律辑录出来并予以说明。有的论者则径直将柏拉图当作法学家，认为西方法理学是对柏拉图的一系列注脚。④侧重于将《法义》视为法理学著作，一方面可能是由篇名 *Nóμοι* 翻译为 *Laws* 引起，其实，在柏拉图那里，*νόμοι* 有异常丰富的含义，包括生活方式、生活秩序、习俗、习惯、法规等等，也指涉音乐。另一方面是忽视《法义》的戏剧性，纯粹从法理学的角度关注《法义》，而不重视会饮、教育、音乐这些非法学的部分，无异于只见树木不见森林。这种做法也会严重损害柏拉图的思想特性。

---

① John Gould, *The Development of Plato's Ethics*, Cambridge: Cambridge Universtiy Press, 1955, p.109.

② Bradley Lewis, *The Theological-Political Problem in Plato's Laws*, Dissertation, The University of Notre Dame, 1996, p.278.

③ Trevor Saunders, *Plato's Penal Code: Tradition, Controversy, and Reform in Greek Penology*, Oxford: Clarendon Press, 1991.

④ Huntington Cairns, *Legal Philosophy from Plato to Hegel*, Baltimore: Johns Hopkins Press, 1949, pp.29–76.

　　另一种偏见认为，《法义》不够哲学味，缺乏辩证法、理念论这些柏拉图哲学的典型特征，因此不值得从哲学上严肃对待，这种看法并没有注意到《法义》对哲学的独特处理。哲学在《法义》中始终隐藏在背后，直到结尾讨论德性的统一性时才真正显露出来。柏拉图有意隐匿哲学，直接的原因是雅典异乡人不适宜同两位老年人谈哲学。此外，哲学与城邦、宗教和礼法有着潜在的冲突。但更主要的原因可能是，柏拉图思想中最为关心的东西并不取决于柏拉图特有的哲学。[①]在《法义》中，哲学不是中心问题，哲学处于背景之中。或者说，哲学与公民的有益意见达成了最大的和谐，哲学已恰切地融入《法义》中的法律序曲和神学中。[②]

　　对《法义》最大的误解是，声称从《理想国》到《法义》是从人治进化到法治，从独裁进化到宪政。同时，由于《法义》提出要构建"次好的城邦"而非最好的城邦，有论者认为，柏拉图在现实中栽了跟斗，只好放弃《理想国》的"理想国"和理想主义要求，退而求其次，回到现实中来。甚至有人表示，《理想国》诉诸理性统治，《法义》则背道而驰，让位于信仰统治。[③]首先必须指出，《理想国》并未出现"理想"一词，所谓哲人－王的独裁统治最终被证明不可能，原因在于，一方面普通民众不会自动相信哲人的智慧而服从其统治，另一方面，哲人并不愿意行统治，对哲人而言，政治生活并非最好的生活方式。《理想国》提出哲人－王的问题意在揭示政治的限度。其次，《法义》提出"次好的城邦"并非就是要实行宪政，让人民来立法而行统治。我们看到，《法义》首先描述了"最好的政制"：可能的话，

---

　　①　参见施特劳斯致克莱因的信，《回归古典政治哲学——施特劳斯通信集》，前揭，页279。

　　②　关于《法义》与哲学的关系，可参André Lak, "Legislation and Demiurgy: On the Relationship between Plato's *Republic* and *Laws*," in *The Classical Antiquity*, Vol.9, No.2 (Oct. , 1990), pp.209–229; 布舒奇，《〈法义〉导读》，前揭，页21–41。

　　③　参George Klosko, *The Development of Plato's Political Theory*, p.251；汪子嵩等著，《希腊哲学史》（卷二），北京：人民出版社，1993，页1121。

妇女儿童公有，财产甚至身体公有，好让所有人同甘共苦，整个城邦融为一体，这样的城邦"诸神或神子们"都会乐于居住（739b8-e1）。但这种"政制的模型"没有地方找，只能尽量去接近，从而使凡人的城邦（政治）最接近"不朽"。[①]在这个意义上，《法义》构建的是对人而非对神而言最好的城邦，《法义》中呈现的法律并非由民人们制定，而是由一位立法者之师（政治哲人）制定。至于柏拉图思想的进化说或发展论，已广受批驳。[②]试图以这种做法消除柏拉图思想的矛盾或难解之处，只会进一步遮蔽柏拉图的思想，让我们失去更多的东西。

要深入阅读《法义》，除了要排除各种偏见和误解外，还需端正自己的阅读心态，以严谨、虚心的学习态度进入，不随便以某些看似无可非议的前见臆解古人的思想。断章取义或盲目跟从都无益于接近《法义》，只有如实地面对文本，细致而耐心地阅读，百折不挠地思索，并广泛参阅各种文献，才会在研究上有所收获。

八 《法义》的版本及研究现状

《法义》作为柏拉图最长的经典著作，历代就出现诸多研究，现有各种希腊文校勘本、笺注本、现代译本和义疏本。从20世纪70年代起，尤其是晚近20年来，西方学界掀起了《法义》的研究热潮，几乎每年都有研究专著问世。为了更好地进入这部经典，我们有必要全面了解《法义》的前世今生。

---

① 参Eric Voegelin, *Plato and Aristotle*, p.276。柏拉图描述的这种"最好的政制"的不可能性，实际上呈现了完美政治的不可能，从而促使不完善的现实政治趋向完善。这种描述的反讽意味也值得注意。

② Paul Shorey, *The Unity of Plato's Thought*, Chicago：University of Chicago Press, 1903.

1《法义》校勘本

《法义》现有的希腊文本最早见于公元2世纪的蒲草抄本，但仅存一小部分，主要见于公元9世纪的羊皮纸抄本。克拉克（E. Clarke）最早发现的羊皮纸抄本（B抄本），只含柏拉图的前六部四联剧（按忒拉绪洛斯［Thrasyllus］对柏拉图作品的归类），并未包含《法义》。《法义》出现在德国古典学者贝克尔（Bekker）用A标记的抄本中，A抄本含八、九两部四联剧，即所谓的"伪篇"（《法义》在第九部）。另外，12世纪威尼斯的t抄本，维也纳的W抄本，构成了第七部四联剧。这样就有了完整的柏拉图全集。其实，除了这四种抄本外，还有补充A抄本的F、E、P等抄本，以及梵蒂冈的O抄本。通过对这些抄本的反复考证、校订，才有了1513年意大利最早的印刷版《柏拉图全集》（Aldus出版）。[①]

文艺复兴以来，柏拉图作品的编本和译本层出不穷。1578年斯特方（Henricus Stephanus）出版的三卷本全集（《法义》在第二卷）给各个对话加了编码，这种做法一直沿用至今。到了19世纪以后，编译本的出版非常密集。贝克尔在1816至1823年出版了八卷本的希腊文全集；在此基础上，普里斯特利（Priestly）于1826年再版了此书，后两卷收录了斐齐诺（Ficino）的《柏拉图全集》拉丁文译本，共十一卷，《法义》收在第七、八卷（*Platonis Opera*，London，1826）。这一版本附有极为详尽的拉丁语注释，很有参考价值。阿斯特（F. Ast）先是出版了《法义》的笺注本（Leipzig，Weidmann，1814），而后在1819年至1832年间出版了九卷本的全集。此后，还有Baiter（1839）、Hermann（1852）、Wagner（1854–1855）、Schanz

---

① 参 J. Sandys, *A History of Classical Scholarship*, II–III, Cambridge: Cambridge University Press, 1958; J. Jankins, *Plato in the Italian Renaissance*, Leiden and New York: E. J. Brill, 1990; 维拉莫威兹，《古典学的历史》，陈恒译，北京：生活·读书·新知三联书店，2008；王宏文、宋洁人，《柏拉图研究》（上），济南：山东人民出版社，1991，页80–101。

（1879）、Wohlrab（1890）等人的编本或希-拉对照本。德国古典学家施托鲍姆（Stallbaum）的《法义》校注本（Leipzig，Hennings，1859—1860）收录了不少注释，并做了细致说明，值得参阅。苏格兰古典学家伯内特（J. Burnet）的校勘本深受欢迎，他在1899年至1906年于牛津陆续出版了五卷本的希腊文本《柏拉图全集》（OCT），为古典学界广泛使用，《法义》收在第五卷（*Platonis Opera*，Tom. V，Oxford，1907）。法国毕德（Budé）学会的校勘本更进一步，[①]更广泛和细致地校订了各种抄本，比以前的校勘本更可靠。对于那些重要而写法不同的地方，此校勘本还充分留意并罗列了出来。笔者主要参阅伯内特和毕德学会的校勘本。此外还有兰姆（Lamb）、克瓦热（Croiset）等校勘本，也都各有千秋。

2《法义》笺注本

《法义》的全文笺注本，主要有英格兰（E. England）的英语两卷本和薛普斯道（K. Schöpsdau）的德语三卷本。在英语学界，英格兰的1921年版笺注本一直备受推崇。[②]此笺注本附有导论和各卷的提要，不带全文翻译，除二百八十来页的希腊语原文外，还有一千多页的笺注。英格兰的考订、笺注极为细致，不仅比较、评判了不同抄本、校勘本和译本的差异，还进行了语文学分析，并翻译了一些语句，同时对勘了在柏拉图对话和其他作品中的用法，还作出了自己的解释。England的笺注很有益于我们对文本的理解和翻译。England的各卷提要按对话的顺序进行概述，也有助于我们理清对话的理路。

《法义》的另一个英文笺注本出自桑德斯（T. Saunders），[③]该笺

---

①　A. Diès and Des Places trans., *Les Lois*, in Platon, *Oeuvres Complètes*, Vols.11–12, Paris: Les Belles letters, 1951–1956.

②　E. England ed. and notes, *The Laws of Plato*, Manchester: Manchester University Press, 1921.

③　T. Saunders, *Notes on The Laws of Plato*, London: University of London Institute of Classcal Studies, 1972.

注本较为简略，只有148页。桑德斯译过《法义》，此笺注本可视为其补充。桑德斯的笺注侧重于辨析一些有争议的语词（如指示代词），考察各个译本的不同译法，从而得出自己认为恰切的翻译。我们可以借此弄清那些含混的语词。

另外，也有关于《法义》某一卷或某几卷的详细笺注本。例如，梅耶（S. Meyer）就对《法义》卷一和卷二作了细致入微的注解（2015），在语词分析、义理解读等方面都有独到的见解。[①]就卷十而言，刘易斯（T. Lewis）于1845年出版的《柏拉图反无神论者》[②]带有极为详尽的笺注和义疏。刘易斯是纽约大学的希腊语教授，也精通拉丁语、希伯来语、阿拉伯语、叙利亚语等多种语言，还教授圣经，亦是法学博士，著述颇丰。刘易斯这个本子的笺注和原文有八十来页，笺注大约是原文的两倍多，另外还有三百来页的义疏。刘易斯极其注重语文学上的考订，就连一些小品词（如 ὡς）用法的差异，也作了详细说明，从而引出义理上的不同解释。这对我们深入理解文本含义大有裨益。刘易斯还对勘了同一语词在柏拉图其他作品和别的作家那里的使用情况，这使读者获得了更全面、更丰富的理解。不过，尽管刘易斯的义疏较为详尽，且力图依据柏拉图自身来解释柏拉图，并参照了亚里士多德和西塞罗，但其疏解的基督教色彩略为浓重，他甚至想用上帝这位审判者和道德统管者来"延续、改变、取代或消除自然法"。不管怎么说，刘易斯的细致工作还是值得我们关注。

德语笺注本首推薛普斯道的三大卷评注，[③]该本评注了《法义》全书，附有德译文和长篇导言，笺注部分逾两千页。薛普斯道将《法义》中出现的某些说法或语词放在整个古希腊的古典作品中考察，比较了

[①] S. Meyer, *Plato: Laws 1 and 2*, trans. with an introduction and commentary, Oxford: Oxford University Press, 2015.

[②] T. Lewis, *Plato Against the Atheists: or The Tenth Book of The Dialogue on Laws*, New York: Harper & Brothers, 1845.

[③] Klaus Schöpsdau, *Plato Nomoi(Gesetze)*, Buch I–XII, Übersetzung und Kommentar von Klaus Schöpsdau, Göttingen: Vandenhoeck & Ruprecht, 1994–2011.

希罗多德、色诺芬、亚里士多德、普鲁塔克等作家的相关看法；同时，薛普斯道也广泛吸收了现代评论者的解读，大大拓宽了我们的视野。里特尔（C. Ritter）一百六十页的疏解加四百多页的全文笺注[1]亦可采纳。对于卷十，施泰纳（P. Steiner）的译注本长达二百来页。[2]法语笺注本最好的是布里松（Luc Brisson）的两卷本，[3]他对《法义》的义理有很精到的见解。

3《法义》译本

《法义》最早的英译本出自泰勒（Thomas Taylor，1793），[4]此译本主要译自斐齐诺的拉丁文译本，而非可靠的希腊语原文，用语略显古奥，但有不少注释，多次印刷，对英国浪漫派有较大的影响。而后伯吉斯（G. Burges）推出了一个新版本（1852），[5]这个译本主要以斯托鲍姆的校勘本为依据，强调按原文的字面含义来翻译，句式基本与原文对应。尽管这样做有时会影响译文的流畅，但这种忠实于原文的精神值得提倡。可能是由于斯托鲍姆校勘本的原因，伯吉斯有些译文的意思并不准确。而为了与字面含义保持严格一致，译文有些地方很难理解。伯吉斯还做了大量的注释，主要是语文学上的考订，说明自己那样翻译的理由；他还详细比较了泰勒和斐齐诺的翻译，在有争议的地方给出斐齐诺的拉丁文译法。

乔伊特（B. Jowett）1871年的译本，[6]文字晓畅、易读，附有较细致的导论和索引，但译文颇为随意，有些术语并不精确，而且常有缺

---

① C. Ritter, *Plato Gesetze*, darstellung und kommentar, Aalen: Scientia Verlag 1985.

② P. Steiner, *Platon Nomoi X*,übersetzt und kommentiert, Berlin: Akademie Verlag, 1992.

③ Luc Brisson, *Platon les Lois*, Paris: Carnier Flammarion, 2006.

④ *The Works of Plato*, 5 vols, trans. T. Taylor, New York: AMS Press, 1792–1793.

⑤ *The Works of Plato* V, a new and literal version, George Burges trans. , London: H. G. Bohn, 1852.

⑥ *The Dialogues of Plato* IV, B. Jowett trans., Oxford: Oxford University Press, 1871/1953.

漏。洛布古典丛书（Loeb Classical Library）于1926年出版了希-英对照本《柏拉图全集》，其中《法义》由拜里（Bury）翻译。[①]这个本子流传广泛，译文大致准确，少有意译，但由于依据的希腊语文本并不可靠，越来越不为学界重视。泰勒（A. Taylor）1934年的新译本，[②]参考伯内特的校勘本，带有长篇导读，译文大致确切，有意追求古风色彩，优于以上译本；但他的译文添加了不少东西，有些重要术语也没有保持一致，句子有点缠绕，还有待改进。这三个译本都没有什么注释。

桑德斯1970年的译本，[③]以毕德学会的校勘本为底本，追求明白、清晰，好让"现代读者"更好阅读。桑德斯认为，没有译者的各种帮助，现代读者无法领会乃至通读《法义》。因此，他为各卷做了导读，并且划分章节，配上标题，对一些他认为难理解的地方进行简要疏解，阐明论述的进路。此外，桑德斯还用不同字体突出涉及法律的译文和一些关键语词，并用数字或字母标明法律条文，同时在文末罗列了各卷涉及的罪行，以期读者能一目了然，很快就抓住"与自己有关"的那部分内容。所以，桑德斯认为译文的风格主要取决于目标读者群的特性，而非原文的性质和目的。为了让现代读者更方便地各取所需，更惬意地阅读，桑德斯刻意粉饰柏拉图，采用"过度翻译"，以创造出"比原作更绚丽的译本"，并以"各种各样的俗语"为"香料"来勾引读者，为柏拉图"相当呆板的"和"粗糙的"作品打上"风格和特色"。[④]桑德斯自以为比柏拉图更了不起的心态使得他的译文充满臆解，常常背离原文的字面意思，用解释性的翻译来代替，甚

---

① Plato, *The Laws*, with an English Translation by R. Bury, London: William Heinemann, 1926/1942/1952/1961/1967/1984/1994.

② Plato, *The Laws*, translated with an Introduction by A. Taylor, London: Dent, 1934/1960.

③ Plato, *The Laws*, translated with an Introduction by T. Saunders, Harmonds worth: Penguin Books, 1970/1972/1975/1976. 亦收于 Plato, *Complete Works* IV, with Introduction and Notes by J. Copper, Indianapolis/Cambridge: Hackett Publishing Company, 1997。

④ T. Saunders, "The Penguinification of Plato," in *Greece and Rome*, second seires, vol.22, No.1(Apr., 1975), pp.19–28; T. Saunders trans., *The Laws of Plato*, pp.39–41.

至采用"有意的技术性的不准确"翻译。同时，在那些重要术语上，桑德斯的翻译也没有保持一致性。这样，我们根本别想比较柏拉图对相似主题的不同说法。桑德斯只考虑到那些偶然的读者，而没有顾及那些认真的读者，也就是那些并不意在用《法义》来印证自己的先入之见，而是着眼于探究经典的真正含义的读者。可以说，桑德斯为求"雅"而牺牲了"信"和"达"。这会使我们看不到柏拉图许多隐微之意，要知道，柏拉图的遣词造句绝非随意。无怪乎这套"企鹅版"丛书可谓对柏拉图的真正"企鹅化"。

在《法义》的翻译中，最值得推荐的当属潘戈（T. Pangle）的译本（1980）。[①]潘戈力求在可能的限度内与原文的字面意思保持最大的一致，而又不至于无法理解。潘戈渴望按照柏拉图的表述方式，尽可能提供一个直接的、未扭曲的译本，从而进入柏拉图的思想。在他看来，翻译柏拉图的作品，信最为重要。而且，在我们的时代，译者比以前承担着更重大的政治责任。因为在当前，我们自身在不断严肃地怀疑从启蒙继承而来的"基本政治原则的意义和有效性"，这些怀疑催促我们细致而不带偏见地重新理解其替代物，亦即人和政治生活的古典观念。正是这一前所未有的处境，使古希腊作品的恰切翻译显得异常重要。译者的使命不在于提供优雅而活泼的普及版，自信能"澄清"柏拉图的思想，或轻易借用现代范畴和术语改述柏拉图"令人困惑的奇异、晦涩，以及表面的混乱或矛盾"。[②]或许，正是这些奇异或矛盾之处，向我们暗中透露了我们智力的界限。我们不应期望读者能快速而轻易地理解柏拉图，那样得到的只是肤浅的理解或一知半解。潘戈认为自己的翻译是为了响应这类读者的需要：对于柏拉图思考政治的方式，其引人深思的奇异性和复杂性，他们打算彻彻底底地直面。桑德斯的翻译看起来像是为了博取轻佻的现

---

① *The Laws of Plato*, translated with notes and an interpretive essay by T. Pangle, Chicago: University of Chicago Press, 1980.

② T. Pangle, *The Laws of Plato*, p.ix.

代读者的欢心，而无视《法义》的诸多细微之处。其实，要理解《法义》的言辞，必须高度注意其戏剧性，而正是对话者那些不起眼的誓言、犹豫、重复和相互打断，突显了这种戏剧性。但桑德斯将这些东西视为累赘或不协调而剔除掉了。正是秉持负责任的翻译精神，潘戈为我们提供的译本极其接近原文意思，考证细致而又充分顾及对话的戏剧性。同时，潘戈也做了不少注释，阐明《法义》提及历史、神话和诗歌的地方，并注明了重要语词首次出现之处。潘戈的翻译和注释都尽量避免将自己的解释加入其中。这个译本是笔者主要参考的英译本。其他英译本还有格里菲斯（T. Griffith，2016）①的本子，此译本并未严格对照希腊语原文，行文较为费解，有些地方是误译。最近的英译本为里芙（C. Reeve，2022）②所译，译文较为准确，并附有简注。

《法义》的德译本有许多版本。施莱尔马赫的译本颇为风行，③他较早关注柏拉图对话的戏剧性。另外还有 Mülle、Otto、Schöpsdau、Apelt 等人的译本。④其中阿佩尔特（Apelt）译本的注释较多，有六十多页。薛普斯道（Schöpsdau）的译本为希 – 德对照本。法译本主要可见 Robin、Diès 等人的译本。⑤

《法义》现有的完整中译本有三个：张智仁、何勤华译本（2001），⑥王

---

① T. Griffith trans., *Plato: Laws*, Cambridge: Cambridge University Press, 2016.

② C. Reeve trans. with introduction and notes, *Plato: Laws*, Indianapolis: Hackett Publishing Company, 2022.

③ Schleiermacher übers., *Platons Werke*, Berlin: De Gruyter, 1805.

④ H. Müller, *Platons Werke*, mit Einleitungen von Steinhart, Leipzig: Brockhaus, 1951; K. Schöpsdaur, *Platons Werke* in acht Bänden, Bd VIII, H. Hofmann ed., Darmstadt: Wissenschaftliche Buchgesellschaft, 1977; O. Apel tübers., *Platon Gesetze*, Hamburg: Meiner, 1998.

⑤ L. Robin, *Les Lois*, in Platon, *Oeuvres Complètes*, t.II, Paris: Librarie Félix Alcan, 1950. A. Diès and Des Places, *Les Lois*.

⑥ 柏拉图，《法律篇》，张智仁、何勤华译，孙增霖校，上海：上海人民出版社，2001。

晓朝译本（2003），[①]林志猛译本（2019）。[②]张译本主要依据乔伊特的英译文，并参照其他语种的译本，首次全译《法义》，功不可没。王译本则主要依据泰勒（A. Taylor）的英译本。

在笔者《柏拉图〈法义〉研究、翻译和笺注》（上海：华东师范大学出版社，2019）三卷本中，第一卷《立法的哲学基础》是对《法义》的研究，第二卷《法义》是根据希腊语原文翻译此对话，并参考各西文译本；第三卷《法义》笺注广泛采译英、德、法各笺注本的注释。

朱光潜节译了《法义》的一小部分（见《柏拉图文艺对话集》，前揭）。另外，布舒奇的法文节译本涉及全书十二卷，带有丰富的注释和文献，已由谭立铸博士译出（《〈法义〉导读》，前揭）。布舒奇的长篇导读颇具启发性，他希望通过语文学的、史学的，尤其是哲学的注解，使更多人进入《法义》文本。程志敏参照多个译本并对照原文，译注了第一卷，[③]注释详细。

4《法义》研究进路

早在9到10世纪，伊斯兰哲人阿尔法拉比已较为完整地疏解了《法义》，其《柏拉图〈法义〉概要》极为扼要而又富有洞察力地概述了《法义》前九卷。而后是15世纪伟大的新柏拉图主义者斐齐诺，其《〈法义〉疏解》首次完整解读了《法义》。到了21世纪，《法义》的研究著作更是层出不穷。从研究路向看，《法义》研究有政治哲学、法哲学、神学、诗学、历史学乃至后现代主义等不同关注视角。

首先，政治哲学视角是《法义》研究的显著取向，主要作品有：施特劳斯《柏拉图〈法义〉的论辩与情节》（1975），潘戈（T. Pangle）

---

① 柏拉图，《法篇》，王晓朝译，见《柏拉图全集》第三卷，北京：人民出版社，2003。

② 林志猛，《柏拉图〈法义〉研究、翻译和笺注》（三卷本），上海：华东师范大学出版社，2019。

③ 程志敏，《柏拉图〈礼法〉第一卷译注》，收于《宫墙之门》，北京：华夏出版社，2006。

《〈法义〉疏解》(1980)，普兰尼克（Z. Planinc）《柏拉图的政治哲学：〈王制〉和〈法义〉中的审慎》(1991)，[①]李（Baehong Lee）《柏拉图〈法义〉中的政治哲学》(2002)，[②]怀特克（A. Whitaker）《柏拉图的政治之旅：柏拉图〈法义〉》(2004)，[③]卢茨（M. Lutz）《〈法义〉中的神法与政治哲学》(2012)，[④]雷科（G. Recco）编《柏拉图〈法义〉：政治中的强力与真理》(2013)[⑤]等。施特劳斯将《法义》视为柏拉图"最具政治性"的作品，因为那位匿名的雅典哲人亲身参与了政治行动，不仅构建了现实可行的最佳政制（混合政制），而且指导实际的立法者建立最好的法律。《法义》的结尾探讨德性的多样性与统一性的问题，其实又回到了《理想国》的起点。在学者们看来，政制问题贯穿整部《法义》，柏拉图不仅专门探讨政制的起源，批评了"邪恶的剧场政制"，而且他提出的混合政制也与哲人王密切相关，两者都涉及古典政治哲学的议题。[⑥]

---

① Z. Planinc, *Plato's Political Philosophy*：*Prudence in the Republic and the Laws*, Clumbia and London: University of Missouri Press, 1991.

② Baehong Lee, *Die Politische Philosophie in Platons Nomoi*, Frankfurt am Main: Peter Lang, 2002.

③ A. Whitaker, *A Journey into Platonic Politics: Plato's Laws*, London, MD: University Press of America, 2004.

④ M. Lutz, *Divine Law and Political Philosophy in Plato's Laws*, DeKalb: Northern Illinois University Press, 2012.

⑤ G. Recco & E. Sanday ed., *Plato's Laws: Force and Truth in Politics*, Bloomington: Indiana University Press, 2013.

⑥ 其他文献还可参 S. Harlap, *Plato's Reform of Timocracy：The Theoretical Foundation of the Political Philosophy of the Laws*, Cambridge: Harvard University Press, 1975; C. Zuckert, "Plato's *Laws*: Postlude or Prelude to Socratic Political Philosophy?" in *The Journal of Politics*, Vol. 66, No. 2(May, 2004); V. Lewis, "The Nocturnal Council and Platonic Political Philosophy," in *History of Political Thought* 19(1998); V. Lewis, "Politeia kai Nomoi: On the Coherence of Plato's Political Philosophy," in *Polity*, Vol. 31, No. 2(Winter, 1998) 等。笔者选编了一部《柏拉图〈法义〉中的政治哲学》(译文集)，将由华夏出版社出版。

　　潘戈表示，我们的文明在左派和右派的夹击下变得千疮百孔，自由民主制也无力抵御这一攻击，因此我们需要回到苏格拉底、柏拉图的传统。现代思想及其写作方式给我们塑造的理智眼界与柏拉图截然有别，所以有必要通过疏解柏拉图对话，让我们更好地贴近古典的视野。潘戈也极其注意《法义》的戏剧性，在他看来，有关人类事务的真理只能借助对话才能得到充分理解和交流，而解释对话的目的就是要让读者能再次亲历作者曾进行的观察、提问和分析过程。

　　其次，法哲学视角也是《法义》研究的突出代表。凯恩斯（H. Cairns）《柏拉图到黑格尔的法哲学》（1949）[1]梳理了西方的法哲学传统，认为《法义》作为西方法哲学奠基之作的重大意义。伯纳德特（S. Benardete）《柏拉图〈法义〉：发现存在》（2000），[2]可谓目前《法义》研究最深刻且全面的论著。在这部煌煌巨作中，伯纳德特用十二章极为细致地疏解了《法义》全书十二卷。伯纳德特指出，雅典异乡人力图用序曲补充法律，用劝谕补充强制，"歌"（nomoi）与"法"水乳交融。哲学是雅典异乡人的歌，《法义》则是搭救他的海豚。《法义》以讨论德性的统一性作结，无异于建议将哲学融入城邦的法律之中。《法义》是在"走向哲学的路上"，意图发现存在。《法义》在结尾才导向哲学，它对"哲学是什么"的回答比柏拉图的其他对话都后撤得更远。《法义》在下降到刑法这一最低的主题时才提到哲学，暗示需要通过刑法来处理"哲学是什么"的议题。在伯纳德特看来，《法义》卷十有三个层次的论证：灵魂的优先性、宇宙的自然秩序和特殊的神意，这些都与哲学有内在关联。

　　帕仁斯（J. Parens）的《形而上学作为修辞》（1995）[3]也关注法

---

　　[1]　H. Cairns, *Legal Philosophy from Plato to Hegel*, Baltimore: The Johns Hopkins Press, 1949.

　　[2]　S. Benardete, *Plato's "Laws": The Discovery of Being*, Chicago: University of Chicago Press, 2000.

　　[3]　J. Parens, *Metaphysics as Rhetoric: Alfarabi's Summary of Plato's "Laws,"* Albany: State University of New York Press, 1995.

的哲学基础。第一部分"形而上学作为法的修辞基础"力图展现法之根基的特性。一般认为,柏拉图将法律建立在论证性的特殊形而上学或神学上。事实上,卷十的神学包含柏拉图对法的修辞性辩护。卷十显示,法的真正根基是灵魂学。第二部分"法与理智的差异"考察理性统治的城邦与成文法统治的城邦之间的差异。由于这种差异,有必要从次理性的论证而非严格的理性论证来为法辩护。第三部分"羞耻、义愤和探究"主要讨论成文法的统治向理性统治的上升。成文法的目的在于塑造拥有好教养的人,这种人兴许能走向理性统治的生活(即哲学生活)。通过给法律附上序曲,柏拉图为读者们提供了走向这种生活的途径。

此外,伯格斯(S. Berges)的《柏拉图论德性与法律》(2007)[①]和安娜斯(J. Annas)的《柏拉图以降的德性与法律》(2017)[②]都看重柏拉图借助法律来培育德性和人的性情,以及理智(哲学)在立法中的重要作用。诸如拉克斯(A. Laks)的《调解与强制》(2005),[③]波波尼奇(C. Bobonich)的《柏拉图乌托邦的重塑》(2002),[④]杜森伯里(D. Dusenbury)的《柏拉图的立法》(2017),[⑤]均涉及《法义》中的法哲学思想:法意图揭露人类事务的本质,从而制定出恰切的制度和生活方式;惩罚并非立法的首要目的,立法应教育并劝谕人朝向德性,追求灵魂的完善。笔者的《立法的哲学基础》(收于《柏拉图

[①] S. Berges, *Plato on Virtue and the Law*, London and New York: Continuum, 2009.

[②] J. Annas, *Virtue and Law in Plato and Beyond*, Oxford: Oxford University Press, 2017.

[③] A. Laks, *Médiation et coercition, Pour une lecture des Lois de Platon*, Lille: Presses Universitaires du Septentrion, 2005. 亦参 A. Laks, "Legislation and Demiurgy: On the Relationship between Plato's 'Republic' and 'Laws' ," in *The Classical Antiquity*, Vol.9, No.2(Oct., 1990).

[④] C. Bobonich, *Plato's Utopia Recast: His Later Ethics and Politics*, Oxford: Oxford University Press, 2002.

[⑤] D. Dusenbury, *Platonic Legislations: An Essay on Legal Critique in Ancient Greece*, Cham: Springer, 2017.

〈法义〉研究、翻译和笺注》第一卷）亦考察了法是什么、立法的目的及其哲学基础，法律与政制、德性教育、宗教之间的关联，将法哲学与政治哲学的研究融合起来。笔者选编的译文集《立法与德性：柏拉图〈法义〉探微》①也探索了柏拉图的立法与德性之间的深刻联系。②

第三是神学研究的视角。柏拉图的《法义》中的神学早就备受关注，普罗克洛斯、西塞罗、斐齐诺等历代大思想家皆有巨著阐述。现代研究中，索尔姆森（F.Solmsen）的《柏拉图的神学》（1942）极富洞见。他认为《法义》中呈现的新神学观基于一种新的灵魂学和宇宙论，可为人们提供道德和理智上的更好支持。"法"并非柏拉图通常期待的救赎来源，在他设计的政治秩序中，实定法可能无足轻重，甚至有害。真正的"法"属于诸实体之一，出现在灵魂秩序中。法律是灵魂或心智的产物，而灵魂或心智的产物在万物的秩序中地位崇高，法律也拥有相应的地位。因此，对于精神事物（法律）的宇宙根基，柏拉图的神学提供了支撑。柏拉图的神学足以包容一切精神和理智之物的自主性和优先性，并试图揭示永恒的实体和价值对现实世界施加的力量。③

梅修（R. Mayhew）的《〈法义〉卷十译疏》（2008）④专门细致地疏解了《法义》卷十。在他看来，政治与神学是《法义》的两个相互交织的主题，而卷十全面探究了这两个主题的哲学基础。梅修将卷十的三种神学观点分别归为无神论、自然神论和传统有神论。稳定性和社会团结需要城邦的创建者尽可能保持传统宗教，但公民宗教必须接

---

① 林志猛编，《立法与德性：柏拉图〈法义〉探微》，张清江、林志猛等译，北京：华夏出版社，2019。

② 有些学者则从法理学的视角研究《法义》，参 T. Saunders, *Plato's Penal Code: Tradition, Controversy, and Reform in Greek Penology*, Oxford: Clarendon Press, 1991; R. Brooks ed., *Plato and Modern Law*, London: Routledge, 2007。

③ F. Solmsen, *Plato's Theology*, Ithaca: Cornell University Press, 1942, pp.161–172.

④ R. Mayhew, *Laws 10: Translated with a Commentary*, Oxford: Oxford University Press, 2008.

受哲学神学的检验。卷十哲学－神学的重要性会在对话结尾有关夜间
议事会的讨论中显明。梅修表示疏解卷十的"主要目的"在于，帮助
哲学学者和学生们更熟悉《法义》及其关于哲学神学的有趣观点，以
及这些观点与柏拉图政治哲学的关联。梅修还指出，在卷十中，理性
劝谕并非柏拉图思想的核心，柏拉图说明劝谕的语境，亦即《法义》
的政治哲学，实际上使真正的理性劝谕变得不可能。

拙著《立法哲人的虔敬：柏拉图〈法义〉卷十义疏》(2015)[①]
对卷十的详尽解读则阐明，自然哲学及其宗教观摧毁了城邦赖以生
存的根基，传统诗人的神话无法支撑神义并解释好人为何遭受不义
等问题，柏拉图式的哲学则构建另一种宇宙论和神学观。自然哲人
借助形而上学否定了诸神存在，而使政治社会形而上学化。但柏
拉图《法义》借助灵魂学（哲学）来构建神学，将灵魂定义为万物
所有转变和运动的原因，具有完整德性的诸灵魂便是诸神，从而驳
斥了自然哲人对传统宗教的否弃。而传统诗人们因不义者和坏人得
福，认为传统神不关心人类或可收买。笔者力图表明，不义者的幸
福只是表面的幸福，真正的幸福在于灵魂的完善。节制的立法哲人
基于理性而信仰，可极大地缓解哲学跟政治和宗教的冲突，不仅能
让立法者应对自然哲学对礼法的挑战，而且可使哲学借助宗教在城
邦中取得最高地位，并教导不同类型的人追求不同的德性。笔者选
编的译文集《立法者的神学》(2013)[②]亦集中探讨《法义》卷十的
神学问题，涉及《法义》中的宗教政治灵魂学，柏拉图对恶的起因
和根源的理解，基本宗教信仰和虔敬态度的构建，等等。[③]

---

① 林志猛，《立法哲人的虔敬：柏拉图〈法义〉卷十义疏》，北京：中国社会科
学出版社，2015。

② 林志猛编，《立法者的神学：柏拉图〈法义〉卷十绎读》，张清江等译，北京：
华夏出版社，2013。

③ 其他文献可参 Stephen Menn, *Plato on God as Nous*, Carbondale: Southern Illinois
University Press, 1995; Deidre Carabine, *The Unknown God: Negative Theology in the
Platonic Tradition, Plato to Eriugena*, Louvain : Peeters Press, 1995.

　　第四，从诗学和文艺学的视角看《法义》。《法义》全书不时涉及诗的问题，卷二专门探讨音乐教育、合唱和诗教，并展现了新的酒神精神；卷四提出诗人和立法者谁更适合作为法律序曲的书写者；卷七甚至表明，立法者创作的是最美、最好而又最真的肃剧。《理想国》呈现了诗与哲学之争，《法义》则揭露了诗人与立法者之争，并在卷十回答了《理想国》卷二未处理的诗人与神义的问题，《法义》论及的各种诗学问题并不少于《理想国》。卡尔加斯（A. Kargas）《最真的肃剧：柏拉图〈法义〉研究》（1998）①将《法义》描述成一种"新肃剧"，因为《法义》也采用戏剧的形式，是一种真正的宗教剧，并与肃剧有相似的主题，这些主题的相互作用如同肃剧人物的相互作用。《法义》这部肃剧的核心是恰切的教育，试图教育个人恰当运用自己的理性。这种最真的肃剧所需要的肃剧感，不是激起情感，而是激起理性。卡尔加斯表示，对柏拉图而言，任何城邦的法律根源既非拟人化的神也非人，而是完美的理性存在。

　　佛尔兹（M. Folch）《城邦与舞台》（2015）②则深刻表明，《法义》关于诗、表演、模仿技艺和文学批评的背后，都隐含着对当时政治实践的批评和哲学意图。柏拉图认为，对于公民审美品味和伦理价值观念的形成，音乐、舞蹈、诗歌等至关重要，他试图通过哲学言辞、道德灵魂学和认识论重构古老的诗歌和舞蹈实践。此书还关注古代哲学和美学研究中常常忽略的边缘人物及其声音的政治、社会地位，探究《法义》中的奴隶、非公民、妇女、政治上的外围价值、身份和表演类别。《理想国》废除了肃剧、谐剧和挽歌这些"不理想的文类"，但柏拉图在《法义》中又重新引入，让奴隶、受雇的外邦人等表演，这种伦理偏移与政治阈限若合符节。在佛尔兹看来，《法义》对诗歌、音乐、舞蹈的探索服务于哲学，在古代哲

---

① Angelos Kargas, *The Truest Tragedy: A Study of Plato's Laws*, London: The Minerva Press, 1998.

② M.Folch, *The City and the Stage: Performance, Genre, and Gender in Plato's Laws*, New York: Oxford University Press, 2015, pp.6–9.

学史和文学批评传统中处于核心位置。

佩珀尼（A. Peponi）编的《柏拉图〈法义〉中的表演与文化》（2013）①这部文集尤为关注《法义》中的音乐、表演、模仿、酒神合唱队、节日、肃剧与谐剧等议题，充分展现了《法义》中的文艺思想。普劳瑟罗（L. Prauscello）《柏拉图〈法义〉中公民身份的履行》（2014），②探究了《法义》中合唱表演与公民身份、音乐、谐剧与法律等。王柯平《〈法礼篇〉的道德诗学》（2015）③则梳理了《法义》中各种诗学问题。笔者选编的译文集《诗人与立法者之争》，④探讨诗人与立法者在法律序曲、肃剧、情感净化、劝谕等问题上的论争。

第五是历史学的研究视角。最典型的代表是莫娄（G. Morrow）《柏拉图的克里特城邦：对〈法义〉的历史解释》（1960），⑤此书细致入微地考察了《法义》中塑造的城邦、政制、法律、教育、宗教等与古希腊历史和现实的内在联系。莫娄表示，《法义》中描述的克里特接近柏拉图同时代的克里特，它实行古代制度，以守法著称。但柏拉图从未提及任何具体的克里特统治职位或机构。在谈到克里特和斯巴达这两种政制的相似性时，柏拉图考虑的是其社会和教育制度，以及公餐、体育训练、会饮、关于诗的法规、歌曲的使用，还有战争舞蹈习俗等等。

里希（F. Lisi）编的文集《柏拉图〈法义〉及其历史意义》（2001）⑥考察了《法义》构建的马格尼西亚城邦，《法义》的历史语

① A. Peponi ed., *Performance and Culture in Plato's Laws*, Cambridge Cambridge University Press, 2013.

② L. Prauscello, *Performing Citizenship in Plato's Laws*, Cambridge: Cambridge University Press, 2014.

③ 王柯平，《〈法礼篇〉的道德诗学》，北京：北京大学出版社，2015。

④ 林志猛编，《诗人与立法者之争：柏拉图〈法义〉研读》，将由华夏出版社出版。

⑤ G. Morrow, *Plato's Cretan City: A Historical Interpretation of the Laws*, Princeton Princeton University Press, 1960.

⑥ F. Lisi ed., *Plato's Laws and Its Historical Significance*, Sankt Augustuin: Academia Verlag, 2001.

境及后世的接受等议题。王恒《柏拉图的"克里特远征"：〈法义〉与希腊帝国问题》（2008）从《法义》卷三入手，试图从帝国问题、希腊政治史的视角来理解整部《法义》，甚至以修昔底德来理解柏拉图。但《法义》卷三是柏拉图与修昔底德史书的明确对抗，两者对政治的理解有显著的差异。[1]

　　第六是后现代主义的视角。克拉克（R. Clark）《最美和最好的法律》（2003）[2]考察《法义》中的医学论证和迷人修辞，八章标题分别为：哲学与法的统治、魔法、医术、老年病学、小儿科、柏拉图的魔法书、饮食男女、最美和最好的法律。作者认为，雅典异乡人将理性的医术呈现为治邦术的模型，其魅力易于模糊他对大范围的次理性治疗的呈现和实施。除了希珀克拉底的医术外，《法义》还充满了来自古希腊晚期传统治疗文化的例子，如驱魔的巫术、庙宇的静修、神谕的指令、醉酒、迷人的诗歌等等。雅典异乡人使用这些例子，是为了避免自己的大胆立法受到大众的抵抗。正如雅典异乡人结合理性和非理性的医术来治疗病人，哲人–统治者也必须乐于运用理性论说的温和劝谕，以及非理性修辞的迷人强迫，而致力于保持城邦的健康。柏拉图通过巧妙运用医术的含混性，沟通了这两种截然不同的教诲。在某种程度上，政治、立法与医术的类比，重新点燃了两位年老立法者的认知欲。而对于《法义》的读者，柏拉图则显示了理性与修辞之间的平衡。

　　穆尔（K. Moore）的《性别与第二好的城邦》（2005）[3]从性别和女性主义的角度来考察《法义》中的妇女问题，其《柏拉图、政治学

---

[1]　参见施特劳斯，《修昔底德：政治史的意义》，收于《古典政治理性主义的重生》，前揭，页157–162。

[2]　R. Clark, *The Law Most Beautiful and Best: Medical Argument and Magical Rhetoric in Plato's Laws*, Lanham, MD: Lexington Books, 2003.

[3]　K. Moore, *Sex and the Second-Best City: Sex and Society in the laws of Plato*, New York and London: Routledge, 2005.

与实践的乌托邦》(2012)①则侧重以现代的视角分析《法义》中的公民思想。这一研究路向有用现代理论肢解古典作品之嫌，没有贴紧作者的本意和文本语境来阐释。

相比西方现有研究，汉语学界的《法义》研究还较为薄弱，除了以上提到的拙著《柏拉图〈法义〉研究、翻译和笺注》《立法哲人的虔敬》、王柯平和王恒的著作外，相关研究论文主要有笔者发表的十余篇，②还有林国华、③程志敏、王柯平等撰写的几篇。编译文集方面，有程志敏选编的《柏拉图的次好政制》《哲人与立法》，④笔者编译了四部，已出版《立法者的神学》《立法与德性》。

此译本是笔者在2019年出版的译本基础上所做的修订本，感谢

①　K. Moore, *Plato, Politics and a Practical Utopia:Social Construction and Civic Planning in the Laws*, London and New York: Continuum, 2012.

②　参林志猛，《立法的目的及其哲学基础》，载《世界哲学》2019年第1期；《诗艺与德性：柏拉图评析古希腊诗人》，载《文艺理论研究》2019年第1期；《古典自然状态论》，收于《古典哲学与礼法》，上海：华东师范大学出版社，2018；《柏拉图〈法义〉中的正义与法律》，载《江西社会科学》2017年第2期；"The Myth of the Soul in Plato's *Laws*," in *Reflections on Plato's Poetics*, Rick Benitez and Keping Wang eds., Bervima Glen Berrima Academic Printing and Publishing, 2016；《自然与礼法的融合》，载《自然辩证法研究》2015年第12期；《柏拉图的运动论与灵魂学》，载《自然辩证法通讯》2014年第2期；《柏拉图〈法义〉中的灵魂学与神学》，载《哲学与文化》(台湾)2013年第11期；《如何正确作诗：柏拉图的诗人与立法者之争》，载《思想战线》2013年第1期；《自然与技艺：试析柏拉图〈法义〉对自然哲学的批判》，载《自然辩证法研究》2012年第10期；《诗人的'神学'：柏拉图〈法义〉的诗学批评》，载《海南大学学报》2012年第5期；《柏拉图〈法义〉中的神学》，载《古典研究》(香港)2012年第4期；《柏拉图〈法义〉的对话者》，载《求是学刊》2012第2期；《无知与不虔敬：柏拉图〈法义〉卷十885e7-886e2读解》，载《古典研究》(香港)2011年第4期。

③　林国华，《祈祷与立法——论柏拉图的〈法律篇〉》，收于《诗歌与历史》，上海：上海三联书店，2005；《柏拉图的〈法律篇〉：立法哲人》，收于《古典的"立法诗"》，上海：华东师范大学出版社，2006。

④　程志敏编，《柏拉图的次好政制》，刘宇等译，上海：华东师范大学出版社，2013；《哲人与立法》，邹丽等译，上海：华东师范大学出版社，2013。

六点倪为国总编的支持！出版后吴飞教授等学界同仁提出了诸多宝贵的修改意见，此次修订后错误依然难免，望方家不吝赐教！笔者在出版前后开设过多轮《法义》研读课，感谢同学们的参与和热烈讨论。此次修订，责编马涛红女士做了非常细致的审读，给出许多可贵的修订建议。我的研究生王铠、张霄、刘俊含、崔聪聪、邓连冲也做了一些录入和编辑工作，在此一并致谢！

法 义

参考原文校勘本：

［BJ本］= J. Burnet, *Platonis Opera*, Tom. V, Oxford, 1907.

［D本］=A. Diès and Des Places, *Les Lois*, in Platon, *Oeuvres Complètes*, Vol.11–12, Paris, 1951–1956.

参考译本：

［B本］=［法］L. Brisson, *Platon Les Lois*, Paris, 2006.

［BR本］=［英］R. Bury, *Plato: Laws*, London, 1926.

［BU本］=［英］G. Burges, *The Works of Plato* V, London, 1852.

［G本］=［英］T. Griffith, *Plato: Laws*, Cambridge, 2016.

［J本］=［英］B. Jowett, *The Dialogues of Plato* IV, Oxford, 1871.

［R本］=［英］T. Pangle, *The Laws of Plato*, New York, 1980.

［R本］=［英］C. Reeve, *Plato: Laws*, Indianapolis, 2022.

［SA本］=［英］T. Saunders, *The Laws of Plato*, England, 1970.

［S本］=［德］K. Schöpsdau, *Platons Werke in acht Bänden* VIII, Darmstadt, 1977.

［T本］=［英］A. Taylor, *The Laws of Plato*, London, 1934.

参考笺注本：

［A本］=［德］O. Apelt, *Platon Gesetze*, Hamburg, 1998.

［B本］=［法］L. Brisson, *Platon Les Lois*, Paris, 2006.

［E本］=［英］E. England, *The Laws of Plato*, Manchester University Press, 1921.

［英］［英］S. Meyer, *Plato: Laws 1 and 2*, Oxford University Press, 2015.

［P本］=［英］T. Pangle, *The Laws of Plato*, New York, 1980.

［SA本］=［英］T. Saunders, *The Laws of Plato*, England, 1970.

［ST本］=［英］T. Saunders, *Notes on The Laws of Plato*, London, 1972.

［S本］=［德］K. Schöpsdau, *Platon Nomoi(Gesetze)*, Buch I-XII, Göttingen, 1994–2001.

卷 一

雅典异乡人 ［624a］神①还是某个人，对你们而言，异乡人啊，可归为制定礼法的起因？

克莱尼阿斯 神，异乡人啊，神！这样说最恰当。在我们这里是宙斯，但在这位拉刻岱蒙老兄［a5］那里，我认为，他们会说是阿波罗。不是吗？

墨吉罗斯 是的。

雅 难道你不依荷马说，②米诺斯［624b］每隔九年去造访父亲，与他相会，并根据来自父亲的神谕为你们的城邦制定礼法？

克 我们这里是这么说的。而且，米诺斯的兄弟［b5］拉达曼图斯——你们都听说过这个名字——的确［625a］最公正。我们克里特人可以肯定，拉达曼图斯在那些年代正确管理了审判事务，赢得了这个称颂。

雅 他的确声名美好，与他作为宙斯之子非常相称。［a5］但既然你和这位老兄都在这些合法的习俗下成长，我期望，你们不会不乐意这样消磨眼下的时光：就政制和礼法，我们且说且听，边［625b］

---

① "神"（θεός）是对话的第一个希腊语词，克莱尼阿斯在回答时两次强调了这个语词。这个最显著的位置确立了有关立法的神圣起源的观念，这观念在卷四将得到更深刻的阐述（713a以下：法律作为对神制的模仿。715e以下：神作为尺度和准则）。

② 参见荷马《奥德赛》19.178以下："在那里，米诺斯/九岁为王，他是伟大宙斯的密友。"

走边聊。从克诺索斯到宙斯洞府和神社，^①我们听说，全程可漫长哩，还好沿途有休憩之地，这对于眼下闷热的天气来说再好不过了。高高的树下有荫凉，适于我们这把［b5］年纪的人，不时在下面歇歇脚。我们用言语相互激励，就可轻松地走完全程。

克　确实，我们沿途走下去，异乡人啊，林间柏树丛丛，［625c］高得惊人，美得出奇，还有片片绿茵可供我们休憩，消磨时光。

雅　你说得对。

克　的的确确。我们看到后会更加确信。不过，［c5］还是往前走吧，愿有好运。

雅　但愿如此。那么，请告诉我，你们的礼法依据什么来规定公餐、体育训练和所用的武器？

克　我认为，异乡人啊，每个人都很容易接受［c10］我们的做法。正如你们所见，整个克里特的土地天然［625d］不像帖撒利亚那样平坦，因此，他们更多使用马，我们则跑步。这里崎岖不平，更适合徒步的跑步训练。要在这样的地方跑步，必要的是轻便甲胄，［d5］而非重装武器，轻巧的弓箭看起来也更适合这里。我们现在的所有训练，皆是为了战争，［625e］我们的立法者规定这一切，在我看来，都着眼于战争。因此，冒险一起共餐是因为，立法者看到，每当打起仗来，大家会因行动而被迫［e5］在那段时间共餐，以便防卫。我认为，立法者会谴责多数人的无知，他们没有认识到，每个人终生皆与所有城邦有着永无休止的战争。在战争期间，若因防卫而需要共餐，以及统治者和［626a］被统治者有序地轮流守卫，那么，和平时期也应该这样做。因为，绝大多数人所谓的和平只不过是个空名；实际

---

①　雅典异乡人极有可能不是指"迪克特洞府"（宙斯的出生地），而是指位于克诺索斯西南方、尼达（Nida）高原上的伊达（Ida，如今的Psiloriti）洞府，宙斯出生后被抚养的地方。这个洞府在古代曾为敬拜宙斯的中心，吸引了众多朝圣者。从克诺索斯走到那里要十二三小时。

上，一切城邦对一切城邦的不宣而战，[a5] 天然就一直存在。^① 如果这样考虑，你无疑会发现，克里特的立法者为我们制定的一切公私习俗，皆着眼于战争。^② 依据这些 [原则]，[626b] 立法者给出了用于防卫的法律。因为，在他看来，没有什么是真正有用的，无论财产还是事业，除非我们在战争中做主宰。那时，战败者的所有好东西均属于胜利者了。

雅 [b5] 异乡人啊，在我看来，你为展现克里特习俗所做的操练漂亮极了。不过，请更清楚地向我指明这一点：你给治理得好的城邦下的定义，[626c] 依我看是说，它治理安排的方式，必须旨在战争中胜过其他城邦。不是这样吗？

克 的确如此。我认为，这位老兄也会同意这一点。

墨 怎会有其他什么拉刻岱蒙的答案呢，[c5] 你这神人啊？

雅 那么，诸城邦之于诸城邦 [的关系]，这个 [定义] 是否正确呢？一个村社之于另一个村社，是否要用另一个 [定义]？

克 绝非如此。

雅 还是这样吗？

克 [c10] 是。

雅 这个呢？在一个村社中，一个家庭之于另一个家庭，一个人之于另一个人，仍是如此？

克 是这样。

雅 [626d] 对于自己与自己的关系，应该理解为敌人与敌人的关系吗？或者，我们该怎么说呢？

克 雅典的异乡人啊——我不愿称你为"阿提卡人"，因为，在

---

① 不宣而战（πόλεμον ἀκήρυκτος）这一说法表明，在公元前5世纪的战争中没有正式的宣战（参希罗多德，《原史》V. 81. 2），从中发展出了公元前4世纪首次出现的"残酷"战争的含义（例如 Aischines，Or. 2, 37；Demosthenes，Or. 18, 262；参 J. L. Myres, CR 57, 1943, 66/7）。

② 亚里士多德也在战争中看到克里特和斯巴达礼法的最终目的着眼于战争，参《政治学》7. 2, 1324b7–9；7. 14, 1333b12以下。

我看来，你更配得上用那位女神的［d5］名字①来称呼——你已正确回到论证的源头，并弄得更清楚了，这样，你会更容易发现，我们刚才所说的正确：在公共领域，一切人对一切人皆是敌人，而在私底下，每个人自己对自己均是敌人。

雅　［626e］说什么呀，你这令人吃惊的家伙？

克　正是这样，异乡人啊，自己战胜自己在所有胜利中是首要的和最好的。而自己打败自己，则是所有失败中最可耻的，同时也是最坏的。这些表明，［e5］在我们每个人内部，都进行着一场我们自己针对自己的战争。②

雅　那么，还是让我们倒转回这个论证吧。如果我们每一个人要么强于自身要么弱于［627a］自身，我们是否应该认为，一个家庭、一个村社和一个城邦自身的内部，也全都这样？或者不该这么认为？

克　你是说，一者强于自身，另一则弱于自身？

雅　是的。

克　［a5］你问得正确。这样的情形的的确确存在，尤其是在城邦中。因为，在那些较好的人胜过多数人和较坏的人的地方，就可以正确地说，这个城邦强于自身，因这样的胜利而称赞该城邦最恰当。但出现相反情形的地方，则说法［a10］相反。

雅　［627b］那么，较坏的人是否有时可能强过较好的人，我们且搁在一边，因为这说来话长。在此，我是这样理解你说的话：有时候，同宗的和同城邦出生的公民会变得不义，为数众多，［b5］他们联合起来用暴力奴役为数较少的正义者。③当这帮人做主宰时，就可以正确地说，这个城邦弱于自身，同时也是坏的；但这帮人受支配

---

①　即智慧女神雅典娜，雅典的守护神。

②　克莱尼阿斯关于"我们自身内部战争"的论点源于一般伦理学的看法，即要求"制服"和"战胜"欲望和冲动。

③　相较克莱尼阿斯使用含义不清的范畴"较好的/较坏的"，雅典异乡人则用"更纯正的哲学"术语"正义的/不义的"：如果不义的多数人强过（κρατήσωσιν，627b6）正义的少数人，城邦就"弱于（ἥττων）自身"并且是坏的。

时，该城邦就强于自身而且是好的。①

克 ［627c］稀奇古怪啊，②异乡人，你现在说的这番话；不过，极有必要同意。

雅 等一等。让我们再考虑考虑这一点：某地方有许多兄弟，为同一个男人和同一个女人所生，［c5］如果他们变得不义的居多，正义的极少，这一点儿也不奇怪吧？

克 不，这不奇怪。

雅 现在，我和你们两位都不适于再追踪，当坏的兄弟取胜时，是否整个家庭或［c10］家族应称为"弱于自身"，而当他们受支配时，则称之为［627d］"强于自身"。眼下，我们并非着眼于语词的恰当或不恰当，不是在研究多数人的言辞，而是着眼于法律中依据自然的正确和错误。

克 ［d5］你所言极是，异乡人。

墨 我同意，你目前为止所说的这些确实好。

雅 咱们来看看这一点：刚才提到的那些兄弟，他们想必需要一位法官吧？

克 ［d10］当然。

雅 哪一种会更好：一个法官消灭［627e］他们中的坏蛋，安排较好的人自己统治自己，还是说，另一个法官让好人来统治，并允许坏人活着，使他们自愿受统治？但我们也该说说第三个有德性的法官——如果终究应该有这么一个法官的话，［e5］他能接管这个四分五裂的家庭，不消［628a］灭任何人，反而为他们的来日制定法律来调解，以守护他们彼此之间的友爱。

克 这样的法官兼立法者［a5］要好得多。

雅 可以肯定，他为他们制定法律时，不是着眼于战争，而是其

---

① 有关"强于自身（κρείττων αὐτοῦ）"从个人转换到城邦的说法，对参《理想国》430e以下、431b5以下。

② 克莱尼阿斯认为这个论断奇怪，因为现在胜利（κρατεῖν［=νικᾶν]）不再是优越（κρείττων）的状态，反倒造成了劣势（ἥττων）。

对立面。

克　这是实情。

雅　使城邦和谐的人怎么样呢？他在安排［a10］城邦的生活方式时，会更看重外部战争，［628b］还是时有发生的内部战争——这被称为"内乱"，①每个人都绝不希望它在母邦中发生，要是发生了，也希望它尽快结束？

克　［b5］显然是内乱。

雅　人们更接受哪种情形呢：通过消灭某些人以使内乱变为和平，而战胜另一些人，还是借助调解获得友谊及和平——鉴于心智专注于外敌是种［628c］必然性？

克　每个人都愿意自己的城邦是后一种情况，而非前一种。

雅　那么，立法者岂不也是这样？

克　［c5］无疑。

雅　每个［立法者］制定的一切礼法，难道不是为了最好的东西？

克　怎不是呢？

雅　然而，最好的东西既非战争，也非内乱——［c10］这些事情的必然性令人憎恶——而是和平，同时还有相互之间的友善。此外，就连城邦自身对自身的胜利，②［628d］看起来也不属于最好之物，而是必需之物。③另外再想一想，就像有人认为，一个患病的身体偶尔接受净化④治疗就可安然无恙，而从不换换脑筋想想，有的

————————

①　关于"外部战争"（πόλεμος）与"内部战争"（指内战［στάσις］、党派斗争、分裂）之间的区别，参《理想国》470b4-9。

②　指的是内部一致的城邦中较好的党派对较坏的党派的胜利。

③　关于最好之物与必需之物的区别，参《理想国》493c（ἀναγκαῖον-ἀγαθόν），《法义》757d5以下，858a2-6；876b6以下，880e3-6；922b1，4，此外见Ritter笺注本，Platos Gesetze, Leipzig, 1896，注释173。

④　即肃剧中的"净化"（καθάρσις）一词，此处作为医学术语，指的是用药物消除和排泄身里有碍的或有害的东西。参亚里士多德，《论题·物理学》1.42，864a30以下。亦参柏拉图，《法义》735d，《理想国》406d2，《蒂迈欧》72d2，83e1，86a7，89a5，89b3。

身体根本用不着这种治疗。同样，在［d5］城邦或个人的幸福上，以这种方式思考的人，绝不会成为一个正确意义上的治邦者，要是他仅仅且首先考虑外敌的话。他也绝不会成为严格意义上的立法者，如果他不是为了和平而制定战争方面的法规，［628e］反而是为了战事制定和平时的法规。

克　这个道理看起来说得正确，异乡人啊；但我不免惊诧莫名，假如我们这里和拉刻岱蒙的礼法不是在最严肃的意义上［e5］针对战事。

雅　［629a］也许是这样。但我们自己不应该针锋相对，而应该心平气和地探讨眼下的问题，因为我们还有他们，对这些事情都极为认真。还是跟随我的论证吧。我们可求助于图尔泰俄斯，①［a5］他出生于雅典，后来则变成这位仁兄［墨吉罗斯］的同胞，对于这些事情，他是极其认真的一个人。图尔泰俄斯说，"我既不会铭记也不会在言辞中刻画一个人"，［629b］即便他是最富有的人，这位诗人还说，即便他拥有许多好东西（诗人几乎一一列举），除非那个人总是骁勇善战。或许，你也曾听过这些诗。我相信，这位老兄［墨吉罗斯］对这些诗耳熟能详。

墨　［b5］的确。

克　无疑，这些诗从拉刻岱蒙传到了我们这里。

雅　来吧，咱们现在共同向这位诗人提问："图尔泰俄斯啊，最像神的诗人！在我们看来，［629c］你既智慧又好，因为你对战争中出类拔萃的人尤为称赞。现在，我，还有这位老兄［墨吉罗斯］，以及那位克诺索斯的克莱尼阿斯，恰好在这件事上与你非常一致，我们认为。但我们［c5］说的是不是同一些人，我们想要了解清楚。因

---

① 图尔泰俄斯作为诗人在斯巴达第二次美塞尼战争期间活动（他的鼎盛时期大约在公元前640年），他的哀歌被视为斯巴达风格的体现。依据传说，在第二次美塞尼战争中，斯巴达人按照德尔斐神庙的指示请雅典人做向导。派到他们那里的这个人就是图尔泰俄斯，他借助歌谣深深激励了他们，从而取得了胜利（参吕库尔戈斯，Leokr. 105-6，狄俄多罗斯，8.27；泡萨尼阿斯，4.15.6）。

此，请告诉我们：你是否像我们那样，明确主张有两种战争的样式，还是什么？"对于这些事情，我认为，[629d] 即使远不如图尔泰俄斯的人也会如实回答，有两种，有一种我们全都称之为内战——这在所有战争中最为残酷，正如我们刚才所说。另一类战争，我认为，我们无疑全都会视之为跟外人和异族 [d5] 的争战，这比内战温和多了。

克　怎不是呢？

雅　"好，那么，你是在赞颂哪种战争中的哪一种人呢，你如此强烈地赞颂某些人，又如此 [强烈地] 谴责另一些人？看来，是同外人的战争。因为在你的诗句中，[629e] 你确实说过，你根本不能忍受这些人，他们不敢

　　　　……直面血腥的杀戮，
　　　　敌人攻近时还按兵不动。"

因此，接下来我们会说："看来，[e5] 图尔泰俄斯啊，你格外赞赏的那些人，在对外族的和外部的战争中引人注目。"想必他会肯定并同意就是这样？

克　那还用说？

雅　[630a] 尽管这些人是好人，但我们仍会主张，那些在最大的战争中表明自己最优秀的人，显然要好得多。我们有诗人为证①——忒俄格尼斯，②一位在西西里的麦伽拉公民，他宣称：

　　　　[a5] 在严酷的内争中靠得住的人，

---

① 对柏拉图而言，诗人不是认知的源头，而仅仅被视为已确立事实的证人。

② 忒俄格尼斯，公元前6世纪的哀歌诗人。《美诺》95d-96a 对他有所展现，其形象并非那么光彩，苏格拉底引了他两组诗，显示了他对德性是否可教的矛盾看法。

居尔诺斯噢，价比黄金白银。

我们坚信，在更严酷的战争中，这个人比其他人要好得多，几乎就像是正义、[630b]节制、明智连同勇敢集于一人身上，这好过只有勇敢本身。因为，一个人在内乱中绝不会显得可靠和有益，假如他不具有完整德性。图尔泰俄斯提到的那种战争，有很多雇佣兵都坚定地跨入，[b5]愿意战斗到死，但他们大多数人皆鲁莽、不义、放肆且极不审慎，[他们]几乎所有人都如此，只有极少数好的几个不这样。①

我们眼下这个论述的目的地在哪儿呢，[630c]说这番话是想搞清楚什么呢？显然是这样：毕竟，此地这个源自宙斯的出类拔萃的立法者，以及其他所有并非微不足道的立法者，始终会着眼于最大的德性②来制定法律。这[c5]也正如忒俄格尼斯所说，是危难中的可靠，有人会称这种品质为完美的正义。③至于图尔泰俄斯所格外称赞的，确实美妙，诗人以恰当的方式使之生色不少；但如果有人说，在地位和值得尊重的力量上，它排在第四位，[630d]那他就说得最正确。

克　异乡人啊，这是把我们的立法者抛入了低级立法者的行列。

雅　不，正是我们这样放置了我们自己，最好的人哟，当[d5]

---

① 《理想国》490c5-6也提到，哲学的真理跟随着"诚实而正直的性情，还有节制"。没有完整的德性，可靠和诚实是不可设想的，这表明，"危难中的可靠"（630c5）可理解为全面的道德品质（=630c6"完美的正义"），它不仅是引诱背叛或阴谋的必要抵抗力（勇敢/节制，参635b以下），而且包含对较好事物的清醒判断（明智）。

② 最大的德性（τὴν μεγίστην ἀρετήν）：前面（630a7-b3）旨在证明立法者必须着眼于"完整的"德性，在此，"最大的"（μεγίστη）引出了德性等级概念。"危难中的可靠"（＝"完美的正义"）作为最大的德性排首位，勇敢作为最小的德性排在第四位（630c8）。

③ 这里的正义（δικαιοσύνη）不像《理想国》中那样是自足的灵魂"和谐"，而是限定在社会交往上的可靠（πιστότης），它作为"全面的正派"（如亚里士多德的说法）是朝向社会的，由此完全朝向城邦德性，它又作为"最大的"德性确立了优先地位。

我们以为，在设立拉刻岱蒙和克里特的一切习俗时，吕库尔戈斯和米诺斯主要是为了战争！①

克 但我们该怎么说呢？

雅 我认为，要讲得真实且公正，因为，我们像是代表一位 [630e] 神圣的 [立法者] 在对话。我们本该说，他设定 [法律]，并非着眼于德性的某个部分——那偏偏又是最低的部分，而是着眼于完整的德性。同时，他探索法律所依据的样式，不同于今人探索时所添加的诸样式。因为，当今每个人 [e5] 只按需设置，探求他所提出的样式：这人关心遗产和嗣女，②那人关注攻击，其他人则关注其他无数诸如此类的事情。但我们坚信，探索 [631a] 法律属于那些能好好探索的人，就像我们现在要着手做的那样。对于你所解释的法律的意图，我完全赞赏；你从德性开始，并正确地说制定法律就是为了德性。[a5] 但是，当你主张他立法的一切旨归都在于德性的一部分，③而且是最小的那个部分，我就明白你说得不正确了，那就是我现在提出后面所有这部分说法的原因。我本希望你来展示，[631b] 你自己如何说和听？你想要我为你展示吗？

克 当然。

雅 "异乡人啊，"本应该这样说，"克里特法律绝非浪得虚名，在整个希腊声望极高。[b5] 它们都是正确的，使用的人能获得幸福，因为它们带来了所有善物。这些善物是双重的，有些属人，有些则属神。但属人的取决于属神的诸善，如果一个城邦取得了更大的一头，[631c] 它也会取得较小的一头；如果不是，就会两头皆空。在较小的诸善中，健康居于首位；第二位是俊美；第三是强健，跑步和其他

---

① 关于吕库尔戈斯（这里首次提到他的名字），见624a4–5。关于斯巴达的立法着眼于战争和部分德性，参亚里士多德，《政治学》2.9，1271a41以下；伊索克拉底，Or. 12，217。

② 希腊常见的关于嗣女的法律制度服务于这一目的：在父系绝后时获得居住的房子（参924d1–925c3给出的与此有关的法律建议）。

③ 即"勇敢"，参630d7"主要是为了战争"。

所有身体运动上的强健；第四是财富——不是盲目的［c5］而是目光如炬的，如果它跟随着明智的话。①首先，明智在属神的诸善中居于首位。其次是跟随理智的灵魂之节制习性。这些结合勇敢，就产生了处于第三位的正义。②第四位是［631d］勇敢。后面所有这些［属神的］善，在等级上自然高于前面那些［属人的］善，立法者应该按这个等级来排列它们。

"接下来，应该告诉公民们，给他们的其他规定着眼于这些善，在这些善中，属人的［d5］向属神的看齐，而所有属神的善则向领头的理智看齐。③当公民男婚女嫁、生儿育女，同时，［631e］不管男人还是女人，从他们年轻到年岁渐长，直至耄耋高年，皆应照料好他们，给他们正确分配荣誉和耻辱。对于他们彼此之间的所有交往，我

---

① 财富完全不同于健康、美貌和强健，而仅仅在某些情况下是一种善（在PMG 890酒歌中也是如此，所谓 $\pi\lambda o \nu \tau \epsilon \tilde{\imath} \nu \ \dot{\alpha} \delta \delta \lambda \omega \varsigma$［诚实致富］）。这里提到的盲目的财富这一通常的看法（Hipponax 残篇 29 Diehl = 残篇 36 West；Timokreon，PMG 731；阿里斯托芬，《财神》行90；《理想国》554b5），不仅出现在"正派的、智慧的和安分的人"那里，而且无差别地出现在所有人身上（阿里斯托芬，同上），雅典异乡人称财富是一种善是将德性作为其前提。这不仅包含正当的收益（参727e5以下），而且包括在运用明智（$\varphi \rho o \nu \eta \sigma \iota \varsigma$）的情况下恰当地使用善［财富］（参743a-c）。

② 正义结合了节制和勇敢以及明智为领头的自然德性，可以这样理解：为了认识正义，需要明智，只有这样才可能实现恰切的认识；同时又要不受快乐或痛苦影响，则需要节制和勇敢。因此，在正义中融合了所有"基本德性"（参630a8），它是"完整的德性"（$\pi \tilde{\alpha} \sigma \alpha \ \dot{\alpha} \rho \epsilon \tau \eta$）。

③ 在此，领头的理智代替明智出现，并强调所有属神的善要向它看齐，由此便可得出，理智高于明智。963a8引用此处观点认为，"其他一切以及这三种德性"必须向领头的理智看齐，对理智和明智的可换性也作了解释（亦参631c6-7，理智和明智为同义术语，如672c1-c3，687e7-e9）。688b2-3理智和明智相互结合（同样参看631c-d）：所有德性的领头是"明智、理智和意见"。因此，不能严格分离明智与理智。不过，以下区分也许可能：在四重德性中，明智作为同类的（尽管是主导的）要素被称作最高的属神之善（631c6，963c9）；与此相对应，理智被称为普遍的基点，"一切"都向它看齐（631d5，963a8），同时，借助理智（$\nu o \tilde{\nu} \varsigma$）这个名称，我们也把目光转向了宇宙秩序中显现的理智（参897b以下）。立法者的安排必须向领头的理智看齐，这一要求最终并不意味着，普遍的理智能详细地体现在法律中，同时铭刻在政治现实中。

们必须警惕，注意他们的痛苦、快乐和欲望，以及［632a］他们在所有爱欲上的热切，并借助法律本身正确地谴责和称赞。此外，时不时的愤怒和恐惧，不幸给灵魂带来的混乱，随好运而来的释［a5］怀，以及疾病、战争和贫困带来的感受，还有相反的境遇落到人身上产生的那些感受，在所有这类情形下，必须教导和界定［632b］每一种情况中何为高贵和不高贵。

"此后，必然性要求立法者监督公民的收支如何产生；公民所有这些自愿［b5］或不自愿的相互结合或分裂，立法者也要注意他们在这类活动的每种情形下如何对待彼此，并观察哪些活动是正义的，哪些不正义。对于那些遵守法律的公民，立法者应分配荣誉，对于那些不听从的人，则应该施加规定的［632c］惩罚。当立法者实现整个政制的目的时，他应考虑，该用什么方式埋葬每一位死者，应分配给他们什么荣誉。

"明白这些之后，制定法律的人要为这一切设置维护者——［c5］有的维护者受明智引导，有的则受真实的意见引导——这样，理智就会捆住这一切［法律］，[①] 并可以宣告它们跟随节制和正义，[②] 而非财富或［632d］爱荣誉。"

因此，异乡人啊，我确实曾希望，而且现在仍希望你们乐意详细解释，在据说来自宙斯和皮托的阿波罗的礼法中，即米诺斯和吕库尔戈斯颁布的礼法中，这一切如何可能。所以，［d5］我希望你们显明，为什么对于任何或因技艺或因某种习惯而有法律经验的人而言，他们

---

① "捆住这一切"指保存法律。

② "跟随节制和正义"（σωφϱοσύνη καὶ δικαιοσύνη）：这两种德性经常一起出现在柏拉图笔下（《法义》660e3，696c5-6，711d6，808c4-5，870c1，906a8-b1；《普罗塔戈拉》323a1-2；《高尔吉亚》507d8；《美诺》73b4-5；《理想国》500d7，506d4，591b5；《斐德若》250b1-2 等）。它们构成了家庭和城邦中好的统治的前提（《美诺》73a-b），也是个人和城邦幸福的前提（《高尔吉亚》507d-e），两者共同构成了"民众和治邦者的德性"（《斐多》82a-b，参《理想国》500d7-8，同样，《普罗塔戈拉》322e2-323a1借普罗塔戈拉之口，将 αἰδώς ［敬畏］和 δίκη ［公道］视为其根源）。在此，631c前三个"属神的善"出现了新的情况：节制和正义成了一般公民的政治德性。

的安排如此清楚，但对我们其他人来说却一点儿也不清楚。

克　那接下去该谈什么呢，异乡人？

雅　依我看，有必要再次从头讨论，[632e] 就像我们做过的那样，首先谈谈归于勇敢的制度，然后逐个探讨德性的样式，如果你们愿意的话。我们一旦阐明第一个 [德性]，就试着把它当作范式来讨论其他 [德性]，这样我们就可以沿途 [e5] 用交谈相互激励。接下来，我们将表明，刚才的讨论何以着眼于完整的德性，如果神明乐意的话。

墨　[633a] 说得好。首先设法检审我们这位赞美宙斯的人 [克莱尼阿斯] 吧。

雅　我也会设法检审你和我自己。因为，这种论述是共通的。那么，请你们告诉我：我们是否认为，立法者设计 [a5] 公餐和体育训练是为了战争？

墨　是的。

雅　第三或第四种 [制度] 又是什么呢？因为，我们或许也应当以这种方式计算有关其他德性的东西——不管我们应称之为 [德性的] "各部分"，还是 [德性] 本身，只要说清楚就行。

墨　[633b] 我和任何拉刻岱蒙人都会说，设计的第三种 [制度]是狩猎。①

雅　第四种或者第五种，若可以的话，也尽力指出。

墨　[b5] 就第四种而言，我会尽力表明，那是针对痛苦的忍耐力。这在我们这里很常见，在相互拳击和某些偷窃活动中，总有许多打斗。此外，还有一种称为"秘密任务"，[633c] 充满令人惊叹的辛劳，用于培养忍耐力。他们冬天打赤脚，睡觉不盖被。他们也没有任何仆人，得自己照料自己，昼夜不分地漂荡在整片土地上。然后，在我们这里还有"裸体游戏"，② 通过与令人窒息的 [c5] 力量斗争，考

---

①　根据色诺芬《斯巴达政制》4.7，吕库尔戈斯为老年人规定了狩猎，以免他们在战时要求上比不上年轻人。

②　崇敬皮托的阿波罗的一种艺术竞赛（Pausanias 3，11，9）。

验异乎寻常的忍耐力。还有许多这类活动，多得数也数不过来，要是你想全部列举的话。

雅　你的确说得好哟，拉刻岱蒙的异乡人。但且让我们说说，勇敢是什么？能否简而言之，勇敢仅仅是与恐惧［633d］和痛苦斗争，或者也针对欲求、快乐和某些可怕的阿谀奉承，后者甚至能消融自以为刚正不阿的人的血气？①

墨　我同意是这样：勇敢是与所有这些［斗争］。

雅　［d5］如果我们回想一下先前的说法，这位老兄曾说，某一类城邦弱于自身，而且某一类人也如此。难道不是那样吗，克诺索斯的异乡人啊？

克　当然是。

雅　［633e］现在，我们是说受制于痛苦的人是坏人，还是受制于快乐的人？

克　更坏的，至少在我看来，是受制于快乐的人。或许，我们全都会说，那种可耻的弱于自身的人，［e5］乃是让快乐征服的人，而非让痛苦征服的人。

雅　［634a］无疑，宙斯和皮提亚的立法者未曾制定一种跛脚的勇敢，②只能抵挡左边却无力抵挡右边——乖巧和阿谀的这一边？他难道不能左右开弓？

克　［a5］两边都能抵挡，至少我会坚持。

雅　那么，咱们且回过头来说说，你们两个城邦的哪些制度，让

----

① 关于勇敢也是对快乐的斗争，可参《拉克斯》191d-e，亦参《理想国》429c9-d1：勇敢是抓住"正确的意见"（ὀρϑὴ δόξα），"不仅在痛苦中，而且在快乐、欲望和恐惧中"。消融（κηρίνους）本义为"蜡做的"，但此处并不指像蜡一样具柔软性和可塑性（例如《泰阿泰德》194c-e，《理想国》588d2；贺拉斯，《诗艺》163），而是指热烈的渴望消融尽了。

② 跛脚的（χωλός）作为一个人或物的特征，是指本该同时拥有的两个特性却仅有一个，亦参《斐德若》71e9，《理想国》535d1，6。此外可对照完整的（ὁλόκληρος），参《蒂迈欧》44c1。

人们品味快乐而非避开快乐——就好像不让人避开痛苦，而是把人拖入痛苦之中，强迫并用荣誉说服他们征服［634b］痛苦。关于快乐，在法律中哪里同样如此规定？这样说吧：你们有什么［制度］是要让人们面对快乐像面对痛苦那样勇敢，而战胜应该战胜的东西，［b5］绝不弱于最靠近自身且最严酷的敌人？

　　墨　这方面啊，异乡人，尽管我能举出许许多多有关抵抗痛苦的法律，但关于快乐主要的和显著的例子，我无法［634c］同样轻易地举出。但我兴许能找一些次要的例子。

　　克　同样，在克里特的法律中，我自己也无法像在其他方面那样显明这一点［快乐］。

　　雅　［c5］最优秀的异乡人啊，这一点儿也不奇怪。不过，关于每个人家乡的法律，我们若有谁要批评某一处，试图发现真理以及最好的东西，就应相互接受，批评不要激烈，而要温和。

　　克　雅典异乡人啊，你说得正确，我们应该信服。

　　雅　［634d］无疑，克莱尼阿斯啊，那种事不适合我们这把年纪的人。

　　克　的确不适合。

　　雅　是否有人能正确评判拉克［d5］岱蒙和克里特的政制，那又另当别论。但对于多数人的说法，兴许，我比你们两位更适合谈谈。因为，鉴于你们已恰当制定法律，其中最好的一条是，不允许任何年轻人去探索哪些法律制定得好［634e］或不好，而是要求所有人异口同声、众口一词地说，诸神设立的所有法律都好；谁若另有说辞，绝不允许听从［他］。然而，如果某位老人一直在思考你们的法律，［e5］他就应该在某位执政官和同龄人面前提出这类观点，绝不能有年轻人在场。

　　克　说得最正确不过了，异乡人啊，你就像个先知。［635a］虽然如此规定的人的这一思想已相当古老，但在我看来，如今你已恰当地卜中，并且说得非常真实。

　　雅　那好，我们周围现在没有年轻人。既然我们都这一大把年纪了，立法者必定特许我们单独地、[a5]悄悄地讨论这些问题，而我们也不会弹错调子，会吗？

克　正是如此，要批评我们的法律，请不要有什么顾虑。因为，找出某种不好的东西，绝非不光彩；其结果恰恰是治病救人，[635b]如果闻过者不嫉恨，而是满怀好意的话。

雅　说得好。我要说的话倒不是真的要批评法律——至少在尽可能细致而脚踏实地地研究之前还不会[批评]，毋宁说，我想表达一种困惑。因为，在希腊人和野蛮人当中，据我们所知，唯有你们的立法者[b5]颁布命令，要人们远离而非品味那类最大的快乐和消遣。而对于痛苦和恐惧，就像我们刚才所说，你们的立法者认为，如果一个人从孩提[635c]到终老总是避开它们，那么，在不可避免地陷入辛劳、恐惧和痛苦时，相对于那些在这类事情上受过训练的人，这种人就会抢先逃跑，并为其所奴役。我认为，同一个立法者也必须这样考虑快乐。[c5]他应该对自己说："如果我们的公民从年轻时起缺乏对最大快乐的体验，如果他们没有练习过忍受快乐，并且绝不被迫做任何不光彩的事，那么，由于面对快乐时精神软弱，[635d]他们的遭遇就会与那些让恐惧征服的人一个样：他们会以另一种更丢脸的方式，受役于那些能够忍受快乐的人，还有那些能主宰快乐的人，以及有时恶贯满盈的人。他们拥有的灵魂[d5]将部分受奴役、部分自由，①根本不配称为勇敢者和自由人。"因此，请考虑一下，你们是否认为，方才所言都说到点子上。

克　[635e]至少在我们看来，这个道理讲得通。但在如此重要的事情上立刻轻信，那就不仅幼稚甚至愚蠢。

雅　那好，如果我们来审视我们提出的下一个问题，[e5]克莱尼阿斯，还有拉刻岱蒙的异乡人啊，那么，谈过勇敢后，

---

①　部分自由是因摆脱了恐惧和痛苦，另外却又受快乐奴役（类似的见635d1"让恐惧战胜"）。这种状态就是"跛脚的"勇敢（参634a2）。

咱们就接着谈节制。在这样的［节制］政制中，又有什么不同于那些随意设置的政制呢？——我们刚才发现，［636a］后者是为了战争。

　　墨　不太容易说，但似乎可以看到，公餐和体育训练对双方都好。

　　雅　的确有可能，异乡人啊，各种政制在［a5］行为上很难像在言辞上那样毫无争议。身体同样如此：为每个身体制定的同一种训练，几乎不可能不显得对我们有些人的身体有害，［636b］对有些人的身体有益。体育训练和公餐也如此：在其他许多方面，它们现在有益于城邦，但在内乱的情况下就有害了——米利都、波伊俄提阿和图里俄伊的年轻人就是明证。①此外，这种制度看起来败坏了［b5］某种依据自然的古老礼法，涉及人和动物都有的性快乐。因此，你们的城邦可能最先受人指控，［636c］其他特别热衷于体育训练的城邦也一样。不管是戏谑地还是严肃地思考这些事情，都应该认识到：如果雌性与雄性出于自然本性，为了生育而相结合，这方面的快乐看起来便是依据自然［c5］生长的。但雄性同雄性，雌性同雌性一起，就违反了自然。最早胆敢这样做的人，看起来是因为对快乐缺乏自制。但事实上，我们全都指控克里特人编造了［636d］伽努墨德斯神话：由

---

　　①　年轻人每天都因公餐（集体吃饭）和体育训练聚到一起，就为政治商讨和阴谋提供了好机会。体育训练允许观看和触摸年轻人的裸体，这也可视为鸡奸的温床。如参《卡尔米德》154a-c，155d；《会饮》217b，c；《斐德若》255b7以下；阿里斯托芬，《云》行973以下，《和平》行762，《鸟》行130-142；西塞罗，《论共和国》4.4；普鲁塔克，《罗马研究》40，255b7以下，等等。鸡奸的友情会对统治造成危害：如《会饮》182c（以哈尔摩狄俄斯［Harmodios］和阿里斯托吉通［Aristogeiton］为例）。雅典异乡人以内乱影射政治的动荡，这一点散见于各处。普鲁塔克《论苏格拉底的精灵》594c称，在公元前379—前378年反斯巴达的暴动中，密谋发生在中学里。关于图里俄伊（在意大利南部），参狄俄多罗斯，12，11（公元前446—前445年内乱），12，35（公元前434—前434年内乱）；亚里士多德，《政治学》5.7，1307b6以下（可能是在公元前4世纪，由年轻人发起的一场未遂的颠覆）。

于人们相信克里特的法律源于宙斯，他们就把这个神话扣在宙斯头上，以便追随这位大神，继续享受那种快乐。①对于这个［d5］神话，无需多说；但对于探究法律的人而言，他们绝大部分的思考都关涉城邦和个人性情中的快乐和痛苦。这两股泉水自然流淌，在恰切的地点、［636e］时间取适量水的人就幸福；城邦、个人和凡有生命者，同样如此。但无知的且不适度的人，就会过上截然相反的生活。

墨　你讲的这番话真好，异乡人啊。对此，我们［e5］拙于言辞，无从置喙，但至少在我看来，拉刻岱蒙的立法者要求避开快乐是正确的。至于克诺索斯的法律，这位老兄要是愿意，也能上阵支持。但我认为，［637a］斯巴达制定的有关快乐的法律，乃是人类最美好的法律。因为，那种让人落入最大的快乐、最为肆心和全然不理智的习俗，我们的法律尤其将之驱逐出整片领土之外。在斯巴达［a5］管辖下的任何村社或城镇，你们绝不会看到会饮场合，或任何与之相伴的东西，因为它们有将人推向各种快乐的力量。我们碰到纵酒狂欢的人时，没有哪个不会［637b］立即［对其］施以最重的惩罚，即便酒神节也不能成为保护他的借口——这类事情［纵酒狂欢］，我曾看到你们那里的人在马车上干过。在我们的殖民地塔伦图姆，我居然亲眼看到，在酒神节②那天，［b5］全城都在狂饮！我们这儿绝不会出现这种事情。

雅　拉刻岱蒙的异乡人啊，在有忍耐力的地方，所有这些事情

---

①　在荷马《伊利亚特》20.231-235，伽努墨德斯是让诸神而非宙斯劫走的，并且仅仅是掌酒司，而非宙斯的情人。对于这个同性恋解释的最早凭证，参荷马，《阿芙罗狄忒颂歌》（5）行202-206，品达，《奥林匹亚凯歌之一》行43-45。在柏拉图的《斐德若》255c，宙斯与伽努墨德斯的关系是作为神话的例子，颂扬同性者的爱欲（如同忒俄格尼斯，行1345-1350）。

②　酒神节在安忒斯特瑞亚节（Anthesteria）的第二天，酒神节举行游行，在酒神狄俄尼索斯的船舱后跟随着其他马车，许多乘客满口说着讽刺话。类似的游行是葡萄节（即酒神节）的常见活动之一。

都值得称道；但在放纵无度的地方，［637c］那就相当愚蠢。①或许，我们这里也可抓住你的把柄为自己辩护，指出你们那里的妇女放纵无度。但对于所有这些事情，不管在塔伦图姆还是我们那里或你们那里，有一种回答能为其开脱，使之看起来不是坏的，［c5］而是正确的。一个异乡人看到在母邦中没经历过的事情而吃惊时，人人都会这样回答他："别大惊小怪，异乡人啊。这是我们的礼法，对于同样这些事情，也许你们会有［637d］不同的礼法。"不过，亲爱的人啊，我们现在的讨论并不关乎其他人，而是关乎立法者本身的邪恶和德性。因此，我们要更详细地谈谈整个醉酒。这不是一种微不足道的习俗，［d5］任何拙劣的立法者都无法判定它。现在，我不是要谈一般的喝不喝酒，而是谈醉酒本身：是否该像斯基泰人和波斯人那样对待醉酒，还有迦太基人、凯尔特人、伊伯利人忒腊克人——所有［637e］这些都是好战的民族，或者像你们那样？你们的民族，正像你所说的，彻底禁酒。而斯基泰人和忒腊克人喝酒时，根本就不兑水，男男女女都这样，他们还把酒倒在外衣上，以为这是在参与一个高贵而幸福的［e5］习俗。②波斯人也沉溺于酒，以及你们弃绝的其他奢侈品，但他们比其他这些［民族］更有序。

　　墨　［638a］但是，最好的人啊，我们手中一拿起武器，定会让所有这些民族望风而逃。

　　雅　最好的人啊，不可这样说。因为，诸多溃退和追击以前发生过，以后还会发生，原因说不清楚。因此，［a5］我们不应该总是把战斗中的胜败，称为习俗是否高贵的明确标准，而是有争议的标准。虽然大城邦在战斗中［638b］打败小城邦，如叙拉古人奴役洛克里斯

---

　　①　所有习俗最重要的方面是自制（καρτερήσεις［忍耐力］）。在具有这一品质的地方，饮酒也是值得称赞的。没有自制的话，法律上规避快乐也徒劳。关于这一思想，636c6–7有谈及：尽管规避快乐，却对快乐缺乏自制。亦参《理想国》548b：寡头制（斯巴达寡头制：544c，545a）下用强制教育的公民，躲开法律偷偷获取乐事。

　　②　忒腊克的习俗，狂欢滥饮时酒友将酒倒在衣服上，色诺芬《上行记》（Anabasis）7.3.32也有提到。

人，雅典人奴役科俄斯人，但后者看起来在那个地方有最好的法律。我们还可以找到其他无数这类例子。不过，对于我们讨论的每一种习俗，[b5] 现在且把胜败撇在一边不谈，而努力用论证说服我们自己，讲明某类习俗何以高贵，另一类何以不高贵。但是，首先请听我解释，我们应该如何研究这些事情的利弊。

墨　[638c] 那么你说该怎么办？

雅　我认为，凡是讨论某种习俗的人，打算一提出来就谴责或赞扬，那便是采取一种根本不恰当的方式。这种人的做法，[c5] 就好比有人一听到他人赞赏奶酪是种美食，就立即谴责它，既不盘问它的功效，也不了解其用法——用什么方式、由谁、搭配什么、在哪种情况下使用，以及给什么情形下的人使用。在我看来，[638d] 这就是我们正在讨论的事情。关于醉酒，仅仅听到这么点儿，有些人就立即谴责它，另一些人却称赞它，其实都很荒谬。我们靠见证和称颂者来赞美每一方：一方认为其说法 [d5] 至关重要，因为他们能提供许许多多的见证，另一方也如此主张，因为我们看到，不行醉酒的人方能在战场上获胜。这样，在我们之间，醉酒就变得富有争议。依据理智，我着实不认为 [638e] 应以此逐个审视其他习俗。相反，另一种方式在我看来是必需的，我倒乐意用来讨论醉酒这个习俗。可以的话，我将尽力显明，我们探究所有这类东西的正确方式 [e5] 是什么。因为，关于这种事情，不计其数的民族会同你们两个城邦争论，跟你们打嘴仗。

墨　好呀，如果我们真有某种考察这类事情的正确方式，[639a] 就应该毫不犹豫地听从。

雅　我们可这样来思考：来吧，假定有人要称赞养育山羊，也称赞这种动物本身是一种很好的所有物。假设另外有人，因为看到过没有牧羊人放牧的山羊糟蹋了耕地，[a5] 就谴责山羊，并以同样的方式谴责他曾看到的无人统领或统领不善的每一种动物。我们会认为这样的谴责有益吗——不管他可能谴责什么？

墨　怎么会呢？

雅 如果一个人只有航海知识，我们 [639b] 会不会认为他在航行上是称职的统帅，而不管他是否会晕船？或者我们会怎么说呢？

墨 他根本不是 [称职的舵手]，如果他除了具有那门技艺之外，还有你说的那种毛病。

雅 [b5] 军队的统帅又如何呢？他具有战争的知识就够统治资格吗，倘若他在危难之中胆小如鼠，并因沉醉于恐惧而晕船？①

墨 怎么会 [够格] 呢？

雅 如果他没那门技艺，还胆小如鼠呢？

墨 [b10] 你所说的那种人是十足的可怜虫——根本不是男子汉的统帅，而是某些柔弱女子的魁首。

雅 [639c] 这个呢，凡是天然要有统治者的共同体，受统治便有益，但有人称赞或谴责时，从未见过它在受统治下的正确交往方式，而总是见到它无人统领或统领 [c5] 不善的情形？这样的旁观者，不管他们是谴责还是称赞这类共同体，我们会认为那有什么益处吗？②

墨 怎么会有呢，既然他们从未见过或参与过 [639d] 任何正确类型的共同体？

雅 打住。酒会和会饮，我们是否应设定为诸多共同体中的一种交往？

墨 当然应该。

---

① 关于沉醉的隐喻，参《斐德若》240e5 将热恋视为沉醉（μέθη），《法义》649d6-7 提到"沉醉其间的乐子"，《理想国》562d2 提到"一旦城邦沉醉于……自由"，《克里提阿斯》121a2-3 提到"沉醉于放荡"；还有 Anakreon，PMG 376 说"沉醉于爱欲"，色诺芬的《会饮》8.21 说"沉醉于性欲"，德摩斯梯尼，Or. 4, 49 说"沉醉于获得的伟大"。在此，恐惧作为沉醉的原因出现，有点令人不舒服，虽不寻常，却也客观存在，因为沉醉的隐喻指的不过是失去自制（节制）（《克里提阿斯》121a 处"喝醉"（μεθύειν）的结果也是如此）。

② 有什么益处（χρηστόν τι）：一个"有用的、客观合理的"或在道德意义上也是"诚实、公正的"评价。

雅　[d5] 那么，有谁曾见过正确举行的会饮呢？对你们两位来说，那容易回答："从未有过。"因为在你们那里，这既不合习俗也不合法。但我在许多地方碰到过诸多会饮，此外，可以说，我已研究过所有这些会饮。我几乎没有 [639e] 看过或听过有哪一个举行得完全正确——即便有些的某些细枝末节上也做得正确，但绝大多数可以说完全错误。

克　你为何这么说，异乡人？请讲清楚些。[e5] 因为，正如你所说的，我们对这类会饮缺乏经验；假如我们 [640a] 碰到它们，我们可能也不会马上知道，它们举行的方式正确或不正确。

雅　你说的很有可能。那就试着从我的解释里了解吧。在所有集会和着眼于任何行动的 [a5] 共同体中，处处在每种情形下都有一个正确的统治者，你岂不了解？

克　怎么不会呢？

雅　此外，我们刚刚说过，打仗时需要一个勇敢的统帅。

克　[a10] 怎么不是呢？

雅　那么，一个勇敢的人比胆小的人更少受到恐惧的扰乱。

克　[640b] 的确。

雅　因此，如果有什么办法能让一个根本不会恐惧也不受纷扰的人成为军队的将领，难道不应该竭尽全力这样做？

克　[b5] 定当如此。

雅　然而，我们眼下讨论的人不是在战争中以敌意对付敌人的军队统帅，而是和平时朋友与朋友之间友好共同体的首领。①

① "统帅/会饮统领者"这一对照的界限显示，这个比照仅仅是指"出于自制而不会使自己安静不下来"（μὴ θορυβούμενον）。维护友谊向来被认为是会饮的目的，参 Chios残篇《伊翁》1，11；2，7f. Diehl（= Gentili-Prato）= 残篇26，11；27，8 West；色诺芬，《会饮》2.24；普鲁塔克，《七贤会饮》13，156CD；Athenaios 5，185C。此处关于友谊的说法，参普鲁塔克，《会饮》1.4.2，620D："我们主持会饮的那个人说，会饮'引向友谊'。"对于立法者而言，会饮具有特殊的益处，因为友谊与和睦必须是立法的目的。参628a2，c10–11，693b4，c3、7，e1，694b6（更多的例证见693a5–c5）。

克 正确。

雅 ［640c］那么这样的交往，如果伴之以醉酒，就不会没有纷扰，是吗？

克 怎会没有呢？我认为完全相反。

雅 那么，首先，这些人也需要一位首领吧？

克 ［c5］毫无疑问，比任何其他活动都更需要！

雅 那么，如果可能的话，是否需要配备一位不受纷扰的首领？

克 毋庸置疑。

雅 此外，在交往方面，他看起来必须有见识。① 因为，他既是［640d］会饮者最初友谊的守护者，还是让他们通过交往加深友谊的负责人。

克 千真万确。

雅 这样，难道不应该为醉汉设立一位清醒而智慧的［d5］首领，而非相反？因为，如果这群醉汉的首领是个不智慧的年轻酒鬼，他要避免行大恶，就得好运连连。

克 的确要行大运。

雅 因此，如果城邦以尽可能最正确的［d10］方式进行了这种交往，有人还要谴责，［640e］指控这种活动本身，那他的谴责很可能是正确的。但如果他斥责的那种习俗，他只见过其举行得最错误的情况，那么这首先表明，他不知道这样的习俗本身不正确。其次，这也表明他不知道，所有以这样的方式举行的习俗，［e5］要是没有一位清醒的主持和首领，都会显得邪恶。或者，难道你不明白，一个烂醉如泥的掌舵人，还有在任何事务上凡醉倒的首领，［641a］都会推翻一切——无论船只、马车、军队，还是他掌管的随便什么？

克 你说的这番话，方方面面都是真的，异乡人啊。但接下来请

---

① 在此，有见识（φρόνιμος）表示在某个领域（这里是社交）拥有经验和专业知识。明智（φρόνησις）在柏拉图笔下有时指内行的专业知识，为苏格拉底或智术师使用的语言，可参《吕西斯》209d3、e2、210a4 等，《理想国》349e4，《希琵阿斯前篇》281d1，《阿尔喀比亚德前篇》125a8。

告诉我们：这种饮酒的［a5］习俗若可以正确举行，那它究竟能给我们带来什么好处呢？回到我们刚才所说的，①这就好像一支军队如果得到正确领导，部下就会打胜仗，那就绝非蝇头小利了，［641b］其余可依此类推。但从一个正确引导的酒会上，个人或城邦又能得到什么巨大好处呢？

雅　这个呢？一个孩子或合唱队按照正确方式教育，我们会说这给城邦带来什么巨大好处呢？若是［b5］这样问我们，我们便可以回答："从一个人那里，城邦只能得到一丁点好处，但如果你问，受教者的整全教育能使城邦获得什么巨大好处，答案并不难：教育得好的人就成为好人，成［641c］为这样的人后，他们在其他方面会举止高贵，同敌人战斗也会高贵地取胜。②教育带来胜利，但胜利有时导致无教养。因为，许多人由于战争中的胜利而变得更加肆心，又因［c5］肆心而恶贯满盈。教育从没有成为'卡德摩斯式的胜利'，③尽管在人类身上，许许多多的这类胜利曾经发生过，而且将来还会发生。"

克　在我们看来，朋友啊，你是说，共同饮酒［641d］消磨时间是对教育的巨大贡献，如果搞得正确的话！

雅　怎么不是呢？

克　那么，接下来，你能解释刚才［d5］所说的为何真实吗？

雅　异乡人啊，这些事情的真实性要大力坚持，若众说纷纭，那是属神的事。但如有需要，我并不吝于说出自己的见解，既然我们现已着手讨论法律和政制。

克　［d10］我们应尽力弄清的，正是你对［641e］目前这些争议的看法。

---

①　可能是指640b2–4。

②　雅典异乡人运用"教导"（παιδαγωγηϑέντος，641b1、3）与"教育"（παιδεία，641b6、7）之间语言上的关联，用整体教育的益处问题代替了单独会饮的益处问题。

③　"卡德摩斯式的胜利"，意为付出极大代价而得到的胜利，它对胜利者是有害的。

雅 那么，我们必须做的就是：你俩专心致志地理解论述，我则按某种方式尽力阐明它。然而，首先请听我说完这一点：所有［e5］希腊人都认为，我们的城邦爱唠且是话痨；但就拉刻岱蒙和克里特而言，拉刻岱蒙被认为言辞简洁，克里特则多心眼而非话痨。［642a］但我不想让你们以为，我在小题大做。关于醉酒这个小活动，我还得长篇大论来阐明。因为，若没有就音乐的正确性给出清楚而充分的论述，就绝不可能依据自然［a5］管理好醉酒；而没有论及整体教育的话，也绝不可能阐述好音乐。但这一切就需要长篇大论喽。因此，请考虑是否该这样做：我们搁置眼下这些［642b］问题，转入有关法律的其他讨论。

墨 雅典异乡人啊，你大概不知道，我们家恰好是贵邦的异乡人保护者。①很有可能，对我们的每个孩子而言，一旦听说自家是某个［b5］城邦的异乡人保护者，我们每个异乡人的保护者从小就会对那个城邦产生好感，好像她是母邦之后的第二故乡。眼下我碰到的正是如此。无论何时，拉刻岱蒙人为某事谴责或赞扬雅典人，［642c］我马上就会听到孩子们叫喊道："你的城邦，墨吉罗斯啊，对我们做得不高贵或做得高贵。"我听到这些事情时，总会为你们同那些谴责贵邦的人作斗争，［c5］这使我［对贵邦］极有好感。甚至现在，我仍对你的方言备感亲切，而且多数人说，雅典好人好得与众不同，我认为这讲得最真实。唯有他们的好无需强迫，自然生长，源于神的分配：［642d］他们是真实的而非虚假的好。因此在我看来，你应该鼓起勇气，喜欢怎么说就怎么说。

克 而且，异乡人啊，你一旦听到并认可我的说法，就可以鼓起勇气，想怎么说就怎么说。因为，［d5］你也许听说过厄庇墨尼德斯，那位神样的人就在这儿出生，他是我们的同族。②波斯战争前十

---

① 异乡人保护者在其家乡"作为东道主"（πρὸ ξένου）行使职权，针对的是那些在东道国没有私人东道主的异乡人，他像现代领事馆那样维护利益。

② 厄庇墨尼德斯是一位神学家和占卜者（参677d7–e5），来自克里特。根据当前说法和部分后来的证明，他来自克诺索斯，642d4。

年，他按照神谕去了你们那里［雅典］，并献上神［642e］所要求的某些牺牲。他告诉当时恐惧波斯远征的雅典人，"波斯人十年里不会来，如果他们来了，他们将铩羽而归、一无所获，遭受前所未有的不幸"。因此，在那时，我们的［e5］祖先就同你们的先人结交，从那以后，我和我的家人都对你们的［643a］民人很有好感。

雅　那么，看来你们这边是准备好听了。我这边嘛，也愿意着手［讲］，但一点儿也不会轻松。不过，必须试一试。首先，为了展开谈话，［a5］我们且定义一下教育是什么，具有什么力量。我们认为，这就是我们现在所进行的谈话应该走的道路，直至抵达神明。①

克　咱们一定这样做，要是你乐意的话。

雅　［643b］那么我来谈谈应当说教育是什么，你们考虑一下是否同意我所说的。

克　请说吧。

雅　我会的，我要说的是：一个人无论打算精通什么，［b5］都必须从孩提起就操练这一行。在游戏和干正事时，他都应投入到与那种活动相关的每件事情上。这样，假如有谁想做个好农夫或者某个好的建房者，那么，建房者就应该玩那种［643c］教人建房的游戏，农夫亦与此相似。抚育者应当为每个孩子提供真实工具的小模型。②此外，孩子们还应学习每种必要的初级知识，例如，木匠应该学会测量［c5］和估算，士兵应该玩玩骑马游戏，或者做其他诸如此类的事情。应试着用游戏引导孩子们的快乐和欲望，使他们抵达必须做完满的事情上。教育的核心，［643d］我们说，乃是正确的教养，亦即，尽可能把孩子的灵魂从玩游戏的爱欲引领到他必须做的事情上，以使他在

---

　　①　谈话应抵达的那位神，通常理解为酒的赐予者狄俄尼索斯（672b以下，对比775b5—6）。谈话在卷二结尾（672a）抵达这位神。

　　②　童年的教育以模仿（参643c2 μιμήματα）和游戏（παίζειν，παιδία，643c1、5、6，d1；参《理想国》558b）的形式出现。因为，孩子还不能保持"严肃性"（659e3—4）。在这个意义上，雅典异乡人经常玩味 παιδία（或 παίζειν［游戏］）与 παιδεία［教育］的词源关系（两者都源于 παῖς［孩子］）。参656c2—3，803d5—6，832d5—6。

职业德性上成为完美之人。

现在来看看到目前为止的说法，正像我刚才所言，你们是否同意。

克 ［d5］怎么不［同意］呢?

雅 但是，我们所说的教育还没得到界定呢！当今，我们指责或赞扬不同人的教养时，我们会说我们中的一些人"受过教育"，另一些［643e］"没受过教育"，尽管后者所指的那些人，有的在买卖、海上贸易或其他诸如此类的事情上受过非常好的教导。因此，在目前的讨论中，不把这类教导视为"教育"是恰当的;我们所指的是童年起就进行的德性教育，那种教育让［e5］人渴望并热爱成为一名完美的公民，懂得如何依正义行统治和被统治。只有［644a］这种教养，在我看来，目前这个讨论才愿意界定，并称之为"教育"。另一种旨在获得金钱、某种强力或其他某种不带理智和正义的才智，应称之为庸俗的和［a5］不自由的，它完全不配称为"教育"。①但我们不要在名称上相互论争。我们只要关心刚刚同意的论点:"受过正确教育的人基本上变成了好人。任何地方［644b］都不可不尊重教育，因为对最优秀的人来说，教育在最高贵的东西中居于首位。如果教育一度误入歧途，但还能够得到改正，每个人一生就应当始终尽其所能去改正。"

克 ［b5］正确，我们同意你的说法。

雅 至少不久前我们还同意，好人就是那些能够控制自己的人，坏人就是那些控制不住自己的人。

克 你说得很正确。

雅 我们用一种更为清楚的方式再来考虑一下［644c］那是什么意思。可以的话，请允许我借助一个形象来为你们阐明它。

克 尽管说。

---

① "庸俗的"教育有三个目标:做买卖挣钱、使身体强有力和获得不合乎德性的技术知识。这三个目标符合财产、身体和灵魂的三分法（见631b6—d1）。

雅　那么，我们可以假定我们每个人都是单独的个人吗？

克　［c5］可以。

雅　但他身上有没有两个对立而又愚蠢的顾问，我们称之为快乐和痛苦？①

克　有。

雅　除了这两者［快乐和痛苦］之外，还有关于未来的各种意见，［c10］这些意见有个共同的名称叫"预感"，但每一个都有自己的特定名称："恐惧"是对痛苦的［644d］预感，"莽撞"则是对相反东西［快乐］的预感。②对于所有这些，就有何者更好何者更坏的推理——当这种推理成为城邦的共同意见时，就叫做"法"。③

克　我很难领会这一点；但请接着说下去，就好像［d5］我领会了。

墨　我同样感到困难。

雅　我们以如下方式来想想这些事情：我们且把每一个生灵都视为神的木偶，④组装起来要么是为了当诸神的玩物，要么是出于某种

---

① 《蒂迈欧》69d3 也提到"愚蠢的顾问"（$\mathring{\alpha}\varphi\varrho ov\varepsilon\ \sigma v\mu\beta ov\lambda\omega$，指恐惧和莽撞），并称快乐为"恶的最大诱饵"（$\mu\acute{\varepsilon}\gamma\iota\sigma\tau ov\ \varkappa\alpha\varkappa ov\ \delta\acute{\varepsilon}\lambda\varepsilon\alpha\varrho$，69d1），而痛苦是"对善的逃离"（$\mathring{\alpha}\gamma\alpha\vartheta\tilde{\omega}v\ \varphi v\gamma\acute{\alpha}\varsigma$，69d2）。

② 关于预感（$\mathring{\varepsilon}\lambda\pi\acute{\iota}\varsigma$）作为恐惧和莽撞的总称，参《斐勒布》32b9 以下。

③ 在智术师的传统中，法律也被定义为城邦的"意见"（$\delta\acute{o}\gamma\mu\alpha$，$\sigma v v\vartheta\acute{\eta}\varkappa\eta$［协议］，$\acute{o}\mu o\lambda\acute{o}\gamma\eta\mu\alpha$［同意］）。智术师由此得出法律的相对性（参889e，以及《泰阿泰德》172b4-6普罗塔戈拉关于正义与不义所引入的论点："它们既非出于自然，也非原本存在，而是共同意见［$\varkappa o\iota v\tilde{\eta}\ \delta\acute{o}\xi\alpha v$］使之为真，只要这种意见被视为真实"）。但是，柏拉图试图借助"正确的法律"（$\acute{o}\varrho\vartheta\grave{o}\varsigma\ v\acute{o}\mu o\varsigma$）这一概念避免得出法律的相对性这样的结论。使"正确的法律"得以实现的"正确性"是体现神的安排的"真正道理"（645b），如果神没有揭示，某个特别优异的人也能认识到，城邦应采用这种真正的道理作为法律（645b）。而644d2-3提到：城邦可能通过"多数人的决定"确定"正确性"的内容。

④ 木偶（$\vartheta\alpha\tilde{\upsilon}\mu\alpha$）：双关语，另有"奇迹"的意思（参658c1）。

严肃的目的——对此，我们［644e］一无所知。^①我们所知道的是，这些激情在我们体内，就像肌腱或绳索一样起作用，互相抵触着，在相反方向拉扯我们去干相反的事情，在德性与邪恶的分野之处挣扎。那么，道理［e5］就在于，每个人都应该始终跟随一条绳索，绝对不要松手，用这根绳索来和其他绳索拔河。这根绳索［645a］是推理的拉力，金质的和神圣的拉力，称为城邦的公法；其他绳索则是坚硬的和铁质的，而这根则是柔软的，因为它是金质的；其他绳索就像各种各样的形式。^②这种法律的拉力最高贵，［a5］有必要始终襄助，因为推理虽然高贵，却是温和的而非强力的；推理的拉力需要帮手，如果我们中的黄金种族要胜过其他［645b］种族的话。

这样一来，关于我们是木偶的德性神话将保存下来，而强于自身或弱于自身这个说法所要表示的意思，某种程度上也会更清楚。此外，对于城邦和个人来说，更为清楚的是，个人应该获得关于［b5］这些自身内的拉力的真正道理，并据此生活，而城邦应该遵从的那种推理，要么来自某位神，要么来自这些事情的知者。另外，城邦还应该把这种推理设立为自己的法律，也设定为自己与其他城邦关系的法律。这样，对我们而言，邪恶和德性［645c］无疑会区分得更清楚。随着这种区分的明朗，也许就会澄清教育和其他活动。还有，关于饮酒消遣这个活动，以前可能觉得它太微不足道而［c5］不值一提，现在看来，如此长篇大论，却也并非毫无价值。

克　说得好；既然我们眼下是在消遣，那就来透彻讨论值得一提

---

① 将木偶称为神的玩物（παίγνιον，644d8-9）不可理解为，人是神心血来潮的"玩物"。这个比喻的语言形式已经自相矛盾，从644e4起，它通常存在于要求和规则中（δεῖν［必须］，644e5，645a4，b5），要求人处于某种活跃的状态，因此像是作为"游戏规则"来确定游戏的意义。这只是表明，人要跟随理智的金绳索。因为，这"神圣的"拉力（645a1）是金绳索，神样的演木偶戏者用它来操控我们。它在我们身上是神圣的或（根据后来的表达方式）"不朽的"，人们在城邦和个人的生活中都应遵从（713e8-714a2的表述与645b4-8相近）。

② 《理想国》414b以下谈到金属人的政制神话，有能力统治的灵魂混兑了黄金（415a4，416e4，547b5；亦参《斐勒布》43e，《克拉提洛斯》398e）。

的事吧。

雅　[645d]那么请告诉我：如果我们给这个玩偶[人]引入醉酒，会产生什么影响呢？

克　你这样问，是考虑到什么呢？

雅　迄今还没有什么特别的考虑，只是在想，这两种东西合在一起，[d5]通常会发生什么呢？但我会尽量更清楚地解释我的想法。我要问的是这一点：喝酒难道不是让快乐、痛苦、血气和爱欲更加强烈吗？

克　确实如此。

雅　[645e]感觉、记忆、意见和明智又如何呢？它们同样变得更强烈吗？或者说，它们难道不会抛弃任何烂醉如泥的人？

克　是的，它们会彻底抛弃这种人。

雅　[e5]这种人此时所处的灵魂状态，岂不如同他孩提时的灵魂状态？

克　怎么不是呢？

雅　在那样一个时刻，他最不能控制自己。

克　[646a]最不能。

雅　难道我们不认为这样的人最糟糕？①

克　确实如此。

雅　那么，很可能不仅老人会再次变成小孩，[a5]喝醉的人也会如此。

克　说得好极了，异乡人啊。

雅　是不是真有一种说法，试图说服我们相信，我们必须去尝试这样一种事情，而不是尽一切力量去避开它？

克　[a10]很可能有。至少你说有，刚才还准备谈谈呢。

雅　[646b]你俩的回忆很对，我的确正准备谈谈，既然你们两

---

① 参626e克莱尼阿斯所说"自己打败自己，则是所有失败中最可耻的，同时也是最坏的"，644b雅典异乡人说"坏人就是那些控制不住自己的人"。

人都已说过，你们会如饥似渴地听。

克　我们怎么会不听呢？——即便没有其他原因，而［b5］仅仅是出于好奇，出于你这奇异的说法：一个人居然会自愿陷入彻底堕落的状态。

雅　你们是指灵魂的［堕落］，抑或不是？

克　是的。

雅　那么，肉体上的恶又怎样呢，友伴啊，如果［b10］有人居然自愿进入了一种衰弱、丑陋和懦弱的状态，［646c］我们会大吃一惊吗？

克　怎么会不［吃惊］呢？

雅　好，但自愿去诊所拿药喝的人又怎么样呢？我们是否认为他们并不晓得，一会儿后和［c5］此后很多天内，他们可能处在这样的身体状况中，若不得不这样活到生命的终点，他们就会拒绝再活下去？我们难道不知道，人们进体育场一搞完训练就会筋疲力尽？

克　我们知道这一切。

雅　［c10］他们自愿到那里去，就是为了以后的好处吗？

克　［646d］说得好极了。

雅　难道不该以同样的方式看待其他活动？

克　当然［应该］。

雅　［d5］那么，我们也应该如此看待借饮酒消遣——如果它能被正确视为上述活动之一的话。

克　为什么不能呢？

雅　现在，如果这种活动［饮酒］给予我们的好处，明显不亚于给身体带来的好处，那么它一开始就胜于身体锻炼，［d10］因为体育锻炼伴有痛苦，而它却没有。

克　［646e］说得对，但我们要是能在其中发现这样一种东西，我将会大吃一惊。

雅　所以这很可能就是我们必须着力解释的。请告诉我：我们能区分头脑中两种几乎［e5］相反的恐惧吗？

克　哪两种？

雅　是这样两种，一方面，当我们预料到邪恶会出现时，我们可能会恐惧。

克　是的。

雅　[e10] 另一方面，我们常常恐惧意见，如果我们说了或做了某种不高贵的事情时，我们就想到自己会让别人视为坏蛋。这样 [647a] 一种恐惧，至少我们——我相信每个人——都会称之为"羞耻"。

克　还能叫什么呢？

雅　这就是我说的两种恐惧。后一种与 [a5] 痛苦和其他恐惧相反，还与最常见和最大的快乐相反。

克　你所言极是。

雅　那么，难道立法者和君子不应以最高的荣誉尊崇后一种恐惧，称之为 [a10]"敬畏"，并把与之相反的莽撞叫做"无耻"？① [647b] 他岂不把这种无耻看作每个人公私生活中最大的恶？

克　说得对。

雅　难道这种恐惧不保护我们免遭许多大恶吗，对于我们在战争中获得胜利和安全，[b5] 它起的作用岂不尤其大于其他任何东西？因为，有这两种东西会取得胜利：对敌人大胆，对朋友则害怕丑事带来的丢脸。

克　正是如此。

雅　因此，每个人都必须既无畏又 [647c] 畏惧：我们已表明两

---

① 敬畏（*αἰδώ*），也有"畏惧、自尊心"之意。敬畏具有合乎道德的情感意义。无耻（*ἀναίδειαν*）与647a2的羞耻（*αἰσχύνη*）相对。依据普遍的说法（647a1"每个人……称为"），羞耻在于对众人意见的顾忌，有别于此处的"敬畏"。从对无耻的定义可推断出，羞耻在于恐惧"好人"的意见（701a-b。886a6也富有启发：面对坏人，人们虽会恐惧，但不感到敬畏）。敬畏在于自愿服从某个更高的公认权威，尤其是法律（698b6，699c2）。就此而言，这种（参671d2"神圣的恐惧"）具有奠定城邦的重要性，与此相似，无耻则有损害性（关于这一点，参欧里庇得斯，《美狄亚》471-472："人类的所有疾病中/最大的是无耻"）。

者各涉及何种情况。

克　没错。

雅　那么，我们若想让每个人都不受诸多恐惧的影响，就可以依照法律把他拖到恐惧之中［c5］来实现。

克　看来是这样。

雅　如果我们设法让他依照正义恐惧，又会怎样呢？我们难道不应该让他同无耻作斗争，以让他在这个斗争中得到锻炼，并使他战胜自己的快乐？通过战胜并征服自己身上的［c10］懦弱，人在勇敢方面就变得完美了。［647d］无疑，在这些斗争上缺乏经验和训练的人，绝不会达到他潜在德性的一半。①在游戏和严肃追求中，一个人如果没有在言辞、行动和技艺的帮助下，反抗并战胜许多诱使他［d5］陷于无耻和不义的快乐和欲望，那他能在节制上变得完美吗？他对所有这些事情会依然没有感觉吗？

克　那说不通。

雅　［647e］那好，有没有一种恐惧之药，由某位神明赐给凡人，这种药的效果在于，人们越想喝这种药，每次喝了之后就会越觉得自己不幸，害怕现在和将来降临到自己身上的［648a］一切事情，最后甚至连最勇敢的人都感到惊恐万分。然而，当他一觉醒来，药效消除之后，他每次又会故态复萌。

克　我们怎么能说凡人会拥有这剂药呢，［a5］异乡人？

雅　确实没有。但如果在某处曾出现过，立法者该不该用它来增进勇敢呢？就此，我们可以这样同他对话："来吧，立法者，不管你是克里特人还是其他什么人的立法者，你是否首先［648b］希望能够检验②公民们是勇敢还是懦弱？"

---

①　满足于达到完整的（真正的）善的一半是愚蠢的：参805a7-b2，806c3-6（其他情形见690e）。参634a2"跛脚的勇敢"。

②　检验（βάσανος）：本义是试金石，通过摩擦可检验金子的纯正性。忒俄格尼斯已用过这个语词的隐喻来表达对某个人的真实本性的检验（417-418，449-450，1105-1106，1146g-h）。亦参《理想国》503a2，e1也存在类似含义（上文647b9-d8已显明）。

克 显然，他们每一个都会说希望如此。

雅 "那好，你更喜欢安全而不太冒险的检验，[b5]抑或相反？"

克 他们也都会赞同那种安全的检验。

雅 "你会不会用这种办法将人们拖入恐惧之中，即在他们受苦时检验他们，以迫使他们变[648c]得无畏——你鼓励、劝诫并尊荣这些人，而羞辱那些拒绝服从你的人，即那些在每一方面都没成为你要求的那样的人？对于在这种操练中干得好、干得勇敢的人，你会放他一马，不作处罚，不是吗？你会处罚干得糟糕的人吗？或者你[c5]根本就拒绝这种药物，尽管你对它并没有其他异议？"

克 他[立法者]干吗不用[安全的检验]呢，异乡人？

雅 无论如何，朋友啊，与我们当前的操练相比，这种操练确实再容易不过了——对于一个人、一些人或许许多多[648d]想在每一情况下运用它的人而言。另外，如果有人独自去荒郊野外，耻于在自认为弄得体面之前被人看到，并仅仅通过饮酒而非其他无数活动来训练抵挡恐惧，那么，这个人就做得正确。[d5]另一方面，一个人若因天性和训练上准备充分而信任自己，毫不犹豫地同许多酒友进行这样一种训练，并展示他能够凌驾和克服饮酒产生的必然变化的力量，[648e]那他也同样做得正确。这样，他就会表明，他因为有德性而不会陷入某种极不光彩的行为中，也不会像换了一个人似的，而是在喝下最后一杯之前就会离去，因为他担心所有人在烧酒面前具有的那种[e5]弱点。

克 是的。因为他也是节制的人，异乡人啊，像他这样行事的人。

雅 [649a]我们再对立法者说："那么，立法者啊，可能没有哪个神赐予人类这样一种产生恐惧的药，我们也未曾给自己发明这种药物——我没有把宴席上的魔法师算在内。但这种药饮又如何呢，它让人无畏和[a5]胆大包天，以至于在错误的时间干错误的事情——有没有这样一种药饮，或者我们该怎么说呢？"

克　他大概会说"有"，指的就是酒。①

雅　难道它和刚刚提到的东西不正好相反？首先喝下它的人，岂不马上就比先前［649b］更快活，以至于越喝越多，难道他不会因美好的希望和幻想的力量而变得更加趾高气扬？末了，他最后讲话时岂不会口若悬河，自以为很聪明？他岂不会无拘无束、毫无畏惧，［b5］而毫不犹豫地说出一切，甚至恣肆妄为？我想，所有人都会同意我们这一描述。

克　怎会不同意呢？

雅　我们回想一下刚才是怎么说的：我们灵魂中有两种东西需加以培育，一方面我们要尽可能地［649c］大胆，另一方面正相反，我们要尽可能地畏惧。

克　你所说的这一种属于敬畏，我们认为。

雅　你俩记性真好！但考虑到应该在恐惧中锻炼勇敢和无畏，我们［c5］应该想一想是否也应在相反的东西中培育相反的品性。

克　确实有可能。

雅　那么，很有可能，那些使我们天然倾向于变得特别鲁莽和大胆的情感，我们应在其中得到锻炼，以［c10］尽可能变得不那么无耻和大胆，［649d］反倒害怕去说、去遭受或去做任何丢脸的事情。

克　有可能。

雅　我们的所有这些情感，岂不都是这样：［d5］血气、爱欲、肆心、无知、爱牟利、胆怯，此外，还有财富、美貌、强壮，以及所有让人失魂落魄地沉醉于其间的乐子？那么，要想先找到而后实行一种对这些东西的检验，有比饮酒中的检验和玩乐更廉价和无害的吗？如果［649e］我们变得谨慎点，我们能说哪一种快乐更合宜呢？咱们好好想一想吧。要检验一个残酷而野蛮的灵魂——无数的不义来自这

---

①　关于酒或饮酒作为"药物"（φάρμακον），参 Chios 的伊翁残篇 1, 10 Diehl（= Gentili-Prato）= 残篇 26, 12 West，花蜜是"普遍让人喜欢的天然药物"；Alkaios 残篇 335, 3–4，"酒神噢，带来最好的药/使人沉醉的酒"；斐洛，《论沉思的生活》（*De Vita Contemplativa*）74（卷六，页 65, 23 Cohn-Wendland），"因为，酒是愚蠢的药"。

种灵魂，冒险同这种人签订契约更［650a］安全，还是狄俄尼索斯节观礼时同他在一起更安全？或者，以一个受性欲支配的灵魂为例，这样检验更安全吗：将自己的女儿、儿子和妻子托付给他，并让最亲近的人去冒险，［a5］以观察这种人的灵魂习性？我们可以列举出无数这类例子，却未曾充分表明，用不带有其他任何代价和惩罚而通过游戏来观察人的方法，究竟有什么不同。的确，在这方面，［650b］我们相信，无论克里特人还是其他人，都不会不同意：这是相互检验的恰当方式——与其他检验的不同之处，即在于简便、安全和快速。

克　［b5］确实如此。

雅　那么，这种关于灵魂的自然本性和习性的认识，[①]对于旨在照料灵魂的那种技艺，就是最有用的东西之一了。[②]我想，我们管那种技艺叫政治术。或者什么呢？

克　［b10］的确是这样。

---

① 灵魂的自然本性和习性（τὰς φύσεις τε καὶ ἕξεις τῶν ψυχῶν）：关于天生的自然本性（φύσις）与通过训练和适应而形成的后天习性（ἕξεις）之间的区别，参648d5和655e1。

② 照料（θεραπεύειν）：后文将治邦者（立法者）的工作比作医生的工作（参646c和628d2-e1的证明）。医生必须认识他治疗的身体的自然本性（对比《高尔吉亚》501a2，《法义》720d3），因此，治邦者也必须认识他"治疗"的灵魂的自然本性（对比《高尔吉亚》464c，治邦才能被当作一种技艺，"照料"灵魂"朝向最好的东西"）。

卷 二

雅　[652a]下面，我们应当研究的问题兴许是：洞察我们的自然本性，是不是从管理得正确且好的酒会获得的唯一好处？或者，[这种酒会]有没有一种巨大的利益，值得认认真真地思[a5]考？那么，我们说些什么呢？这个论述似乎暗示，存在这样一种巨大的利益。咱们且聚精会神地听听，在什么意义上且何以[652b]如此，以免落入这个论述的圈套。

克　继续说吧。

雅　我渴望再次回到[653a]我们所说的什么是正确的教育上来。因为，我现在猜测，在该习俗[酒会]中可以找到正确教育的护具，只要[酒会]引导得体。

克　你的说法有力！

雅　[a5]那好，我认为，儿童最初的稚嫩感觉是快乐和痛苦感，正是在这些感觉中，德性和邪恶首次在灵魂中产生。①若紧紧抓住明智和真实的意见，一个人即便到了晚年仍是幸运儿。谁拥有这两者及其相伴的所有好品质，[653b]谁就是完美之人。我认为，教育是形成儿童最初的德性。快乐和爱好、痛苦和憎恨在他们的灵魂中若得到正确的安排，虽然他们还不能推理，但灵魂一旦能够推理，[b5]这些情感便能与理性取得一致，这表明，他们已受到恰切习惯的正确训练。这

---

① 《蒂迈欧》64a–65b将快乐和痛苦视为感觉。快乐和痛苦是主导青年时期的感觉，从那时起，灵魂结为一体（《蒂迈欧》43b–44d）。

种整体的一致^①便是德性；有一部分德性就在于快乐和痛苦上的正确训练，为的是［653c］憎恨自始至终应该憎恨的东西，并热爱应该热爱的东西——如果你在言辞中分离出这部分德性，并称之为教育，在我看来，你的说法就正确。

克　［c5］异乡人啊，你先前关于教育的说法以及现在的说法，在我们看来都正确。

雅　很好。由于人会放松这种旨在正确训练快乐和痛苦的教育，人在一生中很大程度上会败坏。诸神［653d］怜悯生来受苦的人类种族，为让人从劳作中得到休憩，便制定了崇敬诸神的不同节日。诸神赐予人类缪斯及其首领阿波罗，^②还有狄俄尼索斯，以共度节日，让人复原如初。［d5］在诸神陪伴的节日中，人类得到了滋养。

有必要看看，依据自然，眼下这个说法向我们吟咏的是否真实。这个说法是，所有幼者都无法在身体或声音上保持平静，［653e］而总想活动和喊叫：幼者蹦蹦跳跳，宛如在欢快地跳舞和一起玩耍，并发出各种各样的喊叫声。这个说法还表明，在运动时，其他动物没有有序和无序的［e5］感觉——这些秩序称作"节奏"与"和谐"。与此相反，［654a］以上诸神受赐予我们作为舞伴，诸神还赋予我们欢快的节奏感与和谐感。诸神运用这种感觉打动我们，并用合唱队引导我们，让我们载歌载舞地结合在一起。因此，［a5］诸神授予"合唱队"（源自"快乐"）这个名称——这些活动天然具有"快乐"。

那么，首先我们接受这一点吗？我们能否说，教育最初来自阿波罗和缪斯，还会是什么呢？

克　是这样。

雅　那么，我们认不认为，未受教育的人是指在合唱表演上没有

---

①　"一致"（σνμφωνία）与"和谐"（άǫμονία）是两个相关但不同的音乐概念。但要注意，古希腊音乐几乎肯定没有现在严格意义上的和声、和弦（chords）或对位音（counterpoint）。文中这句话也可理解为："这种一致便是完整的德性。"

②　关于缪斯，参见赫西俄德，《神谱》1–115；关于作为歌队长的阿波罗，参见品达残篇94。

受到训练的人，［654b］受过教育的人则应当看作在合唱表演上得到充分训练的人？

克　那当然。

雅　这样，合唱队是个联合体，将跳舞与唱歌融为一体。

克　［b5］必定。

雅　所以，受过良好教育的人，唱歌与跳舞都能来一手。

克　很可能。

雅　咱们来看看，刚刚所讲的到底指什么。

克　［b10］刚刚讲的哪一部分？

雅　我们说，"他唱得好"，"他跳得好"，［654c］我们该不该加上，"条件是他唱好的歌、跳好的舞"？

克　我们应该加上这一点。

雅　有人将好东西视为好，坏东西视为坏，并依此对待这些东西。这又如何呢？以下两个人，哪一个我们［c5］应认为在合唱术和音乐上受过良好的教育呢：一个每次都能将他的身体和声音完全投入到被看作好的东西上，但既不喜欢好东西，也不憎恶坏东西；另一个没能用声音和［654d］身体完全正确地表达他所理解的东西，但能正确地感受快乐和痛苦——欢迎好东西，厌恶坏东西？

克　你所说的是关于教育的巨大差异，异乡人啊。

雅　［d5］那么，我们三个若了解唱歌和跳舞中的好东西，也就了解谁受过正确的教育，谁没受过教育。但是，倘若我们不了解前者，我们就绝不可能知道，是否存在、哪里存在教育的［654e］护具。难道不是这样吗？

克　确实如此。

雅　那么，像猎狗察觉到猎物一样，我们下一步要做的便是追踪，什么是好的姿势、曲调、歌曲［e5］和舞蹈。如果我们避开这些，让它们溜走，那么，我们随后要讨论正确的教育，无论希腊人的还是野蛮人的教育，就会无所获。

克　的确。

雅　那好，我们应宣称，什么构成了姿势或曲调［e10］的好？请想一想：如果一个勇敢的灵魂和一个懦弱的灵魂［655a］受的苦一模一样，他们会做出相同的姿势，发出相同的声音吗？^①

克　怎么会呢？就连脸色也不一样。

雅　说得好呀，老兄。不过，应该注意的是，音乐［a5］包含姿势和曲调，因为音乐涉及节奏与和声。这样，我们可以谈论"好的节奏"和"好的和声"，但我们无法将"好的颜色"正确运用到曲调（或姿势）和形象中——就像合唱队老师的比喻那样。另一方面，关于胆小者和勇敢者的姿势或曲调，［655b］正确的叫法是，属于勇敢者的是"好的"，属于胆小者的是"卑劣的"。为避免在所有这些问题上陷入漫无边际的讨论，我们完全可以说，凡涉及灵魂或身体德性——无论属于德性本身还是德性的［b5］影像——的姿势和曲调皆美好，涉及邪恶的那些姿势和曲调则完全相反。

克　你的提议正确。现在，我们的答复是，事情正是如此。

雅　这里还有一个问题：在每一种合唱队的表演中，人人都感受到［655c］相似的愉悦吗？或者，事实远非如此？

克　根本不是这样。

雅　我们能说出我们困惑的原因是什么吗？我们会说，对我们大家而言，美好的东西并不一样吗？或者一样，［c5］只是看起来不一样？无疑，没有一个人会说，展现邪恶的合唱队表演好过展现德性的合唱队表演，也没有人会说，他自己喜欢与邪恶相配的姿势，其他人则喜欢与此相反的缪斯。大多数人肯定会说，［655d］正确音乐的标准在于它给灵魂提供快乐的力量。但这种说法让人无法忍受，这样说

---

①　雅典异乡人现在进一步表示，技艺的好坏是道德性的。在说明自己的观点时，雅典异乡人喜欢只谈一种德性，以及与之相反的恶。他提到勇敢与懦弱，二者在外观和形态上都一目了然。

根本就不虔敬。^①

我们困惑的根源十有八九就在此——

克 什么？

雅 ［d5］合唱队的表演是人物的模仿，展现各种各样的行动和命运，每个演员都运用了他的习性和模仿能力。因此，那些性格符合演出中的说、唱和各种表演的人——［655e］由于天性或习惯或两者兼而有之——必然喜爱这些东西，进而赞美它们，称它们为好。另一方面，那些发现这些东西违反他们的天性、性格或某种习惯的人，不会喜爱这些东西或赞美它们，必定会称它们为［e5］坏。另外，有些人天性端正但习惯却相反，其他人则习惯端正但天性却相反，这些人发出的赞美［656a］不符合他们的快乐感。^②他们说每个表演虽令人愉快，却是邪恶的。当他们视为明智的其他人在场时，他们会耻于以这些方式转动身体，也耻于唱歌，因为这样会表明，他们将其当作好东西，认真［a5］对待了它们。然而，当他们独处时，却乐此不疲。

克 你所言极是。

雅 一个人乐于坏的姿势或曲调，他岂不会在某方面受损？喜爱相反东西的那些人，岂不会在某方面受益？

克 ［a10］很有可能。

雅 ［656b］这只是一种可能性吗，或者，这不是一种必然性吗：这样一个人的情形正像这样——他沾染了恶人的坏习惯且不厌恶它

---

① 从655b9直到655d3，我们都谈到一个难题。一般意见认为，艺术的功能就是娱乐，不同的艺术表现形式取悦不同的人。我们刚刚得出的却是，好艺术指向德性，坏艺术则指向邪恶。那些误认为自己喜欢上的就是最好之物的人，他们这么做是因为他们喜欢邪恶吗？无论如何都不会有人承认这一点。这种观点近乎亵渎。下文（655d5-656a5）给出了解决这个难题的方案，即品味的形成需要一个习惯养成过程：我们无法发现任何像舞蹈（χόρευμα）这类如此复杂的事情的意义——舞蹈本身有意义的表现基于经过训练的模仿习惯——就好比我们若没有经历长时间的习惯形塑性格和品味就无法变好一样（教育就是在此登台，教育登场之处也是坏教育贻害人之处）。《理想国》581e以下提出了关于愉悦的相同问题，给出的答案也跟此处基本一致。

② 柏拉图没有忽略这种可能，即有些人因天生坏而喜欢一些坏的东西。

们，反倒乐于接受，仅仅是嬉皮笑脸地谴责，此时，他就像在梦中，隐隐意识到自己的可耻？无疑，喜欢某些东西的人，[b5]必然变得与他喜欢的东西相似，即使他耻于赞美它们。我们能否说出，对我们而言，还有什么比这种必然的彻底同化更好或更坏？

克　我认为根本没有。

雅　[656c]有关缪斯的教育和游戏，哪里已制定或某一天将制定相应的善法呢？我们是否认为，会允许诗人们教那些生活在善法下的孩子，以及合唱队里的年轻人，而不管诗人本身在诗歌的韵律、曲调[c5]或语词中找到的是什么乐子，从而，诗人就使他们类似于他在德性或邪恶上撞到的任何东西？

克　这当然说不通。怎么可能呢？

雅　[656d]然而，可以说，当今在所有城邦都能这样做，除埃及之外。

克　在这方面，你说埃及拥有哪类法规呢？

雅　[d5]听一听，[你们]准会大吃一惊。有可能，很久以前，他们就了解我们现在阐明的这个论点：城邦里的年轻人有必要练习好的姿势和好的歌曲。他们编制了一份相关的目录，表明这些姿势和歌曲是哪些、有哪类，并把它陈列在他们的神庙里。[656e]画家和其他描绘姿势与那类东西的人，都不允许创新或发明不同于祖传的东西。现在仍不允许，无论在这些东西上，还是在音乐上。你若考察这一点就会发现，[e5]一万年以前——不是"可以说"，而确实是一万年——他们的绘画和雕像同现在的[657a]艺匠用完全相同的技艺制作的绘画和雕像相比，既不更美，也不更丑。

克　你的说法令人吃惊！

雅　这是立法术和政治术的顶峰。[a5]在他们的法律中，你会发现其他部分相当糟糕。但在音乐这方面，却是真实和值得思考的：这些东西确实可能如此，天然正确的歌曲用法律规定了下来。这定是某个神或神样的人的作品——正如他们所说，长期

[657b]保存的歌曲是伊希斯①的诗。因此，如我所言，一个人若能以某种方式把握歌曲中正确的东西，他就应当大胆地将其制定成法。快乐和痛苦驱使人寻求不断翻新的音乐，[b5]从而把神圣的合唱贴上"过时"的标签。不过，对于已被奉为神圣的合唱，这并没有很大的破坏作用。无论如何，在那片土地上[埃及]，这可能不曾具有破坏力，而是截然相反。

克 [657c]看起来是这样，按你现在的说法。

雅 因此，难道我们不该鼓起勇气，像下面那样，详细阐述音乐的正确使用，以及与合唱术有关的正确表演？[c5]当我们认为自己做得好时，我们岂不感到愉悦？当我们愉悦时，岂不认为自己做得好？难道不是这样吗？

克 是的，就是这样。

雅 一旦我们处于这种愉悦的心态，我们就无法保持平静。

克 [c10]正是如此。

雅 [657d]事实不正是这样吗：我们的年轻人打算亲自参加合唱表演，而我们老年人认为，我们适合观看他们的表演，欣赏他们的演出和欢庆？难道不是因为，我们如今不再充满生气，[d5]我们渴望并欢迎[合唱表演]，所以，我们给那些能使我们通过回忆尽可能恢复年轻活力的人设立了竞赛？

克 千真万确。

雅 那么，我们是否认为，多数人关于节日庆祝者[657e]的说法毫无意义，他们说，给我们尽可能多的乐趣和欢愉的人，应该将其看作最聪明的人，并判为胜者？因为，当我们沉浸在这些场合中的表演时，[e5]让大多数人获得最大快乐的人应是最受尊敬的人，如我刚才所言，应授予他获胜奖。[658a]这样说难道不对吗，这样做岂会不正确，要是如此为之的话？

———————————

① 伊希斯：象征魔法、智慧与其他事物的埃及女神，赫耳墨城（Hermoupolis，古埃及神话中的圣城）中缪斯的头领，通常与埃及女神哈索尔（Hathor）相关联。

克　兴许是这样。

雅　不过，我的好先生呀，咱们别这么快下定论。[a5] 相反，我们且逐步分析，像这样来思考：假定有人曾简单设立了一场竞赛——没有明说是体育竞赛、音乐竞赛，还是马术竞赛。假定他召集了城邦里的所有人，并公告了一项获胜奖：任何只想在快乐上竞赛的人都能 [658b] 参加，奖品颁发给取悦最多观众的人。[取悦的] 方法没有限制，获胜者就是在这方面做得最好的人，他被评为最能取悦人的竞赛者。我们想想，这一公告会有什么 [b5] 结果呢？

克　你指的是哪个方面？

雅　那么，我认为，有可能一个人会像荷马那样朗诵史诗，另一个弹奏基塔拉琴，还有一个演肃剧，再一个演谐剧。如果有人认为，[658c] 演木偶戏最能取胜，那也不必吃惊。若这样一些卖艺者和其他无数卖艺者都奋勇而上，我们能说哪一个获胜公正呢？①

克　你的问题很奇怪。谁能有把握地回答你呢，[c5] 要是他还没听到并亲自成为每个竞赛者的观众？

雅　那么，你们想让我给你们俩一个同样奇怪的回答吗？

克　为什么不呢？

雅　[c10] 如果最小的儿童是裁判，他们就会选择木偶戏的表演者。不是这样吗？

克　[658d] 怎么不会呢？

雅　如果是较大的孩子，他们就会选择谐剧演员。有教养的妇女、年轻男子，以及几乎所有成年人，都会选择肃剧。

克　[d5] 极其可能。

雅　不过，出色朗诵了《伊利亚特》或《奥德赛》或赫西俄德某些片段的史诗朗诵者，最有可能取悦我们这些老听众，显然会被宣布为获胜者。那么，谁才是真正的获胜者呢？这是下

---

①　公正（δικαίως）一词表明，关键不在哪个表演者获得最多选票，而在哪个表演者应得到最多选票。

一个问题，不是吗？

克　[d10] 是的。

雅　[658e] 显然，至少我和你们俩必然会说，我们这把年纪的人选出来的才是真正的获胜者。因为，从当今所有城邦和各处能找到的各类习俗来看，我们这种最好。

克　[e5] 当然。

雅　就我而言，我至少在这方面赞同多数人：音乐必须用快乐来评判，但不是用偶然碰到的听众的快乐来评判。大体上，最好的缪斯取悦最好的人和教养充分的人，尤其是 [659a] 取悦在德性和教养上出类拔萃的人。

我们宣称，这些事情的裁判应具有德性，原因就在于，他们必须分有其他人的明智，尤其是勇敢。真正的裁判不应从观众那里 [a5] 学习如何判决，受多数人的喧闹声和自己的无教养裹挟。还有，他也不该因缺乏男子气和懦弱而与自己的所知相抵触，用向诸神 [659b] 发过誓的那张嘴来扯谎，作出欠缺考虑的判断。如果正义取胜，裁判就不是作为学生而是作为老师坐在观众面前，他本人就会反对那些不恰当或不正确地给观众 [b5] 提供快乐的人。根据古希腊法就是这样——与西西里和意大利的当今法规正好相反。那儿已让位于大多数观众，用举手来决定获胜者。因此，这败坏了诗人本身，[659c] 现在，他们的创作是为了迎合裁判的低级趣味；观众由此教导了诗人！此外，这也败坏了剧场本身的趣味：观众本应不断听到比自己更好的人物，并由此不断体验更好的快乐。[c5] 但现在，由于诗人们这么做，观众获得的是截然相反的东西。

在这个论述中，目前再次讨论的东西试图向我们表明什么呢？让我们这样来思考——

克　什么？

雅　在我看来，这个讨论已经在原地 [659d] 兜了三四圈。再说一遍，教育就是吸引并带领儿童走向法律宣布为正确的道理——那些最体面和最年老的人也认为，从经验来看，这个道理确实正确。因此，为了防止儿童的灵魂［d5］感觉快乐和痛苦的习惯方式变得有悖于法律和那些信服法律的人，为了让儿童的灵魂遵循并感觉到像老年人那样的快乐和［659e］痛苦，就产生了我们如今所谓的歌曲——那确实是灵魂的咒语。像我们正在讨论的和谐那样，这些［咒语］具有严肃的目的。不过，由于年轻人的灵魂无法保持严肃性，这些"咒语"就被称为并当作［e5］"游戏"和"歌曲"。这就像人们生病、身体虚弱时的情形：那些负责照料的人，尽力供给病人拌有可口食物和［660a］饮料的必要营养，并给他们提供拌有令人厌恶的食品的坏东西，这样，他们就会欢迎前者，并变得正确地习惯于憎恶后者。同样，真正的立法者要说服诗人，或说服不了就强迫诗人，［a5］在他美丽而值得称赞的言辞中这样做：通过描绘节制、勇敢和完美的人在节奏与和声中的姿势和歌曲，以正确地作诗。

克　［660b］宙斯在上，异乡人啊！你认为，当今在其他城邦中他们这样作诗吗？就我的阅历而言，我知道除了我们这里和拉刻岱蒙那里之外，没有一个地方像你现在说的那样做。在舞蹈和其他［b5］一切音乐上，翻新不断。不是由法律引起这种变化，而是某些无序的快乐，这些快乐千变万化，涉及的东西——像［660c］你解释的埃及体制中的那些东西——从不保持一样。

雅　好样的，克莱尼阿斯！如果我给你的印象是说，你提到的那些东西至今存在，那我不会惊讶，倘若我这样做是因为没有表达清楚我现在的想法。我［c5］正在描述的是我希望在音乐上出现的东西，不过，也许我这样讲在你看来就像在说，那些东西就是这样子。因为，谴责无可救药的习俗和根深蒂固的错误一点儿也不痛快，［660d］尽管有时必要。

不过，既然你也同意这些标准，你是否认为，比起其他希腊人来，你的民人和他［墨吉罗斯］的民人更遵从这些标准？

克　为什么不［这样认为］呢？

雅　［d5］如果其他人曾采用这些标准，那又怎样呢？我们会不会说，事情的状况会比现在好？

克　或许会有巨大的变化，要是他们像他的民人和我的民人那样行事，并像你刚才所说的应该做的那样［d10］行事。

雅　来吧，让我们就眼下讨论的问题达成一致。在你们的［660e］民人那里，在一切教育和音乐中，除此之外还怎么说呢？你们强迫诗人们说，节制和正义的好人是幸福和有福的，不管他是魁梧强壮，还是瘦小羸弱，也不管［e5］是富是穷。即使有人"富过基倪瑞斯或米达斯"，①但他若不正义，他就是个可怜虫，过着悲惨的生活。"我不会纪念，"你们的诗人说——他若说得正确的话，"也不会在言辞中记下这个人"，要是他不行正义却要求所有据说高贵的东西；哪怕［661a］这个人"靠近并袭击过敌人"。如果他不正义，我就不希望此人在"直面血腥的杀戮后"仍大胆无畏，也不希望他与"忒腊克的北风"赛跑时获胜，②甚至不希望［a5］他得到任何所谓的好东西。因为，多数人所说的好东西这样描述并不正确。据说，最好的东西是健康，其次是美貌，第三是财富——据说还有无数种其他的善：敏锐的视觉和听觉，［661b］对一切感官对象的良好感知；还有，成为一名僭主，为所欲为；最后，幸福美满就是尽快拥有这一切东西，并且长生不老。③不过，你俩和我［b5］大概会说：这些以健康为首的东西，正义而虔诚的人拥有时全都很好，但不义的人拥有时全

---

① 米达斯是传说中弗里吉亚的国王，他能点物成金。米达斯和基倪瑞斯都出现在图尔泰俄斯的诗里，但雅典异乡人颠倒了位置，先提基倪瑞斯，并把阿提卡式的换成多里斯式的。这种"更正"看上去合理，论"有福"，传说中的塞浦路斯国王基倪瑞斯理应先被提及的，因为根据一种流传至今的古老说法，"米达斯是有福的；但三倍有福的是基倪瑞斯"。

② 雅典异乡人再次引用图尔泰俄斯的诗句，见629a7，629e2-3。

③ 在此，雅典异乡人开始援引并解释他在卷一提到的图尔泰俄斯的诗句中的一些片段。他重新排列了诸善的顺序：大小和力量正确地排在首位，但隐去了图尔泰俄斯对圆目巨人的影射，财富置于第二位，速度重新归为第三位。图尔泰俄斯提到了两种善——名声和言辞，这在雅典异乡人对这首诗的整个解说中都未明确提及。另一方面，雅典异乡人着重提到健康，以及成为僭主而为所欲为；诗人对这些"好东西"只字未提（参见631c）。

都很坏。此外，能看、[661c]能听、能感知，并一般地，能作为不死的人永远活着，如果拥有这一切所谓的好东西却没有正义和完整德性，那就是最大的邪恶。如果这样的人短命些，邪恶就会[c5]变得少些。

那么，我认为，你俩得去说服并强迫你们的诗人表达我刚刚所说的东西。此外，他们必须提供与此相应的节奏与和声，用来教育你们的青年。或者，难道不是这样吗？看看你们是怎么想的。坦白讲，[661d]我是说所谓的"坏"东西对不义者是好东西，对正义者是坏东西，而好东西对好人确实是好，对坏人却是坏的。

那好，我再问问，我们一致吗，我和你俩，或怎么来着？

克 [d5]在我看来，我们至少在某些方面是一致的，但在其他方面根本不一致。

雅 假定一个人享有持久的健康、财富和僭主的权力，对你俩而言，我还要加上非凡的力量、[661e]勇敢以及长生不死，但除了这些之外没别的东西，这样的人可谓坏人，他有的只是不义和肆心。假定存在这样一个人，也许我不能说服你相信，他是不幸的，确实明显是个可怜虫？

克 [e5]你所言极是[你说服不了]。

雅 那好，我们接下来该说什么呢？难道你俩不认为，一个勇敢、强壮、漂亮且富有的人，[662a]一个一生为所欲为的人，如果他还不义和肆心，那他必定会可耻地生活着？或许你们会赞同，无论如何，他会可耻地生活着？

克 当然会。

雅 [a5]这个呢？他的生活也是有害的？

克 不，我们不赞同这一点。

雅 这个呢？说他还会不快乐、于己无益地生活着？

克 我们怎么才能也同意这些呢？

雅 [662b]怎么？看起来，我的朋友啊，但愿某个神会赐给我们和谐——无论如何，就眼下而言，我们唱的调子大相径庭。因为，对我来说，亲爱的克莱尼阿斯啊，跟克里特明显是个岛屿这一看法相比，这些结论看起来更为必然。如果我是个立法者，［b5］我会尽力强迫诗人和城邦中的每个人都这样讲：我会给邦内所有这些人施加几乎最严厉的惩罚，如果他们说某些人曾是［662c］邪恶的但活得很快乐，或者说某些东西虽有用、有利，其他东西却更为正当。我将说服我的公民们去说，事情不是现在所讲的那样，在克里特人、拉刻岱蒙人以及其他人［c5］看来，这是毫无疑问的。

来吧，我的好伙伴们，宙斯和阿波罗在上！假定我们可以问这些神灵谁是你们的立法者，并求问：［662d］"那么，最正义的生活方式最快乐吗？或者有两种生活方式，一种碰巧是最快乐的，另一种是最正义的？"如果他们说有两种，我们可能会再求问，要是我们提问正确的话："那么，哪种人应该成为幸福者呢——［d5］那些活得最正义的人，还是那些活得最快乐的人？"如果他们回答说"那些活得最快乐的人"，他们的答案可就奇怪喽。

不过，我不会希望这个说法出自诸神［662e］之口，而是出自父亲们和立法者之口。我刚刚提的问题正是向某个父亲和立法者问的，他会说，生活过得最快乐的人最幸福。那么，谈过这些之后，我至少会说："父亲啊，难道你不［e5］要我过得尽可能幸福吗？不过，你也从没有停止劝告我，要始终活得尽可能正义。"那么，我认为，如此看待事情的立法者或父亲会显得很奇怪，他的说法无法与自身一致：如果他宣称最正义的生活最为幸福，我想，［e10］听了他的话的人都会问，这种生活里受法律称赞的［663a］东西是什么，又有什么好的和高贵的东西优于快乐，正义者又确实会获得什么不同于快乐的好东西呢？

好吧，是名誉吗，是来自人们和神们的赞美吗，或某种好且高贵的东西，但不快乐？是与耻辱相反的东西吗？［a5］"根本不是，亲爱的立法者啊！"我们会说。那么，是虽不快乐却好或高贵的东西吗：既不对人行不义，也不让人行不义？或相反，是快乐却可耻和坏的东西？

克　怎么可能呢？

雅　所以，这一论述并没有割裂快乐与正义、[663b] 好与高贵。①在使人愿意过得虔诚和正义上，此论述富有说服力，哪怕没有别的什么。这意味着，至少对立法者而言，最可耻的和最反对这些说法的人，乃是没有主张这些事情就是如此的人。因为，没有人会自觉自愿地让人说服，[b5] 去做给他带来痛苦多于快乐的事情。

从远处看事物，可以说人人，尤其是儿童，都会感到混乱模糊。但我们的立法者将拨云见日，不像通常那样 [663c] 行事，并借助习俗、赞美和言辞，以某种方式说服我们，正义和不义之物是皴绘的影像。②不义者与正义者的视角相反，从不义和邪恶之人的视角看，不义之物令人愉快，正义之物则令人极为不快。但从 [c5] 正义者的视角看，每种东西显得完全相反。

克　看来是这样。

雅　我们会说，哪一个是判断真理的较好权威呢：较坏的灵魂还是较好的灵魂？

克　[663d] 我认为，必定是较好的灵魂。

雅　那么，不正义的生活方式与正义而虔诚的生活方式相比，必定不仅更可耻、更邪恶，无疑也更不快乐。

克　[d5] 根据眼下的论证，确实基本上是这样，我的朋友们啊。

雅　即便目前这个论证所确立的东西并不真实，但凡并非微不足道的立法者，他若出于好动机向年轻人说了谎，那么他能否扯一个比这更有益的谎，或更有效的 [663e] 谎，以使每个人都自愿地而非被迫地行一切正义之事？

克　真理是高贵的和永恒的东西，异乡人啊，但要让人信服可能

———————

①　这里的论证是，正义者必须是好人才能得享幸福；正义者经历的好，没有哪一种"不同于快乐"（χωριζόμενον ἡδονῆς）。因此，认为正义和快乐能分离，或者662d1所说的生活是两种生活，这种想法无疑是错误的。

②　皴绘的影像（ἐσκιαγραφημένα）是一种黑白画法，其中的阴影会造成视觉上的错觉。对参《理想国》365c4，523b6，583b5，586b8，602d2。

并不容易。

雅 ［e5］是这样。不过，西顿的神话①难道不是很容易让人信服吗，尽管它并不可信，难道其他无数神话不都是这样吗？

克 什么神话？

雅 播种龙牙，从中长出全副武装的巨人。其实，这个神话是极好的例子，它向立法者表明，［664a］有可能让年轻人的灵魂信服几乎所有事情，只要他去试一试。接下来，立法者应该寻找的只是最有益于城邦的说服方式，他也应该找到各式各样的方法，以助于整个共同体尽可能［a5］用同一种口吻谈论这些事情——一生中的任何时刻都这样，在歌曲、神话和论证中也都这样。

现在，如果谁认为事情并非如此，请他切莫犹豫，用论证进行争辩。

克 ［664b］在我看来，就你刚刚所说的，至少我们俩都不会与你争论。

雅 这样说，接下来的事都属于我喽。那么我主张，合唱队有三支，都必须为孩子们［b5］柔弱幼小的灵魂念咒，给他们反复说我们刚刚谈过的和稍后要谈的高贵之物。总的来说是这样：当我们宣称，诸神说最快乐的生活与最好的生活一样时，［664c］我们所说的就是最真实的事情，我们也会说服那些必须说服的人，而且比其他言说方式更有效。

克 必须同意你的说法。

雅 首先，最为正确的是，由献给缪斯的［c5］儿童合唱队领唱，在全城面前一本正经地歌唱这些事情。其次，三十岁以下的人组成的合唱队应该出来，祈求派安来见证这个说法的真实性，并祈求他慈悲

---

① 西顿是腓尼基的别称。这则神话是关于卡德摩斯的故事。卡德摩斯是忒拜的创立者，传说他杀死了一条龙，将龙牙种在地里便长出了士兵。从地里生出的士兵相互厮杀至仅剩五人，最后帮助卡德摩斯建立起忒拜。对比《理想国》414c"高贵的谎言"语境中对腓尼基的提及。

为怀，使年轻人［664d］成为信奉者。①这样，必定还有第三队人歌唱，这些人在三十岁和六十岁之间；接着前两队出来的人，由于无法再承担歌唱的辛劳，他们应该用他们那神启的声音，来讲述神话关于同类性格的说法。

克　［d5］异乡人啊，你说谁来组成第三支合唱队？我们并不十分清楚，对于他们你想说什么。

雅　可是，直到现在所作的大部分讨论，基本上都是针对这些人啊！

克　［664e］我们还没有理解。请尽力解释清楚一点儿。

雅　要是我们记得，一开始讨论的时候，我们早就说过，所有幼小生灵的天性都是激动的，他们不会［e5］在身体或声音上保持安宁，而老是混乱无序地吵吵嚷嚷、跑来跑去。我们说过，其他动物在这两方面都无法获得秩序感，只有人的天性具有这种感觉。动作中的［665a］秩序叫做"节奏"，声音中的秩序，即高音和低音的混合叫做"和声"；这两者的结合就叫做"合唱队"。我们说过，诸神怜悯我们，赐予了我们阿波罗和缪斯作为我们合唱队的［a5］伙伴或领队。那么，如果我们记得的话，我们就会说，［诸神赐给我们的］第三样礼物是狄俄尼索斯。

克　我们怎会不记得呢？

雅　好，我们已描述过阿波罗和缪斯的［665b］合唱队；最后属于狄俄尼索斯的第三支合唱队，也一定要描述。

克　什么？请解释一下。因为这听起来很奇怪，第一次听说，组成狄俄尼索斯合唱队的老人——也就是，［b5］三十岁甚至五十岁以上，到六十岁的人，为纪念狄俄尼索斯而跳舞。

雅　你所说的千真万确。我想，这确实需要一个说法，来表明这为何会是合理的。

克　当然。

---

①　"派安"是阿波罗的绰号，又称"拯救者""医神"（参《克里提阿斯》108c）。

雅　［b10］那么，我们同意之前说过的话？

克　［665c］什么方面？

雅　就是每个成人和孩子，自由民和奴隶，女人和男人——其实是整个城邦——绝不能停止歌唱。作为城邦的一种咒语，这些东西［歌曲］我们［c5］已描述过，它们必定以这样那样的方式不断改变，以各种各样的方式展现多样性，由此，歌唱者便会在他们的赞歌中获得无餍的快乐。

克　怎么会不同意这一点呢？事情恰恰必须这样做。

雅　［665d］我们城邦里的最好部分——这部分因其年龄和明智而在城邦里最具说服力，该在哪里歌唱最美的东西，以造就最好之物呢？①或者，我们会愚蠢地忽视这部分能决定最［d5］美和最有益歌曲的人？

克　但忽视他们是不可能的，至少从目前的说法来看。

雅　那么，这部分人适合做什么呢？这样来看看——

克　怎样？

雅　大概，每个人变老的时候，都会很不情愿［665e］唱歌。他从歌唱里得不到太多的欢乐，如果他被迫去唱，就会羞愧难当。年事越高越明智，就会越羞愧。难道不是这样吗？

克　正是这样。

雅　［e5］因此，在剧院里，站在形形色色的人面前唱歌，他就会更加羞愧。尤其是，如果这把年纪的人被迫歌唱，与那些为比赛而练过嗓音、消瘦和禁食的合唱队员一视同仁，那么，老年人这样做或许就会兴味索然，备感羞愧［e10］而毫无热情。

克　［666a］你所说的将无从避免。

雅　那么，我们要如何鼓起他们对唱歌的热情呢？我们岂不会这样立法？首先，十八岁以下的儿童完全禁止饮酒。［a5］我们要教导，

---

① 我们城邦里的最好部分（τοῦθ᾽ ἡμῖν τὸ ἄριστον τῆς πόλεως），对比658e的说法，老年人是最好的法官。

在他们能承担自己的任务之前，他们不应该在身体和灵魂中已有的火上添火，他们必须警惕年轻时惯有的疯狂。其次，直到三十岁才允许适度［666b］饮酒；但完全禁止年轻人酗酒和滥饮。一个人到了四十岁，就可以享受公餐上的欢乐，祈求其他神灵尤其是狄俄尼索斯降临到这个老年人的神秘仪式①［b5］和消遣中，这是狄俄尼索斯赐予人类的一剂药，可以医治老年人的严峻。它的效果在于，可以使我们恢复青春，并忘却精神的沮丧，使灵魂［666c］的性情从坚硬变为柔软。这样，灵魂就会变得更加可塑，如同投入火里的铁。

那么，首先，倘若每个人都这样处置，他岂不会变得更有热情，不再那么羞于唱歌，羞于像我们常常提到的那样念咒——不是在多数人面前，而［c5］只是在恰当数量的人面前；也不是在陌生人在场时，而只是在他的密友当中？

克　千真万确！

雅　这样，作为一种诱导他们参与我们的歌唱的方式，这种方法并非全然［666d］不合适。

克　根本不会［不合适］。

雅　这些人会用哪种音调唱歌呢？或者，显而易见，一定有某种音乐［缪斯］适合他们，难道不是吗？

克　［d5］还能怎么说呢？

雅　那么，哪种音乐适合神样的人？会是合唱队的音乐吗？

克　异乡人啊，至少我的民人以及这位老兄的民人，不会唱其他什么歌，除了我们在合唱队里学过的和［d10］唱惯的那些。

雅　根本不是这样。因为，你们从没有获得过［666e］最美的歌。你的政制是军营式政制，而非城邦居住者的政制。你们还把年轻人聚集起来，就像小马群聚在一起吃草。你们没有人把自己的小马儿

_____

①　神秘仪式（τελετήν），即秘仪。一般而言，秘仪的"主要功能不是对诸神的崇敬，而是参与者的直接福祉"。这些仪式通常含迷狂，狂欢舞蹈，以及某位神在场净化之感。神秘仪式与俄尔甫斯密切相关。参见阿里斯托芬，《蛙》1030。

与所有一起吃草的马［e5］分离开，将他从一切粗野和恼怒的马群中拉出来。①你们也没有人把他交给私人马夫，用梳鬃和抚摸来调教他，给他各种适合抚养儿童的东西。如果你们这样做的话，他就不仅会成为好［667a］战士，而且会成为能够治理某个城邦和某些城镇的人，正如我们一开始所说的，这种人比图尔泰俄斯描述的那些战士更像战士。无论在哪里，私人和整个城邦始终都会敬重这种人，因为他拥有勇敢这个第四位的而非首位的［a5］德性。

克 不知怎么的，异乡人啊，你又小瞧了我们的立法者。

雅 不，我的好先生啊，如果我这么做了，我也并非有意这样做。逻各斯［论证］引领我们到哪儿，我们就跟到哪儿吧，如果你们愿意［a10］的话。

那么，倘若我们拥有一种音乐，比合唱队和［667b］公共剧场里的音乐还要优美，我们就尽量将其分给这些人吧，我们说过，这些人为剧场里的音乐感到羞耻，而希望享有那种最优美的音乐。②

克 确实如此。

雅 ［b5］所以，首先难道不是这样吗：凡是带有某种魅力的东西，其最重要或最严肃的特征，要么仅仅是这种魅力本身，要么是某种正确性，要么是第三种，即某种益处。例如，我认为，食物、饮料和一般的养料都带有一种魅力，我们称之为快乐。至［667c］于正确性和益处，我们指的是每一餐中所具有的健康，这也是最正确的方面。

克 的确。

雅 ［c5］此外，学习的过程也伴随着某种有魅力的东西，亦即

---

① 雅典异乡人基于这一事实玩语词游戏："吃草的"和"吃草的同伴"（συννόμων）与"礼法"（νόμος）词根相同。

② "最优美的音乐"即哲学，正如雅典异乡人在卷三689c–d所言。对比《斐多》60e–61b，苏格拉底说，自己多次梦见要创作音乐（μουσικὴν ποιεῖν），而哲学是最伟大的音乐（μεγίστης μουσικῆς）。但在被判处死刑后，他才想到应创作普通的（δημώδη）音乐。

快乐；但正确性、益处、好处和优美来自它的真实性。

克　是这样。

雅　生产相似物的形象制作技艺又怎［667d］样呢？难道不是这样吗：当这些技艺生产出相似物时，其中若伴有快乐，就可十分恰切地称之为"魅力"？

克　是的。

雅　［d5］或许，一般说来，这些东西中的正确性主要由数量和质量上的相等产生，而非由快乐产生。

克　说得好。

雅　所以，快乐只是某种东西的正确［d10］标准，这种东西的产生，不是为了提供某种益处、真理［667e］或相似性，当然也不是为了提供某种伤害，它的产生只是为了与这一切相伴的东西，即魅力。若没有其他任何东西相伴随，有人就会堂而皇之地称魅力为"快乐"。①

克　［e5］现在，你说的只是无害的快乐。

雅　是的，我称之为"消遣"——这种东西既不产生任何危害，也不产生任何值得认真思考的益处。

克　你所言极是。

雅　［e10］那好，我们难道不能宣称，从刚刚所说的一切可以得出：对于判断任何模仿，或判断就此而言的任何相等，快乐和［668a］不真实的意见是最不恰当的标准？无疑，相等之为相等，或比例完全成为比例，不只是因为某人的意见，或因为某人不感到有魅力。难道最主要的不是因为真理，而其他任何东西都无关紧要？

克　［a5］完全是这样。

雅　那么，我们岂不可以说，一切音乐都是形象的制作和模仿？

克　当然可以。

---

① 对比《斐勒布》52e以下：最真、最好地界定某种品质的，不是它的广度，甚至也不是它的厚度，而是它的纯度；它必须不掺杂任何别的物质。

雅　所以，当有人说音乐应该用快乐来评判时，[a10] 这个论述最不可接受。如果哪里存在过这种音乐，[668b] 就应该找出来，当作最不庄重的音乐。应该寻觅的那种庄重音乐，包含一种与美的模型相似的东西。

克　不错。

雅　那些寻找最优美的歌曲 [b5] 和音乐的人，很可能，应该寻找的不是快乐的音乐，而是正确的音乐。因为，我们说过，存在模仿的正确性，只要完全再现被模仿物的数量和质量。

克　还会怎样呢？

雅　就音乐而言，每个人至少会同意 [b10] 这一点：一切音乐的标准皆在于模仿 [668c] 和形象的制作。难道不是每个人都会同意这一点吗，至少诗人、观众和演员会同意？

克　正是如此。

雅　那看来，就每个作品而言，我们必须了解 [c5] 它是什么，以免犯错。如果我们不了解它本来的样子——它的意图和真实的形象是什么，我们就几乎不知道它的意图是正确还是错误。

克　几乎不 [知道]。还会怎样呢？

雅　[668d] 他不知道怎么做正确，就绝不会知道怎么做好、怎么做坏，他会吗？不过，这一点我没有讲得很清楚。或许，如果这样讲会清楚些——

克　怎讲？

雅　[d5] 无疑，我们的眼睛可以看到无数的形象。

克　是的。

雅　这个呢？如果有人不知道每一种被模仿物的形体是什么，他会知道其中正确制作的是什么吗？我的意思是这样：[d10] 他岂不是必须知道，模仿是否获得了每一部分的 [668e] 数量和安排，它们的数量有多少，彼此之间如何搭配成恰当的秩序，以及它们的各种颜色和形状，或者，这一切是否杂乱无序地混合在一起？你认为，一个人能够了解这些东西吗，要是他完全 [e5] 不知道被模仿物的原样？

克　怎么可能［了解］呢？

雅　如果我们知道，描绘或塑造的事物是一个人，而且用技艺捕捉了这个人的各个部分，［669a］以及各种颜色和形状，那又会怎样呢？是不是必定可以得出，凡是了解这些东西的人，也很容易明白，这个作品是否优美，或美中不足在哪里？

克　［a5］那意味着，异乡人啊，可以说我们所有人都晓得，活物的每种绘画美在哪里。

雅　说得对极了。那么，难道不是这样吗：就绘画、音乐和其他一切中的每种形象而言，一个明智的评判者必须拥有三种知识？首先，他必须知道［669b］事物本来的样子，其次是知道，在语词、曲调和节奏上，该事物的每种形象如何正确制作，第三是知道这些形象如何制作得好。

克　［b5］显然如此。

雅　那么，我们完全可以表明，音乐是怎样出现困难的。由于人们对音乐的讨论，要多于对其他种类的形象的讨论，在一切形象中，需要最细致处理的就是音乐。因为，如果有人在音乐上犯了错，他就会变得对邪恶的人物有好感，遭受最大的损害。［669c］然而，很难察觉到人们犯下的错误，因为诗人之为诗人，远不如缪斯们本身。缪斯们绝不会犯这类错误：例如，将一个男人的言辞配上女人的色彩和［c5］音调；或者，将自由民的曲调和姿势配上奴隶和非自由人的节奏；或者还有，将自由民创造的自由节奏和姿势赋上与这些节奏冲突的曲调或言辞。同样，缪斯们也不会混合野兽、［669d］人、乐器的声音和其他各种闹声，假装是模仿同一个东西。但凡间的诗人们确实编织并混合了这些东西，创造了一个无意义的大杂烩，以逗乐那些——［d5］用俄尔甫斯的话来说——"正值心花怒放之年"的人。①这些人会

---

①　我们没有掌握目前这行残诗的文脉，但据推测，俄尔甫斯说的是正值妙龄的少年。据说，俄尔甫斯是重要秘仪的创立者或大祭司，这些秘仪以酒神崇拜以及对来世生活的信仰为中心。不过，俄尔甫斯还与阿波罗联系紧密（参见品达，《皮托凯歌之九》177），后来的秘仪文学倾向于将这两位神融为一体。

看到，这一切都是杂乱无章的混合物，他们还会发现，诗人们错误地把节奏和姿势跟曲调分开——诗人们书写了在韵律上没有伴奏的光秃秃的［669e］词，并创作了无词的曲调和节奏，以便单独用基塔拉琴或簧管演奏，这样，我们就很难了解其意图所在，以及用这种不带歌词的节奏与和声所做的模仿哪些有价值。［e5］不过，所有这些取决于速度、灵巧和野兽式的叫声的创作，这些导致使用没有［670a］舞蹈和歌曲的簧管或基塔拉琴创作，都必须视为粗俗不堪。单独使用簧管或基塔拉琴必须看作非音乐的把戏。

这些事谈到这儿就行了。毕竟，我们的任务是思考，我们年满三十岁［a5］和五十岁以上的人应如何运用音乐，而非他们不该怎么运用音乐。因此，根据前面所说的，在我看来，我们的论点可以表述如下：那些适合唱歌的五十岁的人，［670b］拥有的教养必须高于缪斯合唱队的教养。因为，对于节奏与和声，他们势必要很敏感且有见识。否则，他们每个人怎么了解曲调中正确的东西——某种既定的曲调是否适［b5］合多里斯风格，诗人是否给曲调配上了正确的节奏？

克 显然，他们根本不会了解。

雅 可笑的是，大众认为自己有能力知道，什么是、什么不是好的和声和好的节奏，正如［b10］他们多数人已训练过和着簧管唱歌，跟着节奏跳［670c］舞；他们没有意识到，他们练习这些东西时并没有理解这一切。事实依然是，每一种伴随恰切东西的曲调可能是正确的，而伴随不恰切东西的是错误的。

克 定然如此。

雅 ［c5］这个呢？一个不了解这一点的人，会了解我们现在所谈的吗，也就是，是否正确演奏曲调了？

克 他怎么可能［了解］呢？

雅 现在看来，我们再一次发现，我们目前已邀请到并以某种［670d］方式强迫其自愿唱歌的歌手们，他们必须——几乎是有必要受教到这分儿上：每个人必须能跟得上节奏的步伐和歌曲的音调，这样，通过注意和声与节奏，［d5］他们才能挑选出合适的东西，适合他们的年龄和状况来唱的歌曲。①然后，他们将唱以这种方式挑选的歌曲，通过歌唱，他们本身会享受到无害的快乐，同时［670e］促使年轻人恰切地喜爱有益的性格。②

那么，在受教到这种程度后，他们获得的教育，就比多数人的教育和诗人本身的教育更严格。因为，诗人并不必然知道［e5］第三种东西，也就是，模仿高贵还是不高贵。不过，诗人了解和声与节奏，这几乎是必然的。然而，前者必须知道这三种东西，以便选择最高贵的音乐和第二等的音乐。否则，［671a］年轻人就绝不会听到走向德性的合适咒语。

这个论述已尽力展现它一开始就试图证明的东西，亦即，直言不讳地赞成狄俄尼索斯合唱队是高贵的。接下来，咱们来考虑考虑这一点是否属实吧。

或许，［a5］这样一种聚会终究会越喝越多，吵闹声也必然会变得越来越大——从一开始，我们就把这一点设定为一种必要的假设，有关目前正在发生的事情的［671b］假设。

克　必然如此。

雅　比起原样来，每个人都变得轻飘飘的，乐不可支，口若悬河，也无法去听［b5］友伴们的话；每个人都自认为有能力控制他人和自己。

克　还会怎么样呢？

雅　我们说过，当这些情况发生时，饮酒者的灵魂就像某种铁，变得火热、［b10］柔软和年轻。这样，拥有教育［671c］和塑造灵魂

---

①　对比686b。这句话只是指选择者本人（而非"任何特定年龄或类型的人"），但也因此暗示，选择的人能为他人也能为自己选择。

②　这段话并未指明，谈及年长者对年幼者品味的影响是在举例还是在劝诫。比较666c后，我们倾向于后一种看法。"同时"（τὸ παραχρῆμα）一词似乎也暗示，现实中的歌唱对歌者的影响更大，对年轻人的影响是附带的，亦即年长者的理论和实践技艺使他们能很好地教育他人。喜爱（ἀσπασμός）在919e再次出现，与厌恶（μῖσος）对举。

所需要的能力和知识的人，就能轻而易举地引导他们，就好像他们还年轻，不是吗？我们还说过，塑造［灵魂］的人跟先前塑造他们的是同一个人，就是那个好立法者，宴会上的饮酒者必须遵从他的法律，不是吗？①对于那些变得过于自信、［c5］大胆和不该那么无耻的人，那些拒绝在沉默、言说、饮酒和音乐上保持有序的人，这些法律必须能使他们自愿反过来行事。当不光彩的大胆出现时，［671d］这些法律就可以像战士那样，呈现出正义所伴随的那类最高贵的恐惧，我们管这种神圣的恐惧叫"敬畏"和"羞耻"。

克 是这样。

雅 ［d5］这些法律应有法律维护者和共事的艺匠，由稳健和清醒的人，统管那些不清醒的人。要是没有这些人，比起在统帅不稳健的战争中与敌人战斗，同醉酒力量的战斗就会更危险。谁要是不能自愿服从这些人和［671e］多里斯六十岁以上的领导者，他蒙受的耻辱就会相当于或超过不服从阿瑞斯②的统率者所蒙受的耻辱。

克 说得对。

雅 ［e5］那么，假定设立了这样的醉酒和玩乐，假定酒伴们进行的一切交往符合法律，并时时遵守清醒的人给不清醒者定立的秩序，难道那些一起饮酒的人不会受益吗？［672a］比起以前彼此分离来，他们岂不会成为更紧密的朋友，而非像现在那样成为敌人？

克 正确，如果酒会举办得像你现在所说的那样。

雅 ［a5］所以，我们不要再简单谴责狄俄尼索斯的礼物，好像它是坏的，不值得为城邦接受。确实，有人仍会为了它而喋喋不

---

① 666b提到，立法者会是塑造者（πλάστην）。其实，通过以下说法可最贴切理解"塑造者"这一提法：成年人灵魂的性情（ψυχῆς ἦθος）在酒的作用下会更易塑造（εὐπλαστότερον）。塑造的过程自然暗示了有塑造者。卷一结尾描述的年轻人的会饮与酒神歌队的类比，可见于这一事实：借助六十多岁的人，好的立法者（ἀγαθος νομοθέτης）在第三歌队中的地位恰如年轻人会饮中的宴饮主持者。

② 战神阿瑞斯在这里与酒神狄俄尼索斯有关，跟卷一640b的情形一样，那些参加宴饮的人被比作战争中的首领。

休，但在众人面前，我们必须小心谈论它带来的最大好处。人们会误
[672b] 解它，不理解这个说法。

克　你指的是什么呢？

雅　有一种看法和传说以某种方式流传着，说的是这位神 [狄
俄尼索斯] 的灵魂被继母赫拉剥夺了 [b5] 心智。①据说，为了报复，
他施以酒神的疯狂，使所有合唱队都陷入疯狂，因此我们得到酒这
件礼物。我会把这种说法归于一些人，他们认为，可以安全地向人们
这样谈论诸神。但我也十分了解 [672c] 这一点：每种生灵完全成熟
时，就会拥有与它相应的理智，同样，它刚出生时则缺乏理智。在还
没有达到特定的理智时，每种生灵都是完全疯狂的，混乱无序地大
喊大叫。一旦它自己 [c5] 能站立起来，就会乱蹦乱跳。我们回忆一
下：我们说过，这些运动和喊叫是音乐和体操的起源。

克　我们记得。我们怎会不记得呢？

雅　[672d] 我们不也说过，这个起源赋予我们人类节奏感与和
谐感，而负责这一点的，乃是阿波罗、缪斯和狄俄尼索斯这些神？

克　当然。

雅　[d5] 其他人提出的说法似乎主张，酒赐予人类是为了报复，
是想让我们发疯。相反，我们提出的说法则主张，酒是一种药饮，赐
给我们是出于相反的目的——让敬畏植入灵魂，使健康和力量扎根于
身体。

克　[d10] 你极好地回想起了这个说法，异乡人啊。

雅　[672e] 有关合唱技艺的讨论已完成一半。我们该以何种可
取的方式完成另一半呢？或者，我们该略过吗？

克　你指的是什么呢，你又如何作出这个划分？

雅　[e5] 或许，对我们而言，整体的合唱技艺相当于整体的教

---

①　狄俄尼索斯是卡德摩斯的凡胎女儿塞墨勒之子，也是宙斯对合法妻子赫拉无
数次不忠所生的后代之一。据说，赫拉一怒之下让狄俄尼索斯发狂，并赐他葡萄酒。
关于发狂的狄俄尼索斯，参见荷马，《伊利亚特》6. 632，以及欧里庇得斯，《酒神的
伴侣》行298–299。

育，这个有声部分就是节奏与和声。

克　是的。

雅　那么，属于身体运动方面的，有声音运动分有的节奏，还有身体独有的姿势；[673a]曲调则为声音运动所特有。

克　完全正确。

雅　深入灵魂的有声部分，指向德性教育，不管如何我们称之为"音[a5]乐"。

克　确实如此。

雅　那么，就身体方面而言，我们指的是人们在玩乐时的"舞蹈"，如果这类运动在循循教导身体德性上变得有效，我们就会把这一过程中包含的训练技艺[a10]称为"体操"。

克　最正确。

雅　[673b]至于音乐，我们刚刚说过，现在不妨再说一遍，近半合唱技艺的讨论已经完成了。我们应该探讨另一半吗？或者，我们该做什么呢，怎么做？

克　[b5]好人呀，你正在跟克里特人和拉刻岱蒙人对话，我们已仔细讨论过音乐，但我们丢下体操不谈。你认为，我俩任何一人如何回答你的这个问题呢？

雅　我至少会说，对于你们的问题，你们已给出一个[673c]非常明确的回答。我认为，你们把问题摆得像答案，要我说，实际上是道命令：完成体操的探讨。

克　[c5]你理解得很对，就这样做吧。

雅　这是必须做的。当然，讨论你俩都了解的东西并不十分困难。在这门技艺上，你们拥有的经验要比其他方面多得多。

克　你说得很对。

雅　那好，这种游戏同样起源于如下事实：[673d]每种生灵天生习惯于蹦蹦跳跳，正如我们所说的，人获得节奏感，使舞蹈诞生。一旦歌曲唤起并激发了节奏，两者便共同产生了舞蹈与游[d5]戏。

克　最真实。

雅 那么，如我们所言，我们已经细谈过一种。接下来我们将尽力讨论另一种。

克 好极了。

雅 ［d10］不过，咱们先把有关醉酒用途的讨论［673e］推向顶峰，假如你俩同意的话。

克 你指的顶峰是什么，是哪类?

雅 如果某个城邦将刚刚讨论过的习俗视为严肃的事务，并依照礼法和秩序使用它，［673e］以培养节制，如果该城邦不会抑制其他快乐，而是根据相同的说法来安排它们，以控制这些快乐，那就应该这样来享受这些东西。

另一方面，倘若这个习俗被当作某种玩乐，倘若允许想喝酒的人什么时候想喝［674a］就喝，想跟谁喝就跟谁喝，并同时推行着其他各种类似的习俗，那么，任何时候我都不会投票赞成这个城邦或这个人使用醉酒。其实，我会比克里特和拉刻岱蒙的习俗更进一步，提倡［a5］迦太基人的法律：禁止任何从征的人饮酒，并要求任何时候都只能喝水。我还会补充那条法律，禁止城邦里的男仆女仆饮酒，并禁止任期内的［674b］执政官饮酒，舵手和法官们在履行职责时也绝对不许饮酒，这同样适用于任何要在重要的议事会上提建议的人。此外，谁也不许在白天饮酒，除非为了训练身体或［b5］治病，在夜里，打算生孩子的男男女女也不许饮酒。有人会列举出其他许多情形下，拥有理智和正确法律的人也不该［674c］饮酒。

因此，根据这种说法，没有哪个城邦需要大量的葡萄，而其他农产品和食物整体上也要调整，在一切生产中，酿酒几乎应最适度且最审慎。异乡人啊，如果你们同意的话，就让这作为我们谈论酒的顶峰吧。

克 说得好，我们同意。

卷 三

雅　[676a] 那么，这些事情就该这么做。但我们应该说，什么是政制的起源呢？从这个视角来看，我们岂不会最容易并最好地发现……？

克　从哪个［视角］？

雅　[a5] 我们应始终采取这一视角，以审视诸城邦转向德性和邪恶的进程。

克　你指的是什么视角？

雅　我想，我说的这个视角包含一段无限长的时间，以及[676b] 这段时间里的变化。

克　你指的是什么？

雅　哎，你是否认为，你能设想城邦已存在多久，人类参与政治已[b5] 有多久？

克　这一点儿也不容易。

雅　但你的确明白，这是一段漫长的、无法估算的时间吧？

克　确实如此。

雅　难道我们不认为，在这段时间里，[b10] 曾出现过无数城邦，同理也有无数[676c] 城邦毁灭过？往往，各种政制岂不都曾统治过一个地方？有时小城邦变成大城邦，有时大城邦又变成小城邦；好城邦变坏，而坏城邦变好，难道不是吗？①

克　[c5] 必定。

---

① 城邦不可避免的变化、变革和消失，对参《理想国》卷八，545e–546a。

雅 若可以的话，我们要理解这个变化的原因。因为，这或许能向我们显示政制的最初起源和转变。

克 说得好，我们应该充满热情地进行下去——你来展示［c10］你对这些事情的思考，我们会尽力跟上你。

雅 ［677a］那好，你俩都认为，古老的传说里有某种真实吗？

克 哪些传说？

雅 那些传说讲述了许多灾难：［a5］洪水、瘟疫和其他许多事情，这些灾难毁灭了人类，只有极少数人幸存下来。

克 在每个人看来，这类事情似乎完全可信。

雅 那么，对于这许多灾难，咱们且来关注其中一种：洪水之患。

克 ［a10］对于这种灾难，我们该考虑什么呢？

雅 ［677b］那就是，那些摆脱灾难的人几乎都是山上的牧羊人——只有极少数人在山顶的某个地方生存下来。

克 显然如此。

雅 ［b5］大概，这样一些人必定不熟悉技艺，尤其是城邦居民用于相互攻击的器械——占有更多的欲望和热爱成功刺激了这些发明；其他一切他们想出来攻击彼此的伎俩，这些人也不熟悉。

克 非常有可能。

雅 ［677c］我们该不该认为，在那个时期，坐落在平原和沿海的城邦都彻底毁灭了？

克 我们应该这样认为。

雅 我们岂不是可以说，一切工具都毁灭了，如果［c5］曾发现过一门技艺的某个严肃而重要的部分——无论是政治学还是其他某类智慧——那就意味着，这一切东西都在那个时期消失了？要不然的话，好人啊，倘若这些东西历来都保持得像今天那样完完整整，又怎么能发现新的东西呢？

克 ［677d］换句话说，长久以来，这些东西都不为那时的人所

知，只是在成为一千或两千年之后，有些才为代达罗斯①发现，有些
为俄尔甫斯发现，还有一些为帕拉墨德斯②发现；马尔苏亚和奥林
波斯③发现了音乐方面的东西，［d5］安斐翁④发现了里拉琴方
面的东西；其他人发现了许许多多其他技艺——可以说，只是
在昨天或前天。

雅 克莱尼阿斯，你有什么理由漏掉你的朋友呢，他才真正出现
在"昨天"？

克 你是不是指厄庇墨尼得斯？

雅 ［677e］对，是他。在技能上，他远远超过你们那里的其他
所有人，我的朋友啊。很久以前，赫西俄德曾在言辞中预言过的东
西，他在实践中真正实现了，正像你们的民人所说的那样。⑤

———————————

① 代达罗斯（Daedalus），雅典人，希腊神话中最著名的发明家。据说，他发明
了木工技艺和很多工具，还有活动雕塑（参《美诺》97d），并为人类造了双翅。遭雅
典放逐后，代达罗斯去往克里特，为米诺斯效劳，建造供米诺陶居住的一座迷宫。不
过，代达罗斯也给了阿里阿德涅一个线团，借此，忒修斯在杀死米诺陶之后，找到了
逃出迷宫的路。结果，代达罗斯遭米诺斯迫害，最终米诺斯因代达罗斯的报复而死。
在《阿尔喀比亚德前篇》（121a）和《游叙弗伦》（11c）中，苏格拉底宣称自己是代达
罗斯的后人。

② 据传说，帕拉墨德斯（Palamedes）发明了字母（参见《苏格拉底的申辩》
41b，《斐德若》261d）。

③ 马尔苏亚（Marsyas）在七名发明家中位于第四位（居中），是一名萨图尔，
发明了第一首簧管曲。马尔苏亚向阿波罗发起音乐竞赛，宣称自己的新音乐优于阿波
罗的音乐。马尔苏亚失败，因其不审慎惨遭剥皮而死（参见《米诺斯》318b及其语
境，《会饮》215c）。奥林波斯（Olympos）是马尔苏亚的情伴，发明了某些曲调（参
见《米诺斯》318b）。

④ 安斐翁（Amphion）是安提俄佩为宙斯所生之子。他为簧管配了一些乐曲，
建造了忒拜的城墙，这些城墙随着音乐移动。

⑤ 赫西俄德（《劳作与时日》41）赞美了一种以草芙蓉和常春花为生的生活，
说这种生活的好处不为人知，就不能向受贿的国王和法官行贿。厄庇墨尼得斯显然认
为，这暗指一种能消除饥饿的药。据说，他已经着手发明并使用这种药。参见普鲁塔
克，《七贤会饮》157d-158c。

克　［e5］我们就是这么说的。

雅　那么，我们应该说，这场毁灭之后，人类事务成了什么样呢？岂不是有广大的和令人恐惧的荒芜，而非广袤的沃土？我们岂不会说，其他动物都死了，而牛和［e10］残留的山羊有可能凑巧还存留在某个地方，它们仅仅能［678a］维持早期牧羊人的生活？

克　还会怎样呢？

雅　至于城邦、政制和立法，这些我们眼下讨论所涉及的主题，我们是否认为，［a5］可以说人们还保留着些许记忆？

克　根本没有。

雅　因此，在那一处境下，从这些人中发展出了我们现在拥有的一切东西：城邦、政制、技艺、礼法以及许多邪恶——不过也有许多德性。

克　你说什么？

雅　［678b］我们是否认为，你这大惊小怪的家伙，那个时期的人——他们没有体验过伴随城邦生活的许多美妙之物，也没有体验过与之相反的东西——曾变得十全十美或十恶不赦？

克　说得好，我们明白你的意思。

雅　［b5］那么，随着时光的流逝和我们人种的增加，一切才达到了现状，是吗？

克　完全正确。

雅　但这可能并非一蹴而就，而是渐渐达到的，经过了一段很漫长的时期。

克　［678c］看来真是这样。

雅　就我来看，从山顶降落到山谷的恐惧，曾响彻在每个人的耳畔。

克　还会是怎么样呢？

雅　［c5］那时由于人烟稀少，他们彼此一见岂不高兴万分，不过，可以说，那时陆上和海上的交通工具几乎连同各种技艺都毁灭了？因此我认为，他们相互往来并不太容易。由于铁、[678d]铜和所有别的金属都埋没在泥土下，他们又完全不知道如何冶炼这些东西，结果，他们很少砍伐木材。即使有某种工具遗留在山上某处，也很快就会用坏，消失不见。[d5]直到冶金术在人间重新出现，才有其他东西来代替。

克　还能怎样呢？

雅　我们认为，这种事情要多少代之后才发生？

克　[678e]显然，要许多代。

雅　这岂不意味着，依赖铁、铜和所有此类东西的各种技艺，也消失了同样长的时间，甚至更长的时间？

克　[e5]能不这样吗？

雅　那么，出于各式各样的原因，内乱和战争在那个时期都消失了。①

克　为何如此？

雅　首先，他们因孤寂而相互爱慕，充满[e10]善意。其次，他们无须争夺食物。那个时候，大多数人以放牧为生，[679a]牧场并不缺乏——也许除了一些初民之外。因此，他们并不缺乏牛奶和肉。此外，他们打猎获得的食物，不仅精美，数量也可观。他们还有[a5]大量斗篷、被褥、房屋、炊具以及无需用火的器具。因为，制陶和编织的技艺都不需要铁；[679b]某位神赐予了这两项技艺，以给人提供这一切东西。这样，无论人类何时发现自己身处困境，都能获得发展和进步。所以，他们没有陷入赤贫，没因贫困而被[b5]迫相争。另一方面，由于缺少金银，他们也未曾变得富裕——这就是他们那时的处境。一个过得不富不贫的家庭，通常会出现最好类型的性情。因为，[679c]肆心和

---

①　没有内乱（στάσις）是因为"那时由于人烟稀少，他们彼此一见岂不高兴万分"；没有战争（部分是）因为缺少武器。柏拉图还想为孤寂增加另一种结果，即所有人都能满足。这也暗示了何为文明社会的主要祸根：金钱和谎言——积累财富的非自然欲望，以及紧随自私而来的信仰和真理的缺失。

不义、嫉妒和恶意在那儿皆无从产生。

由于这些东西，也由于所谓的天真淳朴，他们都是好人。因为，每逢他们听到高贵之物或可耻之物，出于淳朴，他们会将那个说法看作最为真实，并相信它。[c5]没有人像今人那样，凭智慧懂得怀疑谎言。他们相信自己听到的关于诸神和人的说法是真实的，并且依照这些说法生活。因此，他们在方方面面都成为我们刚刚所描述的那种人。

克 [679d]至少我还有他[墨吉罗斯]都认为，事情就是这样子。

雅 我们难道不该说，比起生活在洪水之前的人或今人，许多年代如此度过一生的人，更不熟悉、更不了解一般的[d5]技艺，尤其是战争术？他们也不了解当今所有陆上或海上的战争术，或城邦本身独有的战争术，即所谓的诉讼和内乱，以及[679e]各种设计出来的可用来相互伤害和行不义的言行诡计。出于我们已经解释的原因，难道我们不应该说，他们更淳朴、更勇敢也更明智，并在各个方面都更正派？

克 [e5]说得对。

雅 那么，我们现在所说的和即将从中得出的一切，可以说是一种方法，我们接下来就靠它来理解，那时的人[680a]有什么法律需要，谁是他们的立法者。

克 说得好呀。

雅 不过，事实岂不是，他们还不需要立法者，在那些年代，这样的事情还不可能发生？[a5]因为，出生在那个时期的人，还没有文字记录、习俗和所谓祖传的礼法引导着他们的生活。

克 极有可能。

雅 不过，就连这也已经是一种政制了。

克 [a10]哪一种？

雅 [680b]我认为，人人都称那个时期的政制为"权威制"，即便现在也还出现在许多地方，希腊人和野蛮人那里都有。^①或许，这就是荷马提到的与库克洛普斯家族有关的政制，他说：

> ［b5］这些人既没有议事会，也没有氏族的统治，
>
> 但他们居住在巍峨的山峰之巅，
>
> 在幽深的山洞，各人管束
>
> ［680c］自己的妻子儿女，而互不关心。^②

克　你们的这位诗人看起来相当迷人。我们讨论过他的其他诗句，发现这些诗句非常优雅。但我们并不熟悉他的许多说法，因为，我们克里特人不常使用［c5］异乡的诗。

墨　但我们常用；荷马很可能是这些诗人的首领，即使他描绘的每种生活方式都不是拉科尼亚人的，［680d］而是伊奥尼亚人的。^③现在，对于你的论证，荷马看起来无疑是个好证人，因为，他借助自己

---

① δυναστείαν 就是我们称之为"权威"的一种特定形式，虽然柏拉图并未杜撰父权（πατριαχία）一词。在柏拉图眼中，要害似乎在于权威应隶属于职位，所以他选择用这个语词。"权威"（δυναστείαν）意为专制统治，最主要的含义是个人权威。参见《法义》711c 和《理想国》473d、499c、540d、544d；亚里士多德，《政治学》1292b。"即便现在也还出现在许多地方，希腊人和外邦人那里都有"，这句话无疑意为，这种个人的内在权威存在于某些希腊城邦中，而非与圆目巨人的政制一样出于原始状态。

② 参《奥德赛》9.112-115，言说者是奥德修斯，他正在讲述与圆目巨人遭遇的故事。正如墨吉罗斯的回应表明的，应考察《奥德赛》的语境。亦参亚里士多德《政治学》1252b-1253a 对同一段落的使用，以及斯特拉博对《法义》这部分颇具洞见的讨论（《地理志》，XIII.i.24-25）。"氏族统治"希腊文为 θέμιστες，源自 θέμις，早期指"正义"和"法律"。θέμις 是管理族群社会的法律，据说由诸神制定。古典时期更常用来指称"正义"的 δίκη，原指用来管理那些不属于部族的人际关系的法律。θέμις 和 δίκη 都常被拟人化为正义女神，及忒弥斯和狄刻，比如下文 936e；对比赫西俄德，《神谱》901-902。

③ 拉科尼亚位于伯罗奔半岛东南部，是斯巴达的核心区域。伊奥尼亚位于爱琴海东岸，其重要城市包括以弗所、米利都和伊兹密尔。

的神话，将他们古老的［生活］方式归为野蛮。

雅　是的，他是个证人，所以，让我们将他的话作为证据，［d5］证明这样的政制确实在某些时期出现过。

克　好。

雅　这样的政制岂不能在这些人当中找到，他们分散在孤立的家庭或氏族中，生活在毁灭性的灾难造成的混乱里？［680e］最年长者凭借父母传承下来的权威进行统治，其他人服从他，就像鸟儿们聚成一群。因此，他们难道不是受父亲的法律统治，受一切君主制中最为公正的君主制统治？

克　［e5］千真万确。

雅　接下来，更多的人聚集成更大的共同体，并形成城邦。那些住在山麓的人［681a］最早回到农耕；他们建造了一个共同的大居所，在自己的周边垒起防护的石墙，以防御野兽。

克　看来很有可能这样发生过。

雅　这个呢？下面这一点难道不可能……？

克　［a5］什么？

雅　随着这些原先较小的居所逐渐变大，每个小家族便形成了氏族，自身既有最年长的统治者，又有特殊的［681b］习俗，因为，他们分开来住。由于他们的祖先和抚养人各式各样，他们有关诸神和自身的习俗也多种多样；越有序的地方，习俗就越有序；越有男子气的地方，习俗就越有男子气。他们［b5］每个人本身的观念都铭刻在自己孩子的身上，铭刻在孩子的孩子身上。结果如我们所说，他们在形成更大的共同居所后，便产生了各自的特殊礼法。

克　当然，他们会不这样吗？

雅　［681c］此外，大概每个群体都必然会喜欢自己的礼法，而较不喜欢他人的礼法。

克　是这样。

雅　我们已在不知不觉中发现了立法的起源，看来［c5］

可以这样说。

克　确实如此。

雅　无疑，接下来，那些聚居在一起的人被迫选出若干人，共同审查所有氏族的习俗，并挑出那些他们觉得尤其适合共同体的［c10］习俗，清楚地展示并呈现出来，以取得首领们和酋长们——可以说是［681d］民众的王——的认定。这样做的人将被称为立法者。不过，虽然他们已任命行政官，并由此形成一种贵族制，甚至形成源于权威制的君主制，但在那个政制正经历转型的时期，他们会自己进行统［d5］治。

克　事实证明就是这样，但是逐步发生的。

雅　现在，咱们来谈谈第三种政制形式的产生，政制和城邦的一切形式和经验都出现在这种政制中。

克　［d10］这是哪一种？

雅　［681e］这一种紧随第二种而来，恰如荷马所揭露的，他这样谈到第三种政制的出现。"……他创建了达尔达尼亚，"荷马在某处说，

> 当时神圣的伊利昂，
>
> 能言说的凡人的城邦，还未在平原上建起，
>
> ［e5］人们仍居住在多泉的伊达山坡上。①

［682a］在讲这些话和那些关于库克洛普斯的话时，荷马是在依据神灵言说，也是在依据自然言说。因为，诗人族是神圣的，在歌唱时就受到了神启：每一次，在某些美惠女神和缪斯女神的陪伴下歌唱

---

①　《伊利亚特》20．216-218；言说者是埃涅阿斯。雅典异乡人略去了前半句："集云者宙斯首先生了达尔达诺斯（Dardanus）……"荷马未提到"第一座城邦"，也没有称"伊利昂"为"第三城邦"。"伊利昂"是特洛亚的别称，主要指城堡，而"特洛亚"指特洛亚人的整个土地。达尔达尼亚是特洛亚北部的一个王国，由埃涅阿斯的父亲安吉瑟斯统治。

时，他们会［a5］理解许多事情实际是怎么发生的。^①

克 的确如此。

雅 咱们来进一步展开眼下这个降临到我们身上的神话，因为，它可能会揭露出某种有关我们探究目标的东西。难道我们不该［展开］吗？

克 ［682b］当然应该。

雅 我们说，当人们从山上下来，到了辽阔而美丽的平原时，他们建立了伊利昂，坐落在一座小山上，有许多河流从伊达山倾泻［b5］下来。

克 他们正是这么说的。

雅 难道我们不认为，这是在洪水过后许多年才发生的？

克 这必定是在许多年之后。

雅 ［b10］很可能，对于刚刚讨论的那场灾难，他们几乎［682c］忘得一干二净了。因此，他们靠近许多从山上流下来的河建城，信赖一些不太高的山丘。

克 这一点清楚地表明，他们与［c5］这样的灾难已相隔遥远。

雅 我认为，在那个时期，有许多其他城邦已建立在下游，因为人类在不断繁殖。

克 当然。

雅 或许，其他这些城邦对伊利昂进行了一次军事远征，并且可能是从［c10］海上出发，因为那时候，人人都能无所畏

---

① "美惠女神"即宙斯与海洋女仙（Océanide）欧律诺墨（Eurynomè）的三个女儿，在奥林波斯神山上待在阿波罗和缪斯女神身旁，缪斯女神是宙斯与记忆女神墨涅摩绪涅（Mnemosyne）的七个女儿。关于缪斯女神，《斐多》259c-e提到，缪斯们生来善歌，世人中也生长出善歌的蝉类，不吃不喝，一生歌唱，死后去到缪斯们身边，报告世人对她们的崇敬。其中，最年长的卡利俄佩和乌拉妮娅受热爱智慧者崇敬，因为她们掌管天以及诸神和世人的言说，发出的声音最美。根据希罗多德（《原史》，II.120）和修昔底德（《伯罗奔半岛战争志》，I.2.1，I.22.4），美惠女神和缪斯女神是谬误大师。史家就是这样呈现诗人（尤其是荷马）的。相反，柏拉图表示，陷入神的支配暗示了诗人言辞的非真实性。参见《伊翁》533c-534e中的相似观点，尤其含混。

惧地利用大海了。

克 ［682d］看来是这样。

雅 大约僵持了十年之后，阿开奥斯人攻陷了特洛亚。①

克 他们确实这样。

雅 ［d5］所以，在此期间，在伊利昂遭围攻的这十年中，由于年轻人的反叛，许多不幸降落到了每个围攻者的家中。当士兵们回到母邦和家中时，他们没有受到这些人的隆重接待，也没有受到公正对待，［682e］而是大量遭到处决、屠杀和流放。当流放者们卷土重来时，他们改了名，将阿开奥斯人改名为多里斯人，因为，在他们流放时，多里欧斯这个人把他们聚集起来。②无疑，正是［e5］你们拉刻岱蒙人讲述了这个神话，并详细叙述了后来发生的一切。

墨 那当然。

雅 好像是按照某位神，我们现在又回到了一开始关于礼法的对话，在那儿，［e10］我们跑了题，落入音乐和会饮的话题。这个论述似乎让我们再次很好地把握住了对话，因为它已抵达拉刻［683a］岱蒙本身的建立，你俩都主张，拉刻岱蒙已得到正确建立——克里特也一样，两者的法典有如亲兄弟。现在，通过迂回的论述，通过检审某些政制和［城邦的］建立，我们在这一点上颇有收获：我们目睹了第一、［a5］第二和第三种城邦，恰如我们所认为的，它们在一段极其漫长的时间里相继建立。在此，第四种城邦——或者，你们若愿意，可叫民族出现在我们面前，它曾在早期建立过，现在要再度建立。③

———————————

① 阿开奥斯是希腊古代部落之一，主要位于伯罗奔半岛北部，荷马笔下有时以阿开奥斯人泛指希腊人。特洛亚也称"伊利昂"，在美塞尼文明时期遭以阿伽门农为首的希腊联军攻陷。在荷马史诗中，这场战争的起因是争夺美女海伦。

② 多里欧斯是多罗斯（Dorus）的后裔。在希腊神话中，多罗斯占领了伯罗奔半岛，并将后来的定居者称为多里斯人。

③ 较之第三种政制，第四种代表性政制并未呈现出任何明显的发展或内部政制的更替。最大的区别是规模。这是一个有着三个城邦的民族。还有，对这个论证极为重要的一点是，此政制是一种现实中存在的而非想象的政制。

[683b] 如果从这一切当中我们能认识到，什么曾高贵和不高贵地建立，哪种法律保存了被保存之物，哪种法律毁灭了遭毁灭之物，以及什么样的变化会使城邦幸福，那么，墨吉罗斯［b5］和克莱尼阿斯啊，我们就应该再度讨论这一切事情，就像从头讨论——除非我们对迄今所说的话有异议。

墨　异乡人啊，如果某位神允诺我们，[683c]我们若再一次尝试探究立法，就能听到不比刚刚所说的更差和更短的论述，那么，至少我愿意长途跋涉，并且对我来说，这一天看起来会变得更短，尽管我们快到了［c5］神将夏天转为冬天的这一天。①

雅　如此看来，必须探究这些事情。

墨　务必。

雅　我们且在思想中回到那段时期，当时，不仅拉刻岱蒙，就连阿尔戈斯、美塞尼及其［683d］附属地，全都牢牢控制在你们祖先手中，墨吉罗斯啊。至少从神话中的说法来看，他们接下来决定，把军队分成三支，并建立三个城邦——阿尔戈斯、美塞尼和拉刻岱蒙。②

墨　［d5］确实如此。

雅　忒墨诺斯当了阿尔戈斯的王，克瑞斯丰忒斯当了美塞尼的王，普罗克勒斯和欧律斯忒涅斯当了拉刻岱蒙的王。

墨　的确。

雅　［d10］那时人人都宣誓，会给予他们帮助，[683e]倘若有人要推翻他们的王位。

墨　当然。

雅　宙斯在上，君主制的瓦解，或曾有过的任何统治的瓦解，是

---

①　即夏至。墨吉罗斯说的"神"指太阳神赫利俄斯（Helios）。

②　依据流传至今的另一项证据（可能得除开《书简八》354b-c），下文有关最初的三个多里斯城邦的大部分叙述都无根据，甚至前后矛盾。诚如英格兰（England）对此的评论，"在某种程度上，柏拉图在此继续编造历史"。总体而言，斯巴达很喜欢"编造"，设想整个伯罗奔半岛在斯巴达霸权下统一。在语气和内容上，这段"历史"类似伊索克拉底（Isocrates）的《阿尔喀达摩斯》（Archidamus）（17以下）。

某个人而非统治者本身造成［e5］的吗？或者，就刚刚那会儿，在我们不经意说出的话中，我们确立的这一点现已忘却？

墨　怎么会呢？

雅　那么，我们现在已使这个论点变得更为牢靠。因为，很有可能，我们不经意的行为［e10］将我们引向同一个论点，这样，我们研究这个论点，［684a］就不用根据某个凭空想象的东西，而是根据某个真正发生过的、具有真实性的事情。

事情是这样的：三个君王和三个受君主制统治的城邦都相互起过誓，誓言依据的是他们为统治者和被统治者制定的公法。统治者宣誓，［a5］随着时间的推移和民族的延续，他们的统治不会变本加厉；被统治者则宣誓，统治者若是遵守誓言，他们绝不会反过来推翻王权，也绝不容许别人试图这样［684b］做。公法还允诺，君王们会帮助其他蒙冤受屈的君王和平民，平民们也会帮助其他蒙冤受屈的平民和君王。难道不是这样吗？

墨　正是这样。

雅　［b5］那么，无论君王还是其他某些人进行立法，在三个城邦通过立法创建三种政制时，这岂不是一个非常大的优点……？

墨　什么？

雅　总有两个城邦准备对抗［b10］任何一个不服从已制定法律的城邦。

墨　显然如此。

雅　［684c］当然，多数人要求，立法者制定出平民和大众均会自愿接受的法律，恰如某些人要求，教练或医生在照料和医治受照料的［c5］身体时，要令人愉快。

墨　真是这样。

雅　不过，事实上更常见的是，如果只用适度的痛苦就能使身体变得强壮和健康，那么，人们必然会满意。

墨　［c10］当然。

雅　［684d］那时候，他们还会有另一个优点，在使法律的制定变得容易上，这一点并非无足轻重。

墨 什么［优点］?

雅 当立法者给人们安排某种财产平等时，他们并没有［d5］受到其他许多城邦在制定法律期间所产生的极大责难——无论哪个立法者何时想改变土地所有制并解除债务，因为他发现，除此之外绝不可能有充分的平等。当某个立法者试图改变任何这样的东西时，人人［684e］都会向他大声抗议，"不许触动不可触动的东西"，并诅咒他推行土地的重新分配和解除债务而使人人不知所措。不过，就多里斯人而言，另一个优点就是，这个过程运行良好，没有责备，因为他们能无所［e5］纷争地分配土地，也没有巨额旧债。

墨 确实如此。

雅 那么，两位好人呀，为何这一创建和立法结果对他们竟如此糟糕?

墨 ［685a］你的意思是什么? 你责备他们什么?

雅 三个现存的居住地，有两个的政制和礼法很快就败坏了，只有一个还岿然不动——你的城邦。

墨 ［a5］你提的问题并不简单。

雅 不过，我们现在必须探究并考察这个问题，在这个明智的年纪，玩玩老年人的法律游戏，舒舒服服地走完旅途，正如我们所说的，我们［685b］一上路就想这么做。

墨 为什么不呢? 一定照你说的去做。

雅 比起研究已给这些城邦带来秩序的礼法来，我们还能做什么更漂亮的礼法研究呢? 有没有比这些城邦［b5］更出名更伟大的城邦，我们能研究它们的建立?

墨 不容易啊，要找这些城邦的替代者。

雅 那么，相当清楚，那时他们至少想让自己的安排成为坚固的堡垒，不仅让伯罗奔半岛人，［685c］而且让所有希腊人，均免遭任何野蛮人对他们行不义，这种事情曾发生过，当时居住在伊利昂周围地区的人们，依靠尼诺斯的亚述帝国^①的支持，鲁莽地挑起［c5］特洛亚战争。亚述帝国留下的辉煌并非无关紧要：恰如我们当今惧怕伟大的君王，那时他们也对那个联合组织不寒而栗。事实上，由于特洛亚是亚述帝国的一部分，［685d］特洛亚再次沦陷便是对他们的严厉打击。面对这一切，这支军队通过统一的安排而分配给三个城邦，城邦的君王是亲兄弟，都是赫拉克勒斯之子，［d5］看起来，这是个好办法，这样安排好过远征特洛亚的军队。因为，人们首先认为，赫拉克勒斯的儿子们作为统治者比佩洛普斯的后裔^②更好。其次，在德性上，他们这支军队［685e］比远征特洛亚的军队卓越。总之，他们取得了胜利，击败了其他人：多里斯人打败了阿开奥斯人。^③难道我们不认为，那时的人正是怀着这个意图如此自行组织起来的？

墨　　［e5］确实是这样。

雅　　这岂不也有可能：他们认为这些东西会保持稳定，［686a］长久维系，因为他们曾一起辛勤劳作，患难与共，并且统治他们的君王是同属一个家庭的亲兄弟？此外，他们岂不也曾求问过许多预言者，［a5］包括德尔斐的阿波罗？

墨　　确实有可能。

雅　　然而，很可能，这些美好的期望很快就成了泡影——除了我们刚刚所说的属于［686b］你们地区的这一小部分，直到今天，这一部分还从未停止与其他两部分作斗争。因为，如果这个原初的意图实现了，并建立起和谐统一，在战争中就会拥有无法抗拒的力量。

墨　　［b5］能不这样吗？

雅　　那么，它是如何毁灭的，以什么方式毁灭？值得研究的岂不是：哪种机运毁灭了这类如此强大的组织？

---

①　亚述帝国是古代西亚的强国。尼诺斯是亚述帝国的创立者的希腊名字。

②　佩洛普斯（Pelops）的后裔即指阿伽门农，是远征特洛亚的联军领袖。

③　特洛亚战后，赫拉克勒斯的子孙回到故地，重掌伯罗奔半岛。对参682d-e，此处雅典异乡人转变了对多里斯人起源的叙述，称多里斯人是赫拉克勒斯的后裔，而非在特洛亚征伐的阿开奥斯人。

墨 一个人若忽视了这些研究，我无法［686c］想象他还能找到其他法律或政制，它们保存或相反彻底毁灭了美好事物和伟大事物。①

雅 那看来真是很幸运，我们居然还能撞［c5］上这么个恰当的研究。

墨 确实如此。

雅 但听我说呀，你这惊奇的家伙，我们现在陷入的错误，岂不同样影响着所有人？我们总是以为，无论我们何时发现某个好的东西，只要有人知道把它投入良好使用的方式，［686d］就能获得令人惊叹的结果。不过，兴许我们还未正确地或依据自然思考这个特殊问题——对于人人这样看待的其他一切可能也是如此。

墨 ［d5］你在说什么呢？当你做这个论述时，我们应该说，你指的是什么呢？

雅 我的好人啊，我只是在跟自己开开玩笑。因为，当我注视着我们正在讨论的这支军队时，在我看来，它会是希腊人手中十全［d10］十美、令人惊叹的所有物——假如像我所说的那样，有人在当时［686e］良好使用过它的话。

墨 你这一切让我们赞赏的说法，岂不都讲得又好又明智？

雅 或许如此。我确实认为，每个人看到某个［e5］强而有力的伟大之物，都会立马感到，只要拥有者晓得如何使用具有这种特性和大小的东西，他就会作出许多令人钦佩的行为，并由此变得幸福。

墨 ［687a］那么，这难道不正确吗？或者，你说呢？

雅 请考虑一下，在每种情况下，某人要正确地将这种称赞赋予某物，他要注意什么。首先来考虑眼下讨论的情形吧。那时候，倘若那些安排事务的人懂得［a5］如何恰切地指挥军队，那么，为了充分

---

① 关于保存（σωζούσας）或相反彻底毁灭了美好事物和伟大事物，雅典异乡人（从所有希腊人的看法出发）思考的是，在绝望地面对强大的战斗者时希腊人所失去的东西。另一方面，斯巴达人墨吉罗斯思考的更多是美好事物和伟大事物（καλὰ καὶ μεγάλα πράγματα），即他自己的城邦保持的伟大传统，所以他优先考虑这一点。

利用自己的机会，他们会做些什么呢？他们岂不会让军队牢牢团结在一起，并一直保存军队，以便统治他们想统治的其他任何人，维持他们本身的自由，并使自己［687b］和子孙后代都能为所欲为，随意摆布全人类，无论希腊人还是野蛮人？这岂不就是人们称赞这些东西的原因？

墨　当然。

雅　此外，难道不是这样吗：在目睹巨大的财富或特别［b5］显贵的家庭或任何诸如此类的东西后，当有人如此谈论时，他这样说乃是着眼于下述事实：借助这个东西，人们可以获得他渴求的一切，或他渴求的大部分且最有价值的东西？

墨　很有可能。

雅　［687c］那好，全人类都有一种共同的渴望吗，眼下的论述揭露了这种渴望——恰如这个论述本身所宣称的？

墨　哪种渴望？

雅　［c5］让各种事情按照自身灵魂的指令发生——最好是一切事情，但如果不能的话，至少是人类事务。

墨　那当然。

雅　那么，既然我们大家从小到大，甚至到老［c10］总是期望着这种事情，我们岂不必定始终为此祈祷？

墨　能不这样吗？

雅　［687d］或许，我们也会和朋友们一起共同祈祷：他们能拥有自己所期望的东西。

墨　当然。

雅　儿子是父亲的朋友，但一个是孩子，另一个是成人。

墨　［d5］还能怎么样？

雅　不过，孩子祈祷要得到许多东西，父亲却会向诸神祈祷，绝不要按照儿子的祈祷给予。

墨　你的意思是，那个做祈祷的儿子缺乏理智，还很年轻？

雅　［d10］同样，无论这位父亲是因为年老还是因为还太年轻

［687e］而对高贵和正义之物一无所知，并体验过类似忒修斯反对希珀吕托斯——他死得很惨——①的那些激情，当他以一种激动的情绪祈祷时，你认为，这位知情的儿子会加入父亲的祈祷吗？

墨　［e5］我理解你的意思。我认为你是说，一个人不该祈祷或渴望事事遵循自己的意愿，而是尽可能让自身的意愿遵循明智。这就是一个城邦和我们每个人都应该祈祷和争取的——拥有理智。

雅　［688a］是的，还有，一个人身为治邦者和立法者，在制定法规时，必须始终注意这一点。在此，我想起——我希望你俩也回想起——一开始讨论所说的，如果你们记得的话：你俩坚持，［a5］好立法者应该着眼于战争制定他的一切法规；我则认为，这相当于劝诫仅着眼于四种德性之一制定法律，［688b］然而，应该做的是留意完整德性，尤其是首要的部分，一切德性的首领，也就是明智、理智和意见，还有遵循它们的爱欲和欲望。论述再次回到了原地，我这个讲述者［b5］现在重申一下当时所说的——如果你愿意，可以当我是开玩笑，也可以当我是在严肃说话，我的主张就是：对于缺乏理智的人，祈祷是危险的，得到的东西与他［688c］期望的相反。在此，倘若你想严肃地看待我，那就这样吧。

我确实期望，你们若遵循我们不久之前提出的论述，你俩现在就会发现，君王们和整个计划遭毁灭的原因，并不在于［c5］统治者或那些适合被统治的人胆怯或缺乏战争的知识。败坏源于其他各种邪恶，特别是对最重要的［688d］人类事务的无知。以前事情就是这样发生的，在类似的环境里，现在仍会这样发生，将来还会如此。如果

---

① 希珀吕托斯（Ἱππόλυτον）是忒修斯与阿玛宗族希珀吕塔（Amazon Hypolyta）所生之子。希珀吕塔死后，忒修斯另娶米诺斯之女斐德拉（Phaedra）。根据欧里庇得斯《希珀吕托斯》中所呈现的神话，阿芙罗狄忒怨恨希珀吕托斯，因为他对爱欲不感兴趣，而崇拜贞洁的阿尔忒弥斯女神。因此，阿芙罗狄忒让斐德拉在丈夫离家期间爱上继子希珀吕托斯。遭希珀吕托斯拒绝后，斐德拉自杀，并留下一封指控希珀吕托斯强暴她的书信。在愤怒的复仇中，忒修斯放逐了儿子，并诅咒他在波塞冬手中痛苦死去。

你们愿意的话，我会沿着论述的方向，尽力发现并向你们展示［d5］这一点，因为我们都是朋友。

克 用言辞称赞你简直索然无味，异乡人啊，但我们会以行动由衷地称赞你。我们会聚精会神地听你说，由此一名自由民可清楚表明，他所发现的值得称赞的是什么，不值得称赞的是什么。

墨 ［688e］好样的，克莱尼阿斯！咱们就照你所说的去做。

克 就这样，如果神愿意的话。开讲吧。

雅 我们现在宣布——恰如我们遵循没走完的论证路线，正是那种最大的无知，毁灭了先前的政权，［e5］在当今自然也会造成相同的结果。果真如此的话，至少立法者应该尽力给城邦注入明智，并尽可能逐出不理智。

克 显然如此。

雅 ［689a］那么，哪一类可以恰切地称为最大的无知呢？看看你俩是否同意下面的说法。现在，我像这样把它归为某种东西——

克 什么？

雅 ［a5］某人视为高贵或好的东西，自己却不喜欢它，反而憎恶它；他视为邪恶和不义的东西，却喜欢并拥抱它。快乐和痛苦与符合理性的意见之间的这种不一致，① 我认为是最严重的、最大的无知，因为它属于灵魂的主要部分。［689b］你明白，在灵魂中，感觉苦乐的这一部分就像城邦中的杂众和多数人。所以，一旦灵魂反对知识或意见或理性这些自然的统治者，我就称之为不理智：这如同在一个城邦中，多数人拒绝服从统治者和礼法，［b5］在一个人内部，灵魂中的高贵理性一无所成，反而与这些东西背道而驰。这一切，至少我会视为那类最不和谐的无知，［689c］既在城邦中又在每个公民身上，而非属于艺匠们的那类无知——如果你理解我的意思，异乡人啊。

克 我们理解，朋友啊，我们同意你的［c5］说法。

---

① 不一致（Διαφωνίαν）无疑不是指快乐与痛苦之间的不一致，而是介于这两种感受与理性（或哲学）意见之间的不一致。该词与689d5提到的"和谐"意思相反。

雅　那么，这一点可看作已确定的事宣布出来：在以上这些方面无知的公民，不可授予任何统治权；他们应该为自己的无知受责备，即便他们精于算计，并在一切精细的工作上训练有素，［689d］这些工作的自然效果可使灵魂变得机灵。那类与此截然相反的人应称为智慧者——即使他们像谚语所说的，"既不能文又不能泅"——统治职务应交给他们，因为他们是有头脑的人。由于没有和谐，①我的朋友啊，［d5］怎么可能产生明智呢，即便是最小的一丁点儿？这是不可能的。不过，这种最好的和最大的和谐，可最恰切地称之为最高的智慧，凡分有这一点的人，显然都按照理性生活，而没分有这一点的人，显然会导致家庭的毁灭，他绝非［d10］城邦的救星，而是恰恰相反，因为他对［689e］这些事物无知。那么，正如我们刚刚所说的，就把这些话当作这一方面的声明吧。

克　就这样定下来吧。

雅　那么，我认为，城邦里必定要有统治者［e5］和被统治者。

克　当然。

雅　［690a］那好，在大大小小的城邦中，以及在家庭里，统治者和被统治者应有哪些和多少相称的资格呢？其中之一岂不就是父亲和母亲，并且一般而言，父母们有权统治他们的后代，这岂非到处都正确？

克　［a5］确实如此。

雅　紧随其后的是，出身好的人统治出身不好的人。接下来是第三种，老年人应当行统治，而年轻人应当受统治。

克　当然。

---

①　没有和谐（ἄνευ συμφωνίας）并不仅仅意味着执行力与立法要素不符，或城邦和人都无能透顶，还表明真正的智慧不在于做正确的事，而在于乐于做正确的事。这个音乐术语指称自然赋予的某些声音间的和谐，由此表明，灵魂中的不和谐违反了这一自然。《蒂迈欧》47d清楚表明了柏拉图对此事的思考方式。亦参《理想国》591d，以及430e和433d详尽的音乐类比，节制（σωφροσύνη）被称为灵魂的和谐（συμφωνία ψυχῆς）；以及《斐多》93c以下，灵魂本身与德性都被称为和谐（ἁρμονία）。

雅　[690b]那么，第四，奴隶受统治，而主人行统治。

克　能不这样吗？

雅　我认为，第五就是，强者行统治，而弱者[b5]受统治。

克　那么，你已提到一种强迫性的必要统治喽。

雅　这一点在众生中最普遍，并且是依据自然，恰如忒拜人品达曾说过的那样。① 但看来最高的资格是第六种，那就是，[b10]要求无知者听从，而明智者领导和[690c]统治。确实，这个资格，最睿智的品达哦，至少我几乎不会说它违反自然，倒会说它依据自然：法对自愿的臣民行使的自然统治不带暴力。

克　你所说的极其正确。

雅　[c5]无论如何，"蒙神喜爱"和"好运"乃是我们所说的第

---

① 此处及715a，雅典异乡人提到一首仅存残篇的诗（＃169，Snell编）。我们了解到的如下：

> 法是万物之王，
> 无论有死的还是不朽的；
> 法促成并使最大的暴力变得正义，
> 用强硬手段。我以
> 赫拉克勒斯的事迹为证，当革律翁（Geryon）的牛群
> 闯入欧律斯透斯（Eurystheus）圆目巨人看守的院子，
> 被他驱赶，未经允许，也未经买卖。

卡利克勒斯（《高尔吉亚》484b）的援引证实了这段诗，这首诗在古代很出名，尤其在智术师中（《普罗塔戈拉》337d）。对这首诗的解读众说纷纭。智术师、柏拉图笔下的卡利克勒斯、雅典异乡人和希罗多德（III.38）似乎都认为，品达意指法律或习俗及自然的道德专断和强力。后来，尤其廊下派内部似乎认为，品达指向的是某种更高的法，这种法使某种暴力合法。参见普鲁塔克，《致无教养的君王》（To an Uneducated Prince）780c（对比孟德斯鸠，《论法的精神》I.i，注释a）。

品达原诗中并不包含"依据自然"（κατὰ φύσιν）或"自然"（φύσει），虽然在《法义》690c1进一步解释时，柏拉图用了"自然"一词，在《高尔吉亚》488b用了"依据自然"（τὸ κατὰ φύσιν）。这些文献都指向品达把"暴力法"（club-law）当成"自然法"的事实。

七种统治。① 在此，我们提议某人进行抽签，并主张抽了赢签的人行统治，抽了输签的人屈从受统治，这是非常公正的。

克 你所言极是。

雅 ［690d］"你有没有看出，"我们会说，"立法者啊，"对于某位轻率地着手立法的人，可以同他开开玩笑，"与统治者相称的地位有多少呢，它们彼此天然对立吗？在此，我们确实发现了内乱的某种来源，［d5］这些内乱你必须处理。

"但首先请跟我们探讨，阿尔戈斯王和美塞尼王如何且为何会在这些事情上犯错，既毁灭了自己，又毁灭了希腊人的权势，［690e］而后者在当时令人惊叹。他们的错误岂不在于，他们不知道赫西俄德正确无比的说法'一半往往多于全部'？一旦取得全部会受损，而取一半适量时，适量［e5］就应视为比不适量［全部］更多，因为，适量更好，不适量较坏。"②

克 千真万确。

雅 我们认为，这造成的每一次败坏，首先是出现在君王们当中，还是在民众中？

克 ［691a］很可能，大多时候，这是君王们的一种病，他们因放荡而高傲地生活着。

雅 那么，岂不是很清楚，正是那时的君王们首先受此俘虏——欲求拥有多于成文法所允许的东西——同时，就他们用言辞和［a5］誓言称赞的东西而言，他们与自身并不和谐？这种不和谐我们曾叫做最大的无知，但看上去却像是智慧，由于严重走调和无教养，它败坏了一切。

克 相当有可能。

———————

① 第七种统治资格"蒙神喜爱"（ϑεοφιλῆ），取决于抽签的结果，因为抽签被认为是神意的明示。统治者本人也被认为受上天偏爱。对比《斐勒布》39e10。

② 《劳作与时日》40，赫西俄德抨击受礼物败坏的诸神，这句话中还含前面提到的食物。《理想国》5.446c 也援引了这行诗。赫西俄德认定，老实得来的财富，好过不诚实获得的更大财富。

雅 ［691b］那好，那时的立法者本该制定什么来预防这种不幸的出现呢？诸神在上，如今不需要什么智慧就能理解这一点，也不难说出来。但是，倘若当时有可能预见这一点，预见者就比我们更聪明了，难道［b5］不会吗？

墨 你指的是什么？

雅 看看你们那里发生过的事情，墨吉罗斯啊，现在就有可能了解，并在了解的同时很容易说出那时本该发生的事。

墨 ［b10］再说得清楚些。

雅 这可能是最清楚的表述方式——

墨 什么？

雅 ［691c］如果有人反对合宜原则，赋予低下者更大的权力——无论是把过大的帆装到小船上，还是给弱小的身体太多食物，或者将太高的统治职务交给卑下的灵魂——或许就会颠覆一切。由于放肆之极，有些人会患起病来，有些人会由于肆心而走向不义。［c5］那么，我们的要点是什么呢？岂不是像这一点？亲爱的老兄啊，一个凡人灵魂的自然本性，只要仍年轻和不负责任，就不能担负人类中最高类型的统治。［691d］结果永远是，这种灵魂的头脑充满最严重的疾病，亦即无知，并由此逐渐遭到最亲密的朋友的憎恶。这种情况一旦发生，它随即就会毁灭自身并丧失一切权力。懂得如何维护这方面的合宜原则，乃是［d5］大立法者的标志。因此，现在可以作出的非常合宜的猜测就是，这种情况在当时的确出现过。看起来像是有——

墨 什么？

雅 ——有位神照料过你们，他预见了未来，通过促成同母的孪生君王的［691e］诞生，这位神使得诸事更适合你们。

在这之后，某个人的自然本性与某种神圣的力量混合起来，①这个人看到，你们的统治体制仍躁动不安，他便着手［692a］把老年人的节制力与家族的稳固力混合起来：在最重大的事务上，给予28个

---

① "神圣的力量"可能指吕库尔戈斯从德尔斐神庙获得的阿波罗神谕。

长老组成的议事会的投票权等同于君王的权力。

你们的第三位救星看到，你们的统治体制仍恣肆且躁忿，［a5］就用五长官的权力给它套上马勒，使其接近基于抽签的权力。①

因此，根据这种说法，你们的君主制就变成了恰切要素的混合体，并变得合宜，它保存了自身，也是保存其他东西的［692b］原因。倘若处理者是忒墨诺斯和克瑞丰忒斯以及当时的立法者，不管那些立法者是谁，那么，甚至阿里斯托德摩斯的那部分也保全不下来。因为，他们在立法上经验不足。否则，他们几乎不会认为，靠誓言可以［b5］让年轻人的灵魂变得适度，而年轻人的灵魂一旦取得统治，就有可能变成僭主。然而，神已昭示，为了实现特别稳固的统治，什么是那时必须做的，什么是现在仍应该去做的。正如［692c］我先前所说的，现在，我们无需什么智慧就能理解这些东西。因为，通过审视出现过的先例，不难理解这些。但如果有人在当时已预见过这些东西，并能合宜地安排统治职务——制定出三分之一来，②［c5］那么，他就能挽救当时的一切良好计划，波斯人或其他任何人也绝不会远征希腊，这个远征源于他们小看了我们，认为我们是无足轻重的人。

克　你说的是实情。

雅　［692d］无论如何，希腊人击退他们的方式并不光彩，克莱尼阿斯啊。我说不光彩并不意味着要否认当时的人是胜利者，他们在陆上和海上取得了高贵的胜利。我认为，那时的不光彩在于：首先，这些［d5］城邦共有三个，却只有一个保卫了希腊，而另外两个已腐败透顶，其中一个妨碍拉刻岱蒙协助防卫，并竭尽全力［692e］对抗

---

① 第三位救星（Τρίτος σωτήρ）可能指忒奥彭珀斯（Theopompus），他创立了监察官议事会。斯巴达五长官是每年选出的五名长官，行使广泛的权力，尤其在城邦内务上（参亚里士多德，《政治学》1270b以下）。

② 三分指的不是斯巴达、阿尔戈斯和美塞尼，而是包含在王位、长老会和五长官议事会中的权力要素。此处，柏拉图头脑中的唯一城邦统一体看起来是整个希腊。"制定出三分之一"与"合宜地安排统治职务"紧密相连，这表明它们指的是相互审查，由上述三种斯巴达的权威实行，这源于可欲的权力的节制。

它，而另一个在阿尔戈斯——第一次分割时它最显赫——当号召击退
野蛮人时，它却不予理睬，拒绝帮助防卫。当时那场战争中发生的许
多事，可能会成为某些人不恰当地指控希腊的理由。倘若［e5］有人
说希腊是在保卫自身，他就说得不正确；若雅典人和拉刻岱蒙人不
曾共同决定［693a］抵抗逼近的奴役，那么，此时的希腊种族就可能
全都混杂在一起，希腊人中就会有野蛮人，野蛮人里也会有希腊人，
就像当今波斯人压制着的各族人，他们在分散而又聚合之后不幸地
［a5］散居着。

　　正是这些原因，克莱尼阿斯和墨吉罗斯啊，我们可以指责所谓的
古代治邦者和立法者——当今的也可以指责。我们这么指责乃是为了
查明起因，［693b］并找出本该采取什么不同的做法。正如我就目前
的情形所说的，他们本不该立法建立巨大的统治权或未混合的权威。
他们本该考虑的是，一个城邦应该自由且明智，并对自己友好，［b5］
立法者应着眼于这些东西立法。

　　顺便提一下，我们不必惊讶于发现：我们此前常常设定目标，我
们曾说，立法者在制定法律时应留意这些目标，［693c］但这些目标
在我们看来并没有每次都一样。我们应该如此思考：当我们说人们应
注意节制、智慧或友谊时，这些目标并非不同，而是相同的。即便出
现其他许多［c5］这类言辞，我们也无需困扰。

　　克　在我们回顾这些论述时，我们将试着这样进行。不过，就像
目前涉及友谊、明智和自由，你想说立法者应该［693d］着眼于什
么，请说说。

　　雅　那么，听着。可以说，有两种政制的母体。有人这样说是
对的：其他政制源于这两种，一种叫君主制，另一种叫民［d5］主
制，波斯的政制是君主制的顶峰，而鄙邦是民主制的顶峰。正如我说
过的，几乎其他一切政制都混合了这两者。这两种政制应该且必需存
有，如果要有自由、［693e］友谊连同明智的话。这一点正是我们眼
下论述所意图确立的，可以说，哪个城邦没分有这两种政制之一，就

不会有良好的政治生活。①

克 当然不会有，怎可能有呢？

雅 ［e5］那么，这两个民族，一个对君主制情有独钟，另一个对自由情有独钟，两者在这些东西上都不具有合宜。不过，你们的政制——拉刻岱蒙和克里特的政制较为合宜。雅典人和波斯人过去的政制也曾［694a］比较合宜，但现在不是这样了。咱们且来审查一下原因，好吧？

克 务必，倘若我们要完成我们定下的任务。

雅 那我们来听听吧：居鲁士统治下的波斯人，拥有适度的奴役和自由，他们先是［a5］变得自由，后来则成了其他许多人的主宰者。因为，统治者与被统治者分享自由，并走向了平等。结果，士兵们会觉得他们的指挥官更亲近，［694b］并热忱地面对危险。此外，如果他们当中有人是明智的且能给出忠告，君王并不会嫉妒，而是允许直言不讳，并敬重那些能给出忠告的人。因此，在他们之间，［b5］一个人乐意分享自己的才能是常见的事。由于自由、友谊和共享理智，在那时，他们诸事顺遂。

克 很有可能，事情就会按如此描述的那样发生。

雅 ［694c］那么，在冈比西斯②的统治下，波斯是怎么毁灭的，随后在大流士的统治下，又是怎样基本上拯救起来的？你想要我们思考这一点吗，就好像我们在使用占卜？

---

① 君主制和民主制两种要素必不可少。不受限制的自由——一切权威的缺位——意味着每个人都能为所欲为。在这种情况下不可能展开任何一致行动。不受限制、不负责任的专制意味着，尽管城邦作为一体行动，即拥有统一，尽管其行动可能由明智主导，但没有友爱（ φιλία）。亚里士多德在《政治学》1266a1谈到，柏拉图似乎要混合这两种要素最糟糕的状况，而非让二者相互修正。任何形式的权威，譬如698b5敬畏（ αἰδώς）的权威，一定意义上"源自君主制"。

② 根据色诺芬，波斯王冈比西斯是居鲁士与曼达涅（Mandane）之子，曼达涅是阿斯提阿格（Astyage）之女（《居鲁士的教育》，1.2.1）。希罗多德（《原史》I.107）认为，冈比西斯作为波斯人，地位并不很尊贵，其父居鲁士由一名牧羊人抚养长大，我们称其为"牧羊人之子"（I.114）。

克 那至少会有助于我们进行已着手的研究。

雅 ［c5］现在，我预测，虽然居鲁士在其他方面是个好将领，也是其城邦的朋友，但他完全没有领会何谓正确的教育，根本没把心思放在家庭管理上。

克 我们何以断言是这么回事？

雅 ［694d］有可能，从年轻时起，居鲁士毕生戎马倥偬，把自己的孩子交给妇女抚养。孩子由妇女们抚养长大，仿佛从孩提起就是幸福的，从出生的那一刻就受到祝福，会一无所缺。这些妇女不允许［d5］任何人在任何事情上反对孩子，因为孩子已拥有幸福，她们强迫人人称赞孩子们的所有言行：这就是她们培养的那类孩子。

克 你描述的那种抚养看上去很可爱！

雅 ［694e］女性的抚养！——孩子由后宫的新贵妇女抚养，因为，男人都不在，他们因战争和其他许多危险都无法找到闲暇。

克 ［e5］言之有理。

雅 同时，孩子们的父亲为他们捕获了牛群和羊群，还有许多豢养的畜群，以及其他许多动物。［695a］但居鲁士不知道，他将给予孩子们一切，而孩子们并非受教于父亲的技艺，亦即波斯人的技艺——波斯人是牧羊人，因为他们出生在崎岖不平的地带。这种技艺是坚韧的技艺，足以使人成为非常强壮的牧羊人，能够在野外露营，［a5］清醒地看守，并在需要时乐于成为士兵。无论如何，居鲁士没有看到，妇女们和宦官给予他的儿子们的那种教育，已让所谓的米底亚人的［695b］幸福给败坏，在毫无约束地培养起来后，儿子们成了恣肆妄为的人。居鲁士死后，孩子们一接替他，就奢侈无比，毫无节制。首先是这个杀了那个，因为他容不得分享［b5］平等；其次，杀人者因酗酒和缺乏教养而发狂，米底亚人伙同当时所谓的"宦官"摧毁了他的统治，"宦官"极其蔑视冈比西斯的愚蠢。

克 ［695c］据说事情就是这样，有可能，事情一定程度上是这样发生的。

雅 此外，据说，大概是由于大流士和七人团，统治权又回到了波斯人手中。①

克　［c5］当然。

雅　让我们随着论述来考察吧。由于大流士不是王子，他所受的教养并不骄纵。作为某个组织的第七个成员，大流士参与了统治，并取得统治权，他把王国分成七个部分，这一划分至今仍保留着［c10］痕迹。他认为应该通过制定法律来治理，借助法律，他引入了［695d］一种普遍的平等，对于居鲁士给波斯人允诺的奖赏，他还用法律做了规定。因此，在所有波斯人之间，他营造了友谊和共同体的意识，他还用金钱和礼物赢得了波斯民众。所以，他的军队对他［d5］有好感，并给他带来了额外的领土，大小不亚于居鲁士所留下的。但是，大流士之后，薛西斯所受的教育，同样是后宫骄奢放纵的教育。"大流士啊，"也许可以非常公正地说，"你没有从居鲁士的缺点中［695e］吸取教训，你同样用居鲁士抚养冈比西斯的方式抚养薛西斯！"无论如何，薛西斯是同样类型教育的产物，因此，他的结局接近于冈比西斯的不幸遭遇。从那时起，波斯人中出现的君王几乎［e5］没有一个真正"伟大"，除了在名义上。从我的论述来看，其原因不在于机运，而在于富豪［696a］和僭主们的大多数孩子所过的邪恶生活。没有哪个孩子、成人或老人会在德性上变得出色，倘若他是如此抚养起来的话。我们坚持，这些是立法者应当研究的问题，而且，我们应当立即研究。②

至于［a5］你们的城邦，拉刻岱蒙人啊，至少这么归类它是恰当的：在荣誉的分配和培养上，你们没有划分贫与富，私人与君王——除了一开始［696b］某位神给你们颁布的神谕所定的区分外。至少就城邦而言，将显赫的荣誉授予某人，不应该因为他是富豪，也不应仅仅因为他敏捷、漂亮或强壮，而是要求他拥有某种

---

①　暗指冈比西斯的死及大流士继位：大流士在六个波斯大家族代表的拥护下登位称王（希罗多德《原史》，III.68–79）。

②　立法者是出于实践目的，"我们"现在则是为了理论探讨。这种观点为一个新的克里特殖民地的戏剧虚构提供了基础，标志着卷四开端从纯理论到现实探讨的转折。

德性，拥有节制的德性。

墨 ［b5］此话怎讲，异乡人啊？

雅 或许，勇敢是德性的一部分？

墨 怎会不是呢？

雅 在你听过这个论述之后，你自己就是裁决者了：有个家庭成员或邻居非常勇敢，却无节制，［b10］你会乐意拥有吗？

墨 ［696c］嘘！

雅 有个艺匠在自己的行当里极聪明却不正派，这如何呢？

墨 绝不［欢迎］。

雅 ［c5］脱离了节制，正义不会自然生长出来。

墨 怎么可能呢？

雅 我们刚刚视为智慧的人也不会产生，这种人的快乐和痛苦符合并遵循［c10］正确的推理。

墨 确实不会产生。

雅 那么，我们也应该考虑如下问题：在城邦［696d］中，每种情形下授予哪些荣誉正确或不正确。

墨 什么？

雅 假如某个灵魂只具有节制，而没有其余的任何德性，［d5］那么，尊敬还是不尊敬它，哪个恰当呢？

墨 我说不好。

雅 你的说法很得体。因为，如果你的回答是我的提议之一，至少我会认为，你的说法看起来不可靠。

墨 ［d10］所以我的回答还算好。

雅 确实。毕竟，那些适合尊敬或不配尊敬的东西的附属物，［696e］并不值一提，而是要对其沉默不语。

墨 在我看来，你指的是节制。

雅 是的。至于其他方面，分配荣誉的最正确方式就是，首先敬重这样的东西——它与这个附属物结合起来能给予我们最大的好处，其次是敬重［e5］给予我们第二大好处的东西。若根据这个原则依次敬重其余的东西，每样东西就能获得它应得的份。

墨　[697a] 正是如此。

雅　那么，我们岂不会同样主张，这个分配就是立法者的职责？

墨　当然。

雅　[a5] 你想让我们把给每一行为细致分配各种东西的职责留给他吗？我们该不该试着作出三重区分——区分最重要的东西、第二重要和第三重要的？因为，我们本身也是法律的追慕者。

墨　务必。

雅　[a10] 我们认为，很可能，如果一个城邦要得以 [697b] 保存，并获得力所能及的幸福，就必定要正确地分配荣誉和耻辱。正确的分配是：首先，对属于灵魂的好东西最为敬重——倘若灵魂拥有节制的话；其次，[b5] 敬重有关身体的美好卓越之物；第三可以说是有关产业和财富的东西。倘若某个立法者或城邦跨越这个等级，或者把财富提升到尊贵的位置，[697c] 或者把次要的东西拔高到更可敬的位置，那么，他的所作所为就既不虔敬也不具治邦术。我们应该这样说吗，或怎么着？①

墨　[c5] 当然要这么明确地宣布。

雅　由于探究波斯人的政制，导致我们长篇大论地谈这些东西。我们发现，他们一年一年地变坏，我们认为原因就在于，他们过度剥夺了民众的自由，引入的专制不适度，破坏了城邦中的 [697d] 友谊和共同体。这些东西一旦败坏，统治者制定的政策就不再着眼于被统治者和民人，而是为了他们自身的统治。统治者若认为，只要每次能给自己带来蝇头小利，就乐于推翻诸城邦，推翻并烧毁友好的民族，[d5] 结果就会造成可怕的、冷酷的恨与被恨。需要民人协助作战防卫时，他们才发现，一个有激情冒险和作战的共同体 [697e] 已不复

---

①　这种对好东西的三分法源自毕达哥拉斯学派，后来的道德家们大体采用了这种做法（比如亚里士多德，《尼各马可伦理学》1098b13；西塞罗，《论职责》III.6.28，其中所列的诸种邪恶出自《高尔吉亚》477b）。697b6的"据说"（λεγόμενα）暗示了，一部分对这些分类的定义并非出自言说者本人。

存在。他们有无以计数的臣民，但这些臣民在战争中全都毫无用处。因此，他们不得不雇佣帮手，好像他们缺乏人手：他们认为，依靠雇佣兵和外邦人能保护自己。此外，[698a]他们必然变得愚蠢透顶，以至于用自己的行为表明，同金银相比，城邦中通常视为可敬的和高贵的东西，每样都毫无价值。

墨 确实如此。

雅 [a5]那么，就让这成为关于波斯的最终讨论吧，目前，波斯的事务管理不当，盖因奴役过度和专制过度。

墨 定是如此。

雅 接下来，我们应该以同样的方式[a10]仔细谈谈阿提卡的政制，并表明，在相当[698b]程度上，完全脱离一切统治劣于适度受他人统治。

当时，在波斯的远征军攻打希腊人且有可能攻打欧罗巴的所有殖民地时，有一种古老的政制[b5]基于四个阶层的划分，它有几个统治者。这种政制中有一个专制的女主人——敬畏，正是由于她，我们愿意作为当时法律的奴隶而生活着。此外，从陆上和海上入侵的庞大军队打得我们无助而恐惧，使[698c]我们更愿意成为统治者和法律的奴仆，这一切事情为我们彼此之间营造了非常强烈的友谊感。

你知道，大约在萨拉米斯海战前十年，达提斯就已到来，他带领了一支波斯远征军，[c5]大流士专门派遣他来攻打雅典人和厄瑞特里亚人，他接到的命令是把他们带回去做奴隶，倘若他没有做到，就会面临死亡的威胁。弹指之间，达提斯的[698d]千军万马就用武力彻底征服了厄瑞特里亚，随后他给我们城邦捎去了一个令人胆战心惊的口信说，没有一个厄瑞特里亚人从他手中逃脱，达提斯的士兵手拉手连成一张网，[d5]可以罩住整个厄瑞特里亚。不管这个口信是真是假，不管它来自何处，都使所有希腊人尤其雅典人惊恐不已。不过，当雅典人派遣使者[698e]四处求援时，除了拉刻岱蒙人之外，没有人愿意前来。然而，拉刻岱蒙人让一场战争拖住了，当时他们正与美塞尼交战，兴许也让其他一些我不知道叫什么的障碍拖住了，他们到达时，马拉松战役已打响［e5］一天。

之后，大量精心准备的口信和无休止的恐吓从波斯王那边频频传来。随着时间的流逝，据说，大流士死了，他那年轻而又粗暴的儿子继承了王位，并且决不［699a］放弃进攻的准备。雅典人认为，这一切准备都是针对他们的，因为这已经在马拉松发生过。他们听说，穿过阿托斯半岛的运河正在挖通，赫勒斯蓬托斯海峡上架起了大桥，大批的战船在集结。①此时，他们认为，［a5］无论陆上还是海上，都没有保存自身的退路了。因为，他们无法指望谁来帮自己——他们回忆起往昔的情形，当厄瑞特里亚陷落时，没有人来救援，也没有人敢来并肩作战。他们［699b］期望，至少在陆上，这次有人来救援。在海上，他们觉得自己完全不知所措，因为，前来攻打的战船有一千多艘。他们想到了一种活命的方法。这是一种渺茫而无望的方法，但唯此可用了。［b5］此外，他们回顾了以前发生的事，那时，他们在绝境中作战，胜利却也出现了。怀着这一线希望，他们发现自己的避难所仅在于自身，［699c］在于诸神。

因此，这一切给他们彼此之间注入了友谊：既有当时出现的恐惧，又有源于他们对已存在的法律的恐惧——他们怀有这种恐惧是因为，他们受先前的法律奴役，在之前的论述中，我们常常称这种恐惧为"敬畏"，［c5］我们说过，那些要成为好人的人，必须受此奴役。胆怯的人摆脱了这种恐惧，在这方面无所畏惧。不过，要是我们的民众当时没有受这种恐惧支配，他们就绝不会像后来所做的那样，团结起来保卫自己，也绝不会保卫庙宇、陵墓、故土以及自己的亲朋好友。［699d］相反，我们那时就会四分五裂，渐渐地散居各地。

墨 你所说的完全正确，异乡人啊，从某个方面来看，这与你和你的祖邦都十分相称。

---

① 阿托斯半岛，位于古希腊北部爱琴海东端。赫勒斯蓬托斯海峡，希腊本土与黑海沿岸地区的交通要冲。

雅 ［d5］是这样，墨吉罗斯啊。和你谈谈那时发生的事是恰当的，无疑，你分有你祖先的自然本性。

不过，请你和克莱尼阿斯现在想一想，我们所谈论的东西是否和立法有关。毕竟，这是［699e］我探讨一切的原因，我不是为了神话而谈论。请看看这一点如何：在某种程度上，我们的民人同波斯人的遭遇相同——波斯人将他们的民人引向彻底的奴役，相反，我们将大多数人引向彻底的自由。［e5］鉴于此，我们先前提出的论点刚好向我们恰切地显示了我们在此应该说什么，以及该怎么说。

墨 ［700a］说得好：不过，请尽力更清楚地向我们表明正在谈论的东西。

雅 好的。按照古法，我的朋友们啊，我们的民人并非某些东西的主子，而是在某种意义上［a5］非常自愿地受法律奴役。

墨 你说的是哪些法律？

雅 首先是管理那一时期音乐的法律——倘若我们应首先考察自由生活方式过度发展的起源。①那时，我们的音乐根据它本身的样式和［700b］风格来划分。有一种歌的样式包含给诸神歌咏的祈祷，唤作"圣歌"；另一种歌的样式与此相反，有人很可能会叫它"哀歌"。"阿波罗颂歌"是另一类。还有一类，我认为与狄俄尼索斯的诞生［b5］有关，称作"酒神颂歌"。他们给另一类歌命名为"礼法"——他们也曾说，这类歌用在基塔拉琴上。这些种类和其他某些种类一经安排，就不许［700c］误用不同样式的歌曲。了解这些东西并运用其知识进行裁决的权威，惩处不服从者的权威，并不像当今这样是嘘

---

① "管理那一时期音乐的法律"，对比上文665c2。此处关于音乐创新的危险，与《理想国》424b-d大体相同。尽管所谓的奴役并非源自音乐，但雅典异乡人认为，目无法纪的性情的端倪现于这一领域。读者可从卷二及上文引述的《理想国》部分看到，音乐中的不法倾向有多明显和严重；柏拉图强调，音乐是形塑品质和性情的重要因素。但还有一点我们会在《法义》701a看到，伴随着未受教育的民众无视音乐艺术的既定规则和标准，民众变得狂妄。而从政治上讲，这种狂妄败坏了他们的自由，并使民主陷入危险。人们不再崇敬比他们优异之人的判断。

声，或众人粗鲁的叫喊声，或给予赞赏的掌声。相反，[c5]权威是有教养的人受认可的习惯：静静地听到底，而孩子们及其照管者和杂众，则在棒打的威胁下保持秩序。

[700d]因此，在这些方面，大多数公民都乐意受这种有序的形式统治，不敢用吵闹声来作评判。但后来，随着时间的推移，诗人们成了统治者，主宰着无教养的不法。尽管天生禀有诗性，但诗人们并不知晓，[d5]缪斯的正义与合法是什么。由于陷入酒神的疯狂，他们过度受制于快乐，将哀歌、圣歌、阿波罗颂歌和酒神颂歌混杂在一起；他们用基塔拉琴的声音模仿簧管声——他们混淆了[700e]一切。由于无知，诗人们不知不觉地歪曲了音乐本身，他们宣称，没有正确的音乐这种东西，相当正确的倒是，用快乐的标准来评判音乐，这种快乐，凡是喜欢音乐的人都能获得，不管他是好人还是坏人。通过创作这种作品并补充[e5]这类说法，诗人们将一种有关音乐的不法灌输给多数人，使他们狂妄地以为，自己就是胜任的评判者。结果就是，[701a]观众们变得吵吵嚷嚷而非安静，并声称理解了音乐中的美与丑；一种邪恶的剧场政制出现了，取代了音乐中的贵族制。①

如果仅在音乐中出现自由民的民主制，那么发生的事[a5]还不会太可怕。但实际上，认为每个人事事聪明，连同不法，皆源于我们的音乐所伴随的自由。人们变得无所畏惧，好像他们是有识之士，缺乏畏惧便产生了无耻。因为，如此[701b]大胆而不害怕更好的人的看法，几乎相当于卑劣的无耻，而这源自某种过度放肆的自由。

墨　你所言极是。

雅　[b5]紧接着这种自由出现的是，不愿意听命于统治者，而后是拒绝父母和长者的束缚和引导；迈向终点的前一步是，企图不必服从法律；[701c]接下来就到达了终极自由，他们不再考虑任何誓

---

①　剧场政制（ϑεατροκρατία），也就是我们所谓的"张三、李四、王五篡夺了评论者的位子"。比较《哈姆雷特》III.ii.26，"受到审慎的责难"，"必须经得你的同意，让这整个剧院压倒所有别的剧院"。"剧场政制"一词在本篇对话中仅出现一次。

言、许诺和有关诸神的东西，反而展现和模仿所谓古代提坦神的自然本性——再次返回相同的状态，进入一个邪恶从未断绝过的恶劣时期。①

我们［c5］为何再次谈论这些事情呢？至少在我看来，显然有必要像驾马那样不时地控制论述，以免让它强行带着走，好像这马嘴没有［701d］上套似的。为了避免像谚语所说的，从驴上跌下来，我们需强调刚刚提的问题：为什么要谈这些事情？

墨　问得好。

雅　［d5］那好，说这些是为了先前的一些东西。

墨　哪些？

雅　我们说过，在制定法律时，立法者必须着眼于三样东西，也就是，他为之立法的城邦变得自由、对自己友好并具有理智。这些就是目标，难道不是吗？

墨　［d10］当然是。

雅　［701e］为此，我们选择了最专制的政制和最自由的政制，现在来探究哪种是正确的治理。我们已看到，无论专制的还是自由的，一旦得到适度的限制，［e5］事务就能相当顺利地展开。不过，无论哪一个推向极端都无益——一个推向奴隶制，另一个则相反。

墨　［702a］你所言极是。

雅　也正是为了这些东西，我们审视了多里斯营盘的建立，达尔达诺斯人在山坡上定居，滨海城邦的建立，大灾难后［a5］幸存的初民，以及此前出现的有关音乐和醉酒的论述，还有更早一点讨论的那些东西。探讨这一切是为了理解，日后如何可能最好地建立城邦，个人私下［702b］如何可能最好地度过自己的生活。

---

①　在宙斯和奥林波斯诸神统治前，提坦族是统领神界的诸神。他们是天神乌拉诺斯（Ouranos）和地母盖娅（Gaia）的子孙，圆目巨人是他们的兄弟。他们因对父亲所犯的罪而被称为"提坦"：以最小的克罗诺斯为首，他们阉割了乌拉诺斯，并篡夺了他的王位。在克罗诺斯的子孙当中，以宙斯为首的奥林波斯诸神的反叛导致提坦族垮台。

　　不过，我们在交谈中可以为自己安排哪种检验呢，克莱尼阿斯和墨吉罗斯啊，以便揭示我们在做的事情是否有价值？

　　克　异乡人啊，我认为自己能设想出一种。看来，[b5] 我们真是幸运，居然让我们撞上讨论过的这一切论述的相关话题，因为，至少我眼下很快就会用得着它们，而你，还有这儿的墨吉罗斯，[702c] 来得正是时候。因为，我不用向你俩隐瞒我的现状，而是要把这作为一个好兆头。你们清楚，大部分的克里特人正试图找到一块殖民地，并把这项事务交克诺索斯人负责。[c5] 克诺索斯城邦又委任我和其他九人来做这件事。我们被委托制定法律，如果我们发现那个殖民地的法律令人满意，我们就制定相同的法律；但如果我们发现其他地方的法律看起来更好，我们也会毫不犹豫地将那个殖民地的法律变成外来的。因此，现在我们且 [702d] 给自己——我以及你俩——帮个忙，从已谈过的东西中进行挑选，让我们在言辞中构建一个城邦，就好像是我们最早创建的。对于我们正在探究的话题，这将是一种检审的方式，与此同时，在将要出现的城邦中，我或许会运用 [d5] 这一构建。

　　雅　无论如何，你不是在宣战吧，克莱尼阿斯！除非墨吉罗斯会有些厌烦，否则，你可以认为，就我而言，我会全力以赴顺从你的意图。

　　克　说得好！

　　墨　[d10] 就我而言，我也会这样做。

　　克　[702e] 你俩都说得非常可贵！那么，现在我们先在言辞中尝试创建这个城邦吧。

卷 四

雅 ［704a］那么，我们必须思考，这个城邦究竟会是什么？这样说，我既不是问它现在的名称是什么，也不是问它到时候必须叫什么，因为，那可能会取决于它定居的环境或某个［a5］地点——它的名称取自某条河流或某个源泉，或一位地方神。［704b］其中一个尊贵名称会用来命名新城邦。现在，我想问的倒是：这个城邦会在沿海还是内陆。

克 异乡人啊，我们正在谈论的这个城邦⌊b5⌋离海大约有八十斯塔迪昂。①

雅 这个呢？它的沿海地带有港口吗，或者根本没港口？

克 它那里的港口可能是最好的，异乡人啊。

雅 ［704c］唉，坏消息！不过，它四周的土地如何？是样样东西都出产，还是缺乏某些东西？

克 几乎不缺什么。

雅 附近有邻邦吗？

克 ［c5］一个也没有。这就是要建立它的原因。因为，远古时人们从这里迁出去后，这片土地就不知荒芜了多久。

雅 平原、山脉、森林情况如何？我们拥有的每一部分怎么样？

克 ［c10］整体上类似克里特其余地方的自然条件。

雅 ［704d］你是说，这片土地高低不平，而非一马平川。

克 确实如此。

---

① 八十斯塔迪昂（σταδίους）约14.5公里。

雅 那么，至少就获得德性而言，这个城邦不会无可救药。因为，如果它正好靠近海边，拥有良好的港口，[d5] 没有样样东西都出产，而是缺乏许多东西，那么，具有如此自然条件的城邦，就需要某个伟大的救世主和一些神样的立法者，以防形成各式各样的卑劣习性。实际上，离海八十斯塔迪昂让人欣慰。当然，它离海还是比恰当的距离近了些，[705a] 更何况，你还说它有好港口，但这必须充分利用。因为，尽管靠近大海的陆地能获得日常的满足，[①] 但大海确实是"又咸又苦的邻居"。[②] 大海使一个地方盛行买卖和随零趸 [a5] 而来的逐利，让灵魂养成诡诈和不信任的性情。因此，大海卷走了一个城邦对自身和其他人的信任感和友好感。就此而言，令人欣慰的是如下事实：[③] 这个城邦虽样样出产，[705b] 但它的地形高低不平，显然既会妨碍它大量出产，同时也会妨碍它样样盛产。要是那样的话，就意味着大量出口，结果就是金币银币泛滥成灾。总之，可以说，对于一个 [b5] 要取得良好出身和正派性情的城邦，没有什么比这危害更大了——恰如我们在先前讨论中所说的，如果你们记得的话。

克 我们当然记得，并且同意，我们那时和现在都说得对。

雅 [705c] 那么，接下来是：就造船的木材而言，我们这个地方的情况如何？

克 没有值得一提的杉树，也没有松树，柏树也不多。我们也找不到多少脂松 [c5] 和悬铃木——造船者定会一直用这些木料来造船体内部。

雅 这些自然特征对这片土地也无害。

克 怎讲？

---

① 意思可能并非如现代读者倾向于认为的，指海洋显见的魅力，而是指多样化、满足市场日常生活的便利。

② "又咸又苦"指大海具有某种道德上和身体上令人生厌的东西。该说法似乎出自阿尔克曼（Alcman）的一首诗，已佚。

③ "令人欣慰"（παραμύθιον），《法义》773e 和其他地方也用到了该词，指"劝勉"。对比修昔底德《伯罗奔半岛战争志》V.103，以及柏拉图，《克里提阿斯》115b。

　　雅　在坏的模仿上，一个城邦无法［705d］轻易地模仿它的敌人，这是好事。

　　克　你这么说，是注意到了那件已提到的事情？

　　雅　人精啊，同我一起保持警惕！请回过头留意一开始所说的，有关克里特的法律如何［d5］着眼于一个目标的说法。你俩说这个目标与战争有关。那时我插嘴说，这样的法律制度以某种方式着眼于德性是好的。不过，要是它们只着眼于一部分德性而非近乎完整的德性，那［705e］我根本不会赞同它们。现在轮到你俩了，当你们注视目前的立法时，必须同我一起警惕制定出不着眼于德性的法律，或着眼于一部分德性的法律。① 因为我坚持，唯有这才算是正确制定的法律：恰如一名［706a］弓箭手，每一次瞄准的始终只是伴随高贵之物的东西，而不管其余一切，即便忽视刚刚提及的东西、有机会产生财富和其他诸如此类的东西。

　　［a5］我提到的那类对敌人的邪恶模仿，出现在这种时候：有些人居住在海边，受敌人们骚扰，就像当时——我谈这点并不意在让你们想起宿怨——米诺斯将某种残酷的进贡［706b］强加给阿提卡居民。米诺斯拥有强大的海上力量，而阿提卡人并没有像今天那样拥有战船，他们也没有一块备有造船木材的好领土，能使他们轻易地发展海军［b5］力量。结果，他们无法通过海上的模仿立马变成水手，在那时保卫自己、抵抗敌人。他们宁可一次次失去七个少男少女，因为［706c］用保持稳定的重甲兵取代水兵更有利。② 水兵能迅速地向前跳跃，然后再快速地退回到自己的船上；他们不敢站在进攻的敌人面前决一死战，根本不认为这是可耻的。［c5］他们很容易为此找到借口，并时常准备扔掉武器逃

---

　　①　尽管立法者不宜仅关注一种德性，但是当任何一种德性陷入危险时，他反对扼杀它却是对的。因此，雅典异乡人是在避免两种危险之一，即把其他事物看得比德性更高。对比《法义》631a。

　　②　这样说是因为雅典人当时已不是海上强国，雅典另辟蹊径克服了米诺斯和米诺陶的困境（柏拉图在《斐多》58a-b也提到这个故事）。

跑，他们宣称，某些溃败并不可耻！武装的水兵表达的这些看法，并不值得时常赞［706d］不绝口，而是恰恰相反。人们绝不应该习惯于这些邪恶的作风，尤其是公民中最好的部分。

这至少可以从荷马那里获悉，也就是说，这样的作风并不高贵。因为，荷马笔下的奥德修斯辱骂［d5］阿伽门农，那时，阿开奥斯人同特洛亚人作战正陷入困境，阿伽门农命令将船只拖入海里。奥德修斯光火地对他说：

> ［706e］战斗正在激烈进行，你却命令
> 把我们有桨座的精良船只拖下海去，好让
> 特洛亚人热望已久的祈愿进一步实现，
> 让我们遭受彻底的毁灭。因为，阿开奥斯人不会
> ［e5］坚持作战，只要把船只拖入海；
> 他们会不断回首观望，放弃战斗。
> ［707a］你宣布的建议实在有害！①

所以，奥德修斯也了解这些事情，并意识到，用海上的三层桨战船支援重步兵的战斗并不好。采用这类习惯会使狮子惯于逃离麋鹿！

此外，［a5］其势力依赖于海军的城邦，在获得拯救之后，不会将荣誉颁发给最高贵的战士。由于取得这一拯救是靠舵手、水手长和划手的技艺——［707b］事实上，是靠各种不那么端正的人——人们不可能把荣誉正确分配给每个人。但要是缺乏这一点，一个政制如何变得正确呢？

克　几乎不可能。不过，异乡人啊，请看看：至少［b5］我们克里特人认为，正是希腊人在萨拉米斯反抗野蛮人的海战

---

① 《伊利亚特》14.96-102。雅典异乡人对荷马的文本进行了两个重要改动：荷马写的是"他们已经获胜"，而非他们"热望已久的祈愿"；在最后一行诗句末尾，荷马原文为"噢，东道主的领袖啊"，而非"你宣布"。这些改动的意义在于……我们还应斟酌荷马《奥德赛》关于奥德修斯对海洋及海战态度的暗示。

拯救了希腊。①

雅 大多数希腊人和外邦人确确实实［707c］这样说。②不过，我的朋友啊，我们——我自己和在此的墨吉罗斯——认为，那是在马拉松③和普拉泰亚④的陆战：前者开始拯救希腊，后者完成了拯救。此外，我们还认为，这些战役使希腊人变［c5］好，而其他那些战役没有使他们变好——倘若我们可以这样谈论当时使我们获救的战役。因为，对于你提到的萨拉米斯海战，我会加上阿特米西翁海战。⑤

［707d］但不管怎样，在我们考察土地的自然条件和法律秩序时，我们现在是着眼于政制的德性。我们不像多数人那样认为，对于人类来说，保存并仅仅活着是最可敬的事；对人类而言，最可敬的是，尽可能变得优异，他们活多久，［d5］优异就保持多久。我想，在我们先前的讨论中，已经说过这一点。

克 噢，那当然。

雅 那么，咱们仅考虑这一点吧：就城邦的创建并为其立法而

---

① 萨拉米斯海战（公元前480年）发生在第二次希波战争时，忒米斯托克勒斯率领的希腊联军以少胜多，将波斯海军诱歼于萨拉米斯岛与希腊本土阿提卡地区之间狭窄的海峡，扭转了整个希波战争的战局。

② 雅典异乡人不是说，在希腊人从波斯人的暴政中解脱出来时，阿特米西翁（Artemisium）海战和萨拉米斯海战未起作用，而是说二者既未开始也未完成这种解脱。雅典异乡人补充说，毕竟从我们现在的观点来看，仅仅得以保存，比不上以这样或那样的方式为城邦民品质而战的结果重要。

③ 马拉松一役（公元前490年）是波斯战争中第一次大战，米尔提阿德斯（Miltiades）所率的雅典人击溃了以达提斯（Datis）为首的波斯人。

④ 在普拉泰亚（公元前479年）的决胜战役中，斯巴达人泡萨尼阿斯所率希腊联军一举击溃马多尼俄斯率领的波斯人，就此结束了这场波斯入侵希腊的战争。

⑤ 公元前480年8月，在阿特米西翁海峡附近，主要由雅典人组成的希腊舰队，控制波斯舰队达三日，而波斯军队在温泉关附近让一小支斯巴达军队拖住。当斯巴达人被包抄击溃后，希腊舰队退回萨拉米斯海峡。同年9月，希腊人在萨拉米斯海峡决定性地击败波斯舰队，获得了制海权。雅典异乡人没有提及这场著名的温泉关陆战，却提到并赞扬与之相关的、在阿特米西翁附近的海战。借此，他似乎暗示，从波斯战争最终胜利的角度来看，这场海战更为重要。

言，我们继续沿着这条道路前行是否［d10］最好。

克　毋庸置疑。

雅　［707e］现在来谈谈接下来的事情。哪些民人将成为你们的殖民者？他们将由来自克里特的所有自愿者构成吗，因为，在各个城邦已出现人口的泛滥超过土地供应的食物？我认为，［e5］你们的民人不会接纳每个希腊人，无论他多么想来——尽管我注意到，在你们的领土上，你们已经有一些殖民者来自阿尔戈斯、埃吉纳和［708a］希腊其他地方。①但是，请告诉我们，你所说的这个营地的公民，如今会来自何处？

克　他们可能会来自整个克里特；至于希腊的其他地方，我明确认为，来自［a5］伯罗奔半岛的殖民者会特别受欢迎。关于来自阿尔戈斯的人，你刚才的说法没错：他们成了如今这里最著名的种族——戈提斯族。你清楚，他们来自伯罗奔尼半岛的戈堤斯，碰巧成了殖民者。②

雅　［708b］开拓殖民地对诸城邦而言并非易事，不像一窝蜂那样聚集在一起；在那儿，来自某个地方的某个种族负责建立新的居住地，朋友一个接一个过来，这是由于土地不足的制约，或迫于其他［b5］类似的境遇。有的时候则是由于内乱，一个城邦的某部分会被迫迁移到异乡。还有的时候，一整个城邦落荒而逃，被无法抵抗的进攻完全压倒。在所有这些情形下，［708c］要定居和立法，在某种意义上是比较容易的，但在另一种意义上却相当困难。种族的统一、语言和礼法的相似建立起某种友谊，因为，这些意味着共享神圣的事物

---

　　①　根据希罗多德，埃吉纳是位于伯罗奔尼撒海岸的埃皮达鲁斯的一个殖民地。

　　②　对比《理想国》544c和《高尔吉亚》472b。不过，在希腊古典时期，克里特的戈廷族（Grotyn）或戈提斯族（Gortys）比阿尔卡狄亚部族知名。戈提斯是克里特第二要城，仅次于克诺索斯，这两座城邦经常较劲。戈提斯位于克里特岛南部中心位置，距《法义》对话可能发生的城邦所在地克诺索斯不远。戈提斯这座更古老的伯罗奔半岛城邦位于阿尔卡狄亚，而非阿尔戈斯，克莱尼阿斯错误地认为克里特的戈提斯位于阿尔戈斯。

和所有这样的东西。不过，他们同样不容易接受彼此不同的［c5］礼法和政制。有时，他们由于其礼法的邪恶而蒙受内乱，即便是这样，出于习惯，他们仍偏爱以相同的惯常习俗生活着，尽管这些习俗以前败坏过他们。因此，他们给创建者［708d］和立法者带来了麻烦，变得不顺从。与此相反，一个由各个地方的人聚集起来的种族，可能会更乐于服从某种新法律。但要他们共呼吸，不断变得一致——如人们［d5］所说的像同轭的马，那就需要漫长的时间了，且困难重重。实际上，对于男子气德性的所有检验，立法并创建城邦乃是最完美的。

克　有可能。但你出于什么这样说，请解释清楚些。

雅　［708e］我的好人啊，我又回过头来思考立法者时，有可能会说些贬损他们的话。不过，我们的话若说得恰切，就不会造成什么麻烦。可是，我为何要为此烦恼呢？很可能，几乎所有人类事务的处境都相似。

克　［e5］你在说什么？

雅　［709a］我打算说，没有哪个人曾立过什么法，为我们制定一切法律的，乃是以各种各样的方式发生的各类机运和变故。颠覆政制并转变法律的，要么是某场战争的暴力，要么［a5］是难以应付的赤贫绝境。当瘟疫降临，恶劣的气候频繁出现并持续多年时，疾病也会使许多革新成为必要。如果有人预见这一切，他就可能会热切地说出我刚刚所讲的：没有哪个［709b］凡人曾立过什么法，几乎所有人类事务都属机运问题。至于航海术、掌舵术、医术和领兵术，看起来全都适合这样说。不过，［b5］以下述方式谈论这些事务，看起来同样适合。

克　以什么方式？

雅　就是说，万物之中的神以及与神同在的机运和时机引领着一切人类事务。其实，我们必须承认，［709c］这些还伴随着第三种东西，一种较温和的东西：技艺。因为，我至少会说，就大风中抓住恰切的时机而言，掌舵术是巨大的优势。难道不是这样？

克　［c5］是这样。

雅　所以，在其他情形下同样可以这样说。就立法而言，尤其必须承认这一点。一个地方若要让人永远幸福地居住着，除了需要撞上其他好运外，对这样的城邦来说，还必须一直碰上拥有真理的立法者。

克　[c10] 你所言极是。

雅　[709d] 那么，在上述每种情形下，一个拥有技艺^①的人想必能以正确的方式祈求，他能借助机运获得一样东西，从而使技艺之外什么都不缺？

克　必定。

雅　[d5] 所有刚刚提及的其他人，如果问问他们发出什么祈求，他们都会这样说。难道不是吗？

克　当然是，怎么不是呢？

雅　立法者也会这样做，我想。

克　我是这样认为。

雅　[d10]"好吧，立法者，"咱们且对他说，"我们要给你 [709e] 哪种状况的城邦，你才能够主导它，从此以后，你自己可以妥帖地治理城邦？"那么，接下来要说的正确东西是什么呢？为了立法者，我们要不要解释？或怎么着？

克　[e5] 要 [解释]。

雅　是这样——"给我一座僭主统治的城邦，"他会说，"这位僭主要年轻、^②记忆力强、好学、勇敢且天性高尚。而且，我们先前所说的德性的各部分必须伴有的那种品质，^③现在 [710a] 必须与僭主的

---

① 这里的立法相当于统治技艺，由此，立法的设计就跟专业能力一样，建立在专业知识上。

② "年轻的"（Νέος）不是《理想国》487a 假定的哲人王的必备条件之一，在这里却必不可少。年长者不会轻易接受哲-立法者的指导。

③ "先前"，比如在 696b4，d-e。雅典异乡人此处以及上文所说的节制（σωφροσύνη），是高尚的自制和自尊。若无节制，任何强大的身体力量和心智力量（乃至品质），都可能令其他城邦感到震慑。

灵魂相伴，倘若他的其他品质真的有益。"

　　克　在我看来，这位异乡人指的是节制，墨吉罗斯啊，当他提到必要的伴随物时。难道不是吗？

　　雅　［a5］［是］普通的那一类，克莱尼阿斯啊，不是人们会一本正经地谈论的那类——他们会强行把明智当作节制，而是自然生长的那一类，从一开始就存在于孩子和野兽里，由于它，一些人在快乐上缺乏自制，另一些人却拥有。［710b］我们说过，这种品质一旦脱离其他许多据说为好的东西，就不值一提。我认为，你们明白我的说法。

　　克　当然。

　　雅　因此，除了其他那些自然品质外，我们的僭主［b5］还应拥有这种自然本性——倘若要尽快尽好地获得这个城邦，城邦具有的政制要使之变得最幸福的话。因为，比这更快、更好的创立政制的方法，目前既没有，以后也不会有。

　　克　［710c］异乡人啊，一个人如何并通过什么论证可以这样说，而且能说服自己相信他所说的正确？

　　雅　想必，克莱尼阿斯啊，至少很容易如此认为：这一件事乃依据自然。

　　克　［c5］你在说什么？你是否主张，应该有一位僭主，他年轻、节制、好学、记忆力强、勇敢且高尚？

　　雅　还得加上"好运"——不是在其他方面，而是在这方面：在他的时代，应出现一位值得称赞的立法者，并且要有某种机运［710d］使这两人结合起来。因为这种结合若能出现，神就几乎做了他想让某个城邦过得特别好时要做的一切。其次是要有两位这样的统治者出现的环境；接着是出现三位的环境，等等，按比例，［d5］这样的统治者越多，环境就逐渐变得越困难，与此相反就导向相反的方向。

　　克　看来你是说，最好城邦的出现源于僭主制，源于一名杰出的立法者和一位守秩序的僭主；从这样的环境中，这个城邦会最轻易、最迅速地转变出来。［710e］第二好的城邦将从寡头制［转变而来］——这是你的意思吗？——第三好的城邦则从民主制［转变而来］。

雅 不，根本不是。最好的将转变自僭主制，第二好转变自君主制，第三好转变自某类民主制。［e5］寡头制将处于第四位，它要让这样的事情实现，困难最大，因为它具有最多的全权统治者。

我们认为，要实现这些事情，得自然而然地产生一名真正的立法者，他碰巧与城邦中那些最有势力的人共享某种权力。［711a］倘若这出现在有势力的人最少但最强大的地方，就像在僭主制中那样，那么，那儿就会迅速而轻易地发生这种转变。

克 为何？我们并不理解这一事实。

雅 ［a5］可我们已说过至少不止一次，而是许多次了，我想。不过，你俩可能从未目睹过实行僭政的城邦。

克 至少我不想看到它。

雅 ［711b］但你会看到现在提到它的样子。

克 什么样子？

雅 你会看到，如果一名僭主想改变城邦的习气，［b5］他不必十分费劲，也不用花大量时间。他要做的是，自己首先踏上他想要公民们转向的路线，不管是转向有德性的生活方式还是相反。他只需以身作则，首先描绘出一切行为准则的样板，［711c］赞扬和敬重某些行为，对其他行为则配以谴责，在每项活动里，凡是不听从的人，都要视为可耻。

克 我们凭什么认为，其他公民会迅速听从这个将劝谕和强力结合起来的人？①

---

① 看上去很清楚，柏拉图想让笔下的两个次要对话者不相信这一点。我们还记得，苏格拉底在《理想国》中的年轻同伴们认为，建立理想政制的可能性值得怀疑。《法义》建构了一个"次好"的城邦——与《理想国》的区别在于，这个城邦更少偏离一般状况。但无论如何，都要克服大量的偏见，而多里斯保守派是这一偏见的自然代言人。

雅 ［c5］没有人会说服我们，我的朋友们啊，为改变一个城邦的法律，还有比借助全权的领导权更快、更容易的方法。现在是这样，将来也永远如此。对我们而言，这一点并非［711d］不可能实现，甚至［并非］难以实现。难的是它在极其漫长的时间里都很少发生，不过，一旦它确实在某个城邦里出现，就会给那个城邦带来无穷无尽的好东西。

克 ［d5］你在说什么？

雅 有可能，对节制和正派作风的神圣热爱，会出现在某些伟大的全权统治者中——无论他们的权力是源于君主制，还是源于财富或出身上的［711e］巨大优越，或源于他们其中一人某天拥有了涅斯托尔的天性，人们说，涅斯托尔的节制胜过所有人，比他的语言能力更显著。① 这个人活在特洛亚时代，如他们所说，但从未出现在我们这里。［e5］不过，倘若这样一个人曾出现过，或将来某一天会出现，或现在出现来我们这里，那么，他自己就活得幸福，那些参与聆听从他明智之口说出话的人也是幸福的。

这个道理同样适用于每种权力：当［712a］某个人的最高权力符合明智和节制时，最好的政制及其相配的法律就会自然产生，否则就绝不会产生。

这些说法就像是用神谕发布的神话，［a5］一方面揭示了难以产生有善法的城邦，但另一方面却揭示，如果我们讨论过的情况确实出现，那么，在所有城邦中，这样一个城邦的产生就会最快，也是迄今最容易的。

克 为何？

雅 ［712b］让我们尽力将这一点与你的城邦协调起来吧，就像老顽童那样，让我们尽力在言辞中塑造法律。

---

① 在各种"能力"中，语言能力可以是煽动者的武器，但这一武器应融入善的原因。掌控武器的自然也必须是那种与煽动者脾气相反的人。在列举各种"能力"时，对涅斯托尔的提及取代了民主制。

克　是的，继续说吧，别再磨蹭啦。

雅　在建立这个城邦时，让我们向神祈求［b5］吧。但愿神倾听我们，听到了就仁慈而善意地降临到我们身上，帮助我们创立城邦和法律。

克　但愿神确实降临！①

雅　那么，我们打算给这个城邦安排［712c］哪种政制呢？

克　你这个问题究竟是什么意思呢？请再讲清楚些：你指的是民主制、寡头制、贵族制或君主制吗？无疑，你不会是指僭主制——无论如何，［c5］我们认为你不会。

雅　那好：你俩哪位更愿意先回答，说说这些哪个适合于自己［城邦］的政制？

墨　既然我是长者，我先来说说岂不更恰当些？

克　［712d］也许是吧。

墨　那好，如果我考虑这点，异乡人啊，我无法向你解释，这些名称中哪一个应当赋予拉刻岱蒙的政制。在我看来，这种政制确实像僭主制——［d5］因为，其中的五长官制，专制得令人吃惊。②不过，有时在我看来，我们的政制、所有城邦的政制，同样都与民主制极其相似。然而，倘若我不说它是贵族制，［712e］那也无比奇怪。它还含有君主制，有个终身的君王：事实上，根据所有人包括我们的说

---

①　在庄严的祈求（似乎是祈求一个真正的开始）后又出现了一处离题：讨论常见的政制分类的适用性。无论是民主制、寡头制、贵族制还是君主制，似乎都不足以完全描述任何现存政制，并且，倘若他们这么做，那绝非好事，因为他们都表明，城邦中一个因素的压倒性地位会损害其他因素。法的统治或者神权政制（由于所有的善法都受天启），可能最好地表明了完美的 πολιτεία［政制］。因此，这段离题把我们带回祈求的精神，明确了宗教在城邦中的地位，并解释了宗教的重要性。"政制"已经出现在712a2，"政制"和"礼法"并列作为考察对象，尽管整个任务是设计法律，与早前城邦的任务形成对比，但可以感受到，这两个主题密切相关。不过，在我们眼下的任务中，主题自然就是"最好的法律"。

②　通常认为五长官制由吕库尔戈斯创立，斯巴达每年选出五名长官，在城邦内行使广泛的权力。

法，这是一切君主制中最为古老的。因此，现在突然要我回答时，恰如我所说的，我确实无法［e5］区分出它，说出它是这些政制中的哪一种。

克 我发现自己和你遭遇了相同的困境，墨吉罗斯啊。因为，我们完全不知道如何明确地说，这些中哪一种可描绘克诺索斯的政制。

雅 那是因为，最好的人啊，你们确实分有诸政制。［e10］我们刚刚命名的并非政制，而是受宰制［713a］的城邦，其中一部分人奴役另一部分人。每一种［政制］都根据作为主宰者的权威来命名。倘若应当以此命名城邦，那么，我们必须用神的名字来命名，神作为主宰者，真正统治着那些拥有理智的人。

克 ［a5］这位神是谁？①

雅 我们该不该多运用点神话，如果神话多少会让我们以和谐的方式澄清眼下问题。

克 那么，我们必须这样做吗？

雅 务必。早在我们前面［713b］描述过的那些城邦形成之前，据说在克罗诺斯时代，就已出现某种非常幸福的统治和安排。事实上，目前最好的安排是对它的模仿。

克 ［b5］那么，看起来我们无疑应当听听它的情况。②

雅 至少在我看来是这样。这就是我把它引入讨论之中的原因。

克 你做得极其正确。这样，你会非常正确地继续完成［713c］这个神话的其余部分，要是它真的有关联的话。

---

① 我们可能会想，这是一个宗教派系问题。雅典异乡人没有直接回答这个问题。真正的答案会是"法"（ὁ νόμος），但这位克里特人尚未准备好接受这个答案。雅典异乡人还要做一些修正。

② 关于克罗诺斯的主要神话显得含混不清。一方面，克罗诺斯通过骇人听闻的罪行掌权，还试图吞食自己的所有后代，因为他害怕预言中的惩罚（他会被自己的一个孩子推翻，正如他推翻自己的父亲。最终宙斯实现了这个预言）。另一方面，克罗诺斯的时代常被说成是一切黄金种族（除了他自己的孩子）的时代。这个关于克罗诺斯统治的美好旧时代的故事，打消了克莱尼阿斯的疑虑。

雅 我们必须像你俩说的那样去做。现在，我们已得到一个神谕是有关生活在那时的人的幸福生活方式，如何不受限制地、自动地拥有一切。这些事情的原因据说是［c5］这样：克罗诺斯了解，正如我们解释过的，人的自然本性根本无法控制人类事务，当他拥有主宰一切的权威时，无不充满肆心和不义。所以，考虑到这些时，克罗诺斯那时就在我们各城邦里［713d］设立了君王和统治者——他们并非人，而是精灵，①是一种更神圣、更好的种族成员。克罗诺斯的做法就像我们今天对待羊群和其他温顺的畜群那样：我们既不让牛本身去统治牛，也没让山羊去统治山羊；相反，［d5］我们主宰着它们，因为我们这个种族好过它们。这位神也这样做，他是人类的一位朋友：他让精灵这个更好的种族治理我们，精灵们照料我们的方式，既给［713e］他们也给我们提供了很多便利。精灵们毫不吝惜地提供和平、敬畏、善法②和正义。这使得人类种族没有内乱，活得幸福。

目前这个运用此真理的论述要说的是，那些［e5］由某个凡人而非某位神统治的城邦，无法摆脱各种邪恶和艰辛。这个论点认为，我们应该千方百计地模仿据说克罗诺斯时代就已存在的生活方式；在公共生活和私人生活中，在安排我们的家庭和城邦中，［714a］我们应顺从我们分有的一切不朽因素，将理智的分配称作"法"。③但如果有个人，不论是在某个寡头制还是某个民主制下，其灵魂沉湎于各种快乐和欲望，并需要由这些来填满，［a5］什么也抵挡不住，患上了无尽的、永不知足的邪恶——如果这样一个人统治着城邦或某个人，把

---

① 精灵（δαίμονας）是神与人之间的中介（参《会饮》202e），其意指较宽泛，包括许多半神或超人类存在物或超人力。

② 柏拉图后来让善法取代这些神圣统治者，他在此提及这些统治者慷慨地赐予善法，从而暗示了这一点。"善法"（Εὐνομίαν）和"没有内乱"（ἀστασίαστα）是这一描述中的两个最重要语词。"善法"和"没有内乱"分别代表了我们一直进行探究的两部分，亦即"立法"和"政制"。下文715a-b解释了有恶法的错误政制无从避免内乱。

③ 理智是我们身上的神圣部分，体现为人自身的主人。关于理智的神圣性，尤其参见《理想国》501b；亦参《蒂迈欧》90a，柏拉图称理智为精灵。

法律踩在脚下，像我们刚刚所说的那样，那就无可救药了。

我们必须仔细考虑这个论点，［714b］克莱尼阿斯啊，并决定是服从它，还是要怎么做。

克 也许有必要服从它。

雅 那么，你是否了解，某些人说，有多少法律形式就有多少政制，多数人提到的［b5］政制形式就是我们刚才列举的那些？不要认为目前这个分歧微不足道，它关系到非常重要的东西。因为，我们再次触及有关正义和不义的目的的争议。他们宣称，法律不应当着眼于战争①［714c］或整体德性，而应当着眼于对业已建立的政制有利的东西，着眼于会使那个政制永远统治、免遭瓦解的任何东西。他们还宣称，要阐述依据自然的正义的定义，最好的方式是这样——

克 ［c5］怎样？

雅 正义就是强者的利益。

克 请再讲清楚些。

雅 是这样——"想必，"他们说，"在每种情况下，都是强权制定了城邦中的法律。"难道不是吗？

克 ［c10］你说得对。

雅 ［714d］"那么，你是否认为，"他们说，"一旦平民获胜，或其他某种政制乃至某个僭主获胜，其自愿建立的法律，除了主要在于维护自身的统治外，还能有别的目的？"

克 怎不是这样？

雅 ［d5］而且，如果有人违反这些规定，制定者岂不会惩罚那个人，判他是在行不义，并把那些规定称为"正义之物"？

克 确实有可能。

---

① "着眼于战争"（πρὸς πόλεμον），即"着眼于勇敢"（πρὸς ἀνδρείαν）。对比《法义》625e、631a。这个问题之所以如此重要，是因为我们的对手不仅否认法跟德性有关联，还宣称我们所谓的德性只是守法，亦即强者的利益。

雅　所以，这些规定每时每刻都可称为正义之物。

克　[d10] 至少，这个论述是这样主张。

雅　因为，这是有关统治的那些公理 [714e] 之一。

克　什么公理？

雅　为了看看谁应该统治谁，我们先前研究过的那些。看起来，父母应该统治子女，长者应该统治年轻人，[e5] 出身好的人应该统治出身不好的人；还有其他几种统治，如果我们记得的话，它们彼此相互妨碍。其中之一 [715a] 就是这种。我认为我们说过，品达表示，"依据自然"，"正义者引领最强有力者"。①

克　是的，那时说过这些事情。

雅　那么，请考虑，我们的城邦应该交给哪些人 [a5] 呢？在某些城邦中，这类事情已发生过无数次。

克　哪类事情？

雅　统治机构成了争斗场，那些胜利者接管了大部分城邦事务，[a10] 拒绝与失败者——无论是他们还是其后代——分享任何统治权，双方相互监视地生活着，[715b] 唯恐有人进入统治机构，可能记起旧恶，引发叛乱。兴许，我们现在不会称这些为政制，那些不是为了整个城邦的共同利益而制定的法律，我们也不会称之为正确。哪里的法律只为某些人存在，我们就宣布那里的居民为"党派分子"而非公民，当他们说自己的法令是正义之物时，那是信口雌黄。

我们这样说是因为，我们在你的城邦里分配职务不会基于某人的财富或 [715c] 任何这类所有物，比如身体的力量、大小或门第。凡是最顺从已制定的法律并在城邦中赢得这种胜利的人，我们认为，必

---

① 690b8 声称，品达说过，"法对自愿的臣民行使的自然统治不带暴力"。从《高尔吉亚》484b 更完整的引述来看，品达用"引领"（ἄγει）指那种"无人能反驳的法"（"法是万物之王"）的行动。很可能，该词在那里指"采取"；在这里，柏拉图用了该词的另一种含义，指"真理强有力的角力"。

须把侍奉诸神①的服务赋予他：最高的服务给予第一名，[c5]第二高的给予统治权处于第二位的人，依此类推，按相同的比例分配每个服务等级。

现在，我所使用的"法律的仆人"，[715d]人们通常叫做统治者，这不是为了名称上的革新，而是我认为主要就是这一点决定了城邦得以保存还是遭受毁灭。在法律本身受统治而不具最高权威的地方，我发现这个地方离毁灭不远。但是，在法律[d5]主宰统治者而统治者成为法律奴仆的地方，我在那儿预见了安全以及诸神赐予各城邦的一切好东西。

克　是的，宙斯在上，异乡人啊！因为，你凭借老年人的敏锐看到了。

雅　那是因为，每个年轻人自己观看这些东西时[715e]都模糊不清，而老年人看它们时则极其敏锐。

克　对极了。

雅　那么，接下来又如何？难道我们不应该假定，殖民者已经到达并出现在眼前，其余的论述应当[e5]在他们面前完成？

克　怎么不呢？

雅　"先生们，"让我们对他们说，"按照古代的传说，有一位神，掌握着一切生灵的[716a]开端、终点和中段，他通过循环完成依据自然的直接进程。紧随其后的总是正义女神，她是那些背弃神法的人的报复者。想拥有幸福的人，谦卑而又有序地跟随着她。[a5]不过，凡是充满自负的人，或者由于财富、荣誉或与年轻和无知相伴随的好体形而感觉轻飘飘的人，其灵魂都会让肆心燃烧着，并由此认为自己既不需要统治者，也不需要任何领导者，反而认为自己能够领导别人，[716b]这种人失去了神，遭神遗弃。一遭遗弃，他就与像他那

---

①　"侍奉诸神"（τὴν τῶν θεῶν ὑπηρεσίαν），我们在713e得知，只有在神的统治下，城邦才安全。法是黄金时代精灵的现代代表，法的权威源自我们身上的神圣因素，服从法因此就是服从诸神。

样的人厮混，四处撒野、捣乱一切。对多数人而言，他似乎是个大人物，但不久之后，他便遭到了正义女神无可指责的报复，给自己、家庭［b5］及其城邦带来了彻底的毁灭。

"那么，如果事情是这样安排的，在这些事情上，什么是一个明智者应该和不应该做和想的呢？"

克 至少这是清楚的：每个人都必须考虑，他怎样才能成为神的追随者之一。

雅 ［716c］"那么，什么行为蒙神喜爱并追随神呢？有一个，可用一句古话来讲：'适度的同类，惺惺相惜'。不适度者既不会彼此相爱，也不会爱适度者。对我们而言，在最高程度上，神会是［c5］万物的尺度，远远超过任何一个'人'，如有些人所言。①要成为这一个存在者的钟爱之人，必定要尽力变得像他。［716d］根据这个道理，我们当中的明智者蒙神喜爱，因为他像神，而不明智的人则不像神，是与神不和的不义者——他还有其他与此相伴的［坏品质］，根据同一个道理。

"从这些看法中，我们了解到，伴随着这样一种［d5］原则——我认为，这是所有原则中最高贵、最真实的：如果好人通过祈祷、供奉牲礼和对诸神的种种侍奉向诸神献祭并不断与诸神交谈，那么，这对于他是最高贵、最好的，能最有效地使他过上幸［716e］福生活，对他也特别合适。但坏人天生会做的恰恰是相反的事情。因为，坏人的灵魂肮脏，而好人的灵魂纯洁，无论对于好人还是神，［717a］接受来自某个恶人的礼物绝对不正确。因此，不虔敬的人为诸神付出再大的努力都是徒劳，但这种努力对一切虔敬者都非常适宜。

"所以，这是我们必须瞄准的目标。要描述人们应该［a5］射出的箭及其轨道，什么是最正确的方式呢？首先，我们认为，如果人们

---

① 雅典异乡人对应的是普罗塔戈拉的著名说法，"人是万物的尺度，衡量万物为何物，万物何为其是，万物不是何物，以及为何不是其所是"（《泰阿泰德》152a；比较《克拉提洛斯》385e–386a）。

敬重次于奥林波斯诸神的下界诸神，以及拥有城邦的诸神①——把偶数、第二位和左边分配给他们，那么，人们就会最正确地［717b］击中虔诚的敬畏的目标；更高的东西——奇数和其他相反的东西——应该分配给刚刚提到的那些［神］。②在这些神之后，至少明智者会崇拜精灵，随后是崇拜英雄。③紧接着是按照礼法［b5］的指示，崇拜私人神龛里的祖传神祇，再接下来是尊崇在世的父母。债务人应当偿还第一笔债款和最大的债款，这是他首要的责任，他应当认为，自己获得和拥有的一切皆属于［717c］生他、养他的人。他应该竭尽全力用这些东西为他们服务——首先是财产，其次是有关身体的东西，第三是有关灵魂的东西。这样，他就会偿还给年轻人放的旧款——［c5］各种照顾和为他忍受的辛苦——并回报老人们在年老时尤其需要的东西。除了这一切之外，必要的是，特别是在评论自己的父母上，一个人终生都要说好话。因为，说话冒失或轻浮，会受到非常厉害的［717d］惩罚。在这方面，复仇女神作为正义女神的信使，已被派来严密监视每个人。因此，当父母发火时，有必要忍受他们，并平息他们的血气，无论他们是在言语还是在行动上［d5］泄怒。一个人必须谨记，很有可能，父亲认为儿子对他行不义时，会感到特别愤怒。父母去世后，最适度的葬礼是最好的，葬仪不要超出习俗的要求，也不要［717e］低于祖先们安葬自己的父母定下的规矩。每年纪念死者的仪式应保持相似的秩序。人们［718a］应该特别崇敬他们，永远不要忘记他们，要不断拨出一份适度的财产用在那些逝者身上。

---

① 显然指的是这座城邦的保护神，虽然他不是"奥林波斯神"，人们却在仪式中将其视为同一级别的神。下界的诸神居住在地下，统治着亡者的灵魂，并保障土壤的肥沃（以及财富）。他们的名号和崇拜多与地方传统紧密相关。

② 奥林波斯诸神是居于奥林波斯神山和天上的十二位要神：宙斯、赫拉、波塞冬、德墨忒尔、阿波罗、阿尔忒弥斯、阿瑞斯、阿芙罗狄忒、雅典娜、赫斐斯托斯和赫提斯（有时也认为是狄俄尼索斯，而非赫提斯）。

③ 英雄是传说中的人物，有男有女，被认为是神与人类结合所生的后代，或者被提升到半神的地位，以馈报他们的勋绩。对每位英雄的崇拜通常仅限于某一地。

"如果我们这样做了，并按照这些规则来生活，那么，在每种情形下，我们每个人都会从诸神［a5］和强于我们的那些人那里获得我们应得的东西，我们会在美好的希望中度过大半辈子。"

至于涉及子孙、亲戚、朋友和公民的东西，以及诸神要求给予异乡人的各种服务，还有一个人如何与这一切人交往，［718b］这一系列法律本身将显示，一个人如何通过履行自己的义务，装点并依法安排自己的生活。有时法律能说服，有时遇到性情顽梗的人，就借助带有暴力和正义的惩罚来说服。因此，如果诸神愿意的话，法律就会使我们的城邦得到护佑［b5］和幸福。

一名像我这样考虑的立法者，还应该且必定要谈谈某些问题，但这些问题不适合以法律的形式来呈现。在我看来，对于立法者本人和［718c］他要为之立法的那些人，立法者应该为这些问题举一个例子。在这样做并竭尽全力处理过其他一切之后，他才应该开始制定法律。

克　这些问题采取哪种形式［来谈］会更可取呢？

雅　可以说，用单一的模式来谈论并不太容易［c5］抓住这些问题。不过，咱们且以下述方式来考虑，看看我们能否牢牢地抓住它们。

克　请说说你所指的是哪种方式。

雅　我希望，民人们会尽可能听从德性。显然，在立法的各个层面上，立法者也会尽力［c10］实现这一点。

克　［718d］还会怎样呢？

雅　眼下在我看来，刚刚说的那些话若抓住了不完全粗鄙的灵魂，就会有助于听众带着更平和、更惬意的心情去听取忠告。所以，［d5］这些话即使影响不大，甚至微不足道，但就它们使听的人变成可谓更温和、更好的学习者而言，在各个方面都令人欣慰。因为，精神上渴望以最短的时间尽可能变好的人，既不易觅得，也不太多；［718e］确实，多数人可证明，赫西俄德是睿智的，他说，通往邪恶之路是平坦的，走起来毫不费力，因为它非常短；但是，"在德性面

前，"他说，

　　[e5] 永生的诸神铺下了

　　艰辛，通往德性的路又长又陡，

　　[719a] 到达顶点艰难曲折；一旦抵达顶峰，

　　从此就容易忍受，无论前路多么艰难。①

　　克　无论如何，他听起来像个高贵的言说者。

　　雅　当然是这样。现在，我想当着你俩的面直接 [a5] 提出上面这段话给我留下的印象。

　　克　你说吧。

　　雅　那么，让我们这样跟立法者对话吧："请告诉 [719b] 我们，立法者啊，如果你真的知道我们应该做什么和说什么，岂不明摆着，你会说出来？"

　　克　必定。

　　雅　"那好，我们不久之前岂不是听你 [b5] 说过，立法者不该允许诗人们随心所欲地创作？因为，他们可能不知道，他们所说的每一点都违背礼法，并由此损害了城邦。"

　　克　你说的确是实情。

　　雅　那么，如果我们代表诗人们答复立法者，[b10] 这样说合适吗？

　　克　怎样？

　　雅　[719c] 是这样——"有一个古老的神话，立法者啊，我们自己老是提起，也是其他所有人一致同意的，那就是，诗人一坐上缪

---

　　① 参赫西俄德，《劳作与时日》287-292。在最后一行诗中，柏拉图用"忍受"（φέρειν）一词代替了赫西俄德原文中的"变得"（πέλει）一词。《法义》所引的这几行诗，《理想国》364c 和《普罗塔戈拉》340d 也有引用。在这几行诗之后，赫西俄德还说："至善的人亲自思考一切/看清随后和最后什么较好/善人也能听取他人的良言/既不思考又不把他人忠告/记在心上，就是无意的人。"（《劳作与时日》293-297）

斯的三脚凳，^①他就无法控制自己的感觉，而是像一股泉水，[c5]迅速地向外喷涌。因为，他的艺术包含模仿，他常常被迫自相矛盾，塑造相互对立的人物。他并不知道，说出来的[719d]哪种话真实。然而，对立法者来说，不可能在一部法律中这样做——对同一主题有两种说法——而必须始终一题一说。看看你刚才提出的说法中的某件事吧。葬礼可以办得[d5]相当繁复，或者不足，或者适度。你选择适中的那一种，无条件地指定和称赞这一种。但就我而言，如果我要在诗作中描写某个家财万贯的妇人为自己的葬礼作安排，我^②会称赞[719e]那种相当繁复的葬礼。另一方面，如果涉及某个节俭的穷人，此人会称赞不足的那种。如果涉及的那个人拥有适度财产，并且他本身是个有分寸的人，此人称赞的葬礼就会和你一样。但就你的情形而言，停留在刚刚关于适度的说法上还不够。我们必须谈谈，什么和多大是适度。[e5]还没这样做之前，你不该认为，这一种说法已成为法律。"

克　你所言极是。

雅　那么，负责我们法律的人，在法律的开头不会发布这样的预告吗？他是否只需径直说明什么应该做和不应做，并加上惩罚的威胁，[720a]就转到另一条法律，而连一点劝谕或说服的话也不加入他的法令中？每回在医治我们时，有一类医生习惯这样做，另一类医生却习惯那样做。让我们回想一下每种不同的处理方式吧，这样，我们也可以[a5]像孩子恳求医生那样恳求立法者，要求他以最温和的方式医治他们。此时我们指的是哪类事情呢？或许，我们可以说，有些人是医生；而另外有些医生的助手，我想，我们也可称之为"医生"。

克　[720b]当然。

① 三脚凳跟德尔斐神谕有关，德尔斐祭司坐在三脚凳上发布神谕。显然，"坐在三脚凳上言说"就是俗话说的"权威发言"。
② 在此，诗人代表其笔下家财万贯的妇人言说。诗人似乎在说，正是他说出了他笔下人物的看法。

雅 无论这类"医生"是自由民还是奴隶，他们获得技艺靠的是遵循师傅的命令、观察和经验，而非靠遵循自然——像自由民医生所做的那样，[b5]他们本身是这样学习的，并如此教他们的徒弟。你们会把这些人视为两种所谓的医生吗？

克 那当然。

雅 那么，你们也了解，各城邦中的病人[720c]有奴隶和自由民，他们受到的治疗不同。奴隶多半由奴隶治疗，他们要么到处出诊，要么坐堂看病。这类医生从不说明或听取哪种病[c5]折磨着每一个家奴。① 相反，他根据从经验中获得的看法开药方。由于自称了解确切，他像个刚愎自用的僭主那样发号施令，然后匆匆赶到另一个患病的[720d]家奴那里去。② 这样，他减轻了奴隶的主人照料病人的麻烦。

自由民医生主要治疗和照料自由民的疾病。他依据自然从源头探究病情，并同病人本身及其朋友交流，他自己既从病人身上得知[d5]一些东西，又尽可能地教给病人。某种意义上，在他还没劝谕之前，他不开处方；每当他用劝谕驯服[720e]病人，就力图使病人恢复健康。③

对于进行治疗的医生或训练人们的教练，这两种方法哪种更好呢？从业者应该分开行使还是单独行使他独一的权力呢，他只该使用

---

① 若病人显出解释自己病情的倾向，或者要求医生进行解释时，他就会骤然岔开病人的话题。

② 对比亚里士多德《形而上学》981a24-b6："如若一个医生只懂道理，而没有经验，只知道普遍而不知其中的个别，行医时就要屡遭失败。治疗更主要是针对个人。尽管如此，我们认为智慧和技能更多地属于技术而不是经验，有技术的人比有经验的人更加智慧，因为智慧总是伴随着认识。其所以如此，是因为有技术的人知道原因，有经验的人却不知道。有经验的人只知道其然，而不知道其所以然；有技术的人则知道其所以然，知道原因。"（苗力田译文）

③ 关于奴隶医生与自由民医生的对比，亦参《法义》857c-e，《高尔吉亚》462a-465d，500d-501c，其中涉及真正的技艺与基于技能的经验的对比。与劝说病人的相似性，参《克里同》51e-52a。

两种方法中较差和较粗野的［e5］那种吗？

克　双重方法可能作用很大，异乡人啊。

雅　你想不想让咱们来看看立法上的双重方法和单一方法？

克　怎会不想！

雅　［e10］那好，诸神在上，立法者要制定的第一项法律会是什么呢？他岂不会依据自然制定，并用他的规则来规范［721a］各城邦中有关出生的起因。

克　那当然。

雅　在所有城邦中，出生的起因岂不是已婚夫妇的交配和结合？

克　［a5］还会怎样呢？

雅　如此看来，在所有城邦中，如果首先制定婚姻法，那是恰切的，是着眼于正确的东西。

克　毋庸置疑。

雅　首先让我们宣布简单的条款吧，大概可以［a10］这样说：

［721b］在三十岁和三十五岁之间，人人必须结婚。如果没结婚，就必须处以罚金和被判不光彩，罚金是某某数量，不光彩是诸如此类。

像这样的说法就是有关婚姻的简单条款。下面是［b5］双重的条款：

在30岁和35岁之间，人人必须结婚，他应谨记，在某种意义上，根据某种自然本性，人类分有不朽，正是这种自然本性使人人［721c］深切地渴望不朽。渴望成名而不在死后默默无闻，便是对这种东西的渴望。因此，人类①天性中有某种东西与永恒紧紧结合在一起，②现在跟

---

① 柏拉图谈到人类，就好像人类具有各种可能性向其敞开的集体意识，又好像人类有个体延续其存在的本能欲望。每个活生生的孩子的父母，都分享着这个种族的不朽，这话不无道理。

② "有某种东西与永恒紧紧结合在一起"（τι συμφυὲς τοῦ παντὸς χρόνου），此话绝妙，在这句话中，不常见的属格表明时间与人类的某种独特的紧密关系。我们不妨想象一下，浮现在柏拉图脑海中的这种关系，还有《蒂迈欧》中呈现的空间与物质世界的关系。

永恒相伴，将来也会一直相伴相随。所以，人类是［c5］不朽的；通过留下后代并永远这样持续着，人类借助生殖分有了不朽。自愿舍弃这一份的人绝非虔敬，凡是不照顾孩子和妻子的人，便是有意舍弃了这一份。

那就让［721d］守法的人免受惩罚吧；但是，不守法的人，到了35岁还不结婚的人，每年必须缴纳一定的罚金——这样，他就不会认为光棍生活是一种收入来源，让他悠闲自在——此外，还得剥夺他的荣誉，［d5］这些荣誉是城邦里的年轻人在各个场合中归于其长辈的。

听了这项法律和相邻的那项之后，在各种情形下就有可能决定，法律是否应该囊括［721e］劝谕和威胁，而至少在长度上变成双倍，或者，它们是否应该仅仅包含威胁，而在长度上保持简短。

墨　拉科尼亚人的方式，异乡人啊，总是［e5］给予较简短的更多荣誉。但如果有人要我当裁决者，决定哪项条文作为自己城邦的成文法，那我会选择更长的那项。［722a］事实上，就每项法律而言，我都会作出相同的选择——就像在整个例子中，如果两种可能性都存在的话。当然，想必目前的立法也定会让这儿的克莱尼阿斯满意。毕竟，想采用这种法律的城邦，正是他的［a5］城邦。

克　无论如何，说得好呀，墨吉罗斯。

雅　争论条文应该长或短，真是太愚蠢了。我认为，应该敬重的是最好的条文，［722b］而非最短或冗长的。此外，在刚才提到的法律中，双重的版本不只在实用价值的数量上不同于另一个版本，而且恰如我们方才谈到的，两类医生的比较才是最正确的比较。

［b5］就此而言，似乎从没有一个立法者考虑过如下事实：有可能使用两种立法的方式，即劝谕和强迫——就杂众未受教的状况而言是允许的。他们仅使用了后一种［722c］方式；他们没有在立法中混合劝谕和强制，只采用了纯粹的强迫。但我嘛，好人啊，还看到需要第三种处理法律的方式，一种在当今根本没有使用的方式。

克 ［c5］你指的是什么？

雅 凭靠某位神，我们正在进行的对话所涉及的那些事情，已产生某种东西！我们在黎明时分开始讨论法律，现在已是正午，我们在这块令人心旷神怡的休憩之地歇歇脚。在这一整段时间中，我们一直在谈的只是法［722d］律。然而，在我看来，我们刚刚才开始阐述法律，之前所说的一切只是我们的法律序曲。

我为什么要说这些东西呢？我想说的是这个：一切言辞和凡属于声音的东西，开头都有如同热身运动的［d5］序曲——试图巧妙地带出即将到来的东西。我认为，用基塔拉琴伴奏的歌曲就是这种情形，所谓的"法律"，①就像所有音乐那样，开头都有由令人惊奇的严肃性［722e］构成的序曲。但关于那些属于真正"法律"的东西，也就是我们称为"政制的"法律，从没有人谈过某个序曲，或成为作曲家把它揭露出来——好像这东西自然中不存在。但在我看来，我们目前的讨论向我们显示，［e5］这样一种东西确确实实存在。我认为，刚才谈到的双重法律，并非仅仅是双重，而是由不同的两部分构成：法律和法律序曲。所谓僭主的命令，以及与之类比的医生的［723a］命令，我们称为不自由的、看似未混合的法律。在此之前谈到的东西，以及可以说是属于它的劝谕性的东西，看起来确实是劝谕，但似乎拥有序曲在言辞中具有的力量。因为，对我来说，很显然，［a5］讲话者为了劝谕而给出的整个言辞，正是着眼于这个目的而发布的：这样，接受由立法者公布的法律的人就可能接受命令——亦即法律——他怀着更认同的心情接受，从而更易于学些东西。因此，［723b］至少根据我的论述，这可以正确地称为法律的"序曲"，而非法律的"论证"。

说了这些之后，我自己接下来想说什么呢？那就是：立法者必须

---

① 用于指称法律的希腊语词 νόμος，也可指一类诗歌，由歌队或独唱伴着基塔拉琴颂唱。此处将类比从"言辞"和"诗作"扩展至音乐领域，如上文700b（及下文799e）所示，柏拉图利用法律（νόμοι）一词的音乐用法来说明自己的观点。比较亚里士多德，《修辞学》1414b19，这一整章对我们眼下这段的理解都有启发。

始终预防，一切法律［b5］以及其中的每一项，都不能缺少序曲。这样，在很大程度上，法律本身就会有区别，就像刚刚谈到的两种法律彼此有别。

克 至少就我而言，我认为，我们应该向了解这些东西的人吩咐，立法只此一途。

雅 ［723c］对我而言，克莱尼阿斯，就此来看你说得好呀——你说，一切法律都有序曲，在每个立法和每篇讲话的开头，我们都应该放上依据自然适合每一者的序曲。因为，随后要说的［c5］东西并非无关紧要，序曲对能否清楚地记住这些东西作用可不小。不过，如果我们规定，上述每项法律无论大小都要有序曲，那我们就说得不正确。不是每首歌［723d］和每篇讲话都必须有这样的东西：即便确实存在某个序曲，依据自然适合这一切，也不应当在所有情形下都采用序曲。在这方面，我们必须给各种情形下的特定演说者、歌手或立法者留有余地。

克 ［d5］在我看来，你所言极是。可是，异乡人啊，咱们别再磨磨蹭蹭浪费时间。咱们且回到讨论的步骤上，如果你乐意的话，就从不久之前你所谈的东西入手，那时，你还没提到序曲。让我们重复一下吧，［723e］以便第二次更好地起航，就像他们在玩游戏时宣称的那样。不过，这次应着眼于完成一个序曲，而非仅仅是随机的谈论，恰如我们正在做的。让我们一致同意，它们的开端就是一个序曲。至于崇拜诸神和敬奉［e5］祖先，刚刚所说的就够啦。咱们尽力说说接下来的东西吧，直到你认为适合提出整个序曲为止。随后你就仔细谈谈法律本身。

雅 ［724a］所以我们现在可以说，我们之前提出的是一个合适的序曲，涉及诸神及其随从以及活着的和死去的祖先。在我看来，你现在要求的是，在一定程度上，我得揭示［a5］丢下未说的一切。

克 完全如此。

雅 好，接下来，对于应该如何严肃对待和放松自己的灵魂、身体和财产，这非常适合说者和听者讨论，[724b] 这也是他们的共同兴趣所在。通过思考这些问题，他们就会取得自己力所能及的教养。因此，对我们来说，在谈过其他问题之后，这些问题确实是接下来应该谈论和倾听的。

克 [b5] 你所言极是。

卷　五

雅　[726a] 那么，请听着，你们①每一个刚刚听到关于诸神和可敬的祖先的说法的人。

属于一个人的所有东西中，最神圣的是诸神之后的灵魂，灵魂是最属己的东西。实际上，每个人的一切所有物都分为两类。上等的和较好的那类是主人，[a5] 而低下的和较坏的那类是奴隶。因此，一个人应该永远尊崇他身上的统领部分高过奴性部分。所以，当我极力主张，[727a] 继作为主宰者的诸神及其随从之后，一个人应敬重自己的灵魂，我这样说是正确的。可以说，我们当中没有人正确分配了荣誉，尽管我们认为自己那样做了。因为，荣誉或许是一种神圣的善，无法通过坏东西来赋予：②凡是认为 [a5] 用言辞或礼物或某些屈从可使自己的灵魂变得更伟大的人，都没有让灵魂的状态从较坏变成较好，他似乎敬重灵魂，但事实上根本没

---

①　本段的言辞都是雅典异乡人对想象中的听众说的，直到卷末再次转向克莱尼阿斯和墨吉罗斯。

②　柏拉图表明，我们倾向于用多种方式来敬重自己的灵魂，但根本就没有带来敬重。敬重我们的灵魂的唯一方式是使之变得更好。除此之外，我们以为敬重灵魂的很多行为实际上都有损灵魂。显而易见，柏拉图在别处没有在积极意义上使用"敬重"（τίμιος），但他在文脉中清楚地表明，这里的"敬重"是积极的。柏拉图在727a2的言辞以及下文的劝告表明，他从每个灵魂的大部分都需改善这一假设着手。我们敬重灵魂，则不能等着灵魂的不完美自行消除。我们消除不完满的每一步都是对灵魂的敬重。因此，我们敬重不完满之物便是坏的。

这样做。①

每个男孩一到成年，就立马自认为能够理解一切，[727b]并认为称赞灵魂就是敬重自己的灵魂，同时还热切地鼓励灵魂为所欲为。然而，依照现在的说法，这类行为是损害而非敬重灵魂。但我们还说，对灵魂的敬重应该仅次于对诸神。一个人不肯承认自己[b5]应为每一次的犯错和大多数最严重的恶行负责，把责任推到别人头上，却总是原谅自己，此时，他似乎是将荣誉赋予自己的灵魂，实则[727c]与他应该做的相去甚远。因为，他这样做有害。当他沉溺于与立法者的忠告和称赞相悖的快乐时，他根本就没有敬重灵魂，而是在玷污它，使它充满邪恶和懊悔。在相反的情形下，当他无法坚定地忍受各种受称赞的[c5]辛劳、恐惧、痛苦和困境，向它们屈服时，他也没有敬重灵魂，因为他屈服了。

由于所有这些行为，他给灵魂带来了耻辱。他若认为[727d]活命始终是好，那么他就确实也在玷污而非敬重灵魂。因为，就此而言他屈服了，允许灵魂继而认为冥府里的一切状况都坏；他没有抵制而教导这种本该抵制的想法，并驳斥人们不知道事情是否恰恰相反——[d5]有可能，在地下的诸神中可以找到对我们天然最好的一切东西。当有人敬重美胜于德性时，这不啻真正地、彻底地玷污灵魂。因为，这个看法错误地认为，身体比灵魂[727e]更可敬。然而，没有哪个大地所生之物比奥林波斯诸神[的礼物]更可敬，对灵魂持不同意见的人并不理解，他疏忽的这种所有物多么神奇。若某人热衷于不光彩地[728a]获利，或取得这样的利益而不感到厌恶，通过给予灵魂这些礼物来敬重自己的灵魂，他就完全不得要领。因为，他为了一点点金子竟出卖灵魂中可敬的和高贵的东西；但地上和地下的所有金子都抵不上[a5]德性。

---

① 要注意的是，雅典异乡人没有说言辞（λόγοις）、礼物（δώροις）乃至躲避或迁就（ὑπείξεσιν）不敬重灵魂，而只是说言辞、礼物或迁就无法使灵魂变好：自信和自满、自欺都属于"言辞"；自我放纵、对美的追求甚于对好的追求以及爱财甚于爱德性属于"礼物"；而躲避劳苦、躲避死亡属于"屈从"。

总之，关于立法者罗列和设定为可耻的、坏的东西，以及相反的，好和高贵的东西，谁要是不愿意采用各种方法避免前者，并竭尽全力践行后者，每个［728b］这样的人就不会知道，在这一切事情上，他对待自己的灵魂这个最神圣的东西，用的是最不光彩、最不体面的方式。可以说，没有人考虑过对恶行所谓的最重大"惩罚"：最重大的是变得与恶人相似，［b5］同时，在变得相似的过程中，避开好人并切除好的交谈，反倒寻求与坏人交谈而依附他们。天性上不断变得与这些人相似的人，必定会做［728c］和遭遇这些人出于本性会对彼此做和说的事。这样的不幸其实不是一种"惩罚"，因为，正义之事——包括惩罚，均是高贵的。这是报应，是与不义相伴随的不幸。遭受和逃脱报应的人都是可怜虫。因为，一个是没有［c5］获得医治，另一个则遭到毁灭，以使其他多数人得到拯救。一般来说，对于我们，"敬重"意味着跟随较好的东西，对于较坏的东西，则要考虑改进它们，以使其尽可能靠近相同的目标。因此，人的所有物没有哪部分天然比灵魂①更有利于［728d］避免坏东西，或追踪和捕获最好的东西，并在捕获之后与它共处，度过余生。由于这个原因，灵魂分得的荣誉处于第二等级。

第三等级的荣誉自然属于身体——每个人至少会理解这一点。在此，［d5］也有必要去探讨各式各样的荣誉，看看哪些是真实的，有多少是虚假的，这是立法者的责任。在我看来，他会这样宣布并区分它们：可敬的身体不是由于漂亮、强壮、敏捷或高大，甚至［728e］也不是由于健康——尽管多数人确实认为这是相当可敬的——当然，也不是特征相反的身体。相反，处于中间地带、在两者之间的那些属性，才是最合适和稳定的。因为，前一种极端使灵魂变得自负和［e5］轻率，后一种则使灵魂变得卑微和不自由。

这同样适用于金钱和财物的拥有。应该根据相同的方式给这方面

---

① 正是灵魂与善的自然亲和才使之获得726a和727e1赋予它所有物（κτῆμα）的价值。刚才的陈述暗示，灵魂的真正荣耀在于对善的追求，以及对恶的拒斥。

授予荣誉。每一个的过度［729a］都会在城邦和私人生活中造成敌对和内乱，①而不足则大多会导致奴役。

谁也不要为了自己的孩子而成为爱财者，以便给他们留下尽可能多的财富，这对孩子们和城邦都没有好处。［a5］一份遗产不会让年轻人周围的马屁精垂涎而又能让他免于贫困，这是最优美和最好的。因为，这使我们和谐一致，生活的各个方面［729b］毫无痛苦。留给孩子的应该是无限的敬畏而非金子。现在，我们认为，每当年轻人举止无耻的时候，我们谴责他们就是把这份遗产给予他们。若是这样告诫当今的年轻人，劝告他们应在人人面前［b5］有羞耻心，那产生的结果就不是这样了。明智的立法者反而会劝告年长者在年轻人面前感到羞耻，尤其要当心不让任何年轻人看到或听到他们在做或［729c］说的任何可耻之事。因为，哪里的年长者缺乏羞耻心，那里的年轻人必定缺乏适度的敬畏。在教育中真正起作用的东西——不仅对年轻人，而且对我们自己——与其说是一个人给予其他人的告诫，不如说是这个人对这些告诫的示范方式，即自己［c5］毕生的行为。

如果一个人敬重并尊崇家族关系，以及整个自然的、共享家族神祇的血缘共同体，那么，他可能会期望，照管出生的神祇能同等善待他的孩子的诞生。

此外，关于朋友和同伴，［729d］一个人会在生活的交往中得到他们的善待，②只要这个人把他们为自己提供的服务的价值和重要性看得更高，并认为自己给予朋友们的恩惠在价值上低于朋友们和同伴们给他的恩惠。

至于［d5］城邦及其公民，最好的人显然是，比起奥林匹亚的胜利或任何战争或和平竞赛中的胜利，他更喜欢从服务于本邦礼法中获

---

① 内乱会在富人与穷人之间爆发（参下文744d3以下），赤贫的人会仇视极富之人。同样，没钱的城邦和没钱的人，很容易受人奴役。参见《理想国》373d。

② 这种谦逊的忠告很明智，其微妙之处在于人的心态的选择，而非他的外在表现，这才是他受欢迎的决定性原因。倘若他真认为朋友对他的贡献比他对朋友的更有价值，也更重要，那么，他对待朋友们就会谦和，也不会冒犯他们。

得美誉——获誉是因为，[729e] 他终生都比其他任何人更高尚地服务于礼法。

再者，关于外邦人，人们必须认为，与他们签订的协定是最神圣的。因为，外邦人当中或针对外邦人所犯下的几乎一切罪行，比起公民们当中所犯的罪行来，与复仇女神 [e5] 联系得更紧。这是因为，失去同伴和亲属的外邦人，会唤起人们和神们更多的同情。因此，有力量为他复仇的人更具一种乐于助人的精神。在每种 [730a] 情形下，特别有力量的是跟随宙斯的精灵及外邦人的神。所以，只要有一点远见的人，都会非常谨慎地度过自己的生命之旅，根本不会对外邦人犯罪。相比于对外邦人 [a5] 和本地人犯下的罪行，在任何情况下，最严重的都是对乞援人的犯罪。因为，给乞援人获得的协定作证的神，成了受害人的特别保护者。无论他遭遇到什么，绝不会没有得到复仇。

[730b] 现在，我们谈论了种种关系：与父母、自身和属己之物的关系，以及与城邦、朋友和家庭的关系，还有与外邦人和本地人的关系；接下来该解释的是，要过上那种最高尚的生活，人们应该成为哪类人。在转向这些问题 [b5] 之前，我们不应讨论法律，而是要讨论称赞和谴责如何能教育他们每个人，这样，他们才会变得更顺从，并对将要制定的法律 [730c] 有好感。

真实对诸神而言为百善之首，对人而言为诸事之首。凡是要成为有福和幸福的人，从一开始就应该分有真实。由此，他可以尽可能长久地作为一个真实的人生活着。这样一个人值得信赖。不值得信赖的人 [c5] 喜欢自愿的谎言，而喜欢不自愿的谎言的人没有理智。①这些人没有可羡慕的，因为毫无疑问，每个不值得信赖的人和无知的人也都没有朋友。随着时间的流逝，这样的人被揭穿了，在艰难的晚年，

---

① 指那种不在意（或很容易）遭人误解的人，这种人宁愿持错误意见。关于心中的谎言与说出的谎言的区别，参见《理想国》382a 以下，亦参《希琵阿斯后篇》372以下。

生命行将结束时，他使自己陷入了孤苦无依的境地。因此［730d］无论他的伴侣和孩子们是否在世，他都差不多像孤儿那样活着。

没有行不义的人确实可敬，但不允许不义者去行不义的人，应得到两倍以上的敬重。前者拥有一个个体的价值，但后者由于向长官们［d5］揭发了他人的不义，就抵得上其他许多人的价值。城邦中的伟大之士、堪称完美的人以及德性上的获胜者，乃是在施加惩罚上尽力协助长官的人。

［730e］当然，同样的称赞还应该赋予节制和明智，以及其他任何不仅能自己拥有而且能给予他人的好品质。能这样给予的人应受到最高的尊敬；而［e5］愿意给予却无法给予的人，应受到第二等的尊敬；至于有人吝惜某些好东西、不愿出于友情与任何人共享［731a］这些东西，就应该受谴责——但不应由于所有者而轻视了所有物本身，人们仍应该竭尽全力去获得。

在赢得德性上，我们人人都要热爱胜利，但不要嫉妒。①这种人始终与自己竞赛却从不用诽谤挫败他人，［a5］会使城邦变得伟大。但嫉妒者自认为必须通过诽谤他人来取得优越，他既不自己尽力去获得真正的德性，又让竞争者受到不公正的谴责而变得沮丧。因此，［731b］在德性竞赛中，他使整个城邦变成无力的竞争者，并尽力降低它的声誉。

每个真正的男子汉都应该是富有血气的那类，但也要尽可能温和。因为，对于那些既危险又难以［b5］甚至不可能医治的人，没有什么办法可以避开他们行不义，除非进行斗争并成功地保卫自身，且绝不手软地施以惩罚。倘若没有天生高贵的血气，每个灵魂都［731c］无法做到这一点。另一方面，对于人们犯下的那些可救的不义，我们首先必须认识到，没有哪个不义之人自愿行不义。因为，

---

① 不要嫉妒（Αφϑόνως）：贬损他人上升的欲望（731a5），不仅让"告密者"的所有功劳一笔勾销，而且影响了他使自己变得优异的所有努力。这里暗示，这种欲望可能引发诬告（731a8）。

在任何地方，没有人会自愿求取最大的邪恶——尤其是当邪恶折磨着他最可敬的［c5］所有物时。既然灵魂像我们所说的那样，对人人都是真正最可敬的东西，那么，没有人会自愿将最邪恶的东西放入他最可敬的所有物中，任其终生相伴。因此，不义者像拥有坏东西的人那样，在方方面面都是可怜的，［731d］当他的病还可救时，可以怜悯他；在这种情形下，人们可以变得温和，抑制自己的血气，且不保持那种苦涩的、泼妇式的狂怒。但是，针对纯粹的邪恶和无可救药的堕落者，人们必须让自己的愤怒放任自流。正是由于这一点，我们说，在每种情形下，［d5］好人适宜成为有血气的那类并且温和。

对于众人，万恶之首就是灵魂中与生俱来的一个东西，由于自己原谅了这种邪恶，［731e］人人皆无法设计出什么法子来摆脱它。人们谈话的方式表明了这一点，他们说，人人天生都是自己的朋友，他会这样做是正确的。事实上，对自己的过度友爱，正是每个人在各种情形下［e5］犯错的原因。就被爱的东西而言，其热爱者都是盲目的，因此，对于什么是正义、好和高贵，这种人是蹩脚的［732a］评判者。因为，他自认为应该始终更看重自己胜过真理。但一个要实现伟大的人，不应专注于自己或属于自己的东西，而要专注于正义的事情——无论是自己还是别人碰巧做的事情。同样由于这个［a5］错误，每个人都认为自己的无知是智慧。结果，我们就以为自己无所不知，但事实上可以说，我们一无所知：当我们拒绝［732b］将自己不知道如何做的事情交给别人时，我们硬要亲自去做就必然会犯错。因此，人人都应该避免过度自爱，相反，应该始终跟随好过自己的人，不要受任何羞耻感妨碍。

［b5］比起这些事情来，有些经常提到的事情虽然小些，但益处并不少：每个人应该自己重新说起它们，并一直回忆着。因为，正如哪儿有源源不断的涌流，反之那里就一定有源源不断的补充。回忆就是输入，补充着明智的输［732c］出。所以，应该限制过度的欢笑或哭泣，在这一点上，人人都应该提醒其他任何人。总的来说，一个人

应尽力恰当地掩饰所有大喜和大悲，无论每个人的精灵①是保持着良好［c5］状态，还是处于机运带来的某些逆境中，精灵们得攀登又高又陡的斜坡。至于落在人们身上的烦恼，他们应该希望，至少对于好人，神会一直［732d］减少它们，并用他馈赠的礼物将他们的现状变得更好；就好东西而言，他们应该希望，在好运的帮助下，相反类型的转变会始终发生在他们身上。每个人都应该生活在这些希望里，并牢记［d5］这一切忠告，绝不淡忘，而是始终清楚地记住它们，无论别人还是自己、开玩笑还是严肃时都一样。

到现在为止，对于应遵从的习俗［732e］和每个人自己应该成为的那类人，我们所说的主要着眼于神圣事物。我们尚未讨论人类事务，但我们必须讨论，因为，我们进行对话的是人们而非神们。

人的天性涉及的主要是快乐、痛苦和欲望。可以说，每个凡人都与这些东西难分难解，最为紧密地捆绑在一起。最高贵的生活应该受称赞，这不仅因为它［733a］具有最好声誉的光环，而且因为，如果有人愿意尝试这种生活，没有因为年轻而逃避它，那么，这种生活将证明是最好的——就人人寻求的东西而言，亦即一个人具有更多快乐和较少痛苦的整个一生。这是［a5］明显的，如果人们以正确的方式尝试这种生活，就会一目了然。但什么是"正确的方式"呢？一种生活方式必须与另一种比较，更快乐的与更痛苦的比较，以便看清我们接受的生活是依据自然，还是相反地违背自然。

我们自己想要快乐，［733b］就既不选择也不想要痛苦。我们不想让既不快乐又不痛苦的东西取代快乐的东西，而是想让它代替痛苦的东西。我们想少痛苦而多快乐，但我们不想要少快乐多痛苦。［b5］如果两种处境中的快乐与痛苦相同，我们就无法清楚表明，我们要选择哪一种。痛苦和快乐的数量、大小、强度和相等性或相反性，决定着我们的意愿，可能影响或不［733c］影响我们的每一种选择。这就是这些东西必然受到规定的方式，对于那种具有许多巨大的和强烈的

---

① 这个精灵就是我们灵魂中的理智，参《蒂迈欧》90a。

快乐和痛苦的生活，我们想要快乐主导的生活，不想要相反的生活。同样，对于［c5］那种具有少量小而温和的快乐和痛苦的生活，我们不想要痛苦主导的生活，而想要相反的生活。此外，那种强度均衡的生活，我们必须这样来理解：我们期望这种均衡的生活有［733d］更多我们喜欢的东西，但如果我们发现，它具有更多令我们厌恶的东西，我们就不想要它。我们必须认识到，向我们敞开的一切生活方式，都自然地受限于这个选择范围。在这个基础上，我们必须决定，我们自然想要的是哪种生活方式。倘若我们声称，我们期望的东西不在这些选择［d5］当中，我们这样说便是出于对真正的生活方式的某种无知和无经验。

那么，在什么和多少生活方式中，我们必须依赖我们给自己制定的法律，区分［733e］想要与不想要的生活方式，自愿的与非自愿的生活方式，并选择令人喜爱的而且快乐、最好和最高贵的东西，由此尽力过上属人的有福生活？我们可以说，这些生活方式有一种是节制的生活，一种是明智的生活，还有一种是勇敢的生活。另外，我们也［e5］可把健康的生活归为其中之一。与这些相对立的有其他四种的生活：愚蠢的、懦弱的、放纵的和病态的生活。现在，有识之士会把节制的生活归为各方面都温和的生活，［734a］具有平和的痛苦与平和的快乐，柔的欲望和并不疯狂的热爱可描述这种生活。有识之士会将放纵的生活归为各方面都强烈的生活，具有强大的痛苦和强大的快乐、激烈和狂热的欲望，以及［a5］极度疯狂的热爱可描述这种生活。他会说，在节制的生活里，快乐超过悲痛，而在放纵的生活里，痛苦超过快乐，在大小、数量和次数上都是如此。从这一点必然可以得出，［734b］依据自然，节制的生活对我们而言更快乐，放纵的生活则更痛苦。至少，想要过得快乐的人，无论如何不会再自愿地让自己过着放纵的生活。确实，现在显而易见的是——如果这样推理正确的话——每个放纵的人如此生活必定是不自愿的。要么出于［b5］无知，要么由于缺乏①自制，要么两者兼而有之。全部暴民都无节制地生活着。

我们必须如此来理解病态的和健康的生活方式。这两种生活都有快乐和痛苦，但在健康生活中，快乐超过痛苦，［734c］而病态的人痛苦多于快乐。在各种生活方式中进行选择时，我们不会期望痛苦占主导。痛苦为从属的生活，我们视其具有更多快乐。现在，在比较过节制的生活与放纵的生活、明智与愚蠢，甚至勇敢的生活与懦弱的生活后，我们可以断言，［c5］在前一种生活中，快乐和痛苦都更少、更小和更少见；在快乐上，这种生活胜过另一种，而在痛苦上，后一种生活超过［734d］其他生活。勇敢的人击败懦夫，明智者打败愚蠢者。因此，节制、勇敢、明智和健康的生活，较之懦弱、愚蠢、放纵和病态的生活更快乐。总之，我们［d5］可以宣布，拥有身体德性和灵魂德性的生活比邪恶的生活更快乐，而且在高贵性、正确性、德性和声誉等其他方面，它也比邪恶的生活要优越得多。［734e］所以，有德性的人比邪恶的人，在各个方面和整体上都活得更幸福。

构成法律序曲的言辞到此为止吧。在"序曲"之后，大概必然［e5］紧跟着"法律"——更确切地说，实际上是政治体制的法律纲领。②这样，恰如在某张网或其他任何织物中，纬线和经线③不能用相同的材料来编织，经线在质地上必定有所不同，因为经线应该有力，自身［735a］具有一定的牢固性，而纬线应该较柔软，质地具有某种适当的柔韧。因此，就那些担任城邦中统治职务的人而言，在各种情况下，我们必须以某种合理的方式，将他们与只受过少许教育的考

---

① ἐνδεής［缺乏］，柏拉图的意思并非所有人总是不受限制地生活，而是一个人缺乏约束，是因为他所描述的那些原因。

② 这一"纲领"是把政治家的领域划分为735a3以下明确的两个：（1）选出（训练）地方长官，（2）提供他们可以推行的法。这种划分在精神上对应《法义》通篇的主题倾向。

③ 在织机上织布，"经线"是从纵向来固定线，织得也更密实；"纬线"是让线在合适的角度上穿过经线，上下穿过经线织成布匹。

验和巩固的人区别开。[a5] 对一个政治体制而言，有两个基本部分：一方面是指派担任各个统治职务的人，另一方面是给统治职务颁布法律。

但在做这一切事情之前，^①必定要透彻思考以下这类事情。[735b] 就每个牧者而言，他在担当牧羊人或牧牛人或养马人或负责其他任何这类事务时，若想尽好自己的职责，就绝不会不首先着手对每类牲口进行相应的净化。他会挑出健康的牲口，与不健康的分开，也 [b5] 会挑出出身好的，与那些出身不好的分开，他会将后者送到别的牧群，专心照料前者。他晓得，无论就身体还是灵魂而言，他的劳作都会是徒然和无尽的，倘若有人不用恰当的方法完成净化。[735c] 因为，就他拥有的每只动物而言，天性不佳和受糟糕的抚育毁坏的灵魂，会毁灭拥有健康和纯洁的习惯与身体的牲畜。对于其他动物，这不是很严肃的事情，在论述中提及 [c5] 只应作为一个例子。但就人类来讲，立法者最为严肃的任务便是，就适合每个群体的净化和其他一切活动，发现并 [735d] 给出解释。

这样，不用再啰唆，对于净化城邦作出的解释如下：

有多种多样的净化，有的温和些，有的严厉些。倘若一个人既是僭主又是立法者，他就能使用严厉的和最好的净化；[d5] 倘若一个并非僭主的立法者在用法律建立新政制，那他应该会很高兴，要是他用最温和的净化就能净化。最好的方法令人痛苦，就像 [735e] 苦药一样，因为，它包含的处罚涉及正义和惩罚，它借助死刑和流放来实现惩罚。由此通常能清除最严重的罪犯，他们无可救药，对城邦造成了最严重的 [e5] 伤害。但我们的净化方法是较温和的一种，就像是这样：由于食物匮乏，有些人本身显得准备追随穷人们的领袖，去夺取 [736a] 富人们的财产，这些人可视为城邦里生长出的一种疾病；

---

① 上面提到的那两个部分直到卷六才论及。卷五余下部分处理的是公民身份的基本条件，主要有（744a8）：（1）政府拥有拒绝和驱逐（数量有限的）城邦民的权利；（2）虽允许拥有财产，但必须尽一切可能暗中平等持有。

可以用一种尽可能温和的方法将他们遣送出去，这种驱逐可美其名曰
"殖民"。每个立法者必须一开始就以某种方式完成这一点，但对我们
来说，[a5] 现在碰到的问题非同寻常。目前，完全不需要设计一个
拓殖队或某种净化的挑选；相反，恰如许多股泉水 [736b] 和山洪汇
流而成的一个蓄水池，①我们不得不转换思想，确保流进来的水尽可
能纯净，部分靠泄流，部分靠引流。但很可能，每一种政治规划都存
在 [b5] 困境和风险。由于我们眼下是在言辞中而非行动中做这些事
情，我们且假定，我们已完成挑选，并已按照我们设想的方法实现净
化。通过全面的 [736c] 考验——在一个足够长的时期里通过各种各
样的劝谕，我们会发现民人中那些试图成为当前城邦公民的坏人，并
阻止他们进入这个城邦；对于那些好人，我们会尽可能温和、亲切地
发出邀请。

[c5] 顺便提一下，咱们可别忽视落到身上的好运，我们所说的
好运，同样落到了赫拉克勒斯的后裔们建立的殖民地上：重新划分
土地、取消债务和重新分配引发的可怕而危险的争斗，他们都避开
了。一个源于古代的 [736d] 城邦被迫为这种争斗立法时会发现，它
既不可能让现有状态原封不动，也不可能以某种方式改变它们。可以
说，剩下的事情只是祈祷和细微审慎地改变，在漫长时间里逐渐产
生小小的结果。为实现这一点，在拥有大量土地和诸多 [d5] 债务人
的那些人当中，必须不断出现改革者。这些改革者必须出于公平意
识，愿意以某种方式和他们陷入贫困的任何债务人分享 [736e] 自己
的所有物，免除一些债务，分出一些自己的土地。由此，他们形成一
种尺度，并表明自己认为，贫困不在于财产的减少，而在于贪婪的
增加。这是保存城邦最重要的根源，[e5] 它提供了一种坚实的基础，
人们随后就可以建立任何适于这种安排的政治秩序。但如果这一基础
[737a] 败坏了，城邦中的政治活动就总会遇到困难。

---

① 我们要理解成泉水是我们蓄水池中的所需之物，而浑浊的山洪则是我们想要
避免的。736b3 的泄流（ἐξαντλοῦντας）描述的似乎是把泉水抽入蓄水池。

正如我们所说的，我们正在避开这一危险。然而，无论如何，更为正确的是讨论它，并显明，如果我们无法摆脱这种危险，我们怎样找到一条出路。可以说，[a5]需要的就是去除爱牟利，这与正义相随：除了这一办法外，没有其他摆脱[这种危险]的道路，无论宽窄。那么，就让现在这个立场作为我们城邦的一种支柱吧。无论如何，[737b]事情必须这样安排，人们才不会为财产而纷争，因为，即便只有一点点理智的人，只要古老的财产纠纷在他们之间仍悬而未决，他们就不会自愿进行其他的安排。[b5]不过，对于像我们现在这个处境中的人来说，某位神赐予一座新建立的城邦，彼此之间尚未相互仇恨。即便加上彻底的邪恶，也没有人无知到让人实行土地和房屋划分——这会给他们带来那些仇恨。

[737c]那么，正确的分配方法会是什么呢？首先，必须确定民众的数量应当有多少人。然后，必须有一个公民分配的协议：应该分成多少份，每份应该有多大。[c5]在这些划分中，土地和房屋应该尽可能分配得相等。现在，确定人口规模的唯一正确方式在于，考虑土地和[737d]邻邦。土地应该大到足以支撑一定数量的民人过节制的生活，而不可再大。民人的数量应该大到既能在遭受邻邦行不义时保卫自己，又有能力在邻邦遭受他人行不义时[d5]给予些许帮助。当我们审查领土和邻邦时，我们要在行动上和言辞中确定这些东西。此时，为了勾勒出大纲，且让论述沿着法律的颁布进行下去，如此便能实现这一点：

[737e]作为一个合适的数量，就要有5040个土地所有者和这一分配的保护者。土地的份额和家庭数量也要一样，每个人成对分配。首先要把[e5]全部数量一分为二，而后这个数量划分为三——从它的性质来看，也可以分成四份、五份，直至十份。每个立法者对算术起码要[738a]了解到这种程度：哪个数量和什么类型的数量会最有益于所有城邦。让我们选择这个数量吧，它自身中含有最多和最密集的连续除数。出于[a5]各种目的，整个数字系列可分成各个数量，5040不超过六十个除数，有五十九个，包含从一到十[738b]连续

所有数字。^①这些分割可用于战争与和平^②——可用于一切契约和合作，用于积蓄收入和开支。那些对此有法定义务的人，必须悠闲地研究并深刻理解这些事务；无论如何，事情就是这样子，即将建立一座城邦的人，应着眼于下述这一点来谈［b5］这些事情。

无论有人是在从头创建一座新城邦，还是在重建一个已败坏的旧城邦，这都同样适用：就诸神和庙宇而言，城邦应该为每位神建立庙宇，并在建好后以诸神或精灵们来命名。没有哪个有理智的人，会试图改变［738c］德尔斐或多多纳或阿姆蒙^③制定的东西，或古话规劝的东西，无论这些话劝导人们的形式是源于幻象，还是源于据说来自诸神的启示。借助这些忠告，人们设立了混合秘仪的献祭，这些秘仪有些来自当地，有些则源自［c5］提瑞尼科斯或库里俄斯，或其他地方。^④这些古话使他们圣化了神谕、雕像、祭坛和神殿，并使他们为其中的每一种安排好圣所。［738d］对于这些东西，立法者应一成不变。立法者应该给每个群体赋予一位神或一个精灵或某个英雄，在他

---

① 5040是7的阶乘（例如，$1 \times 2 \times 3 \times 4 \times 5 \times 6 \times 7 = 5040$）。49（$7 \times 7$）的因子加上前十个数字就是：12、14、15、16、18、20、21、24、28、30、35、36、40、42、45、48、56、60、63、70、72、80、84、90、105、112、120、126、140、144、168、180、210、240、252、280、315、336、420、504、560、630、720、840、1008、1260、1680、2520。以上的28是7的倍数；21则不是。对比711a。

② 接下来给出了理由：用现代的话说，至关重要的是，教区的数量应符合民众崇奉的守护神的实际数量，尽一切可能本地化并活跃宗教情感。雅典异乡人在下文771b建议这些部族数为12，显然是因为奥林波斯诸神有12位；但柏拉图可能在想，兴许是某个智慧的老算术家确定这些神就是12位，因为12便于划分人类。在某种意义上，数字本身对柏拉图而言是神圣之物。

③ 以上是三个最著名的希腊神托所。德尔斐是阿波罗神庙，位于帕尔纳索斯（Parnassus）山坡上，最具权威。多多纳（Dodona）神庙最古老，是宙斯在厄庇罗斯（Epirus）的神所，受阿喀琉斯和奥德修斯敬拜。阿姆蒙（Ammon）是希腊的阿姆蒙神的神所，位于希瓦（Siwa）绿洲。希罗多德把多多纳和希瓦联系在一起。

④ 提瑞尼科斯是伊特鲁里亚人（Etruscans）的土地，位处现在意大利的托斯卡纳（Tuscany）地区；伊特鲁里亚人因宗教狂热著称。库里俄斯是阿芙罗狄忒的传统出生地，也是重要的阿芙罗狄忒崇拜所在地。

作出其他任何土地分配之前，他应为圣所及其伴随的一切留出可选择的用地。这样，当不同部分的［d5］居民在固定的时间集合起来时，会充足地供给他们所需的一切；在献祭时，他们彼此会变得更友好，并觉得属于彼此，［738e］还会增进相互间的了解。对一个城邦而言，没有什么比居民们相互熟识更好了；因为，在因隐蔽而对彼此的性格模糊不清而非像在光亮下那样［性格］显而易见的这个城邦中，若没有人会以正确的方式得到他应得的荣誉，无论是官职还是［e5］正义方面的荣誉。最为重要的是，在各个城邦中，人人都必须尽力避免在任何场合中行骗，并尽力始终以单纯的方式展示他的真实面目，同时也尽力防止其他任何这样的人欺骗他。

［739a］在这个创建法律的过程中，下一步类似于玩跳棋游戏的人走的棋，他放弃了自己的"神圣界线"，由于出人意料，乍一听可能会令人大吃一惊。①然而，凡是运用自己理性和经验的人都会认识到，要构建第二好的［a5］城邦。或许有人不接受这一点，因为他不熟悉一名并非僭主的立法者。但最正确的程序是，先阐述最好的政制，再阐述第二好和第三好的政制，［739b］在阐述之后，让凡是要负责创建的人在各种情形下从中作出选择。现在，我们也遵循这个程序吧：让我们阐述在德性上最好的政制是什么，第二好和第三好的又是什么。那么，在目前的处境中，我们就把选择交给克莱尼阿斯吧，也交给其他任何这类人，［b5］他有朝一日可能愿意在这些政制当中选择，按自身的特性分配母邦中让他珍爱的东西。

这种城邦和政制居首位，法律［739c］也最好，在那里，这句

①　希腊语 πεττῶν 常译为"跳棋"，是数种桌面游戏的通名，这些游戏的确切规则我们已不得而知，多半类似西洋跳棋类游戏。其中一种叫做"列邦"（《理想国》422e），其目标是孤立并吃掉对方的棋子（参见亚里士多德，《政治学》1253a）。另一种游戏在棋盘上有一条被称为"神圣界线"（sacred line）的东西，双方都尽力让自己的棋子向其靠近。雅典异乡人致歉的"原因"是，他放弃了理想的完美，形象地体现在下跳棋的人放弃了棋盘上的"神圣界线"。

古谚①尽可能地扩散到整个城邦：据说，朋友们的东西确实是共通的。倘若如今在某个地方存在这种情况，或者，若某一天应该出现这种情况——妇女公有，儿童公有，各种各样的［c5］所有物公有；采用的每种规划都把所谓的"私有"排除出生活的方方面面；有可能的话，设计某种方法让那些天然私有的东西变成公有，诸如双眼、双耳和双手，这样，他们似乎就能共同地看、［739d］听和行动；还有，人人一致地称赞和谴责，尽可能喜欢相同的东西，对同样的东西感到痛苦，总之，倘若他们能喜欢旨在使城邦尽可能融为一体的法律——那么，关于什么构筑了最高德性的定义，［d5］就没有人会作出一个比这更正确或更好的了。也许，诸神或不止一个神子居住在这样的城邦里，他们欢乐地居住着，过着这样的［739e］生活。因此，无论如何，人们不必在别处寻找政治体制的模型了，而应该紧紧抓住这个，竭尽全力地寻求与之尽可能接近的政制。如果我们已讨论的政制现在产生了，那么，在某种程度上，它就最接近不朽，在统一性上处于第二等。［e5］接下来，我们将阐述第三好的［政制］，如果神愿意的话。

　　那么，现在我们说这个政制是什么呢，我们说这样的政制如何出现呢？首先，让他们划分土地和家庭，也不［740a］共同耕作，因为，耕作对如今已详述过的出身、养育和教育②也有要求。然而，土地分配应像这样来理解：每个份地所有者必须认为，他的那一份同时

---

　　①　引用这句俗话（参见《理想国》424a和449c）清楚地表明，柏拉图是在解释他眼下的论述与《理想国》的关系，以及《理想国》中提出的学说。此处以最令人印象深刻的方式重新肯定了《理想国》中的古老学说。不过，如果我们说这两个学说语境不同，也并无不妥。《理想国》绝非亚哲学思考：法的实际目的在于，（1）为新城邦在有利条件下可能采取的政制建言，（2）改革现有法律。亦参《斐德若》279c。

　　②　出身、养育和教育（γένεσιν καὶ τροφὴν καὶ παίδευσιν）：亦即邦民不是挑选出的"种族"，就像《理想国》中的护卫者（φύλακες），也没有早期的教育或后来的训练，使他们适应"理想"状态。

也是整个城邦的共同财产，①［a5］他必须珍爱自己的土地，就像故土的一部分，这种珍爱要胜于孩子对母亲的珍爱；他还必须把土地视为一位女神，是凡人的女主人。他也应该这样理解［740b］当地的诸神和精灵们。

为了确保这些安排在今后永远保持不变，也必须理解以下这一点：我们现在确定的家庭数量绝不能改变，绝不可增加［b5］或减少。为了让整个城邦牢牢保持这种安排，每个份地所有者应始终只把遗产留给一个继承人，即他家中的一个孩子。这个尤其受他喜爱的孩子，要在［740c］侍奉家庭和城邦诸神上成为他的继承者，既服侍在世的诸神，又服侍那些在那时可能大限已到的神明。至于其他孩子，在不止一个孩子的家庭中，女子应该依据将要制定的礼法嫁出去，男子应该［c5］分配给那些无子的公民，应尽可能遵从个人的好恶。倘若有些人发现，没有人喜欢他们，或者，倘若出现过剩的女子或男子，或相反，由于不生育而不足，［740d］那么，有一个我们指派的行政官员——事实上是最大的和最受尊荣的官员——在考察这一切后，就应该设计出各种方法，帮助那些子女太多和无子的人，以使5040个家庭尽可能始终保持［d5］不变。有许多办法可用，其中包括制止生太多的人再生育，情况相反的人，则用各种方法鼓励和激发他生育更多。荣誉和耻辱的运用，以及长辈对年轻人讲的［740e］勉励之语，均能完成我们现在谈论的事情。最后，如果我们完全不知道如何处理5040个家庭中的不平等，如果由于那些生活在同一家庭中的人感情热切，致使我们公民的泛滥，［e5］而又无法找到其他任何出路，那可能就得采取我们常常谈起的老办法了：派遣那些看起来合适的人去殖民——殖民者要像朋友离开朋友那样离去。另一方面，如果出现相反的困境，疾病［741a］的洪潮卷走了他们，或毁灭性的战

---

①　在这项法律的基本原则上，柏拉图加上了两个考虑因素，旨在赋予并抬高拥有土地的地位。（1）柏拉图诉诸爱邦情感："这片土地是你们的故土"；（2）柏拉图提醒他的听众注意这一事实：这同一片大地（对比《蒂迈欧》40b-c），唤起一切凡人的忠诚和荣誉。对比下文877d5以下。

争［带走了他们］，以致人数远远小于规定的数量，那么，虽然他们绝不应该自愿地接纳受低劣教育培养的公民，但也不应对抗必然性，据说就连神也无法用［a5］强力对抗必然性。

接下来，我们要说，我们目前的论述是以如下方式谈论并给出建议："你这所有人中最好的人啊，切莫不再遵循自然，不尊敬已达成共识的东西：相似性、平等、相同之物、数量和属于［741b］高贵且好的实践的各种能力。首先，你终生都要维护刚刚已阐述过的数量。此外，切莫不尊重你一开始就分得的财产的恰当上限和大小，在你们［b5］之间买卖这份财产。要是你这样做的话，不仅作出分配的命运之神本身，还有立法者，都不会再和你联结在一起。"不服从这个命令的人，将首先发现反对他的法律，该法律警告他，他本身要么［741c］选择接受基于这些条件的分配，要么不接受。①第一，他的接受基于这个条件：大地是献给所有神的，其次，他会看到，男女祭司一而再、再而三地在献祭中祈祷。该法律会继续警告，凡是买卖［c5］分得房屋或土地的人，皆会遭受与列举过的这些情况相应的惩罚：也就是说，官员们会把罪犯的真相刻在柏木片上，保存在庙宇，在其他时间里，可让人读到和想起。他们会将保护和执行这些规定的责任交给行政官之一，［741d］可以认为，这类官员的审视最敏锐，因此，任何场合下的违法者绝不会逃脱他们的注意，他们会惩罚每个不服从法律和神明的人。

现在制定的这个体制，会给［d5］遵循它的所有城邦带来的总体好处——此外，它还赋予了恰当的安排，正如古谚所说的，恶人永远无法知道，唯有通过习惯变得富有经验和体面的人才［741e］知晓。因为，在这样一个体制下，赚大钱是不可能的，结果就是，不应该也不可能有什么人以任何方式从粗俗的行业中牟利。没有人需要以某种方式试图靠这类职业来积聚财富，［e5］也就是得到"老大粗"这个

---

①　法已经警示不愿守法的这个人，他要么照这些具体条文接受土地，要么不要土地。

可鄙称号的职业，它会扭曲自由民的性格。

另一条法律与这一切事务密切相关：[742a] 任何人都不允许以私人的名义占有金银。但用于日常交易的货币是需要的：跟工匠们打交道时，金钱几乎无从避免；所有给雇佣帮手——奴隶和外邦人——支付工钱的人，也都 [a5] 需要金钱。出于双重目的，我们说，他们应该拥有一种铸币，在他们那里有价值，但在其他人那里没价值。然而，城邦本身必定要拥有一些希腊通币，供军队远征使用，以及到其他外邦人那里的访问者，比如使节，还有 [742b] 城邦必须派出的其他任何必要的信使。为了这些事务，城邦在各种情形下都必须拥有希腊通币。倘若个人曾被迫去外邦，就让他去吧，要是行政官允许[b5] 的话，但如果他回家时有多余的外币，他就要存放在城邦里，领回价值相当的本地货币。倘若发现有人把非法货币留为已有，这些钱就要没收充公，若其他任何人知情，却没有告发，他就要分担同样的诅咒、谴责和额外的罚金，罚金 [742c] 应不少于带回来的外币。

男婚女嫁不得收送任何彩礼。此外，人人都不应把钱交给靠不住的人，钱财不应有息 [c5] 借贷。凡是收到贷款的人，可允许他连本带利拒绝偿还。①

这些是让城邦遵循的最好措施，能发现它们的是这类人：他正确地探究事务，[742d] 始终根据第一原则和意图进行参考和评判。我们认为，理智的治邦者的意图并非多数人会认为的一名好立法者应该有的意图。多数人宣称，立法者应该意图，他仁善地为之立法的城邦[d5] 变得非常强大并尽可能富有，还拥有金银，而且统治着尽可能多的民人，无论陆上还是海上。他们还加上，无论如何，正确立法的人也应该期望，城邦尽可能变得 [742e] 最好和最幸福。但这些事情

---

① 法意图杜绝贸易，因此不承认债权。《理想国》556a指出，这是在城邦中避免债务产生的最好方式，亦参下文849e8。关于高利贷，参见下文921d。关于嫁妆，柏拉图在774c-d解释了为此立法的理由，以及违反此法的惩罚。

有些可以实现，有些则不能。安排事务的人应着眼于可能的东西，不要把他的期望或努力浪费在徒劳无益的事情上。那么，几乎必然的是，［e5］那些变得幸福的人也成为好人——这是立法者应该期望的，但变得非常富有的人不可能也成为好人，至少，如果"富有"意指多数人意指的东西的话。多数人认为，少数人拥有的所有物最值钱——这类拥有就连某些个恶人也会有。［743a］果真如此吗，至少我绝不会赞同他们说，一个富人会成为真正幸福的人，如果他不也是好人的话。不过，要成为特别好又特别富有的人是不可能的。

"为什么呢？"也许有人［a5］会问。

"因为，"我们将回答，"用正义和不义手段取得的收益，是仅用正义方式取得的收益的两倍以上。愿意既不高贵又不可耻地花钱的人，其花销还不及既高贵又愿意把钱花在高贵的［743b］目标上的人的一半。收入不止两倍支出却少于一半的人，财富上绝不会让相反情形的人超过。那么，这些人中有一种是好人；另一种人若是个守财奴，但在其他方面没有全然变坏，就不是坏人，①［b5］却也绝不是好人，正如我们方才所说的。既正义又不义牟利的人，同时既非正义又非不义花费的人是富有的，只要他是个守财奴；但彻头彻尾的坏人穷得叮当响，因为他多半不是节俭者。把钱用在［743c］高贵的事情上并只从正当的行业牟利的人，绝不容易变得特别富或非常穷。因此，我们的论证是正确的：非常富的人并非好人，如果他们不好，那就不会幸福。"

　　［c5］我们立法的前提旨在尽可能使民人幸福和相互友好。这样，在公民中有许多诉讼和诸多不义的地方，公民们就［743d］不会成为朋友，相反，［要成为朋友，］得在这种事情尽可能轻微和罕见的地方。确实，我们说在城邦里不应有金银，也不该靠粗俗的职

---

　　① 鉴于他把可耻的目的视为冒险，为了避免坏人的悲惨，他就会选择处于中性的状态；这种状态虽不能让他变好，却可在一定意义上避免他变坏。

业或高利贷或其他各种可耻的行业①获得巨额利润。应有的正义之物是［d5］务农提供和出产的东西，唯有诸如此类的东西才不会强迫人，使人因牟利而忽视了财富天然要为之服务的那些东西，也就是灵魂和身体②——当他们缺乏体育训练和［743e］其他教育时，就连这些东西也会变得不值一提。其实，这就是为何我们不止一次说过，追求财富的等级处于最低的荣誉级别。人人认真对待的东西总共有三件：认真而正确地关注［e5］财富处于最后的第三等级，关注身体处于中间的某处，关照灵魂居于首位。就我们现在详述的政制而言，如果根据这个等级来分配荣誉，立法就正确。但如果将来制定的法律之一［744a］会表明，在城邦中，健康的荣誉高于节制，或应尊荣财富胜于健康和节制，那就会显示，这条法律并没有正确地制定。因此，立法者必须反复地扪心自问："我想要的到底是什么？"同时问："我正在［a5］达到这一目标，还是偏离这一目标？"要是他这样做，也许就会完成自己的立法，并减轻他人的任务——但他要走的路仅此一条。

因此，我们说，基于我们描述过的那些条件，得到一块份地的人［744b］应保存它。倘若每个能进入殖民地的人拥有的其他一切也数量相等，那无疑是件好事情。但这是不可能的，而且人们来时会带更多的钱和较少的其他东西，③因此，出于诸多原因，并为了［b5］城邦中的机会均等，就必须有不平等的阶层。这样，当涉及官职、收

---

① 最后一个词有省略。这可能是一句指涉妓女的口语，也可能指涉形形色色成问题的行当。

② 雅典异乡人继而表示，钱只有用来满足人类的需求时才有用，而人的第一需求是恰切地训练灵魂和肉体。一旦牟利（χρηματισμός）主导城邦，就不仅会占用教育必需的时间和精力，也会让人忘记教育的必要。

③ 尽管未明说，我们也可以认为，这里的意思是不许这种可携带的财物以钱财的形式存在——因为禁止拥有金银——而是转换成土地，加入最初的份地（κλῆρος）之列。份地无疑由城邦分配，因此，一个公民只有达到足够的钱财使他能在份地上劳作，才能在其他人当中有一席之地。估算四个阶层有资格拥有的财产，可能不是依土地的大小，而是依产量。

入和分配时，归于每个人的荣誉就会不仅取决于他祖先和自己的德性，①[744c]以及身体的力量和健美，而且取决于他处理钱财或贫困的方式。争吵将会避免，因为，根据合比例的不平等，荣誉和官职将尽可能平等地分配。出于这些原因，应该按照财产数量确立[c5]四个等级：第一、第二、第三和第四等级——或者，用其他某些名称也可以知道它们，无论是个人待在原来的等级，还是由于从穷变富或由富变穷，[744d]彼此易位进入相应的等级。

紧随这些，至少我会制定一条纲领如下的法律。我们说，要是恰如我们所认为的，城邦必须避免最严重的疾病——更为正确的叫法是"内乱"[d5]而非"内讧"——那么，在公民那里就不应存在赤贫或极富。因为，这两种状况都引发内乱和内讧。由此可见，立法者必须宣布这两种状况的限度。这样，贫穷的限度就定为[744e]份地的价值吧，这必须保持，每个行政官和渴望因德性得到尊荣的其他任何人都不得允许减少任何人的这份价值。以此为基准，立法者还会允许公民们获得这个数量的两倍、三倍[e5]直至四倍。但是，如果有人获得这个数量的四倍以上——由于发现某物或被赠予某物，或由于赚钱或其他诸如此类的好运气——[745a]那他要把多余的献给城邦和拥有城邦的诸神。从而，他会获得好名声并免遭一切惩罚。然而，如果有人不遵守这项法律，谁愿意就都可以告发他，并得到多余数量的一半，而[a5]有罪的一方将用他自己的财产支付相等的数量，并把多余的另一半交给诸神。②每个人除最初分配外拥有的一切，必须清楚地登记在册，并由法律指派的监护官来保管这些簿册。由此，关于[745b]财产的所有诉讼都会容易处理，事情也就能弄得清清楚楚。

此后要做的第一件事情是，尽可能接近领土中心来建城，并选择

---

① 雅典异乡人的意思并非分配的人不考虑出身和个人心智或身体的差别，而是一个人的资产规模也应在考虑之列。

② 这句话表明告发者和诸神会一起得到非法的那部分余量。下文754e以下对拥有过多财产的惩罚与此不同：犯人将被剥夺一切未来所分（土地）的利益，并承受对"贪婪"（αἰσχροκερδεία）的公开谴责。

一块地，它也具有［b5］城邦的其他那些优点，这些优点可以毫无困难地理解和列举。接下来，应有十二部分的划分。首先，应该建造一座圣所给赫斯蒂亚、①宙斯和雅典娜，并称之为"卫城"，用环形的墙圈起来。［745c］十二部分应从这里辐射出去，划分城邦本身以及整片领土。十二部分应该平等，这意味着，土壤好的部分应该较小，差的部分则较大。应该划分成5040块份地，［c5］两部分合起来构成一块份地，一部分近些，另一部分远些。最靠近城邦的那部分应搭配最靠近边境的那部分，作为一块份地，［745d］第二靠近城邦的搭配第二靠近边境的，其余依此类推。在这两个地块上，他们应该混合贫瘠的土地和肥沃的土地，运用刚刚提到的方法，通过分配较大和较小的地块，应该使份额平等。［d5］人也应划分成十二份，由此可让这十二部分在他们的其余财产上尽可能平等——这些财产全都已正式登记。那么，接下来，他们应该把十二部分作为份地献给十二位神，各部分［745e］用分配到的神来命名和圣化，并称那部分为一个"部落"。城邦的十二部分应像其余的领土那样划分。每个人要有两个房子，一个靠近［城邦］［e5］中心，另一个靠近边境。这样，殖民就算完成了。

但我们一定要牢记以下这类事情：刚刚描述过的东西绝不可能全都有与其相符的合适环境，使它们全都正好按论述所阐明的方式［746a］实现。可能无法找到这样的人：他们会毫无怨言地以这样的方式生活在一起，会终生容忍对金钱规定的固定限度，并容忍我们为每个人制定的生育政策，或者，他们愿被剥夺黄金生活着，也不拥有［a5］立法者必须按照目前的说法明确禁止的其他东西。他们可能不会接受立法者描述的这种领土和城邦，接受位于中心和四周的住宅。事实上，立法者一直谈论的各个方面，几乎像是在说梦话，或像是在

---

① 赫斯蒂亚是灶神，千家万户的圣火（见740d）。赫斯蒂亚的名字与"灶火"（hearth）相同。对赫斯蒂亚和灶火的崇拜，与对祖先的崇拜紧密相关；不过，还有一种为举邦共享的灶火，安放在一座称为公民大会会场的建筑物中。

用蜡塑造一个城邦和公民们。从某个［746b］角度看，这样谈论并不糟糕，但立法者不得不使自己想起下述这类东西。

因此，立法者再次对我们这样讲："朋友们，你们不应该认为，在这个讨论过程中，我忽视了一个事实：刚才的说法［b5］在某种程度上是真实的。但我认为，一旦考虑到未来的行动路线，各种情形下要做的最恰当的事情就是：展示应意欲的东西之模型的人，绝不应该背离最高贵和最真实的东西。不过，［746c］一旦这些东西的某方面证明对某类人是不可能的，他应该避开，不去做。相反，他应该设法从保留的那些东西中，找出最接近最高贵和最真实之物的一切，并从那些适合去做的东西中找出天然与其最相似的。他［c5］应该允许立法者按照自己的意愿完成这些事情。① 因此，在这样做时，他应该和立法者共同探究，去发现他描述过的事情哪部分行得通，他描述过的立法哪部分又太困难。因为，即便是最平庸之物的工匠，［746d］我认为，他想要有点价值，就必须在自己活动的各个地方连贯一致。"②

那么，在十二部分的划分成为公认的看法后，我们应该聚精会神地来看一看，以什么方式，［d5］这十二部分中的每部分可以明确地细分，毕竟它们内部包含许多可能的细分，然后，这些细分如何进一步逐级细分，直到划分成5040部分。由此将建立起族盟、乡区和村社，③以及军事单位［746e］和行军排列，还有货币单位、固体和液体单位及砝码。法律应该如此规定这一切，以便相互交换并取得一致。此外，谁都不应担心自己看起来要讲得很琐碎［e5］就不敢制定他们

_____

① 殖民者的代表（比如克莱尼阿斯）不仅必须尽其所能，采取一切措施实现这一点，而且在决定一件事可行与否之前，他还必须让立法者（如雅典异乡人）结束他对"最好的可能"的描述。

② 此话指的是 συμφέρει［和谐］。当一个城镇在别处明显有更好的选址时，将之置于乡下，就是不和谐的例子。

③ 族盟、乡区和村社（φρατρίας καὶ δήμους καὶ κώμας）：在雅典，首先是基于血缘关系的私人划分，最后两项则是地方划分。参亚里士多德《诗学》1448a35，斯巴达人用的"村社"（κώμη）一词就是雅典人所说的"乡区"（δῆμος）。

拥有标准尺寸的各种工具。

人们应该坚持的总体原则是，[747a]数量的划分和变化有利于一切东西——变化既存在于数量本身中，也存在于平面、立体图形、各种声音和运动中，不管是直上直下的[a5]还是循环旋转的。着眼于这一切，立法者必须规定一切公民去做他们力所能及的事，并避免放弃这种连贯性。[747b]因为，在家庭管理中，在政治体制和一切技艺中，没有哪个部分的教育具有学习算术那样大的力量。最重要的是，算术唤醒天生迟钝和无知的人，使他易于学习、[b5]记忆并变得敏锐，从而用这门神圣的技艺让他超越自己的天性。因此，教育的所有这些分科若要成为好的且合适的，就得用其他法律和习俗将吝啬和热爱钱财从人的灵魂中驱除出去，人们[747c]就会充分掌握并受益于这些学科。否则，在人们了解算术之前，就会产生一种所谓为非作歹的能力而非智慧，它类似于目前能在埃及人、腓尼基人①和其他许多民族那里[c5]看到的东西，他们在其他习俗和所有物上的不自由形塑了这些民族——要么是因为他们有一位糟糕的立法者如此赋予他们，要么是因为霉运[747d]落到他们头上，或由于其他诸如此类的自然之物。

因为，克莱尼阿斯和墨吉罗斯啊，我们不应忽视一个事实：在培育较好的人和较坏的人的倾向上，有些地方彼此有别，[d5]制定法律时不应轻视这类因素。各种各样的风和不同的日照，可能使一些地方不利或有利，就像当地的水和大地上的各类植物也会这样。[747e]后者不仅能给身体而且能给灵魂提供较好或较坏的滋养——在程度上和所有类似的方面都如此。不过，就这一切地方而言，那些领土会有别于大多数领土：那里有某位神吹入气息，并由精灵们照管着，②因

---

① 对参《理想国》436a："或如对金钱的爱慕，人们会说这一气质在腓尼基人和居住在埃及的人们中并非极为罕见。"

② 精灵照管土地的观念与上文745d8提到的诸神的 κλῆροι［份地］一致。雅典异乡人表示，只有由某个超自然代理来解释，某些区域的独特益处处才会一目了然。比较欧里庇得斯，《美狄亚》行824以下。

此，每次［e5］接待那些来定居的人，要么和蔼要么相反。至少，理智的立法者会尽其所能，在这些问题上探察这些地方，以尽力制定出合适的法律。那也是你必须做的，克莱尼阿斯啊：当你打算定居于这片领土，你必须首先把注意力转移到这些问题上。

克　［e10］你所说的方方面面都好，雅典异乡人啊，那正是我必须做的。

卷 六

雅 ［751a］那么，刚刚讨论过这一切之后，你下一步主要是为城邦设立官职。

克 对，当然是这样。

雅 关于政制的秩序，要有这两个样式：^①［a5］首先，要确立统治职务和官员，包括决定应该有多少职务，应如何选举官员；其次，必须给每种官职颁布法律，［751b］这同样包含决定要有什么类型的法律，有多少，哪种法律会适合哪种官职。

但在我们作出选择前，让我们稍停片刻，因为，有个相关的问题我们应该谈谈。

克 那是什么？

雅 ［b5］是这样。大概人人都清楚，虽然颁布法律是一件崇高的行为，但是，即便在配备良好的城邦中，如果设定来照看制作精良的法律的行政官不合适，那么，不仅法律不再会有正当根据，那种处境也极其［751c］可笑，而且正是那些法律可能会给城邦带来最大的损害和毁灭。

克 能不这样吗？

雅 那好，就你目前的政制和城邦而言，让我们［c5］来认识这种可能性吧，我的朋友。因为你明白，首先，如果官职的权力应交给正确的人，他们全家就必须受过充分的检验——从儿时起到他们被选

---

① 我们从上文735a5得知，治邦的两个主要部分：（1）任命官员，（2）立法。此处将任命官员划分为：（1）擢选最适合的官员人选，（2）给不同职位分配要推行的法。

上为止。还有，那些应进行选举的人，要在合法的习俗中培育自己，并在［751d］正确识别候选人的能力上有良好的教养，能恰如其分地厌恶或接受他们。现在，人们新来乍到，刚聚在一起，彼此并不熟识，也没有受过教育，他们在选举官员上如何能［d5］不犯错呢？

克　他们不可能［不犯错］。

雅　然而，正如他们所说，一场竞赛根本不容客气。你，还有我，现在都必须完成这个任务。因为，［751e］就像你刚才说过的，你们十人已向克里特民族允诺，你们将秉持坚定的精神，完成这个创建。而我也［752a］已答应帮助你，参加我们现在卷入的这场神话般的谈话。无疑，当我讲述一个神话时，我不愿意没把它讲完。因为，如果神话像那没头的①到处游动，那看起来就是奇形怪状！

克　［a5］你很好地表明了自己的观点，异乡人啊。

雅　我不仅表明了它，我还要尽我所能按其行事。

克　我们务必按我们说的去做。

雅　但愿如此，如果神愿意且我们能充分克服年老的话。

克　［752b］好，想必神会愿意。

雅　那有可能。跟随神吧，让我们开始这一考察。

克　哪个？

雅　［b5］看看需要多大的勇气和意愿去冒险，去创建我们眼下处境中的城邦。

克　为什么？你现在说这番话，到底是考虑到什么？

雅　事实上，我们正自信地为缺乏经验的人立［b10］法，而毫不担心他们将如何接受现在正制定的法律。毕竟，克莱尼阿斯啊，至少一清二楚的是，几乎每个人，甚至［752c］不那么聪明的人，他们无论如何一开始不会轻易接受任何法律。我们所需要的是，幸存的时间足够长，这样，从小就体验到这些法律的孩子成长起来后，在法律的培育下并对它们习以为常后，他们就可以参加整个城邦的［c5］行

---

①　雅典异乡人用希腊习语"无头的"（ἀκέφαλον）来指"未完成的"。

政官的选举了。若以某种方式，借助某种设计，我们现在描述的事情能正确地实现，那至少我会认为，幼年曾受到这种训练的城邦，经过这段时期之后，就会保持得非常稳定。①

克 ［752d］确实，那是个合理的假设。

雅 现在，让我们来看看，如果我们无法设计某种恰当的方式处理这个问题，就循着如下路线吧。

因为，我认为，克莱尼阿斯啊，克诺索斯人多于任何其他克里特人，他们不仅必须移除［c5］亵渎这片正在安居的领土的所有障碍，还要竭尽全力确保首批统治者是最可靠和尽可能最好的。其他行政官员［752e］带来的任务较不困难，但非常必要的是，你们的首批法律维护者②应一丝不苟地挑选。

克 那么，对于这项任务，我们能找到什么程序和计划呢？

雅 是这样——"我认为，克里特人的孩子们啊，由于克诺索斯人［e5］因年长于许多城邦而具有优先权，在总共三十七个人的选举中，他们必须联合刚来到这里定居的人，从他们本身和那些人中选举，十九个应选自殖民者，其余的［753a］来自克诺索斯本身。"

克诺索斯人应该把这些人交给你的城邦，也应该让你自己成为这个殖民地的一位公民，并成为那十八个人之一——或者靠说服你，或者用适量的暴力强迫你。

克 ［a5］那么，你和墨吉罗斯为何不加入我们的政制，异乡人啊？

雅 克莱尼阿斯，雅典想来可大喽，③斯巴达也如此。两者都［与你的殖民地］相距遥远，但对你而言，它在方方面面都很方便。

---

① 遴选官员的人若不谙熟这些官员们所要推行的法律精神，就没法恰切选择官员。显而易见，新的殖民者就无此种顾虑。必然有一个过渡期，培养那些熟悉新法的人。因此，柏拉图表示，相信共同体应该能选出自己的行政官。

② 法律维护者的一项主要职能是，让普通行政官"达到标准"。

③ 通过指出这项事业令雅典和斯巴达"丢脸"，雅典异乡人很可能是在暗示，这两个强大城邦的介入，将危及这个新城邦的独立自主，更别提与之和谐共处了。

这对其他创建者也［753b］一样，刚才关于你所说的话也同样适用于他们。

就用这来描述最公平的解决方式吧，考虑到我们目前的条件。在经过一定的时间之后，如果政制还维持着，选举他们的方法就这样吧：

参加选举行政官［b5］的资格应扩展到一切拥有重武器者，骑兵或步兵，以及曾参加过战争的人，只要他们有能力，年龄允许。①选举应在城邦［753c］视为最可敬的庙宇中进行。每个人都应该把一块小木片放到神坛上，②在上面写着候选人的名字，候选人的父名、部落名及其居住的地区名。紧接着，每个人都应以相同的方式写上自己的名字。［c5］然后，至少在三十天内，谁要是对哪个已写好的木片不满意，只要愿意都可以把它移开，③放到市场上去。这些木片如此评判是合适的，行政官应取出前三百个，并把它们展示给［753d］全城看；从这份名单中，城邦应以同样的方式再次选举，每个人取走他喜欢的任何人。在第二轮之后，他们应再次把受人喜欢的一百人的名字展示给每个人。在第三轮，谁愿意就应该从一只切开的牺牲间走过，［d5］从这一百个中取走他喜欢的。得票最多的三十七人在审查之后，应任命为官员。

那么，克莱尼阿斯和墨吉罗斯啊，在我们的城邦里，［753e］对于官员和他们的复查，④有谁会设立这一切东西呢？难道我们没有认识到，在诸城邦里必定要有这样的人，而诸城邦最初就这样紧密结

---

① 意即擢选的人必须是那些在职的人，只要年龄允许，这些人都在位。显然，其意图并非要在这些元老退休后剥夺他们的投票权。

② 普鲁塔克，《忒米斯托克勒斯传》，第17章，以及《伯里克勒斯传》，第32章，都涉及把票选置于神坛上的例子。因此，贿选即渎神。

③ 若有邦民对任一提名有异议，他就要公开提交给行政长官决定。驳回异议叫做 ἀποκριϑέντα［答复］。

④ "复查"（δοκιμασιῶν），指调查候选人是否完税，是否服兵役，是否拥有公民身份证明，以及是否孝敬父母。参759c，以及亚里士多德，《雅典政制》，XLV.3，LV.2。

合在一起？但那会是谁呢，在有任何行政官员之前？不管怎样，他
们［e5］必须有，他们不可能是没什么能力的人，而是可能有最大的
能力。因为，正如谚语所说，"开端是整个行为的一半"，至少，我们
大家都称赞各种情形下的高贵开端。事实上，在我看来，开端超过
［754a］一半，对于高贵的开端，还没有人给予足够的赞美。

克 你说得极其正确。

雅 那么，我们且不要故意毫无讨论地漏过这个问题，［a5］完
全未加澄清就撇开我们自己要处理它的方式。现在，就我而言，我根
本看不到处理它的方式，除非做一个在当前的处境中既必要又有用的
陈述。

克 那是什么？

雅 我认为，我们打算创立的这个城邦［a10］无"父"也无
"母"，除了正在创立的这个［754b］城邦外。我这样说并没有忽
视这个事实：许多殖民地过去和将来都会时常有别于对他们殖民的
人。但目前它就像一个小孩：即便将来有一天与父母有了差异，至
少在目前，在它还缺乏教育时，［b5］它珍爱父母，父母也珍爱它，
它不断逃离自己的家人，去寻找那些仅出于需要的同盟。我认为，
正是这些纽带，现在克诺索斯人［754c］照顾年轻的城邦，所以很
容易就会绑住它，年轻的城邦也会绑住克诺索斯。因此，我重复一
下方才说过的话——至少，第二次重复高贵之事并没有坏处：克诺
索斯人应参与监管这一切事情，从已来到［c5］这块殖民地的人当
中至少选出一百人，并挑选出他们能找到的最年老和最好的人。然
后，应该从克诺索斯人当中选出另外一百人。我认为，这些人应该
进入新城邦并一起监管：①行政官［754d］按照法律任职，并且在任
职之后接受审查。一旦完成这些事情，克诺索斯人应回到克诺索斯
居住，年轻的城邦应独自尽力谋求自身的安全和好运。

---

① 选举前和选举过程中，100名克诺索斯人和100名殖民者一起行动。殖民地行
政官员一安排妥当，该联盟即刻终结。

现在以及在其余所有时间里，当选的三十七人应让我们选来做这些事：[d5]首先，他们应成为法律维护者；其次，他们应作为书面记录的保管者，在这些记录中，每个人都向统治者写下自己的财产数量——除了最高等级每个人[754e]可留有四米纳①外，第二等级为三米纳，第三等级二米纳，第四等级一米纳。显而易见，除了这些和已登记的之外，倘若有人拥有其他东西，多出来的全部充公；此外，谁愿意都可以采取司法行动控告这个罪犯，[e5]他受的审判应既不高贵也不显赫，而是可耻的，要是他被判为了牟利而蔑视法律的话。因此，谁愿意就控告他可耻牟利吧，并把他带到法律维护者面前审讯。如果被告有过错，[755a]他就不可再享有公共财产，每当城邦作出某种分配时，除了他原有的份额外，他不可有份。此外，只要他还活着，他的罪行就得记录在案，谁愿意都可以看到。

法律维护者的任职不得超过[a5]二十年，选举的最低年龄要五十岁。如果某个人在六十岁当选，他的任期就只有十年，依此原则类推；如果有人[755b]活到七十岁开外，他就不应再指望还能留在这些行政官里，担任如此高的职务。

那么，这些就可认为是法律维护者的三种职责。②当法律进一步扩展时，[b5]每项法律都会详述现在已分配给这些人的责任。

此刻，我们会继续讨论其他行政官员的选拔。接下来，应该推选将军，以及在战争期间[755c]他们的助手之类——骑兵指挥官、部落指挥官，还有监督步兵族行军秩序的那些官员，他们适合用多数人叫他们的名字来称呼，即"连队指挥官"。

当然，关于将军，[c5]法律维护者要拟定一份来自这个城邦

---

① 一米纳是标准的希腊货币单位，一米纳相当于一百银质德拉克马。一米纳相当于多少现代货币，不好精确换算，但我们晓得，一米纳是一笔赎回战犯的合理赎金（亚里士多德，《尼各马可伦理学》1134b31），三十米纳就是一笔可观的嫁妆（吕西阿斯，《演说集》[Orations], xvi.10）。

② 这三种职责是：对法进行普遍监管；负责财产登记；组建一个审理过于富有的人的法庭。

本身的候选人名单，所有适龄时参加过战争或正准备参加的人，要从这些候选人中选出将军。如果有人认为，某个没被提名的人好过［755d］被提名的某人，就让他说出他要提名者的名字，以及他认为应该被取代者的名字，并让他在发誓之后提名相竞争的候选人。然后，这两人谁在举手投票中获胜，就应列入候选名单。获得举手投票最多的三个人应成为［d5］将军和战争事务的监管者——他们要像法律维护者那样经过复查后［才当选］。当选的将军要提名自己的十二个连队指挥官，［755e］每个部落一名连队指挥官；就［提名］连队指挥官而言，处理反对意见的程序同提名将军时一样，两者也同样要经过举手投票和复查。

目前，由于执行主席团［e5］和议事会尚未选举，法律维护者就要召集这个公共大会，①在一个尽可能神圣和宽敞的地方召开，并分开重甲步兵、骑兵，以及紧接着这些的第三部分，即整个后备军事力量。全部与会者用举手来选举将军和骑兵指挥官，但让那些［756a］盾牌兵来选举连队指挥官，而全体骑兵应该选出下属的部落指挥官。轻装部队、弓箭手或其他任何副手的指挥官，将军们应该自己任命。

我们还剩下骑兵指挥官的［a5］任命。就让提名将军的人也来提名骑兵指挥官，选举和处理反对意见的程序，跟选将军的情况一样，［756b］但骑兵应该来举手选举，而步兵观看，两个获举手投票最多的人应作为所有骑兵的指挥官。

举手投票有争议的，允许两次重计选票；如果有人质疑第三次［b5］举手的计算，就由那些在各个场合中负责计算举手的人来作出决定。

议事会应有三百六十个成员，因为三百六十是可用于再细分的合适数量。［756c］这个数量划分为四部分，每份九十，就会有从每个

---

① 除了在议事会或议事会成员的召集下，一般情况不召开公民大会，这个预设表明，柏拉图在此是以雅典人的身份为雅典人写作。此处放弃了戏剧性立场。

阶层选出的九十个议员。首次投票的人来自最高①阶层，要强迫所有人②投票，不服从的人必须支付规定的罚金。[c5] 当投票完成时，得票人的名字都得记录下来。然后，第二天根据前一天同样的程序，他们应给第二阶层的人投票。第三天，谁若愿意就都可以给第三阶层的人投票，但要强迫 [756d] 头三个阶层投票，凡属于第四个最低阶层的人，谁不想投票，都会得到宽恕，免于罚款。第四天，人人都要为第四个最低阶层的人投票，但第四 [d5] 和第三阶层的人，谁不想投票皆不用受罚，而属于第二和第一阶层的人，谁没投票就必须付罚金。就某个 [756e] 来自第二阶层的人而言，他要缴纳原初罚金的三倍，来自第一阶层的人要交四倍。第五天，行政官员们会把记录下来的人名展示给全体公民看，每个人都必须就这份名单进行投票或 [e5] 支付原初的罚金。每个阶层应 [先] 选出一百八十人，然后应抽签选出一半，经过复查后，这些人就成了当年的议员。③

这样的选举程序是采取君主制与民主制 [e10] 之间的折中，这是政制应始终力求的折中。[757a] 因为，奴隶和主人绝不会成为朋友，也不会和低类型的严肃绅士成为朋友，倘若他们在荣誉方面都平等的话。这两种情形都使政制充满内讧。平等的奖赏若分配给不平等的人，就会变得不平等，除非分配采取了恰当的标准。④ [a5] 古老的说法是真实的："平等产生友谊。"这个说法既非常正确又优雅。但

---

①　此处不是指阶层等级，而是指财产等级。我们必须译作"最高的"和"最低的"。雅典异乡人似乎未区分单复数，用来指相同的意思。

②　"所有的"（ἅπανις）与756e4的"每个人"（πάνις ἄνδρα）一样，显然指整个共同体，而不仅仅是战士，与行政官员选拔的情况一致（753b5）。

③　乍一看，意思似乎是在选举日从每个阶层中选出九十名议员。但到了第五天，亦即终选时，我们发现，从每个阶层中选出的议员可能超额，达到一百八十名。因此，首轮选举必须有 προβολή [提名]，就像753c描述的，首轮选举必须有一名 νομοφύλακες [法律维护者]，在那里，每人写下那个他欲投票的人的名字。

④　真正平等的处理方式是承认接受者的不平等。我们从744c2了解到，倘若有区别地赋予荣誉与权力，在二者的授予上就能做到真正平等。我们说一个人"配"或"不配"他的职位或工作时，就用了同样的隐喻。

具有这种效果的平等到底是什么呢？由于［757b］这一点并非十分清楚，我们遇到了重重麻烦。

因为，存在两种平等，名称相同，但在诸多方面，实际上几乎完全相反。每个城邦和每位立法者都有能力按照另一类平等来分配荣誉——这种平等存在于度量［b5］衡——并借助抽签在分配上应用它。但每个人要识别最真实的和最好的平等，并非那么容易。因为，这种平等乃是宙斯的裁断，它对人类的帮助始终只有一丁点；然而，它的每一点帮助确实给城邦和［757c］个人带来了所有好东西。通过给重要人物分配多些，给次要人物分配少些，这种平等依据人的自然本性给予每个人公正：这包括较高的荣誉始终归于那些德性上较高的人，对于那些［c5］在德性和教养①上正好相反的人，则恰如其分地按比例分配。或许，对我们而言，这永远是构成政治正义的东西。正是这一点，我们现在应该努力争取，也正是这种平等，我们应该指望，克莱尼阿斯啊，为了［757d］创建这个正在形成的城邦。如果有朝一日有人要创建另一个城邦，立法时应该着眼的正是这一点，而非少数人或一个人的僭政，或民众的某种统治权，而应始终着眼于正义。这就是刚刚说过的，［d5］在每种情形下，将自然的平等赋予不平等的人。

然而，必然性强迫每个城邦有时要模糊这两种平等的区分，如果要避免城邦的某些部分陷入［757e］内战的话。因为，公平和宽恕无论何时使用，始终会减损正确的正义的完美和精确性。由于多数人的不满，他们被迫使用抽签②的平等，但这样做时，他们应该祈求神明和好运，［e5］以矫正抽签，朝向最正义之物。因此，由于必然

---

① "德性和教养"也可能是一种重名法，即"有教养的德性"；一切教育的伟大目的都是德性。

② 将抽签引入政治机制中的原因有三：（1）因为不能过于相信人对品行和价值的判断（757b7）；（2）因为统治者和被统治者的脾性不可能一直承受所处位置的压力（757e4）；（3）因为这样一来，我们就援引了上天的指导（757e4以下）。三种原因中只明言了第二种原因，另两种是通过间接暗示。

性，两类［758a］平等都应当采用，但要尽可能少采用取决于机运的那类。出于这些原因，我的朋友们啊，一个要想保全的城邦被迫这样做。

现在，恰如一艘在大海上［a5］的航船，日日夜夜都必须随时监管，城邦也一样，一个城邦在其他城邦的浪涛中行驶，并居住在让形形色色的阴谋颠覆的危险中，它需要行政官从早到晚又从晚到［758b］早，连续不断地管制着，也需要护卫者轮番不断地警戒。但绝不可能一大帮人如此高度戒备。在大多数时间里，除了必需的少数议员外，［b5］其他都可以处理自己的私人事务，并照管自己的家庭事务。但是，通过将议事会划分为十二部分对应于十二个月，［758c］每部分就可以轮岗一个月，随时准备接见外邦人或本邦人，这些人想要提供信息或询问一些答复，要么作出一个城邦向其他城邦的合适答复，要么咨询一个城邦询问其他城邦时得到的［c5］合适答案。他们也会准备随时应对各种革新，在城邦的各个地方，总是不断发生革新。如有可能，［758d］他们会杜绝这些革新；但若无法杜绝，他们至少会留意让城邦尽可能了解它们，并能医治这号病。因此，城邦的这个指挥部分必须始终有权力召集和解散公共集会——那些按照法律定期举行的集会，以及城邦突然［d5］通知下来的集会。议事会的十二部分之一要负责安排这一切事情，而在一年的十一个月中休息；在保持整个城邦守护这些事务上，议事会的这部分随时要与其他官员合作。

［d10］这样，城邦的事务就会以合宜的方式［758e］安排。但在领土所有其他部分，应有什么监督和秩序呢？既然整个城邦和整片土地已分成十二部分，岂不应该指派某些监督者来［监督］城邦本身的街道、房屋、建筑物、①港口、［e5］市场和水源，以及圣所、庙宇和

---

① 房屋（*oἰκήσεων*）指私宅，建筑物（*oἰκοδομιῶν*）指公共建筑。毫无疑问，未经城邦官员批准，私宅不能随意选择建址或风格。在《政治学》卷六1321b19，亚里士多德也提到这一点。

所有诸如此类的东西？

克 还能怎样呢？

雅 ［759a］对于庙宇，我们要说，应该有庙祝和男女祭司。对于道路和建筑物，以及这些地方周围秩序的维持——以防止人们行不义，并让城邦［a5］和郊区里的其余牲畜行为方式适合城邦——必须选举三类官员：其一可称之为"城邦管理员"，负责刚才提到的事务；其二是"市场管理员"，维持市场的秩序；然后，如果有世袭祭司职位的［759b］男女祭司，他们就不应改变，但如果没有设立祭司或只有几个——这类事情在最初聚居在一起的人当中有可能出现——那就应该设立男女祭司，作为诸神先前还未有的一些庙祝。

所有这些官员的选出，有些［b5］应通过选举，有些则用抽签。①为了友谊，在每片土地和城邦里，我们应该混合属于平民的个人与不属于平民的个人。因此，这个地方便会尽可能秉有相同的思想。

有关男祭司的事情应该转交给神本身，这样就会产生令神［759c］喜悦的东西。男祭司的选择应交托给抽签的神圣机运，附加条件是，中签的人每次都应接受复查：首先确保他是健全的，并具有合法出身，其次是确保他来自尽可能纯洁的家庭②——他和他父母的生活都没有受到杀人犯的任何玷污，［c5］也没有以诸如此类的方式冒犯神灵的其他罪行。他们应该从德尔斐神庙获得一切管理神圣事务的礼法，并确立礼法的解释者，［759d］以解释如何运用它们。每位祭司只应任职一年，根据神圣礼法，任何低于六十岁的人都不应视为有资格为我们主持神圣事务。这些礼俗同样适用于女祭司。

［d5］关于［神谕］解释者：每四个部落共选举三次，每次应选出四个，每个都应来自他们那里；［每次］三个得票最多的应接受

---

① 从这句话可以得出，抽签要么是选拔祭司的主要方式，要么是唯一方式。

② "家庭"原文为 οἰκήσεων，本义为房屋、住所，在《斐多》58b，该词指城邦。《法义》947d提到男女祭司净化葬礼。因此，此处祭司父方或母方家族的住宅，都被认为可能受污染。

复查；然后，九个人应送到德尔斐神庙，从每个三人组中各选出一个。[①]他们的复查［759e］和年龄限制应同祭司们一样。这些解释者要终身担任，当一个人去世时，缺员的那四个部落将选举出替代者。

负责各个庙宇的神圣基金的司库，以及［e5］负责圣所及其收成和岁入的司库，都应选自［760a］最高财产等级——选出三个人负责最大的庙宇，两个人负责较小的庙宇，一个人负责最雅致小巧的庙宇。这些官员的选举和复查，像选将军的情形一样。那么，就让这些作为神圣事务的［a5］安排吧。

在我们力所能及的范围内，没有哪种东西不应受到保护。城邦有这些护卫者：监管的将军、连队指挥官、骑兵指挥官、部落指挥官和［760b］执行主席团，以及城邦管理员和市场管理员——一旦我们恰当地选举并任命了他们。所有其余的土地应这样来保护：

由于我们的全部领土已尽可能平等地划分为十二部分，那就让各个部落［b5］每年凭抽签分配到一部分。每个部落应提供五位"田地管理员"或"守备官"，他们有十二个，全都是选自各部落的［760c］年轻人，皆在二十五至三十岁之间。[②]这些分队应该凭抽签分到各部分土地，每部分一个月。这样，所有人都会对整片领土变得有经验和认识。［c5］对于护卫者和官员，官职和护卫职务的任期都是两年。从最初抽签分到的那部分土地开始，守备官应总是每个月带领他们

---

① 礼法的解释者的选举方案模糊费解，虽然看上去一目了然。这让人想起德尔斐神谕也需要一位解释者。没有评注者注意到雅典异乡人的反讽或机智。

② 此处以及760e和762e，雅典异乡人未挑明田地管理者的数目。这里的原文要么指"每5人小组，各挑选12名年轻人"，要么指"5人中的每人，都挑选12人"。在前一种情况中，每组会有17人（5位长官加上12名年轻人），共204人（60位长官加144人）；这种情况似乎可以从"17"这个数字得到印证（761e），但难与"每组60人"达成一致（761d）。在后一种情形中，每组将有65人（5位长官加60人），共780人（60位长官加720人）；从数字上看，这种解释似乎不可能，因为一个城邦仅有5040户人，除非年轻女子与年轻男子分担相同的义务，并且每个年轻人都效力。通常，读者应考虑所提到的数字的意义，尤其因为这些数字与12、7，以及17相关（参见《苏格拉底的申辩》33d–34e，以及迈蒙尼德，《迷途指津》，卷一，第7章和第17章）。

［760d］从右边绕一圈进入下一个区域：从右边意味着朝向曙光。当一年的巡回完成时，他们应着手下一年的巡回，以便让尽可能多的护卫者在每季度对土地有［d5］经验，并尽可能不仅了解土地，而且了解每个地区在各季节中发生的事情。然后，领导者应带领他们往回巡视，往左［760e］不断进入不同的区域，直到他们完成第二年的巡回。在第三年，应选出其他的田地管理员或守备官，五组人管理十二组人。

在他们履职期间，应像这样照看每个［e5］区域。首先，为了尽可能好地防御敌人侵犯土地，他们会在有需要的任何地方开沟、筑壕，尽其所能修防御工事，以抵制那些试图以各种方式为害土地和所有物的人。在各个地区执行这些任务时，他们可利用［761a］驮载的牲口和本邦的仆人，^①使用前者并监管后者，但他们应尽量在牲口和仆人不用于家庭任务时征用。他们应该部署得处处让敌人难以进入，但人、驮载的牲口和畜群这些朋友［a5］应尽可能容易进入，这要靠确保每条路尽量平坦。为了防止宙斯赐予的水为害土地，^②而要使土地受益，当水从［761b］高处流到像山中溪谷之类的低洼处时，他们可以用防御工事和沟渠防止溢流，从而接纳并吸收宙斯的降水，并由此为较低的田地和其他所有地区提供［b5］溪流和源泉。这样，他们将给最干旱的地区供应充足的水量和好水。他们应该以更合宜的方式，用灌木和建筑物美化［761c］河流口或泉水口，并用导管收集溪水，以确保有充足的供水。如果有任何圣地或圣所位于附近，他们就应该在每一季节用水来美化，将溪流引向诸神的［c5］庙宇。在这些地方的每一处，年轻人自己应该保持体育训练，老年人也一样，还要为老人提供热澡堂，晒干的木材也要维持［761d］充足的供应。因此，那些疾病缠身者和那些身体因务农的辛劳而精疲力竭者，就会由

---

① 这些仆人不是奴隶。关于二者的区别，参见下文763a。
② 雨水将分流浇灌作物，并由人工开挖的沟渠引入蓄水池。"宙斯赐予的水"是希腊人的一种习惯表达。

衷欢迎他们。无疑，这些［设施］受到的欢迎确实要好过某个不太聪明的医生。这些和类似的所有活动都将美化和有益于［d5］这些地区，同时也提供一种根本不乏优雅的娱乐。

在这些事务上，他们①的严肃职责应如下述。每个六十人分队应保卫自己的区域，不仅要防范敌人，而且要防范冒充朋友的人。如果一个奴隶或自由民［761e］对邻居或任何别的公民行不义，他们就应作为声称遭受不义的人的法官。对于小事件，这五位官员本身应出席审判；对于较大的事件——某个人声称另一个人的损害多达三米纳——他们就应该和十二人一起出席，十七人应作为法官。

［e5］不过，要是没有经受过审查，任何法官或行政官都不可出席审判，行使他的统治职务；唯一的例外是那些拥有终审权的准君王的法官。尤其是，倘若这些田地管理员在某方面傲慢对待他们监管的人——倘若他们征收不平等的税额，［762a］未经许可就试图拿走和带走某些农作物，接受贿赂给的东西，分配不公正的惩罚②——那么，由于他们易受马屁精的影响，就应该让他们在整个城邦里变得臭名昭著。［a5］同时，由于他们对区内的人犯下了其他各种不义，要是索赔的损失少于一米纳，他们就应自愿服从村民和邻居陪审团的审判。要是对任何情形下的不义行为索赔的损失更多，或者，［762b］即便损失较少，但被告不愿服从——因为他们相信，借助每月总要让他们离开这个区域的轮值，他们会逃脱起诉——那么，在这些事件上，行不义的一方就应遭到普通法庭的起诉。如果原告赢了，就让他向这个［b5］要逃跑和不愿主动接受惩罚的人索取双倍赔偿。

在两年任职期间，这些官员和田地管理员的生活方式如下。首先，在每个［762c］地区都会有公共食堂，人人都应在那儿共餐。若有人哪天不在公共食堂，或者，有人某晚在别的地方睡觉，而没有官员要求他这样做，或因受迫于临到他头上的某种可怕的必然性，同

---

① 田地管理员和守备官。

② 这种降级可能会涉及取消行政官员的资格。他们的名字会从名单上抹去。

时，若五个人决定处理这种过失，[c5]并把他的名字张贴到市场上，当作一个擅离职守者，那么，他就该拥有坏名声，因为他背叛了他参与的政制。此外，他碰到的任何人谁愿意惩罚他，揍他一顿，[762d]皆不会为此受处罚。若官员中有谁做了这种事情，他就必须受全部60人查证；若其中一人察觉并获悉这种失职却没有起诉，那他就同样要受适用于[d5]年轻人的法律惩罚——那只会更严厉。他会丧失一切资格担任属于年轻人的任何官职。法律维护者应密切注视这些事情，防止他获得这类官职，或者，如果他获得[762e]一个官职，务必使他得到应受的惩罚。

其实，每个男子汉必须认识到，没有人会成为值得称赞的主人，除非他曾是一名奴隶，还要认识到，人们应该更留意用高贵地受奴役来美化自己，而非用高贵地统治。首要的奴役[e5]是受法律奴役，因为这其实是受诸神奴役；接下来是年轻人始终受他们的长辈奴役，也受那些过着可敬生活的人奴役。

其次，田地管理员任职两年之后，应该会对日常的粗茶淡饭和生食感到津津有味。因为，一旦选出[e10]十二人组，并将他们与五人组组合起来，他们就必须认定，[763a]既然他们自身像是城邦内的仆人，他们就不会有自己的家仆和奴隶；他们使唤其他农夫和村民的仆人，不会是为了私人[a5]事务而只会为了公务。此外，无论寒暑，他们都应带着重武器巡视整片领土，以便始终保卫[763b]并了解所有地区。很可能，他们从事的学习，没有什么比这一种更重要了：让他们所有人都确切了解本邦的领土。正是出于这个原因，年轻人应该携犬参加打猎和其他狩猎活动，[b5]这些活动给每个人带来的其他快乐和好处一样多。因此，这些人本身及其生活方式，可称为秘密服务者或田地管理员，或喜欢怎么叫都行。[763c]无论叫什么，这就是每个男子汉的服务，谁打算充分保卫自己的城邦，都应该带着强大的热情尽其所能去效劳。

在我们选举行政官的次序上，接下来应选举市场管理员和城邦管理员。紧跟着[c5]六十位田地管理员，会有三位城邦管理员，他们会将城邦的十二部分划分成三组。他们应效仿其他人，照管城邦的道路以及从各个地方的乡村延伸到城邦的大道，并照管建筑物，[763d]注意［它们］是否全都依法建造和维护。①他们也应该照管水源，务必使护卫者护送并转交给他们保护好的水，②［使其］以充足的量纯净地流到水池，从而美化并有益于城邦。

这些人也应该[d5]有能力③和闲暇去照管公共事务。因此，对于城邦管理员，每个人都可提名来自最高阶层的自愿者。然后，[763e]他们应通过举手来投票，并确定出六个得票最多的人。那些负责抽签的人，应凭抽签从六个中选出三个；这三个人通过复查后，就可以依据分配给他们的法律行统治了。

接下来是市场管理员的产生，这五人应从第二[e5]和第一阶层选出；在其他方面，选举的程序应与选举城邦管理员一样。被提名者凭举手投票缩减到十人后，凭抽签选出五人；这五人通过复查后，就可宣布为行政官。

人人都必须参与举手投票，这适用于每个官职。[764a]谁不愿意这样做，若有人向行政官员告发，就应罚款五十德拉克马，他还会得到坏人的名声。谁愿意都可以参加公民大会和公共会议，但应强迫第二和第一阶层参加。[a5]如果他们有谁缺席大会，就要罚款十德拉克马。第三和第四阶层不会被强迫参加，除非某种必然性强迫行政官宣布人人都必须参加，否则这些阶层的某一员缺席，[764b]不会招致任何惩罚。

至于市场管理员，他们应按法律的指导维护市场秩序，并照管邻

---

① 这意味着不能仍由城邦随便选择建址。

② 城外水域的水质和管理由田地管理员和护卫者负责，城内的将由城邦管理员负责。

③ 柏拉图《普罗塔戈拉》351a1以下指出，一个人要变得有能力（Δυνατούς）部分得通过教育；身处最高阶层更容易受必要的教育，得享"闲暇"。此外，这些人"也"（καί）应该有能力，意味着守卫官将从最高阶层中出现。《法义》卷八849a–850a，卷九881c和917b–918a再度提及对公共场所秩序的维持。

近市场的庙宇和水池，注意不让任何人行不义。他们应惩罚每个行不义者——如果他是［b5］奴隶或异乡人，就抽打并囚禁起来；但如果他是一个本地居民，扰乱了这些事情，市场管理员本身就应该行使审判的权威，对其处以一百德拉克马以下的罚金。对于罚金在这两倍以上的，他们应与［764c］城邦管理员一同审判并处罚不义的罪犯。就让城邦管理员在自己职务的权力范围内采用相同的罚款和惩罚：罚金不到一米纳的，让他们自行施以处罚；罚金达到这个数额两倍的，让他们和市场管理员一起判决。

［c5］下一步适合设立音乐和体育训练的行政官。每一类官员应有两组人：有些负责教育，有些负责竞赛。在"教育"方面，法律指定的是这些官员，他们负责照看体育馆和学校，［764d］并安排其秩序和教育，还有男女青年按居住地①上学。在"竞赛"方面，法律指定的是颁奖给体育比赛和音乐比赛的竞赛者的那些人。这些人也应该分成两组：［d5］有些管音乐，其他管竞赛。在竞赛中，无论人还是马②之间的比赛，都可以用相同的裁判。但在音乐方面，恰当的做法是，有些人颁奖给独唱和模仿——如［764e］史诗朗诵者、基塔拉琴伴唱者、簧管手和所有这类人，他们应不同于颁奖给合唱的那些人。

首先我认为，应该选出行政官员来评判儿童、男子和年轻女子的合唱队比赛，［e5］这些合唱队包含了舞蹈，还有音乐整个有序的安排。对于这些事情，一名行政官就够了，［765a］他不应低于四十岁。而对于独唱，一名不低于三十岁的行政官也足矣，他将扮演指挥者的角色，并给参赛者们作出恰当的裁判。主持并安排合唱队的行政官［a5］应该用下述方式选出。那些致力于这些事务的人应去参加公

---

① "居住地"的原文为 οἰκήσεων 不，也有"寓所"义，但与 φοιτήσεών［上学］合用表明，οἰκήσεων 应为"居住地"之意，指教育官员应按居住地为学童分配学校——换言之，他们应该懂得，应让每个孩子去离家最近的学校就读，并且每家每户附近都要有学校。

② 马是唯一能与人分享体育竞赛荣誉的动物，因为只有马分享了战士的纪律和危险，参普鲁塔克，Symp. Probl. ii. 5, 639F.

共会议。倘若他们不去，就应受惩罚：法律维护者会判决这一点。对于其他人，则不强求参加这类会议，要是他们不愿意去的话。[765b]选举人应提名那些有经验的人，在复查时，对于应该存在的赞成和不赞成的说法，唯一的问题在于，赢得抽签的人有无经验。获得举手投票最多的十人之一应通过抽签选出，在经受复查之后，[b5]依法掌管合唱队一年。用相同的程序，并以相同的方式，在交由其他裁决者决定赢得抽签的人合适与否之后，就让赢得抽签者在那一年统管[765c]那些参加独唱比赛和簧管伴唱的人。

接着，颁奖给马和人的体育竞赛的那些人，应该选自第三和第二阶层。①头三个阶层必须[c5]去参加选举，但最低阶层可以不去参加而不用受惩罚。从举手选出的二十人中，应抽签选出三人，从赢得抽签的二十人中又选出三人，他们在获得复查人的批准票之后就职。

如果[765d]在官职的任命或考核中，有人无法通过复查，那就用相同的程序和相同的复查，选出其他替代者。

对于我们提到的那些事务，还有另一种官职是，[d5]全体男男女女的教育主管。对于这些人，依法应有一个官员，此人不得低于五十岁，是有合法子女的父亲——可能的话，有儿有女，但不可能的话，要有其中之一。被评为[765e]优秀的人，以及如此评判他的人必须谨记，迄今为止，这个官职在城邦最高的官职中最为重大。因为，万物在开始发芽成长时，得到高贵的引导在促成适合其天性的德性完善上具有[e5]至关重要的影响。这也适用于其他正在成长的东西，以及驯养的和野生的[766a]动物，还有人。我们认为，人类是驯养的；然而，虽然人一撞到正确的教育和幸运的天性，通常会变成最神圣和最温顺的动物，可一旦人的教养不恰当或不高贵，人就是大

---

① 音乐评论家和文学评论家可能隶属任何财产阶层，甚至是最高阶层。如今，音乐评论家和文学评论家多来自两个中间阶层，而马或运动员的最佳裁判要么隶属最富阶层，要么隶属最穷阶层。

地生长出来的最野蛮之物。[a5]因此，立法者不许让儿童的教养成为次要的或附带的事情，由于将要监管儿童的人应先以良好的方式选出来，立法者应该尽力确保，他配备来引导儿童的监管者[766b]在方方面面都是城邦中最好的人。所以，除了议事会和执行主席团外，所有行政官都得去阿波罗神庙，在那里举行秘密投票，从法律维护者当中选出那个人，大家都认为，[b5]他会最高贵地统管教育事务。谁得票最多，就要受选举他的其他行政官员复查，法律维护者不用插手。他应任职五年，第六年应按[766c]同样的方式选出另一个人任此官职。

若有人还在担任公职时去世，而且剩下的任期不止三十天，那就应该依据相同的程序并由与这一职责相称的一些人，指派[c5]另一个人任此官职。若孤儿的一个监护人过世，那么，正好在家的合适个人——父母双方的亲戚，乃至堂兄妹的孩子——必须在十天内指定[766d]另一个监护人，或一天交纳一德拉克马的罚金，直到他们为孩子指定好监护人。

那么，每个城邦要是没有恰当地建立正义法庭，无疑就不再成其为城邦。此外，在裁决的过程中，要是我们的法官无法陈述，①[d5]要是他能说的不过是对方当事人在初审时的说法，那他对何者正义就绝不会作出恰切的判断。因此，法官无论多数还是少数，他们若没有才能，就不容易裁决得好。②[法官们]始终必须弄清[766e]每一方的争端，不计时间，可以慢慢地频繁审问，以澄清争端。为了实现这一点，当事人首先应来到邻居们面前，[e5]邻居是他们的朋友，最有可能了解[767a]争端的事由。如果有人无法根据这些得出恰切的判断，就让他去另一个法庭。然后还有第三个法庭，第三法庭必须结

---

①　柏拉图暗示，一名真正的法官应能够洞见作为法令基础的正义原则，不能像纯粹的调解员一样，满足于仅依法律条文赞成或反对。

②　这有两个原因：（1）一大堆法官不可能都给出合理的判断。这必然是投票赞成还是反对的问题；（2）优秀智识人必然是少数。法官席必须既少又精。

束这个司法论争，如果其他两个法庭无法解决的话。

［a5］在某种意义上，法庭的设立便是行政官的选举。因为，每个行政官必然是某些事物的法官，尽管法官并非统治者，但在他作出判决、结束司法审判的那一天，法官在某种意义上就是统治者——而不是微不足道的统治者。由于将［767b］法官视作统治者，我们且来说说，谁会是合适的法官，他们应该审判什么事务，在每一种听证会上，他们应该有多少人来主持。

通过选择共同的法官而使当事人聚集在一起的法庭，应该最具权威性。出于两个原因，［b5］应该送交其他法庭：要么是因为，一个人控告另一个人对他行不义，并把他送上法庭以期给予裁决；要么是因为，有人认为某个公民对公众［767c］行了不义而想捍卫共同体。同时必须说说，法官应该有多少，他们又是谁。

因此，首先我们应该有一个普通法庭，它用于一切私人当事者，他们彼此将进行第三次争辩。这种法庭应该像这样来组成。在夏至后［c5］那个月开始新一年任期的前一天，所有官员的任期持续一年，那些任期超过的，应该集合在某个庙宇中。［767d］可以说，在向神起誓之后，他们应该向神献上一名选自各类官员的法官，即在每个行政职务中看起来最好的人，此人还承诺在来年给同胞们呈报最好和最虔诚的判决。那些已当选的人，［d5］应该在选举当中接受复查；他们要是有人没通过复查，应该按相同的程序选另一位取代此人。那些通过复查的人，将出席审判所有逃过其他法庭的人，并公开进行投票。选举这些法官的［767e］议员和其他行政官员，应被迫参加和观看这个法庭的诉讼过程，其他凡愿意的人也可参加。如果有人控告一名法官自愿施加不公正的判决，他就应该去法律维护者那里提出控告。［e5］任何人若犯有施加这种判决的罪，就必须支付受害人蒙受的一半损失。如果犯罪的法官看起来应施以更严厉的惩罚，那么，处理那个案件的法官们应决定，他该遭受什么额外的惩罚或赔多少给共同体和将他交付审判^①的人。

至于侵犯公众的罪，首先必要的是，［768a］大多数人都有参与判决的份。因为，当某人对城邦行不义而使人人遭受不义时，如果他们没有参与这类审判的份，他们就可合法地抱怨。不过，虽然这一审判的初始和［a5］定论应当交给民众，但调查应由3位最高的行政官负责，他们是经被告和原告的同意选出来的。倘若他们不能同意，那么，议事会应该在他们各自的候选人之间作出［768b］决定。

甚至在私人诉讼中，人人尽可能参与也有必要。因为，凡是不享有审判权的人，都认为自己根本不是城邦本身的参与者。因此也应该有部落的法庭，［b5］那里的法官凭抽签选出，出现在各个场合中，他们不会为了响应特殊的请求而作出走样的判决。但是，所有这些事件的最终判决属于另一个法庭，我们认为，这另一个法庭如此设计，是为了尽力不让它败坏。［768c］在邻里组成的法庭或部落法庭中，那些无法调和分歧的人，必须向这另一个法庭上诉。

现在，关于我们的法庭——我们认为，无论它们是否为统治机构，均不可能轻易探讨，而没有产生任何［c5］困难——一种外在的框架已经出现，某些东西几乎略去了。因为，倘若关于司法事务的法律的精确制定和描述详尽地呈现在临近立法的结尾处的话，这将会最为正确。那么，我们就［768d］等到结尾再来谈这些主题吧。另一方面，关于其他统治职位的就职的大多数立法，差不多完成了。当然，完成并精确描述城邦的各种安排和一般的政治术，还无法［d5］得到阐明，直到这一说明从开头延伸到下一个东西，然后进入中部，从而通过它本身的各个部分，最后得出结论。不过，目前达到的地方，［768e］即行政官员的选举，可作为先前讨论的恰当总结，法律的制定可以开始了，不用再有其他任何犹豫或耽搁。

---

① 在这里，我们回到了767b6首次提到的法庭，对违抗城邦行为的审判。庭审时，民众扮演重要角色。不过，在审理城邦民之间的私人讼案的审判法庭上，只通过抽签选出部分民众出庭，在政治案件中，我们所说的陪审团即全体民众（δῆμος）——所有公民的公共大会。

克 到现在为止，你所说的东西我都完全同意，异乡人啊。[e5] 而你刚刚所说的——连接将要说的起点和说过的话的终点——比起这些东西就更令人兴奋了。

雅 [769a] 那么，我们老年人的明智游戏，迄今都以高贵的方式玩着啰。

克 很可能，你提出的东西对于男子汉来说是高贵的和真正的追求。

雅 很有可能。但让我们看看，以下在你看来是否如我所 [a5] 见。

克 你的意思是什么，这又涉及谁?

雅 你知不知道，例如，画家的工作为何看起来从未完成每一个人物的描摹，而是不断润色或彰显——抑或画家的门徒怎么称呼 [769b] 这类活动都可以? 似乎美化永无休止，因此永远达不到这一地步: 在美观和清晰上，画作无需进一步改善。

克 我也很了解你正在谈论的这些东西，据耳闻得知——[b5] 因为，至少在这种技艺上，我从未实践过。

雅 那对你无妨。在我们目前的讨论中，我们提及偶然出现的这一点，还会像这样来理解: 假如 [769c] 有人曾突然想到要画一幅尽可能最美的画，这幅画将永远不会变坏，但始终要随着时间的推移而改进。你岂不明白，由于他是会死的凡人，他得留下一个接班人，要是图画 [c5] 在时间的流逝中产生某种损坏，这个接班人就能够修正它，并在将来加以润色，改进他自己的艺术缺陷所留下的不足? 否则，他的巨大辛劳岂不是昙花一现?

克 确实如此。

雅 [769d] 那好，难道你不认为立法者怀有这样的目的? 他最初尽其所能写下的法律具有充分的精确性。然后随着时间的推移，他的各种意见付诸实践，你是否认为，有哪位 [d5] 立法者竟愚蠢到不知道一个事实: 他必定已留下许许多多的事情，需要某个接班人来修正，倘若他创立的城邦的 [769e] 政制和秩序始终要不变坏而是变好的话？

克 还会怎样呢？很可能人人都指望这样的事。

雅 ［e5］这样，如果有人拥有某种设计方式，靠行动或言辞教会另一个人或多或少理解应当如何维护并修订法律，那么在他实现自己的目的之前，他会放弃解释这样的事情吗？

克 ［770a］他怎么会呢？

雅 那现在，在目前的处境中，这不正是我和你俩应该做的事情吗？

克 你到底是什么意思？

雅 ［a5］我们打算立法，我们也已选出法律维护者。由于我们处在暮年，而他们相对我们还年轻，如我们所言，我们不应该只由自己来制定法律，而应该同时尽力让这些人变成立法者和法律维护者。

克 ［770b］怎么不呢？倘若我们能做得到的话。

雅 但最少应当满怀热情地试一试。

克 确实，怎么不应该？

雅 那就让我们对他们这样说吧：

"亲爱的法律拯救者啊，［b5］在我们已制定法律的每一件事务上，我们会遗漏许多东西。这无从避免。不过，除了在细枝末节上，整体上我们将竭尽全力不让轮廓大纲看起来没完成。你们的任务将是帮助完善这个大纲。［770c］现在，你们必须听着，你们在执行这个任务时应该看哪里。这里的墨吉罗斯，还有我和克莱尼阿斯，彼此已常常谈到这些事情，而且我们都同意，这些说法讲得高贵。我们希望，你们作为我们的学生，［c5］也会同意和留心，这样，你们就会注意到我们一致同意的事情，法律维护者和立法者也应该留意。

"简言之，这一同意的实质在于：［770d］一名共同体的成员，无论他的自然本性是男是女，是老是少，都要以各种方式成为好人，拥有适合于一个人的灵魂德性——无论这是源于某种实践，还是源于某种习性，或某种所有物，或欲望、意见或［d5］某个时候学到的某些东西——朝向我们所说的这一点［成为好人］，整个一生都锲而不舍、孜孜不倦。对其他任何有碍于成为好人的东西，谁都不应显得更敬重，[770e]最终就连城邦也不能这样做，否则必会毁掉城邦，人们要么自愿忍受让坏人统治的奴隶之轭，要么离弃城邦远走高飞。这一切艰难都必须忍受，[e5]而不允许政制改变本质，让人变得更糟。

"这些是我们在先前讨论中所同意的事情，现在，当你们检审我们的法律时，你们必须留意我们的这一双重目标。[771a]你们应该谴责那些无法实现这些目标的人，但那些能够实现的人，你们应该欢迎并欣然接受他们，在他们的统治下生活。至于旨在其他东西的其他追求——那些东西属于据说的好东西——你们必须跟它们告别喽。"

[a5]现在，我们法律的下一部分应该以此开始，即着手神圣的事务：首先，我们应该再次考虑5040这个数字，以及它曾有的[771b]和现有的诸多便利的划分，既作为一个整体又在它部落的细分中——我们规定每个部落是整体的十二分之一，每部分划分二十一次自然刚好是二十。①我们的数字作为整体可分成十二份，②包含在每个部落中的数量也可分作十二份。每[b5]部分必须理解为一个神圣的存在，是神的一份礼物，符合[一年的]月数和整体的循环。这就是为何每个城邦自然地走向神圣化这些划分，尽管有些人可能已作出更为正确的分配，并且在作出这个神圣的划分时比其他人更幸运。[771c]现在，就我们而言，我们认为，要挑选的最正确数量是5040，它的除数是1到12中除11以外的所有数字，对此有一个非常简单的补救办法：如果[c5]搁置两个家庭，这个数量就会再次成为整体。③它们若有闲暇要显示这些事情何以为真，也不需要长篇大论。但在眼下，让我们相信目前的神谕[771d]和论

---

①　简言之，$5040 \div 12 = 420$，$420 = 21 \times 20$。同样，十二个部族中的每一个都有420户人。参见《法义》卷五，746d–e。

②　这样一来，十二块土地的每一块均与十二诸神中的一位神有关（771d）。

③　5038（相当于5040减2）和418（相当于5040除以12，再减2），以及33（相当于420除以12，再减2），都是11的倍数。"相反地"，数字变成"整数"，是通过加上9，得出一个能被17整除的整数。

述，进行这一划分，给每部分庄严地分配一位神或神子以及祭坛和相应的配备。我们且让献祭的队伍每个月去两个祭坛，[一年]有十二次去部落分到的祭坛，十二次去[d5]城邦分到的祭坛。我们应该这样做，首先是为了取悦诸神和与诸神有关的东西，其次我们会说，是为了让我们彼此亲近和熟识，也[771e]是为了各种各样的交往。

因为，确实，关于那些成婚者的共同体和结合，有必要消除对新娘的民族、新娘本身及其父母的无知。必须尽自己的力量去做一切可能的事，以防止在这类事情上[e5]犯任何错误。为实现这种严肃的目标，必须设计一种游戏，由男孩和女孩的合唱舞蹈组成，[772a]在这里，以一种合理的方式并在每个具有合适借口的场合，他们可以相互观察。两性都应该裸着身子，每个人都保持在适度的羞耻感的限度内。这一切事务的监督者和管理者，[a5]应当是掌管合唱队并为其立法的人；他们与法律维护者合作，就能安排好我们遗漏的任何事情。

因为无从避免的是，正如我们所说，就所有这类事情而言，[772b]立法者将遗漏众多细枝末节。那些年复一年从实践中学习的人，不断获得有关这些细节的经验，他们必须每年做好安排并进行修正，直到这些常规和习俗取得一个看起来令人满意的[b5]界定。十年的献祭和跳舞，将是一个合适的和足够长的时期，可用来获得方方面面的经验。如果立法者仍在世，他们可以跟他共同[772c]分担这个任务，但如果立法者去世了，每个行政官员就应该提请法律维护者们注意在他们自己的权限范围内需要纠正的任何漏洞，并不断这样做，直到每部分看起来以高贵的方式得到完善。此后，规则不应改变，并且[c5]要将它们附在立法者一开始就为他们制定的其余法律上。他们绝不可自动改变任何一条规则。但如果某种必然性看起来会压倒他们，他们就必须请教所有[772d]行政官、全体民众和神谕。倘若所有这些都得到一致同意，那就可以作出改变，否则，绝不应以任何方式改变，法律应始终判反对改变的人获胜。

[d5]因此，无论在哪里，任何人年满二十五岁时，要是注意过他人并让他人注意过，而且相信他已找到中意之人，且那人适合共同生儿育女，[772e]那就让他结婚吧。人人都得在三十五岁之前这样做。然而，首先，关于他应该如何寻找合适与和谐伴侣的说法，就让他来听听吧。因为，恰如克莱尼阿斯所言，有必要给每项法律加上自己的序曲。

克　[e5]你以一种极好的方式提醒了我们，异乡人啊，因为在我看来，你选的是论述中恰切的和特别合宜的时机。

雅　说得好。"我的孩子，"让我们这样称呼出身于好父母[773a]的人，"结婚这类事情，应该交托给有好声誉的明智者，他们会告诫你不要避开穷苦父母的孩子，也不要特意追求富家子弟，不过，其他条件同等的话，他们总会告诫你娶荣誉上低于你的[a5]配偶。因为，这会有利于城邦，也有利于正要结合的家庭。在涉及德性时，平衡的和相称的婚姻截然不同于任性的婚姻。一个了解自己[773b]在所有事务上过于急切和草率的人，应该渴求同一个有序的家庭联姻，而自然性情相反的人，应该与相反类型的家庭联姻。①一般说来，要有一个婚姻的[b5]神话：在每个婚姻中，必须追求的不是令自己最快乐的东西，而是有利于城邦的东西。依据自然，人人总是以某种方式受最类似于自己的人吸引，因此，在财富[773c]和性格倾向上，整个城邦均会失衡。我们希望自己能避免的这些后果，在大多数城邦里都很普遍。"

通过论证，法律规定，富人不可与富人结婚，有能力[c5]做许多事情的人不可与自己相似的人结婚，法律还强迫那些性急的人与较为冷静的人联姻，较冷静的人与性急的人联姻——这除了可笑外，还会激起多数人的血气。因为，不容易理解的是，一个城邦[773d]应混合起来，正如饮酒人的调酒缸：酒倒入时，会因疯狂而涌动，但在其他清醒之神的抑制下，酒构成了一种高贵的组合，产生出好的和适

---

① 对参《治邦者》309a—310e。

度的饮料。可以说，没有人能认识到，这也［d5］适用于生儿育女的结合。因此，有必要在法律中略去这些事情，而尽力使用迷人的歌曲说服他们相信，每个人应该更看重他们子女的相似性，而非看重［773e］一味追求金钱的婚姻中的平等。凡是专注于靠婚姻牟利的人，人们也必须用谴责加以劝阻，但不应该运用成文法的强力。

［e5］那么，就用说过的这些话来勉励婚姻吧，此外还应加上刚才所说的这些话：人们必须分有永恒的自然生成，这靠的是不断留下子孙后代，［774a］留下侍奉神明的继承人。因此，有人会说出这一切，还有更多关于婚姻、关于何以有必要结婚的话，要是这个人以正确方式给出了序曲。

尽管如此，倘若有人自愿不服从，使自己疏远而非参与城邦，并［a5］在三十五岁时还保持未婚状态，那就让他每年都支付罚款。他若属于最高财产等级就交一百德拉克马，若属第二等级就交七十德拉克马，若属第三等级就交六十德拉克马，若属第四等级就交三十德拉克马。这笔罚款就献给赫拉①［774b］吧。谁没有按年付款，就得支付十倍的罚款。［赫拉］女神的司库②将负责收罚金。倘若司库没有这样做，他自己就负有支付罚金的责任，每个司库在查账时都必须对这样的事情予以说明。那么，就金钱而言，这些就是每个不愿结婚的人［b5］必须支付的罚款。此外，就让他得不到年轻人给予的每种荣誉，并让年轻人都不愿意关注他。倘若他举起手来责打某人，人人都应该帮助和保护那个［774c］受不公对待的人，若某个旁观者没有来帮助，就让法律称他为懦夫和坏公民。

彩礼的话题已经讨论过，但要重申的是，没有理由说，由于缺乏钱财，穷人直到年老［c5］还未能娶妻或送女儿出嫁。因为，在这个城邦里，人人都应拥有必需品。这样，妻子就比较不肆心，丈夫也较

---

① 宙斯之妻赫拉，跟阿尔忒弥斯或艾蕾图伊娅（Eileithuia）一起，是婚姻的保护神，同时掌管生育。

② 这是一个掌管宗教事务的官员（卷六，759e—760a）。

少会因钱财而处于卑微的［774d］和低下的奴役状态。①

服从者可算做了一件高贵的事。不服从者而送出或收到彩礼的价值超过五十德拉克马或一米纳，或一个半米纳，或二米纳给［d5］最高财产等级的某个人，他就必须向公众交纳超出的部分，并把送出或收到的总数献给赫拉和宙斯。这两位神的司库应处理好［774e］这类事情，正如提到过的赫拉的司库每次都应处理好那些有关不结婚者的事情，如果他们没有这样做，每个人就得自掏腰包交纳罚金。

订婚权首先应属于父亲，其次［e5］属于祖父，第三属于同父的诸兄弟。倘若这些人一个也没有，那订婚权就应归于母方同一顺序的亲属。若发生某种异常的不幸，那么，在每种情形下，订婚权就应归于最亲近的亲属和监护人。

至于婚前的仪式，或婚前、［775a］结婚时和婚后适宜举行的其他任何神圣的典礼，一个人应询问解释者，并服从他们所说的一切，人人都可以认为，他以合宜的方式做了一切。

至于婚宴，每一方邀请的［a5］男女朋友都应少于五位，每方来的家人和亲属的数量也与此相似。［婚宴的］开支绝不应超过自己的财产——对最有钱的阶层是一米纳，接下来的阶层不超过半米纳，依次［775b］类推，每个财产等级按比例减少。人人都应称赞守法者，而法律维护者应惩罚这类违法者：他是庸俗的且在掌管婚姻的缪斯的法律②上没有教养。

除了［b5］在酒神的节日上，在其他场合，喝到烂醉如泥可能都不适宜，这种行为也不安全，尤其是对严肃对待结婚的人。在这个时候，审慎特别适合［775c］新娘和新郎，因为他们正在经历生命中不小的转折。同时为了孩子的出生，需要确保的是，在受孕时父母都尽

---

① 在传统上，彩礼是妻子的财产，如果夫妻离婚或妻子去世且无子嗣，嫁妆将归还女方家属。故而，损失一笔钱财对丈夫而言仍然是一项潜在的威胁。

② 这里再次出现了 νόμων 一词的文字游戏：文中的这句话也可指"掌管婚姻的缪斯的歌曲"。

可能始终保持清醒。因为，很难说是在晚上还是白天，他们在神的帮助下会怀上孩子。此外，不应该［c5］在身体醉醺醺的状态下怀孩子。在母亲体内成长的胎儿应该结实、稳定和平静，但喝醉的人跟跟跄跄、［775d］摇摇晃晃，身体和灵魂都发了狂。因此，醉汉是一个笨拙的和坏的播种者，在这个时间孕育的后代，很可能不正常、不值得信赖，在性格或身体上也根本不正直。由此，在一整年中，并且在整个一生里，［d5］尤其是在孕育孩子时，人们应该尽力小心翼翼，避免去做任何自愿带来疾病的事情，或含有肆心或不义的事情。否则，人们必然会把这些影响印在胎儿的灵魂和身体上，生出［775e］各方面都很低等的孩子。人们尤其必须在结婚的当天和当夜避免这些事情。因为，在人类当中建立的开端有如神明，乃是万物的拯救者——如果她从每个运用她的人那里得到恰当荣誉的话。①

［e5］考虑到两个分配的住宅有一个要作为生育和抚养小孩的窝，［776a］新郎必须离开父母，去那里结婚，成立新家，并成为自己和孩子的养育者。因为，就受爱慕而言，一定的思慕巩固并凝聚了［a5］各种性情的人，而过度的接触，没有产生思慕的时间，会使人们因厌腻而渐渐疏远。因此，他们应该离开父母和妻子的家庭，成立自己的家，就像［776b］去了境外的殖民者，他们只有在探访时才见到父母，或者在家中接待作为来访者的父母，他们在家中生育和抚养孩子，如同将生命的火把一代一代传下去，并始终侍奉法定的诸神。

［b5］接着来谈财产问题：如果一个人的所有物要最和谐，他拥有的应是什么类型的呢？有许多东西并不难理解或获得。但说到家奴，就有各式各样的［776c］困难。原因在于，我们谈论他们的方式从某个角度讲并不正确，而在某种意义上又正确。因为，我们关于奴隶的言辞有时与我们使用奴隶的方式相抵触，而在其他时候，我们的言辞符合我们使用奴隶的方式。

墨　我们正在说的这一点又是什么呢？我们确实不理解［c5］你

---

① 开端的重要性参753e，765e，以及《理想国》377a–b。女神或指赫拉。

现在指出的东西，异乡人啊。

雅　那毫不奇怪，墨吉罗斯啊。因为，几乎在所有希腊人那里，拉刻岱蒙人的农奴制引发了最大的困惑和纷争——有些人认为它好，另一些人认为它不好。关于赫拉克勒亚人［776d］奴役马里安提诺人，还有，关于帖撒利亚的农奴①民族，就少有纷争。但是，考虑到这些和所有这类制度，对家奴所有制我们应当做些什么呢？你相当合理地问，我在进行论证时碰巧作出的评论所表明的［d5］意思究竟是什么，那就是：或许我们知道，大家都会说，人们应该拥有尽可能性情好和良善的奴隶。其实，有许多奴隶，在各种德性上优于他们主人的兄弟和儿子，他们拯救过主子的［776e］生命、财产及其全家。我们想必知道这些有关奴隶的说法。

墨　毫无疑问。

雅　但也有相反的说法——奴隶的灵魂怎会有哪一个是健全的呢，［e5］凡有理智的人们怎该信任他们的任何种族呢？事实上，我们最聪明的诗人在提到宙斯时就如此宣称过。［777a］"一半的理智，"他说，

> 雷声远震的宙斯从人们那里
> 取走，要是他有朝一日沦为奴隶。②

每个人都在这些思考方式中选择。有些人决定，他们将不信任

----

①　"农奴"是拉科尼亚（Laconia）和墨色涅原住民的后代，斯巴达人使其降为农奴身份。与原住民相似的农奴阶层在赫拉克勒亚（Heraclea，位于黑海南岸）和帖撒利亚也存在。在这几个地方，暴乱时有发生。雅典异乡人客气地未提及克里特的农奴阶层（"米诺亚人"［Minoans］或墨诺斯人［Mnoans］）——他们中没有或鲜见暴乱。参见斯特拉博，《地理志》，XII.iii.4；亚里士多德，《政治学》1269a34以下，1272a1–4。

②　参《奥德赛》17.322–223，奴隶欧迈奥斯（Eumaeus）对奥德修斯所说的话。雅典异乡人将原文的"德性"换成了"理智"（nous）。为了弥补这一改动的韵律，雅典异乡人还用了另一个意为"取走"的动词。最后，雅典异乡人用了复数形式的"人们"，替换原文的单数形式。

属于家奴种族的任何人，对待他们时，就好像他们具有野兽的本性，［a5］这些人用刺棒和鞭子使家奴的灵魂沦为三倍的和远远超过三倍的奴役状态。此外，别人的做法却完全相反。

墨　无疑。

克　［777b］那么，考虑到这些不同的政策，异乡人啊，在我们的土地上，关于奴隶的拥有和惩罚，我们又该做什么呢？

雅　怎么啦，克莱尼阿斯？显然，人这种动物是［b5］一种棘手的所有物；因为，人是顽梗的，即便奴隶、自由民与主人在行为上有无从避免的区别，可是显然人根本不愿意受管制，［777c］或变得易于管制。因为，以下实际上已时常证明多少邪恶会产生——美塞尼人频繁发生叛乱，拥有许多操同一语言的家奴的诸城邦，还有在所谓［c5］意大利周围的海盗手中遭受的抢劫和其他不幸。鉴于这一切，一个人会发现，关于在所有这类事情上应该做什么，自己茫然无措。事实上，仅存留着两种策略：更易于充当奴隶的［777d］会是这些人，他们没有同胞，语言上也尽可能不一致；其次，人们应该庄重地对待奴役，应正确地训练他们，这不仅是为了奴隶，而且更是为了我们自己。训练这种处境中的人要避免某种肆心，可能的话，对家奴的伤害［d5］要少于对同等人的伤害。一个人在与自己可以很容易不公对待的人打交道时这样做，就清楚显示出他自然地而非做作地崇敬正义，并确实憎恨不义。在对待奴隶的性情和行为上，未受不虔敬［777e］或不义之举玷污的人就完全有能力播下德性的自然之种。对一名主人、僭主，以及对弱于自己者施行任何一种绝对统治的人，同样可以这样说，如此说是正确的。当然，有必要［e5］以恰当的方式惩罚奴隶，不应仅靠斥责而宠坏他们，就好像他们是自由民。还有，在对家奴讲话时，人们应该几乎总是在［778a］使用直接的命令。人们绝不应以任何方式同家奴开玩笑，不管他们是女是男，十分轻率地喜欢和奴隶玩闹的多数人宠坏了他们。因此，对于那些被治者以及行统治的人自身，生活都［a5］变得更困难。

克　说得正确。

雅 那么，当所做的各种努力提供了大量家奴，又在各方面将其训练充分以协助行动时，在言辞中，接下来岂不应是［a10］建房计划？

克 当然。

雅 ［778b］很可能，在这个新的、迄今还无人居住的城邦里，可以说，必须监管建造各种东西的方式——包括庙宇和城墙。这些事情先于婚姻，克莱尼阿斯啊。［b5］不过，既然现在这件事出现在言辞中，如果眼下按此顺序进行，那也没关系。当它在实际中出现时，我们可以将这些事情放在婚姻前，如果神愿意的话，而且在谈论过所有建筑细节后，［778c］最终可完成婚姻方面的事务。目前，就让我们对它们进行简要的概述吧。

克 务必。

雅 庙宇应该建造在市场［c5］周围，并环绕着城邦四周的最高地建造——既为了防御，又为了洁净。紧挨着庙宇的是行政机关和法院的建筑。因此，在最神圣的土地上将受理案件并执行审判，这不仅反映了［778d］包含在案件中的虔敬问题，而且反映了这些建筑属于此类神明的事实。法庭也会造在相同的建筑里，在法庭中，适合听审谋杀案和涉及死刑的一切不义指控。

至于城墙嘛，墨吉罗斯，就我而言，我会赞同斯巴达，［d5］让城墙躺在大地上沉睡，不用建造它们。理由是这些。关于城墙，人们歌唱的一位诗人的好说法是，城墙应该用铜铁［778e］①而非泥土铸造。此外，我们的如下计划会招致应有的许多嘲笑：年复一年地派遣年轻人去乡村挖战壕、开沟渠并造某些建筑来阻挠［e5］敌人，好像它们将会让敌人不越过边境——倘若我们还砌起一座墙，那么，从健康的角度看，这座墙首先根本不会有益于城邦，此外，通常会给住在城里的人的灵魂注入某种软弱的习惯。城墙［779a］诱使人们躲到它里面去避难，而不去抵抗敌人，并使他们认为，自己不必始终日夜保

---

① "铜铁"指战士的盾牌。

持警惕以获得安全，而认为在加固的城墙和城门背后睡觉就可拥有获得真正 [a5] 安全的方法。他们认为自己生来不是为了劳作，也不知道安逸实际上源于劳作。我认为，事实上，由于可耻的安逸和精神软弱，辛劳会自然地再现。

不过，倘若某座城墙是人类 [779b] 所必需的，那么，一开始就应当通过建造私人房屋创建出来，以使整个城邦成为一座城墙，并让所有的房屋都平整划一，面向街道以提供好的防御。整个城邦显得像一栋房屋，[b5] 它看起来不会令人不快，就易于防卫和提供安全而言，它会在整体上对各方面起作用。

恰切的是，按照原计划维护建筑的责任主要归于居住者，[779c] 但城邦管理员应当进行监督，运用惩罚强迫任何粗心大意者。他们应注意使城邦中的一切保持洁净，也应该确保任何私人在建房或开沟时，不以任何方式侵占属于城邦的 [c5] 东西。这些官员同样要注意，来自宙斯的水要有好的排水系统，也应该监管城内城外的任何水设施都合适。法律维护者应注意到这一切事情，[779d] 并在有需要时制定另外的法律——这同样适用于其他任何可能因难办而遗漏的法律。

既然这些建筑物，还有市场的建筑物、体育馆的建筑物，以及所有学校的建筑物，全都为那些会常去那里的人准备好了，既然剧场也为观众 [d5] 准备好了，那么，按照立法的顺序，就让我们进行讨论随婚姻而来的事情吧。

克 务必。

雅 那就让我们假定婚礼办过了，克莱尼阿斯啊。此后，在孩子出生之前，经历的时间 [779e] 长度不少于一年。这段时间里，在这个迥异于多数城邦的城邦里，新郎新娘应当追求什么样的生活方式，乃是刚刚讨论过的那些事情之后的话题。但要谈这件事极其不容易。事实上，虽然这类事情已有不少，[e5] 但比起这一切事情来，这一件更不会让大多数人接受。然而，凡是看起来正确和真实的事情，都应该全盘道出，克莱尼阿斯啊。

克　务必。

雅　［780a］谁打算为城邦颁布法律并规定人们在公共的和共同的活动中应如何做，却又认为他不必给私人事务施加一定的强制，反倒认为每个人皆可以随心所欲地过自己的日常生活，一切事情都没有［a5］必要规定——谁让私人事务不受法律管理，并认为人们会自愿接受让法律管理的公共和共同事务，谁这样想就不正确。

为什么谈这些事情呢？理由如下：我们将会宣称，新郎必须［780b］参与公餐，与结婚前并无不同，次数也不减少。这一制度起初引入你们的领土时——由于人口稀少造成重大困难，某场可能的战争或其他具有同等力量的某个事件为该制度［b5］立了法——曾令人惊讶，不过，一旦你们尝试过并被迫使用了公餐，你们就会认为，［780c］这一习俗对安全作出了巨大贡献。由此，你们那里设立了公餐习俗。

克　确有可能。

雅　我说过，设立的这个习俗曾是一种令人惊讶的东西，［c5］对某些人则是一种令人恐惧的东西，现在我不再这样认为，它也不再给负责为该俗立法的人造成同样的困难。但有另一个习俗源于该习俗，如果它依自然产生，那便是正确的。因为，如今它在各个地方都不存在，立法者影响甚微，并发现自己处于他们在笑话中讲述的处境：他把羊毛扔进火里梳理，并做了其他无数诸如此类的徒劳努力。但［780d］这一习俗不是件容易谈论的事情，我们也讨论过，它并不易于实施。

克　是什么使你看起来如此犹豫，异乡人啊，当你试图解释该习俗的时候？

雅　为防止在它上面浪费大量的讨论，［d5］你们会听到。在城邦中，分有秩序和法律的一切东西全都具有好的影响，而大多数缺乏秩序或混乱无序的东西，则削弱了其他井然有序的东西。这一原则完全适用于正在讨论的话题。因为，在你们的民人那里，克莱尼阿斯和墨吉罗斯啊，出于［780e］某种神圣的必然性，而以一种好的和我所说的令人惊讶的方式为人们设立了公餐。但妇女事务［781a］以全然不正确的方式未予法律上的规定，对她们而言，公餐这一习俗从未昭然。由于其弱点，我们人类当中天然更神秘和工于心计的那一类，即妇女，因立法者［a5］未能坚决［立法管束］而不正确地处于无序之中。由于这一忽视，你们那里有许多事情难以控制，它们本可以比现在做得更好，倘若它们曾用法律来管理的话。当人们忽视了妇女［781b］事务的无序，产生的影响并不像有人会认为的仅仅是一半。事实上，就妇女的天性而言，在德性上乃低于男人，因此造成的损害会达到两倍多。所以，如果修改并纠正这一点，如果［b5］规定一切习俗都应让女人和男人共享，就会更有益于城邦的幸福。

就目前情况而言，人类在这一方面根本不走运，以至于在其他地方和城邦中，官方根本不接受城邦中的公餐习俗，甚至某个理智的人也［781c］不可能提起它。那么，有人试图在行为上强迫妇女在可以被清楚看到的地方公开吃喝，又如何不受嘲笑呢？没有什么事情比这［c5］更难以让妇女忍受了，因为，妇女习惯于幽静的和居家的生活方式；①妇女会用各种方法抵制强迫她们抛头露面，也会证明比立法者［781d］优越得多。因此，在其他任何地方，正如我所说的，妇女们不会容忍［这一］正确论述的表达而不尖叫不已，但在这里她们也许会容忍。倘若这一习俗看起来对展开有关整个政制的讨论并非不幸——总之，为了论述——我乐意表明它何以［d5］既好又合适，如果你们两同意听的话。但如果不同意，就让我们放一边吧。

克　可是，异乡人啊，我俩都十分惊奇地和完全同意倾听！

雅　且让我们来听听吧。但不用吃惊，要是在你们看来，［781e］我又重头讨论了这个话题。毕竟，我们有闲暇，没有什么压力阻止我们彻底地探究法律的方方面面。

克　你说得正确。

———————

① 在大多数古希腊城邦中，体面富裕的妇女被限制在家庭中（《理想国》579b），排除在文化、政治和战争的公共事务之外。

雅 ［e5］让我们重新回到讨论过的首要事情。每个人至少应当很好地了解这类事情：要么人的产生［782a］绝对无始无终，而是始终存在着并将永远存在着，无论从哪方面来看；要么，从时间产生起，就已流逝了无限的时光。

克 那当然。

雅 ［a5］这个呢？难道我们不认为，大地的各个部分以各种方式创建并毁灭过诸城邦，以及各种有序和无序的习俗，还有对液体和固体食物的各种欲望？同时，我们岂不认为，存在过各种类型的气候变化，在其中，动物可能经历了［782b］许许多多的转变？

克 怎能不这样呢？

雅 这个呢？或许我们相信，酒出现在某个时候，以前不曾存在过？橄榄树，还有德墨忒尔^①［b5］和科勒的礼物岂不也一样？岂不是某个特里普托勒摩斯带来了这样的东西？在这些东西不存在期间，难道我们不认为，动物相互为食，就像它们现在所做的那样？

克 那当然。

雅 ［782c］事实上，我们看到，即便在今天，许多人那里仍保留着用人相互献祭的习俗。我们听说过其他人那里恰好有相反的习俗：曾有过一个时期，我们不敢吃牛肉，献祭给诸神的也不是动物，而是在蜂蜜里浸过的［c5］麦片和水果，以及其他这样的神圣祭品。他们避开了肉，因为，吃肉或用血玷污诸神的祭坛是不虔敬的。我们那时候的人，过的是所谓"俄耳甫斯式的"生活：我们吃的一切东西都没有灵魂，而避开了相反的东西，［782d］即有灵魂的一切东西。

克 你所描述的确实是人们所说的，可以使人信服。

---

① 德墨忒尔是奥林波斯的地母神，谷物与富饶女神。德墨忒尔有一个非常重要的秘密崇拜仪式——厄琉西斯秘仪，据说由厄琉西斯国王特里普托勒摩斯（Triptolemus）创立。科勒是德墨忒尔的女儿，她有两个名字：作为科勒（Kore）时，她与母亲一道掌管着幼苗，作为斐尔塞佛涅（Persephone）时，她是其兄长普路托（德墨忒尔与伊阿西翁［Iasion］之子）的妻子，与之共同掌管冥府。她每年冬季跟普鲁托在一起，以谷物和其他农作物回报人类。

雅 "但是,"有人会问,"为了什么目的,你们现在［d5］说出这一切呢?"

克 你那样假设是正确的,异乡人啊。

雅 那么,现在若可以的话,我将尽力解释接下来的事情,克莱尼阿斯。

克 继续说吧。

雅 ［d10］我注意到,对人而言,一切东西都取决于三重需要或欲望。倘若他们受到它们的正确引导,就会产生德性,［782e］但他们若受到坏的引导,结果就相反。对于这些,吃的需要和喝的需要是人一出生就出现的。就这一切而言,每个动物都有一种自然的爱欲,充满狂热,如果有人告诉它应当做的那些事情不能［e5］满足与这一切东西有关的快乐和欲望,它就会拒绝听从,并总是避免与这些东西相关的所有痛苦。我们第三个［783a］也是最重要的需要或爱欲催促得最猛烈,也来得最晚,它使人带着彻底的疯狂燃烧起来:最恣肆的火焰在于繁殖后代。需要的是让这三种疾病转向［a5］最好的东西,并转离所谓最快乐的东西,尝试用三个最大的障碍物抑制它们——恐惧、法律和真正的理性。当然,这些必须用缪斯和主持竞赛的诸神来强化,［783b］以抑制这些疾病的生长和蔓延。

我们且将孩子的生育放在婚姻的主题之后,生育以后,就是抚养和教育。也许,如果这样进行讨论,我们有关公餐的每项法律［b5］随后就能完成,因此,当我们来到社交的场合并参与其中,我们就能够仔细观察它们,或许还能发现应该也让妇女共享它们,还是只应该让男人参与。这些公餐的预备迄今还未立［783c］法,但随后我们将制定并建立起来。到那时,正如刚刚所说的,我们会更明白地看清公餐,并制定合适它们的恰当法律。

克 ［c5］你所说的极其正确。

雅 让我们在记忆中留住方才说过的话,因为,也许我们某个时候会需要这一切。

克 哪些是你要我们特别记住的?

雅 我们用三个词语区分的东西。我们［c10］说过食物，难道我们没有吗，其次是饮料，第三是某种心旌［783d］摇荡的性兴奋。

克 毫无疑问，异乡人啊，我们将记住你现在吩咐我们的一切事情。

雅 很好。那么，让我们转向新婚夫妇，教导［d5］他们应该如何并以什么方式生儿育女；倘若我们无法说服他们，那我们就用某些法律来威胁他们。

克 如何呢？

雅 新娘以及新郎必须考虑，他们要怎样尽其所能给城邦提供最高贵和最好的［783e］孩子。共同参与任何行动的所有人，倘若他们理智地反思自身和行为本身，一切事情就能完成得高贵和好；但如果他们没有运用自己的理智去做，或者，如果他们缺乏理智，他们的做法就截然相反。因此，新郎应该理智地［e5］对待新娘和生儿育女，新娘同样应该这样做——尤其是在他们尚未［784a］有孩子期间。为了监督他们，要有一些我们选出来的妇女，数量的多少和任命的时间将留给统治者来确定。每天，她们在厄勒图亚神庙聚会的时间多达三分［a5］之一的白天，在聚会时，她们将相互报告她们可能已注意到的情形：任何参与生育孩子的男人或女人专注的事情，并非在婚礼和［784b］神圣的仪式上给他们安排的事情。

若胎儿的律动强有力，就让父母生育孩子并监管他们10年，但不能再长。若某些人在这段时期之后仍无子，那么，在向家人和［b5］女官员咨询了有益于双方的期限后，就让他们离婚。在什么期限适合并有益于双方上，若出现了某种争执，他们就应该选择10位［784c］法律维护者，将事务交给他们处理，并服从他们的统治。

女官员应该进入年轻人的家庭，用劝诫和威胁阻止他们做任何坏事或蠢事。如果女官员无法阻止他们，就去向［c5］法律维护者报告，后者将阻止他们。但如果法律维护者也无法做到，就让他们将其公之于众，把事件记录下来，并发誓说，他们已无法［784d］改造某某人。在法庭上没能反驳原告的被记录者，必须以这样的方式遭羞辱：他不能参加婚礼或孩子出生后的感恩仪式，倘若他要参加，谁愿意谁就可以惩罚他、打他而不用受罚。妻子［d5］也适用相同的惯例：若她的不端被人记录下来，而且她在法庭上败诉，那她就不能参加妇女的游行和礼仪，也不能参与［784e］婚礼和孩子出生时的庆祝。

当他们依法生完孩子后，如果丈夫与另一个妇女有这类关系，或者，如果妻子与另一个男人有这类关系，而且，如果其他卷入者仍处于生育孩子的年龄，他们就必须遭受为那些仍在生孩子的人描述过的相同［e5］惩罚。但生过孩子后，在所有这些方面行为节制的男人或女人，都应该被授予完全的好名声；行为方式相反的人应该以相反的方式尊敬——确切地说是羞辱。如果大多数人［785a］在这些方面过着合宜的生活，这个话题就可略过不提，不用立法。但如果他们行为不端，那就依据那时会制定的法律，这样实行立法。

头一年是每个人一生的开端，每个男孩和女孩都应该在祖庙里［a5］写下："他或她的生命始于……"在每个氏族粉白的墙上，紧挨着这写下的应是名年统治者①的数量。在旁边，依然［785b］活着的氏族成员的名字应该写下来。离开人世的那些人的名字应该擦去。

女孩应该在十六岁至二十岁——这是最高的年龄限制——之间结婚，男孩在三十岁至［b5］三十五岁之间。妇女四十岁可以担任公职，男人三十岁。男人从二十岁到六十岁要服兵役。在各种兵役中，看来应该使用妇女，在她生过孩子后并在她五十岁之前，将安排每个人去做可能的且适合她的事情。

---

① 在氏族历法中，年份由在此期间担任特定职务者的名字确定。

卷 七

　　雅　[788a] 既然男孩女孩都已出生，或许对我们而言，最正确的程序将是转而讨论他们的培养和教育。要避而不谈这一点完全不可能；但我们就此提出某种教诲和告诫而非法律，[a5] 看起来会更合理。因为，有许多琐碎的事情，大家都看不到，它们发生在私人身上和家中，源于 [788b] 每个人的痛苦、快乐和欲望，它们有悖于立法者的忠告，容易让公民们的性情变得多样和不相似。这有害于城邦。因为，尽管用法律惩罚 [b5] 这些琐碎而频繁的行为不合适也不体面，但它们仍会败坏成文法，使人习惯于用不起眼的方式频繁违背法律。[788c] 因此，虽然关于这些事情的立法存在困惑，但不可能闭口不谈。

　　不过，通过适当揭露一些例子，我应尽力澄清我正在说的东西；迄今为止所说的相当隐晦。

　　克　[c5] 你所言极是。

　　雅　一种在各方面都正确的培养，必须显得有力量使身体和灵魂变得最美和最好，这样说兴许正确。

　　克　那当然。

　　雅　[788d] 倘若他们要有最优美的身体，我认为，最普通的要求是，孩子从最年幼时起，就要以尽可能笔直的姿势成长。

　　克　千真万确。

　　雅　这个呢？我们的理解岂不是这样：每种动物 [d5] 起初的生长包含了最为重大和最可观的成长，因此，多数人会坚决认为，在五岁之后的二十年中，人形成的体型根本不可能是头五年形成的体型的两倍？

克 确实如此。

雅 ［d10］这个呢？我们岂不意识到，没有许多合宜的锻炼而
［789a］出现的巨大生长，在身体中产生了无数邪恶？

克 确实是这样。

雅 因此，当身体获得最多的滋养时，［a5］需要最多的锻炼。

克 怎么回事呢，异乡人？我们打算给新生儿和最年幼者分配最
多的锻炼吗？

雅 根本不是，是要给那些更幼小者，那些母体里的发育者。

克 ［a10］你在说什么呢，最好的人？你指的是胎儿吗？

雅 ［789b］是的。你俩不知道那段生命时间里的体操术，并不
令人吃惊；虽然这是件奇怪的事，但我愿意向你们解释。

克 务必。

雅 ［b5］我的民人能更好地理解这类事情，因为，在我们那里，
某些人游戏玩过了头。我们有些人——不仅男孩子，还有一些年长
的人——养雏鸟①并让它们互斗。那些为此目的养动物的人根本没想
到，［789c］当这些动物受刺激在体育竞赛中互斗时，它们获得了充
分的锻炼。除了这些锻炼外，他们每个人的腋下都携着鸟儿，小的在
手里，大的在臂弯，［c5］他们还继续走了许多斯塔迪昂，这不是为
了自己身体的健康，而是为了这些幼崽的健康。通过这样的练习，他
们向任何有能力理解的人表明，［789d］一切身体都受益于各种摇摆
和运动产生的生气勃勃的②激荡，不管身体是由自身移动，还是在摇
荡的器具上，或是在海上，或骑在马上或其他任何躯［d5］体上。这
些运动使身体消化滋养它们的食物和饮料，并使身体能给我们提供健

---

① 很可能说的是鹌鹑或公鸡，雅典人是这种游戏的外行。柏拉图在别处也这样
揭露或嘲笑这些雅典人，参《阿尔喀比亚德》120a–b，《欧蒂德谟》290d，《希琵阿斯
前篇》295c–d，以及《吕西斯》211e。

② "生气勃勃的"（ἄκοπα）是医学术语，可能借用自希珀克拉底（Hippocrates）。
对比《斐德若》227a，《蒂迈欧》89a。

康、美丽和其他类型的力量。

倘若事情就是这样，我们会说，我们下一步应当做什么呢？你们想不想［789e］让我们不管嘲笑而继续前行，并制定这样的法律：孕妇必须散步，孩子出生后，只要还柔嫩，她就必须像蜡一样塑造孩子，两岁前用襁褓包裹？我们要不要用法律的惩罚强迫保姆，不断带孩子去［e5］田野或庙宇，或去串亲戚，直到婴儿有能力站立，而且即使那时也要非常小心，以免仍年幼的孩子因负重过大而四肢扭曲？①保姆应坚持这样带满三年吗？保姆应尽可能强壮，［790a］且不止一个吗？我们该不该制定一套与这些法律的每一种相配的成文惩罚，运用于那些没有带孩子出去的人？

或者，这会不切实际吗？毕竟，这会产生许许多多刚才提及的问题。

克　那是什么？

雅　［a5］我们会招人大笑，此外，女人气的和有奴隶般性情②的保姆会不愿服从。

克　可是，我们为何还声称，这些原则应当公布呢？

雅　原因是这样：城邦中有主人和自由民［790b］性情的人或许可以听到［这些原则］，③要是这样的话，他们就会获得正确的理解：城邦里的私人家庭若没有得到正确管理，人们就别妄想认为，公共事务会建立在坚实的法律基础上。一旦有人理解这些事情，他自己就会［b5］采用刚刚提到的法律，并运用它们使自己的家庭和城邦良好地运转，他也会变得幸福。

克　你所说的很有可能。

———————————

①　关于人体在青年时期及老年时期的营养，对比《蒂迈欧》77c–81d。在《法义》卷二，雅典异乡人也强调了始于孩童时期的初级教育的重要性（652b–653b）。

②　关于女人的性情，参见780a；关于奴隶的性情，参见777b和778a。

③　尽管不可能说服奶妈，但她们的主人更开明，在听到这一建议时，会认识到其中的智慧，并领会这对共同体有多重要。好邦民会意识到，不可能从管理混乱的千家万户中建立一座井井有条的城邦。

雅 为此，我们不应该丢下这样的立法，［790c］直到我们描述完哪些追求适合于非常幼小的孩童的灵魂，我们采取的方式要像一开始讨论身体所提到的神话那样。

克 完全正确。

雅 让我们将这作为一种运用于［c5］身体和灵魂的基本原则：在非常幼小的时候，照看和运动应该尽可能持续不断，日夜进行。因为，这有益于每个人安定，而非仅仅有益于最幼小者，若有可能的话，就像始终在航船上。［790d］实际上，就新生婴儿这种造物而言，需要的是尽可能接近这一状态。

这一原则的依据可在如下事实中找到：照料小孩的妇女和作为科吕班忒斯女神①的祭司履行治疗秘仪的妇女已采用这一原则，并从经验认识到这一原则［d5］是有用的。因为，母亲们想让不安宁的孩子入睡时，她们不是给予安静，而是恰恰相反——给予运动；她们在臂弯里不断［790e］摇动孩子，不是伴以沉默，而是某些乐调。这就像是母亲用吹簧管迷住孩子，甚至像为疯狂的酒神狂饮者所做的那样。母亲们实施的这种治疗，构成了舞蹈和音乐的运动。

克 ［e5］我们应认为什么是这些东西的首要原因呢，异乡人？

雅 这并不太难理解。

克 为什么？

雅 在这两种情形下，体验到的激情或许都是恐惧，而恐惧源于灵魂的某种坏习惯。当有人［791a］将外部的摇摆运动带给这类激情时，这种外部产生的运动就制服了恐惧和内部的疯狂运动，而且，由于制服了恐惧，它就使出现在灵魂中的平静安宁取代了［a5］每种情形下心灵的狂躁不安。这具有完全值得向往的结果。一方面，它使孩子们入睡；另一方面，在每个人献祭的诸神的帮助下，人人都得到了

---

① 科吕班忒斯女神（Κορυβάντων）是一些精灵，掌管并参与克里特和雅典等地举行的狂欢秘仪。柏拉图此处的暗示（对比《斐德若》228b，234d，《伊翁》533d以下），表明科吕班忒斯仪式与狄俄尼索斯（巴克科斯）相关的狂欢秘仪有关，但我们掌握的少量证据并未清楚明示科吕班忒斯主要与哪位神或哪些神有关。

好征兆，这个过程激起了舞蹈，用簧管乐影响了舞者，由此用明智的习惯［791b］代替了我们疯狂的性情。对于这个简短的讨论，这些说法至少传达了一种可信的解释。

克　确实如此。

雅　那么，如果这些做法的确由此具有某种这样的力量，［b5］这些人的影响也会使人如此理解：每个从童年起就与恐惧为伴的灵魂，尤其可能会习惯于感受恐惧；或许，人人都会宣称，这是在训练懦弱而非勇敢。

克　还会怎样呢？

雅　［b10］我们也会说，相反，从幼年时起，勇敢的［791c］练习就在于战胜降临到我们身上的恐惧和害怕。

克　对。

雅　那么，关于这一部分灵魂的德性，就让［c5］我们说，在小孩那里运用体育运动对我们大有裨益。

克　当然。

雅　此外，灵魂中有没有坏脾气，在决定是产生灵魂的坚毅①还是灵魂的软弱上，会是个［c10］不小的因素。

克　怎不会这样呢？

雅　［791d］那么，以什么方式，我们可以从一开始就给婴儿自然地灌输这些性情中我们想要的一种呢？我们应当设法解释，人们如何并在什么程度上会成功地掌控这一点。

克　我们怎不会这样做呢？

雅　［d5］我认为，这是我们接受的信条：奢侈使年轻人的性情变得易怒、暴躁，并容易受鸡毛蒜皮的事情撩动；相反，极端、野蛮的奴役，使他们变得卑下、粗鄙和厌世，从而让他们不适合与其他人一起生活。

---

① “灵魂的坚毅”（εὐψυχίας）一词主要指“勇敢”，但其字面意思是“好的灵魂”。对比830e。

克 ［791e］那么，城邦作为一个整体应当如何养育这些人呢，他们还无法谈论或参与其他的教育？

雅 大体如下。或许，每只新生的动物从诞生的那一刻起［e5］就习惯于叫喊，这并不仅限于人类。确实，人类比其他动物更好哭和闹。

克 的确如此。

雅 事实上，当保姆拿东西来看看孩子想要什么时，［792a］她们正是根据这些标志来判断。一旦她们发现孩子拿到某样东西时就沉静下来，她们就会认为自己拿这样东西来是对的，相反，一旦孩子又哭又闹，她们会认为自己做得不好。婴儿通过哭和闹表明自己的爱憎——哭和闹乃是一种根本不幸运的交流方式。这［a5］至少持续了三年时间——这是不小的生命部分，在一种要么坏要么不坏的状态下度过。

克 你说得正确。

雅 你俩岂不认为，脾气坏的和根本不温良的人［792b］比一个地道的好人更阴郁，而且在大多情况下也满腹牢骚？①

克 我确实这样认为。

雅 这个呢？在这三年中，如果有人千方百计［b5］使我们的孩子尽可能不经受悲伤、恐惧和各种痛苦，我们岂不会认为，如此养育的孩子的灵魂会更有生气，也更温良？

克 ［792c］当然如此，尤其是，异乡人啊，如果有人给他提供诸多快乐的话。

雅 至此，我跟克莱尼阿斯就不再同道了，你这奇人啊。因为，在我们看来，这种行为是最大的败坏，它总是在教养的一开始就［c5］产生。不过，让我们看看这样说是否属实。

克 请说说你要谈的话吧。

雅 现在，我们要谈的并非无足轻重。因此，你也要思考这一

---

① 这段话的论证是，乖癖、执拗的性格与可恶的阴郁、吹毛求疵自然相伴相生——年轻人的很多哭闹，最终可能形成乖癖的性格。

点，并帮我们裁断，墨吉罗斯啊。我的论点是，^①正确的生活方式既不该是追求快乐，也不该是［792d］完全避开痛苦，而是拥抱中道——我刚刚称之为"温良"。根据某个神谕的说法，我们可以真确地称之为神的状态。我认为，我们无论谁要变得像神，［d5］就应追求这样的状态：我们既不许自己彻底倒向快乐，认为能以此避免痛苦，也不允许我们任何其他人——老老少少、男男女女——去这样做。至少所有的新生儿［792e］应尽可能不去做，因为在这个年龄，对于每个人，整体性格中最关键的成长会通过习惯出现。此外，如果我可避免被嘲笑的话，至少我会主张，所有怀着孩子的妇女最应注意的是，在怀孕那年，［e5］孕妇应避免过多的和激烈的快乐或痛苦，在整个怀孕期间的生活，均要珍视温良、友好与平和。

　　克　［793a］异乡人啊，你不必问墨吉罗斯，问我们哪一个说得更正确。我本人同意你的看法，每个人的生活都应该避免无节制的痛苦和快乐，始终采取中道。因此，你所说的和听到的［答复］［a5］都很好。

　　雅　非常正确，克莱尼阿斯啊！那么，接下来，让我们三人考虑下一点吧。

　　克　什么？

　　雅　事实上，我们现在讨论的这一切，［a10］多数人称之为"不成文习俗"。^②其实，他们所谓［793b］"祖传的礼法"不过是所有诸

------

　　①　这充分表达了柏拉图关于幼儿的主张：（1）应尽可能避免让幼儿感受疼痛，以免他长大后过于惧怕疼痛；（2）不应让幼儿享受快乐，免得他变得过于喜欢快乐。在这段话中，柏拉图将这一主张推及所有年龄段的人，并用其神圣自然的样式证实了这一点。

　　②　这段话旨在重申已主张的这些规定的重要性。雅典异乡人表示，这些规定值得尊崇，因为由来已久的话将之称为"不成文法"。ἄγραφα νόμιμα［不成文法］，见索福克勒斯，《安提戈涅》454；色诺芬，《回忆苏格拉底》4.4.19；以及修昔底德，《伯罗奔半岛战争志》II.37——"古老传统""社会习俗"。雅典异乡人将之比作维护法律的屏障，以及让建筑的基石稳固的支柱。由于克莱尼阿斯的城邦是一座新城邦，没有延续这种传统的公共意识；因此，在这种情况下，立法者不必暂缓实定法的设立，而是要不厌其烦地像我们现在这样再细化这些主题。

如此类的东西。此外，我们刚刚提出的这一论点也恰当：我们不应称
这些为礼法，但也不应闭口不谈。因为，我们谈及的这些是所有政制
的纽带，[b5]处于居间位置，联结一切成文的、已制定的和将要制
定的法律，它们完全像是祖传的、真正古老的习俗。如果它们良好地
树立起来并成为习俗，就能庇护后来的成文法，提供完全的[793c]
保护。一旦它们错误地偏离高贵之物，就会像房柱中间弯曲，使整幢
房屋轰然倒塌，一物压着另一物——在支柱本身即根基倒塌之后，上
面的部分无论建了多少[c5]都会坍塌。将这些谨记在心，克莱尼阿
斯啊，我们必须在方方面面黏合你的新城邦，尽可能不要忽略大大小
小的方面，[793d]无论我们称之为"法律""习惯"，还是"习俗"。
因为，城邦是由所有这类东西黏合起来的，没有一方，另一方就不稳
定。因此，看到这一点不必惊讶：在我们看来杂多而又无足轻重的习
俗或习惯，[d5]使法律变得冗长。

克 你说得很对，对此我们会谨记。

雅 那么，关于出生后的头三年，[793e]无论男孩还是女孩，
如果有人严格执行这些做法，没有视之为所谓的累赘，那么，受培养
的孩童所获得的好处就不会微不足道。

到了三岁、四岁、五岁乃至六岁时，孩子灵魂的性情就会需要
[e5]游戏，但必须用惩罚使他们摆脱骄纵。惩罚不是为了羞辱，而
应类似于我们刚刚所说的用于奴隶的那类。不应带有肆心地惩罚他
们，以免引起受罚者的愤怒，[794a]但不可不惩罚而放任他们骄纵。
这个做法同样要用于自由人身上。这个年龄的孩子会自然地产生某
些游戏，通常是他们聚到一起时自己发现的。所有这个年龄段的孩
子，从三岁到六岁，[a5]都得聚集在村社的神庙里——每个村社的
孩子都得在同一个地方聚集。①对于这个年龄段的孩子，保姆们应维

① 可能是将"村社"（κώμας）假定为分配给每个部族的十二个乡村区域，每个
部族都有一个神圣的封闭场所，亦参下文，794b5的"神庙"（τὸ ἱερὸν）——六岁以下
的孩子在此玩耍。我们不必非要认为，一村的所有孩子都一起玩一个游戏。

护好秩序，使他们不放纵。但监管保姆本身和整群人的责任，却属于[794b] 先前选出的十二位妇女之一：法律维护者应给每群人指派一位妇女，以维护一年的秩序。挑选这些妇女的责任属于那些负责监管婚姻的妇女，她们将从每个部落中挑选一个与她们同龄的妇女。[b5] 被选中的人每天应去神庙视察，发现任何行为不端者，就施以惩罚。在她自己的权限内，她可以用一些本邦的仆人去惩罚男女奴隶和异乡人。不过，受罚者 [794c] 若是个公民，对惩罚有异议，她就必须将其带到由城邦管理员组成的法庭上。受罚者若没有异议，即便是公民，也在她惩罚的权限内。

到了六岁后，男女就应分开——男孩跟男孩在一起，[c5] 同样地，女孩跟女孩在一起共度时光。男女都得转向学习，男孩子到教骑马、射箭、掷标枪和投石器的教师那里去。女孩子若愿意，也可以去，她们至少 [794d] 应了解这些事情，尤其是关于重武器的使用。有关现今这些事情流行的偏见，几乎人人都没有认识到。

克　那是什么？

雅　[d5] 我指的是这一观念：就动手①做每件事的方式而言，自然区分了我们的右边和左边，而在用脚和下肢做事时并无明显的不同。由于 [794e] 保姆和母亲的无知，我们每个人都像手残废的人。因为，肢体的两边天然大致平衡，我们因不正确使用的习惯而使它们有别。在某些活动中，这种区分并不 [e5] 打紧，如左手拿里拉琴，右手拿拨子，这并没有害处。但其他不需要这类习惯的活动，用这些活动来做范式，[795a] 就相当于无知了。斯基泰人的习俗正好说明了这一点：他们并非仅用左手举弓，右手搭箭，而是能左右开弓。还有其他许多这样的例子，如御车 [a5] 和其他活动，从中可以

---

① "手"（Χεῖϱας），亚里士多德《政治学》（1274b12 以下）有段话提到了此处的观点，亚里士多德将之说成是柏拉图的怪论，很多人便认为这段话是伪造的。但其他文本表明，亚里士多德直接跳过了柏拉图有关右和左的观点，他指出，右之于左（不仅限于手）的天然优越性是由于这一事实：右边获得的血比左边多。参《尼各马可伦理学》1134b33，《论动物的部分》666b35 以下。

了解到，那些造成左手不如右手的人违反了自然。正如我们所言，就用兽角所做的拨子［795b］和其他这类工具而言，这没有多大影响。但在战争中，当人们必须使用铁制武器时，情况就大不相同了——这不仅指用箭、标枪这类武器，在必须用重武器对抗重武器时尤其如此。在那时，受教者与未受教者截然［b5］不同，有过体育训练者也迥异于未受过体育训练者。恰如有人若在全面比赛、①拳击或摔跤上受过完整的训练，就肯定能用左手打斗。因此，一旦有人转过来迫使［795c］他用左手苦练，②他就不会像个跛子或笨拙的犯错者。同样，我认为，我们应正确地期望，在重武器和其他一切的战斗中，凡有双肢保卫自己和攻击他人者，都应尽力不让一边闲着［c5］或不加训练。倘若有人具有革律翁的自然本性，或天生长得像布里阿瑞俄斯，③那他应当能用一百只手掷一百支标枪。这一切［795d］都应受到男女官员的监督。女官员要监督游戏和抚养，男官员监督课程。由此，所有男孩和女孩都会变得双手双脚很灵巧，从而尽可能不因习惯而损害［d5］他们的自然本性。

或许可以说，课程分为两类是有用的：体育涉及身体，文艺着眼于灵魂的坚毅。接着，体育又分为两类：［795e］舞蹈和摔跤。一种舞蹈包含对缪斯言辞的模仿，④以保持高贵而自由的风度；另一种是为了健康、敏捷和美丽，包含四肢和部分身体的［e5］恰当伸曲，当他们在各种舞蹈中恰切地伸缩时，每个人就能产生有节奏的运动。

---

① 一种糅合摔跤、赤手搏击和脚踢的打斗竞技赛。不同于普通希腊摔跤，这种竞技的目的不在于摔倒对手，而在于让对手认输。

② "苦练"（$\delta\iota\alpha\pi\sigma\nu\epsilon\tilde{\iota}\nu$，亦有苦心经营之意）一词常用来称教育工作和教育实践，对比下文810b2，813b7、d8。

③ 革律翁（Geryon）和布里阿瑞俄斯（Briareus）都是著名的怪兽。革律翁的身体由三个人身组成，布里阿瑞俄斯则有百手。布里阿瑞俄斯有时被称为圆目巨人的儿子。

④ "模仿"（$M\iota\mu\sigma\nu\mu\acute{\epsilon}\nu\omega\nu$），对比亚里士多德，《诗术》1462a9，"模仿"说的是学生，"监管"（$\phi\nu\lambda\acute{\alpha}\tau\tau\sigma\nu\tau\alpha\varsigma$）说的是老师。

[796a] 至于安泰俄斯①和科尔居翁②在他们的技艺中发明的那类摔跤术，乃出于他们无益的好胜心，而厄庇乌斯③和阿缪科斯④发明的拳击术在战争冲突中毫无用处，因此不值得纳入讨论。但不应忽视那些属于正规摔跤的事情，[a5] 包括脖子、双手和两胁的挣脱，它们与好胜心结合，坚韧而又优美，为的是强有力和健康，在各个方面都有用。然而，当我们抵达法律中的这一阶段，[796b] 我们应要求教师们温和地传授所有这些课程，学生们则应欣然接受。

我们也不该忽视合唱队模仿中一切合宜的东西，例如，在这里举行的 [b5] 库瑞特斯人⑤的武装游戏，或者拉刻岱蒙的狄俄斯科罗伊⑥的武装游戏。兴许，我们那里的女神 [雅典娜] 喜欢合唱游戏，她认为，空手舞蹈并不合适。[796c] 因此，她全副武装地装扮自己，并那样完成整个舞蹈。这类事情完全适合男孩女孩们去模仿，以此敬

---

①　安泰俄斯（Antaeus）是波塞冬之子，他迫使所有异乡人与之摔跤，至死为止；安泰俄斯只要与地接触就不会被打倒。赫拉克勒斯杀死他，是通过把他高高地举起，将他捏死。

②　科尔居翁（Cercyon）是波塞冬的另一个儿子，同样好客，发明了摔跤中的脚法。忒修斯打败科尔居翁并杀死了他。

③　厄庇乌斯（Epeius）建造了特洛亚木马，并赢得了为纪念帕特罗克勒斯（Patrocles）而举行的竞技赛中的拳击比赛。

④　阿缪科斯（Amycus）也是波塞冬的儿子，他强迫所有异乡人与之拳击。阿缪科斯为阿尔戈英雄波吕德乌克斯（Pollux）所杀。他在拳击术中首创用皮条裹住拳头的做法。

⑤　库瑞特斯人（Kuretes）是武装的精灵，宙斯婴儿时期养育在洞穴时，受其照料和护卫。他们伴着武器和铙钹的敲击声大声跳舞，掩盖了婴儿的哭声，由此让宙斯躲过了父亲的杀害。这个洞穴附近每年都举行模仿这一做法的舞蹈节。《法义》中的三个对话者正是朝这个洞穴走去。

⑥　狄俄斯科罗伊（Dioscuri）是一对兄弟，即卡斯托尔（Castor）和波吕德乌克斯（Pollux），为勒达（Leda）分别与廷达雷斯（Tyndareus）和宙斯所生。他们有很多壮举：卡斯托尔是一名出色的御车手，波吕德乌克斯则是一位出色的拳击手。这对兄弟出生于拉科尼亚（Laconia），就各方面来说都是斯巴达的保护神。在拉科尼亚对他们的崇拜活动，显然包括上演持械舞的节日。

拜这位女神的恩典，^①并在战争和节日中都能得到运用。或许，从小时候起，[c5]直到参加战争，孩子们在敬拜每位神的游行和列队时，始终都得配备武器和马匹。由此，在舞蹈和游行中，踏着轻快而缓慢的步伐，他们将向诸神和神子[796d]进行祈祷。^②

应举行的竞赛和预赛，并非出于其他目的——如果有的话。因为，这些在和平与战争中都有用，在政制和私人家庭中也有用。但是，其他种类的辛劳、游戏和[d5]身体上的对抗都不属于自由民，墨吉罗斯和克莱尼阿斯啊。

我在先前谈话中提过的应阐述的体育训练，现在已得到非常完整的阐述。这在方方面面都是完整的。但你俩若有比这更好的建议，就请说出来，[796e]呈现在大家面前。

克　不容易呀，异乡人，关于体育训练和竞赛，不顾这些阐述而要说得更好。

雅　那么，接下来是讨论缪斯和[e5]阿波罗的礼物。确实，我们先前认为已全面讨论过，只剩下体育训练未讨论。但现在已清楚，以下这些被遗漏的事情应该是告诉大家的首要事情。因此，我们依次来谈谈吧。

克　无论如何，这应当谈。

雅　[797a]那就听我说吧。尽管你们以前已听过，但现在仍须注意，因为要说到和听到的事情相当奇特、非比寻常。我要道出的话，说出来有点骇人。但我会鼓起勇气，[a5]不退缩。

克　你要谈的这点是什么呢，异乡人？

雅　我认为，在所有城邦中，每个人都没有意识到，游戏的性质对于设立法律举足轻重，因为它决定了成法的存废。要是安排[797b]同一些人始终玩相同的游戏，并以同一方式给他们提供相同

---

①　这句话也可理解为"他们敬奉这位女神所喜之物"，或者"他们逐这位女神所好"，或者"他们敬奉这位女神的礼物"。

②　柏拉图使用"祈祷"（ἱκετείας）时，无疑意识到该词的词源指游行和舞蹈。

的东西，让他们的精神喜欢相同的玩具，那么，庄重的礼法就会保持不变。但游戏一改变，[b5]就总会伴随革新和其他转变，年轻人也绝不会对同样的东西表示喜爱，在他们自己身体的姿势上或在他们确定的其他动作上，优雅和丑陋的标准并不始终一致。相反，[797c]他们尤其崇拜的那类人，总能花样翻新，引入①与习常不同的形状、颜色和所有这类东西。若要评论这类人，可以完全正确地说，没有什么比这类人给城邦带来的毁灭更大。因为，通过逃脱注意，[c5]这类人转变了年轻人的性格，并使他们不尊敬旧事物，而崇敬新事物。关于这类人及其说法和意见，我再说一遍：没有什么比之对各个城邦的损害更大。请听着，我将宣布这是多么的邪恶。

克　[797d]你是指城邦中对旧事物的谴责吗？

雅　正是。

克　那好，对于你要说的这部分，我们[d5]绝不会是漫不经心的听者，我们会尽可能友好。

雅　令人期望。

克　尽管说吧。

雅　来吧，在倾听这个论述并向彼此说清上，让我们超越双方。

我们将发现，[d10]除了在坏事物中，变化是极其危险的——在四季、风向、身体习惯和灵魂的[797e]性情上，全都如此。可以这样说，改变并非在某些事物上安全，在另一些事物上危险，而是像我刚刚所说的，除了在坏事物上[不危险]。

因此，我们若观察身体，就会发现它们如何逐步适应各种食物、饮料和锻炼，即便这些东西起先会让身体感到厌恶。[e5]我们会发现，随着时间的推移，正是由于这些东西，身体长得像它们那样[798a]鲜嫩，②并逐渐喜欢、习惯和熟悉这整套养生法——从快乐和

---

①　"引入"（$Εἰσφέροντα$），据色诺芬《回忆苏格拉底》（1.1.1），这个动词用来指控苏格拉底引入新神，参《苏格拉底的申辩》24b8。

②　雅典异乡人神奇地把膳食中的肉说成与之"相似"（$οἰκείας$）。待新膳食被身体吸收，成为身体的一部分时，膳食就不再是外人，而成为身体的朋友——甚至是亲人。

健康的角度看，它们以最好的方式使身体茁壮成长。我们会看到，如果有人被迫改回一种受尊崇的饮食，那么，他起先因疾病而［a5］苦恼，但随着困难的克服，他就恢复了饮食习惯。现在，我们必须认定，这样的事情同样适用于人的思想及其灵魂的自然本性。如果人们在法律下成长，这种法律由于某种神圣的［798b］好运保持长期不变，如果他们既未记住也未听说过当今的事情，那么，他们的整个灵魂就会充满崇敬，并惧怕他们已确立之物的任何变化。

不管怎样，［b5］立法者必须想出①一种策略，让这种状况盛行于城邦中。至少，以下是我已发现的：正如我们之前所言，大家②都认为，每一个巨大且严重的伤害，［798c］不会源自年轻人游戏的改变，因为这些确实只是游戏。因此，他们并不阻止这些改变，反而屈服并遵从它们。他们并不考虑一个事实，这些在游戏中实践革新的男孩们，长大成人后，必定不同于上一代孩子长大的样子。［c5］由于有差异，他们寻求不同的生活方式，在寻求中，他们渴望不同的习俗和法律。因此，对于现在城邦里可谓最大的邪恶的到来，［798d］他们无人恐惧。确实还有其他变化，它们影响外观，损害会小些。但凡是引起符合性情的褒贬频繁变化的东西，我认为就是最大的变化，［d5］这最需要密切关注。

克 怎不是呢？

雅 那么，我们还相信之前的论证③吗？我们曾说，属于整体旋律和音乐的东西，乃是对好人和坏人性情的模仿。［798e］［要不然］又会是什么呢？

---

① "想出"（ἐννοεῖν）在这里的用法，似乎类似我们的"侦查、洞见"，意为"发现"；一般指发明、发现，但也用于专指察觉、发现。

② "大家"原文为πάντες，本义"所有的"，但这里并非指所有人，而是指所有立法者。

③ 参655d以下，卷二处理了我们现在要处理的主题，但看法不同。那里的论题是：（1）"音乐"是否有好坏之分？（2）若有，要如何分辨，并获得普遍的认识？卷七关注的是总体的教育课程设置。这一主题的重要性证实了这一双重处理。

克　至少，在我们这里观点没有任何变化。

雅　这样，我们是否认为，我们应发明出各种设计，以［e5］防男孩们欲求参与歌舞中的其他模仿，并防止任何人使用各种快乐来诱惑他们？①

克　你所言极是。

雅　［799a］关于这些事情，我们有比埃及人更好的技艺吗？

克　你指的是什么？

雅　将所有舞蹈和所有歌曲神圣化。［a5］首先，编订每年历法中的节日，展现它们是什么，在何时出现，应该供奉哪位神、神子或精灵。接下来，某些人应首先安排，哪种歌曲适合献祭给哪位神，［799b］在庆祝献祭的每种场合，哪种合唱合适。然后，通过给命运女神②和其他所有神献祭，通过奠酒，所有公民一同核准献给每位神和其他精灵的歌曲。

如果有人献祭给某位神［b5］其他颂歌或舞蹈，男祭司和女祭司将与法律维护者一道虔敬且合法地行动，驱逐那个人。如果被驱逐者自愿拒绝遵守驱逐令，在他的余生里，谁愿意都可以指控他，他将遭受不虔敬的控告。

克　正确。

雅　［799c］现在我们已进入这一讨论，让我们再遭遇适合我们自己的事情吧。

克　你在说什么？

雅　大概每个年轻人，更不用说一个上了年纪的人，当他看到或

---

①　要确保的两个目标是：（1）孩子们不应有任何改变；（2）不应诱使他们进行改变。前一目标很大程度上要通过上文主张的游戏的一致性达成；后一种危险则应通过遵埃及模式立法预防。

②　即摩伊拉命运三女神，根据赫西俄德，命运三女神包括克洛托（Clotho）、拉克西斯（Lachesis）、阿特罗珀斯（Atropos），是宙斯与忒弥斯（Themis）之女（《神谱》904-906）。赫西俄德将命运女神呈现为纺织着个体的命运（尤其参《理想国》617c以下）。见960c-d。

[c5] 听到一些奇怪的和非同寻常的事情，我认为他绝不会着急同意这些令人迷惑的事情。相反，他会打住，就像某个人面对三岔路口，不知道何去何从。无论他是孑然一身，或 [799d] 碰巧跟其他人一起旅行，对于令人困惑的事情，他将会问问自己或者其他人。在他以某种方式立于坚实的基础前，他不会急匆匆地询问这条道路通往何方。同样地，[d5] 在目前的节骨眼上，我们无疑要完成的是：对于眼下已出现的有关法律的奇谈怪论，可能有必要做一个全面的考察。在我们这把年纪，对于这样的事情，我们不应该轻率地声称，我们即刻就能说清楚。

克 你所言极是。

雅 [799e] 我们会为此花点时间，在充分研究之后，我们就可站在坚实的基础上。为了不被随意阻止完成与我们眼下所关注的法律相应的各种安排，让我们转向法律的目的吧。[e5] 或许，如果神愿意的话，这条道本身作为整体将引向其目的地，充分揭露当前困惑的谜底。

克 你说得好极了，异乡人啊，就按你说的办。

雅 [e10] 很好，我们认为，人们已认可这一奇异的说法：我们的歌曲已成为礼法，恰如古人也可能将这样的名称赋予由基塔拉琴伴奏的歌曲。因此，[800a] 他们可能不会完全同意我们现在所说的，有人曾在睡梦中模糊地预言它，要么在熟睡中，要么在醒着的幻象状态中。无论如何，这是关于它的看法：对于公共和神圣的歌曲，[a5] 还有年轻人的整个合唱练习，不许任何人做相悖的表达或舞蹈动作，就像 [不许] 他违背任何其他"礼法"那样。赞同者不会受惩罚。不服从者将会受到惩罚，就如刚才所言，受法律维护者、[800b] 女祭司和男祭司惩罚。我们现在所说的这些应该确立吗？

克 确立。

雅 那么，以何种方式为这些事情立法，[b5] 以免可笑十足呢？关于这些问题，让我们这样来思考：首先最保险的就是在言辞中为他们塑造一些模型。我认为其中一个模型是这样：假设正在举行祭祀，神圣的牺牲［800c］正按法律规定焚烧，有人以个人身份，作为儿子或兄弟，站在祭坛和神圣的事物旁，进出全然不敬的言辞。我们岂不能说，他的话将会使父亲和其他亲戚大失所望，是一种不祥的预兆和对邪恶的预示？

克 怎不是呢？

雅 ［c5］那么，在我们这个地方，可以说几乎每个城邦都会发生这样的事情。官员进行公开献祭时，总有一支合唱队随后出现——实际上不止一支，是有大量的合唱队——他们站得［800d］离祭坛不远，甚至有时就在祭坛边，对圣物吐出所有亵渎的言辞！他们使用言辞、韵律①和十分悲恸的谐音使听众的灵魂全都激荡起来，谁能马上让正举行献祭的城邦［d5］陷入极大悲痛，谁就能赢得胜利的奖项。难道我们不会投票否决这条"礼法"？如果有时公民听到这样的啼哭是必要的，在某些不圣洁和不吉祥的日子里，②那么，［800e］就应该有一些来自外邦或雇自外邦的特定合唱队歌手，付费给他们走在葬礼队列的前面，受某个卡里亚的缪斯女神激荡。或许，那类歌曲③适合这种场合。［e5］在丧歌中佩有花冠或黄金饰物的服饰可能不合适，而是要佩戴完全相反的东西——我会尽快停止这场讨论。

对于这样的事情，我再一次问我们自己：我们应该把这第一个例子确立为令人满意的歌曲模型吗？

克 ［e10］哪一个？

雅 吉利话。在每一场合中，我们歌曲的种类难道不该［801a］

---

① "韵律"原文为 νόμον，尽管我们在此必然认为，此处 νόμον 与 800a6，801a4、5、8 及 801c6 一样，用的是音乐含义，但该词的基本含义不是"曲调"，而是"规则"和"公认的程序"。

② 根据古注家，这些是专为坟前奠酒、避免买卖留出的日子。

③ "歌曲"（ᾠδούς），比较《理想国》387e9。"某个卡里亚的缪斯女神"（Καρικῇ τινι μούσῃ），在阿里斯托芬《蛙》中，埃斯库罗斯说，欧里庇得斯从卡里亚的簧管乐曲（Καρικὰ αὐλήματα）那里学了曲调。卡里亚的音乐悲戚，常以簧管乐伴奏（参见此处的古注，以及阿里斯托芬，《蛙》1302）。卡里亚人是一个非希腊民族，居住在小亚细亚，现今人称孟特莎（Muntesha）的地方。

在言辞中全是吉利话吗？或者我不应该问，而就按这样规定好了？

克　请务必这样规定，这条法律一定会全票通过。

雅　［a5］在吉利话之后，第二条关于音乐的法律是什么？我们在每一场合献祭的时候，难道没有献给诸神的祈祷文？

克　除了这个，还有什么？

雅　我认为，第三条法律应该是，诗人必须意识到祈祷是对诸神的祈求，应最大限度地运用他们的理智，［801b］避免错误地祈求恶而不祈求善。我认为，做这样的祈祷时，情况就变得相当可笑了。

克　当然。

雅　［b5］那么，我们难道不是已确认先前的论证，无论银的还是金的财神，都不可在城邦有居所。

克　当然。

雅　那么，我们应该说这个论证说明了［b10］什么呢？难道不是诗人族完全无法［801c］理解何物为好何物为坏？有可能，如果某个诗人通过言辞和曲调创作了一部作品，而在这方面是错误的——他创作的祈祷文不正确——那么，在最重大的事情上，他将使公民以与我们的规定相反的方式祈祷。我们找到的许多错误，如［c5］我们所说，不会比这个更严重了。因此，我们应该把这制定为有关缪斯的一条法律和纲领吗？

克　制定什么？请跟我们说明白些。

雅　对于高贵和好的东西，诗人的创造不能［801d］有别于城邦习俗的和正义的样式。在将其作品展示给负责处理这些事情的法官和法律维护者之前，诗人不能给任何非专业人士看。实际上，我们已经选出［d5］这些法官，因为我们已选择了两类人：音乐事务方面的立法者和教育主管。那么，我再次询问我经常问的问题：我们应该把这确立为第三条法律、纲领和模型吗？或者你看如何呢？

克　就这样制定吧，为什么不？

雅　［801e］接下来，相当正确的无疑是献给诸神的颂歌和颂词混合着祈祷文。在［献祭］诸神之后，以同样的方式将带有颂词的祈祷文献给精灵和英雄们，这无论如何适合他们当中的每一个。

克 ［e5］哪里还会有其他可能？

雅 无论如何，紧接着无疑是这条法律：它适合已抵达生命终点的任何公民，他们的身体和灵魂履行高贵的和勤劳的行为，并服从于法律，获得赞颂。

克 ［e10］要不然呢？

雅 ［802a］但对于活着的人，在走完一生的旅程并抵达高贵的终点前，通过颂词和颂歌得到荣誉并不安全。在我们这里，就让这一切事情通用于男女，任一性别的人都因自身的善而变得引人［a5］注目。

歌曲和舞蹈要这样规定。从古人那里，我们继承了许多古老而美好的音乐作品，还有身体方面同样品质的舞蹈。对于正在设立的政制，［802b］应该毫不迟疑地从中挑选什么是合适且和谐的。在选择这些事物时，应挑选不应小于五十岁的审查者。在古代的创造物中，他们应决定什么看起来合适，什么不足或完全不合适。［b5］在后一种情况下，他们应该完全舍弃，而在前一种情况下，他们应该捡起来返工，寻求诗人和音乐人的帮助。他们应该利用这些人的诗性力量，［802c］但不应受其快乐和欲望所引导，除了他们当中的一小部分人外。

相反，通过解释立法者的意图，他们应该以某种方式把舞蹈、歌曲和合唱表演融为一体，尽可能符合他心中的意图。每一个涉及缪斯的无序追求，［c5］一旦获得秩序就会无比美好，即便它不能享有甜蜜的缪斯。毕竟，快乐对于所有缪斯来说都是共通的。① 如果一个人从童年到长大成人、变得明智，他度过这段时光是聆听节制且有序的音乐，［802d］那么，他一旦听到相反的音乐就会憎恨，说这种音乐缺乏自由。而如果他在共有的甜蜜缪斯滋养下长大，他就会声称，与

---

① 所有音乐风格都可能令人愉悦。雅典异乡人进而表示，哪种风格令听者愉悦取决于他所受的训练。这段话应与卷二667b5以下那段难解的话对照起来读。

此相反的都是冷冰冰和不快乐的。因此，正如刚才所言，从快乐或缺乏快乐的角度来看，至少两方面都没有得到更多。[d5]最大的差异在于，一个使人在缪斯[音乐]的培养下变得更好，而另一个总使他们变得更坏。

克 你说得太妙了。

雅 此外，或许有必要大体上区分，哪些歌曲适合女性哪些适合男性，①[802e]有必要用谐音和旋律使他们和谐。因为，可怕的是，歌唱整体上不和谐的东西，或由于未能给歌曲分配每一方面合适的东西，而使用与韵律不搭配的节奏。因此，[e5]至少有必要为这些事项的纲领立法。现在，两类歌曲都必须分配一些必要的伴奏。既然归于女性的东西取决于她们在自然本性上的差异，我们必须利用这些差异，以弄清楚歌曲的不同之处。那么，宽宏大度和凡倾向于勇敢的品质，皆应称为有男子气。而凡倾向于[e10]有序和节制的品质，在法律和言辞中，都应宣布为更属于女性。就这么[803a]安排吧。

接下来需要讨论的是，这些东西如何教导和传承——以何种方式，对什么人，每个科目应在何时练习。

显然，我自己这里所为，非常像一个造船者刚开始造船时所为——[a5]通过铺设龙骨勾勒出船形。我正试图区分出各种生活方式的轮廓，就像它们符合各种灵魂的特性，因此确实是"铺设龙骨"，以正确的方式研究——如果我们要以最好的生活方式展开生命的航程——我们应使用什么[803b]装备，在任何时候应具有什么特性。当然，人类事务不值得太严肃对待，但仍有必要严肃对待，这是一种不幸。但既然我们在这里，[b5]如果我们能以某种适当的方式完成这些事情，或许，这对于我们来说会是一件适合去做的事情。但不管怎么说，可能有人会以这种方式正确地接纳我。

---

① 一首歌曲（ᾠδή）究竟适合男歌手还是女歌手，主要取决于歌曲的主题和言辞。因此，我们不妨认为，这里的"歌曲"指的是我们所说的"歌词""诗歌"。参见下文835a7以下，亦参669c8和《理想国》398d1。

克 ［803c］确实。

雅 我认为，严肃的事情应严肃对待，不严肃的便不应该，而且依据自然，神称得上是完满、有福的庄严之物，但人是什么呢？如我们先前所言，［c5］人被设计成神的某种玩物，这确实对人是最好的事情。男男女女皆应这样度过一生，玩可能最高贵的游戏，这与当前的思考方式①截然相反。

克 ［803d］什么样？

雅 现在，想必他们认为，严肃的事情是为了玩乐本身：②因为战争事务被认为是严肃的事情，为了和平，应恰切地处理战争事务。但［d5］事实上，战争中天然地既没有玩乐，也没有我们现在或将来随时值得讨论的教育——教育就是我们宣称的至少对我们来说最严肃的事情。每个人都应该在和平中度过他生命中最伟大、最好的部分。那么，［803e］正确的方式是什么呢？一个人应该在玩某些游戏中过日子——献祭、歌唱和跳舞——这样才能使诸神眷顾自己，保卫自己、抵挡敌人，在战斗中战胜他们。③为了完成这两件事，一个人应该唱歌和跳舞的［e5］那类事情已大体描述过，一个人应走的道路，看起来也已显示出轨迹。我们期望，诗人明白这样说好：

---

① 在此，雅典异乡人在希腊语词"龙骨"（τϱοπιδεῖα）和"方式"（τϱόπος）上玩了文字游戏。

② 此处讨论的战争与和平的真实关系，回到了卷一开端的讨论（625e5）。雅典异乡人表示，民众必须推翻自己的观念，必须（同理）思考他们眼下所谓的对立面。乍看上去，雅典异乡人要说的似乎是，"人们不该为了玩乐而工作，而应为了工作而玩乐"（对比亚里士多德《尼各马可伦理学》1176b28以下）。不过，当我们要表明人该做什么的观点时，我们就该说他们应把玩乐本身当成要事，但玩乐并不难确保任何目的的达成；"每个人应做的，是让他的生活尽可能长，也尽可能完美地在安宁中度过"，而不要把主要精力用于战争，从而确保安宁。雅典异乡人暗示，涵括一切艺术的 παιδιά ［玩乐］才是真正的 παιδεία ［教育］，因为真正的教育开发了我们最高的可能。

③ 这种胜利不是由于受某个安抚的神灵垂青，而是正确教育的自然结果——在充分开发其他能力时也开发体能。比较下文942d-e以下。

［804a］忒勒马科斯噢，有些事你自认为是自己在思考，

而一些事情精灵会给予建议；因为我不认为

你的出生和成长能够违背诸神的意愿。①

这是我们的培养方式应考虑的事情：［a5］他们应该相信，说过的这些事情已充分讨论过，但有关献祭［804b］和合唱表演的事情，精灵和神会给他们指明，从而指示他们应给哪些神提供游戏和告慰，何时应给哪位神玩哪种游戏，以过上合乎自然的生活。在很大程度上，人是玩偶，但分有一小部分真理。

墨 ［b5］异乡人啊，你在方方面面贬低我们人类！

雅 不要惊讶，墨吉罗斯啊，但请原谅我！因为，我说出刚才那番话时，是仰望着神明，在那种感受下道出的。那么，如果你希望的话，就让我们的种族不如此低劣吧，而是配有［804c］某种严肃性。

关于接下来的事情，我们已经说过，用于体育训练和公共教学的建筑，应位于城邦中心的三个地方。同时，在城邦周围的三个地方应有体育馆和［c5］开放场所，用于骑马、射箭和其他远程武器的训练，年轻人也可以在那里学习和训练。如果这些事之前没有充分说明，现在就在言辞和法律中解释吧。在所有这些建筑中，应该有每门课程的老师和［804d］受雇的异乡人居住的地方，他们教参加这一切的人应学习的东西，着眼于战争和音乐。不应该听凭父亲的愿望决定，谁应参与、谁应忽略教育。而是按常言道，［d5］"每个男人和孩子据其所能"必须接受教育，②因为他们属于城邦，更甚于生养他们的人。

确实，我的法律谈到的所有这些事情，同样适用于女性［804e］和男性，女性也应在同等基础上训练。我说这些话一点也

---

① 《奥德赛》3. 26–28。装扮成老翁（门托尔［Mentor］）的雅典娜，与忒勒马科斯（Telemachus）攀谈，敦促他克服自己的不情愿，去向权威的老涅斯托尔请教。

② 在主张免费义务城邦教育上，柏拉图远超其时代。他在这里为此辩护所依据的重要原则，无疑是他一厢情愿，但问题是，该主张本身是否柏拉图原创。

不避讳这种观点：骑马和体育训练适合男性，但不适合女性。①因为，我听说过的古老神话使我［e5］相信这一点，可以说，就在此时此刻，我知道黑海边有无数女性——她们被称作萨尔马提亚人②——［805a］她们不仅乐于骑马，还乐于使用弓箭和其他武器，她们跟男人平起平坐，同样训练了这些。此外，关于这些事务我推理如下，我认为，如果这些事务可能按照这条路线贯彻，［a5］那么，现在他们安排给我们母邦的这条路是最愚蠢的——不让女人和所有男人一样，全力以赴、凝聚心神做相同的训练。按照这条道，几乎每个城邦只能达到它的一半，而相同的花费和努力却要翻倍。［805b］这对立法者来说是个惊人的错误。

克　确实可能。但是，异乡人啊，我们现在所谈论的许多方面，有违政治制度中的常理。

［b5］但你说得很在理，我们应该就这个论点展开讨论。一旦讨论好，我们就得选择认定的结论。事实上，你所言极是，我为刚才所说的话感到自责。［805c］因此，接下来，你喜欢说什么就说吧。

雅　克莱尼阿斯啊，至少令我欣慰的是之前也说过的这一点：如果我们现在讨论的问题还没有得到充分的事实证明，［c5］那么，可能有人会驳斥这个论点，但现在，全然不接受这条法律的人或许会寻找其他方法来反对它。他无法抹除我们坚持的观点：在教育和其他事情上，［805d］女性必须尽可能地和男性共同享有。因为，这应是我们思考这些问题的方式。听着，如果女性生活的方方面面没能与男性共享，岂不必然要为她们制定不同的规则？

---

①　此处表明了两组对立观；（1）"过去有女子骑射，现在也有"；（2）"我手握过去的可信传统，以及对现在的知识"。这些对比并未充分表现出来；我们只有（2）的后半部分和（1）的前半部分。

②　根据希罗多德（《原史》IV.110以下），萨尔马提亚人（Sarmatians）是一个居住在斯基泰人（Scythians）东面的民族，是一些斯基泰男子与一支劫掠成性的阿玛宗女人通婚的后代——这些阿玛宗女子曾屠杀了不少希腊人。萨尔马提亚人的一项习俗是，处女在战场上杀敌后方可成婚。

克 ［d5］那是必然。

雅 那么，如果要取代我们现在已为女性树立的共同规则，我们眼下最急需确立的是哪条规则呢？会是忒腊克人和其他许多［805e］部族那样的吗，他们使用女人去耕种、放牛、牧羊，同奴隶没什么两样地为其服务？还是像我们自己和这儿每个人的习俗？现在，在我们这里，事情是这样做的，正如谚语所言，"把所有东西都放在一个［e5］房子里"。我们赋予女性充当管家的义务，让她们掌管纺纱和与织布相关的所有事情。或者，墨吉罗斯啊，我们应采取拉科尼亚式折中的［806a］习俗？女孩们应参加体操和文艺，而妇女们无需整日纺纱，过着既不吝啬又不低廉的勤劳生活，她们处于中间地带：照顾他人、做好管家、［a5］抚养孩子？但她们不参加战争事务。即使有一天出于机运，她们不得已为母邦和孩子战斗，①无法像某些［806b］阿玛宗女人那样射箭，也不能巧妙地使用其他投射物，更无法模仿女神拿起盾牌和长矛，②高贵地抵抗对她们故土的洗劫——但她们至少能克服恐惧，克服在战场布阵时［b5］让敌人看到的那种恐惧。如果以这样的方式生活，她们就根本不敢去模仿萨尔马提亚人，那里的女人看起来可以和［806c］男人相抗衡。

对于这些事情，谁愿意就去赞美你们的立法者吧。至于我，我只赞同之前说过的，立法者必须是完整的而非片面的：让女性生活奢华、挥霍钱财、［c5］无序地追求，而只监管男性，让他们仅带着完整幸福生活的一半而非双倍离开城邦。

墨 那我们要做什么呢，克莱尼阿斯？我们要让异乡人在我们跟

---

① 毋庸置疑，此时，柏拉图想象了这一情形：斯巴达女子只是通过显得像战士，就可能帮助她们的城邦；他正在思考亚里士多德《政治学》1269b37也提到的事件，琉克特拉（Leuctra）一役后，斯巴达女子在一场敌人入侵战中毫无用处。亦参色诺芬，《雅典政制》vi.5.28；普鲁塔克，《阿格希莱传》(*Vit. Agesilai*)，第31章。

② 若"照搬雅典"，斯巴达女子就只需手持矛和盾站立，显得像战士；若照搬萨尔马提亚的阿玛宗女子，斯巴达女人就必须学会使用武器。雅典娜几乎都被描述为武装的。

前这样贬低斯巴达吗？

克 ［806d］是啊。我们向他保证了直言不讳，我们不得不让他继续，直到我们以完全充分的方式讨论了诸法律。

墨 你说得对。

雅 那么，我会尽力解释接下来的［d5］事情。

克 为何不呢？

雅 那么，这些人的生活方式又是什么呢：[①] 他们适当地照料生活必需品，把与艺术有关的事情交予他人，他们的农场分配给［806e］奴隶，土地上出产了充足的产品，能让人有秩序地生活？如果为男人们安排了单独的公餐，而其家庭成员——包括女儿和母亲——的公餐在附近；如果在所有这些公用的桌子上，会分配男统治者［e5］和女统治者在每日末解散[②] 他们，观察和监视公餐的行为，那么，［807a］在统治者和其他人将祭酒奉献给某位神之后，这个特定的夜晚和白天就会神圣化，然后他们就会回家。假如以这种方式有序生活，还会有其他必要和完全合适的［a5］活动吗？但每个人这样生活，就像一头奶牛那样养胖吗？我们认为，这不恰当，也不高贵，这样生活的人也不可能避免相应的命运，因为合适的情形是，［807b］一种懒散的、精神软弱的和肥胖的动物，通常会让另一种动物撕碎，这另一种动物则因勇敢和辛劳而十分消瘦。

当然，我们正在寻求的这些事情，可能不会完全精确地实现。［b5］因为，女人、孩子和家庭都是私人的，而且所有这些事情都由我们每个人私下安排好了。但如果接下来的次好安排如现在所描述的那样出现在我们眼前，这些事情就会恰当地实现。

---

① 下文807a和807c都分别进一步解释了这个问题，这也是《法义》的主题，即教育。身体和心智的教育并未随着童年、青年时代终结，每个人应穷尽一生的时间和精力来完成。

② 我们不妨认为，公餐上每桌都有一位主持，否则此处所述的监督就不可能奏效。

[807c]我们认为，对按这种方式生活的男人来说，剩下的活动既不最小也不最低下。相反，这事实上是一部正当法律所指派的所有任务中最大的。恰如有人[c5]致力于在皮托①和奥林匹亚的竞赛中获胜，其生活完全缺乏从事其他所有活动的闲暇，因此，与双倍缺乏闲暇相比，双倍甚至更多倍地缺乏闲暇才可谓最正确的"生活"——这种人的生活致力于在方方面面培育其身体，在德性方面培养其灵魂。[807d]就连其他任何活动的任何一小部分，也不许妨碍他给予身体适当的锻炼和食物，给予灵魂教育和习惯。对一个如此为之以从中[d5]获得完整和恰当好处的男人而言，日日夜夜都是不够的。

鉴于这就是事情自然所是的方式，接下来就应该有一个日程表来规定[807e]所有自由民度过一整天，从将近破晓开始延续到下一个破晓和太阳升起。当然，关于治家，有许多繁琐的细枝末节，立法者并不合适谈及——包括规定缩短晚上的睡眠，[e5]这对打算全面又精确地守卫整个城邦的人而言是必要的。[808a]如果公民整晚都在睡觉，未能在其家仆面前表明自己总是第一个起床走动，[a5]人人就应认为他的行为可耻，不配当一个自由人，不论这种规定是以法律还是以习俗的名义。的确，如果女主人是让某个女仆叫醒，而没有自己第一个起床并叫醒别人，就应让奴隶们——男奴、女奴、童奴——说成可耻的事情，甚至整屋子的人都会这样认为。

[808b]此外，每个人应在晚上保持清醒，处理大部分政治和家庭事务——行政官处理城邦事务，男主人和女主人处理自己的家务。依据自然，过多的睡眠与我们的身体或灵魂不协调，[b5]也与跟身心相关的活动不协调。因为，一个人睡觉时，他没有任何价值——就跟死了没什么两样。但我们当中谁要是特别关心生活和思想，[808c]他就会尽可能长时间保持清醒，仅仅预留对其健康有益的时间，一旦建立起好的习惯，这时间就不会太长。同样，在城邦中，行政官夜晚

---

① 皮托的竞赛：皮托为德尔斐旧称，皮托的竞赛，即为了纪念阿波罗神在德尔斐举行的泛希腊竞赛，结合了体育比赛与音乐比赛。

醒着的地方，他们就会更让坏人——既有敌人也有公民——恐惧，但也更受正义者［c5］和节制的人赞赏和尊敬，因为他们对自己和整个城邦都有利。那么，对于在这些城邦中每个人的灵魂来说，除了说过的其他一切之外，如此度过的夜晚还会注入某种勇敢。

［808d］至于白天，一到黎明人们醒来，孩子们应被送到他们的老师那儿。但就像羊和其他畜牧群不应该没有牧人，孩子也不应该没有某些保傅，奴隶不应该没有主人。［d5］孩子是所有兽类中最难驯服的，因为在很大程度上，小孩子自身中有一种尚未规训的思想来源，他会变成阴险、尖刻和最肆心的野兽。［808e］因此，看起来有必要用多种绳索捆住他：起初，刚同保姆和母亲分开时，他会因其顽皮和幼稚而需要保傅。后来则需要老师和各种科目，以适合他自由人的身份。但男孩自己、他的保傅和老师，［e5］他们若有人做错事，那就像适合于奴隶的那样，要受碰巧经过的任何自由民的惩罚。若有人遇到这样的错事却没有给出正当的惩罚，那就让他首先承受最大的指责，然后让当选为［809a］儿童主管的法律维护者①监察这个人：他偶然碰到我们正在描述的这些事，却没有惩罚一个需受惩罚的人，或是以不恰当的方式施加惩罚。［a5］这位官员也应该严格看守、细致入微地监管孩子的抚养，以使他们的自然本性保持正直，总是朝向符合法律的善。

然而，我们的法律如何充分教育这位［教育主管］本身？［809b］至此，法律还未做出清楚和充分的论述，它谈到一些事，却没有谈另一些事。尽可能不要遗漏任何有关这位官员的事，我们应该为了他而解释整个论证，这样他就可以成为解释者和他人的守护者。

［b5］"现在，尽管已讨论过合唱问题——歌曲和舞蹈，以及应该选择、纠正和供奉哪一种，但我们还没有谈过无韵律的作品，表明它们应是什么类型，以及如何让那些你正在抚养的人掌握它们，最好的儿童主管啊。［809c］当然，你说他们应该为了战争而学习和训

---

① 这个官员即教育主管，参《法义》765d，801d。

练，但你没有提到的首先是各种作品；其次是里拉琴；再者是推理。对于这些，我们主张每个人必须［c5］尽可能多地掌握，因为它们对战争、治家、治邦来说是必要的。此外，出于相同目的，涉及神圣事物——星辰、太阳和月亮——之运行的事情，凡是有用的他们都应学习。在这些事情上，他们应了解每个城邦需要做出的安排。［809d］但我们指的是什么？我们的意思是，月的运行由日组成，年由月组成，这样就可根据自然的次序，给每个季节、献祭和节日分配相应的时间，［d5］而让城邦保持活力和清醒，并给诸神以荣誉，让人们在这些事情上更加审慎。［809e］所有这些事情，我的朋友啊，立法者还没有向你充分解释。因此，请把心思转到接下来要说的事情上。

我们刚刚说过，首先在作品方面你没有得到充分解释。当我们这样说的时候，我们在寻找什么缺陷呢？是这样：这还未向你解释，一个将要成为得体公民［e5］的人，这个学科是否应该学到精准，或根本不应学习。在里拉琴方面也一样。所以在这一点上，我们的确认为这些学科都应学习。就作品而言，要从［810a］十岁开始，大约学习三年；在里拉琴弹奏方面，从十三岁开始，另外三年是恰当的学习时间。不管孩子喜欢还是厌恶学习，对父亲和孩子本身来说，都禁止用更长或更短的时间来延长或缩短这个法定的学习时间。［a5］凡是不服从者皆会被剥夺稍后会提到的教育荣誉。在这些年中，孩子们要学的和老师要教的东西，你必须自己先学。［810b］在孩子们会读写之前要先练习作品。但这并不是要求，在规划好的几年里，那些没有受自然本性激励的人，要培养出速度和美感方面的独特能力。［b5］有的课程是学习未伴里拉琴的诗作——这些诗作有的有韵，有的没韵，只符合言辞，却没有韵律与谐音。［810c］有些这样的作品是有害的，许多人创作过这类作品，其中某些人传播给了我们。所以，最好的法律维护者啊，你打算如何处理这些作品呢？或准确地说，立法者给你使用的正确规定是什么呢？我想他会十分困惑。”

克 ［c5］异乡人啊，在真正的困惑中，你正同自己明确谈及的是什么呢？

雅 克莱尼阿斯啊，你推测得正确。由于你们两位是法律的参与者，无论前路是否显得清楚，都有必要指出。

克 ［810d］那么，在目前的这些科目里，你指的是什么，你正经历的又是什么？

雅 我会告诉你：要驳斥众口常说的事情一点也不容易。

克 ［d5］来吧，你是否认为，我们之前有关法律的说法，少部分或在少数问题上与多数人的说法相反？

雅 你说得非常对。我认为你在激励我，即便这条道路遭多数人憎恶，珍爱它的人兴许也不少——或者，［810e］即便是少数却至少不低劣——你激励我在后者的跟随下一路向前，在由目前的言论开辟的这条立法道路上去冒险和挑战，绝不后退。

克 ［e5］当然。

雅 好吧，我不会退缩。我说我们有很多诗人，他们以六音步、三音步和人们谈论的其他所有音步创作诗，①有些诗人的目的是严肃的事物，有些则是搞笑的东西。现在，无数人通常认为，［e10］受到正确教育的年轻人必须由这些诗人培养，并沉浸其中，［811a］他们应该用心学习所有诗人，获得大量聆听的经验，通过阅读获得大量学识。此外，另一些人将节选自所有诗人的诗句编成诗集，也包括一些完整的诗歌。［a5］他们声称，这个诗集必须用心学习并牢牢记住，假如我们有学生想通过丰富的经验和大量学习变好并变智慧的话。②那么，情况岂不是，你正向我力荐一种言论自由，允许我向这些人表明他们所说的哪部分好，哪部分不好？

克 怎不是呢？

雅 要恰当地描述所有这些人，我要怎么说才简洁呢？［811b］我认为，下面这些话就够了：每个人都会认同我，这些人全都以高贵的方式说出了许多东西，但也以相反的方式说出了许多东西。如果是

---

① 对比《理想国》399e–400c。

② 见819a，另参《斐德若》275a–b。

这样，我认为，孩子们沉浸于大量学习中〔b5〕就有危险。

克 那么，你会向法律维护者推荐什么并如何推荐呢？

雅 你指的是关于什么？

克 关于他应随时关注范型，他以此决定允许所有年轻人学习什么，〔811c〕阻止他们学习什么。快说吧，毫不犹豫地说出来。

雅 好样的，克莱尼阿斯，在某种程度上，我已非常幸运。

克 〔c5〕在哪方面呢？

雅 我没有为一个范型而全然不知所措。当我此刻回看我们从拂晓到现在所进行的讨论——依我看，我们的言说从未离开过诸神的启发——我认为，我们说出的这些言辞，在各个方面都像是一种诗。〔c10〕或许，我不会惊讶曾有这种感觉：〔811d〕看到自己的言辞汇集起来时十分欣喜。因为，在我看来，较之于我曾在诗中学到或听到，或在已谈过的散文中涌现的大多数言辞，我们这些言辞是最合宜的，尤其适合〔d5〕年轻人听。我认为，除了这些言辞及相关的和相似的言辞外，对法律维护者和教育者，我无法再说出更好的范型，或任何好过他要老师们教育孩子的东西。〔811e〕法律维护者应研究诗人的诗歌，以及散文和只是吟诵而未成文的东西。而且可以设想，若遇到这些言辞的兄弟，他绝不该让它们溜走，而是〔e5〕要将它们写下来。然后他应先强迫老师们自己去学习并赞扬这些作品。若有任何老师发现这些作品不令人满意，就不应将它们雇佣为自己的助手，而是应使用那些他们在赞美中投信任票的。〔812a〕他应让这些人引导和教育年轻人。

在此，就这样结束我的这个故事吧，它谈到了文法教师和作品本身。

克 至少我认为，异乡人啊，我们没有偏离〔a5〕基本假设所提出的言说界限。但或许很难确定，我们的讨论整体上是否正确。

雅 克莱尼阿斯啊，正如我们常说的，一旦我们抵达整个法律讨论的终点，很可能这一点会更加清晰。

克 〔812b〕对。

雅　那么，讨论完文法教师，我们岂不应谈谈基塔拉琴手？

克　为什么不呢？

雅　［b5］我认为，关于我们应分配给基塔拉琴手什么合宜之物，他们在这些事情上的整体的训练和教育［该如何］，我们应当回忆之前的论证。

克　你指的是哪部分？

雅　我认为，我们曾主张，对于韵律与［b10］谐音的安排，六十岁的狄俄尼索斯歌手尤其［812c］感觉敏锐。这样，在模仿歌曲使灵魂感受情绪上——不论模仿得好不好——人们就能挑选出善的相似物及恶的相似物。［c5］他要抛弃一个，而在它们当中创造另一个，向年轻人的灵魂歌唱并迷住他们，召唤他们每个人通过这些模仿加入对德性的追求。

克　你所言极是。

雅　［812d］那么，由于琴弦的音调清澈，里拉琴手及其受教者使用里拉琴音的目的就在于，他们展现的音调类似于嗓音唱出的音调。但至于里拉琴中的支声复调和［d5］变调，其琴弦发出一种与作曲家不同的调子，或通过大小音程的结合和对比，或通过快慢节拍的对比，或通过高低音调的对照，［812e］或用里拉琴的声音来表现旋律中各种相似的变化——对那些要在三年内快速掌握音乐之益处的人而言，这一切都不合适。［e5］彼此矛盾的事物令人烦扰，会导致学习的困难。但年轻人要尽可能善于学习，因为他们要面对的必修科目既非不重要，数量也不少——随着论证的推进，我们会表明这些科目是什么。［e10］因此，我们的教育者应如此监督这些有关音乐的事务。

［813a］至于歌曲本身和歌词，合唱老师应教授哪类和哪些，我们之前都已详细阐述过了。我们宣布，这些歌曲已得到批准，每一首都与节日相协调，通过提供吉利的快乐而有益于城邦。

克　你解释得正确。

雅　［a5］确确实实。让挑选出来负责文艺的行政官为我们掌管这些事务，并在好运的帮助下监督它们。而关于舞蹈和与身体相关的全部体育训练，除了之前说过的那些外，我们还可提供额外的指导。[813b]正如我们填补有关音乐教育的空白一样，让我们对体育也如此为之。因为，男孩和女孩当然必须学习舞蹈，而且是赤身裸体地锻炼。不是吗？

克 [b5]是的。

雅 就他们的锻炼来说，如果让男孩有男舞蹈老师，女孩有女舞蹈老师，这是非常合适的。

克 就这样安排。

雅 让我们再次号召最精于照料的人——儿童主管。[813c]他监管有关音乐和体育的事情，不会有很多闲暇。

克 一位年迈之人①如何能监管[c5]这么多事情？

雅 很容易，我的朋友啊。法律已经给予并将继续给予他权力，使他所选择的男女公民成为他在监督中的助手。他会知道选择谁，而且不会在选择上误入歧途，因为他怀有审慎的敬畏并理解这个职务的重要。[813d]他已推算出，如果年轻人已经并继续抚养好，我们就会一帆风顺，若没有的话——不值得谈其结果，在展现这座新城邦时，出于我们对那些尤其喜爱预言者的尊重，②我们也不会讨论。

[d5]现在，关于这些事情，关于舞蹈和整个体育运动，我们已经说了很多。因为，我们正在确立体育和各种与战争有关的身体训练：[813e]射箭、各类投掷、用轻武器战斗、各种重武器的战斗、战术演习，还有各种军队的运动，包括安营扎寨，以及致力于学习骑马等。对所有这些事情，应当有一些共同的老师，[e5]由城邦付费雇佣。城邦中的男孩和男人必须成为这些科目的学生，女孩和女人必须知晓所有这些科目。只要她们还是女孩子，[814a]就应携带重武器练习舞蹈和战斗。当她们长大成人，就应掌握演习、战斗部署、如

---

① 参765d，监管者不低于五十岁。
② 实际上，马格尼西亚城邦中会有占卜者（828a–b和871c–d）。

何放下和拿起武器。她们应当做这些事，即便不是出于其他原因，至少是为了更适合负责保卫儿童和城邦中的其他人，[a5] 如果全部军队及所有战力不得不离开城邦在外作战。①否则就会发生相反的事情，无人能发誓否认的事情：不论野蛮人还是希腊人的外敌，都会给她们施加强大的力量和暴力，迫使她们为了城邦本身战斗。或许，[814b] 这个政制会恶行累累，若如此耻辱地抚养妇女，以至于她们连鸟儿们都不如——鸟儿甘冒任何危险，甚至去死，也要为其幼崽战斗，抵抗哪怕最强大的禽兽——而是迅速地冲向神庙，[b5] 簇拥在各个祭坛和内殿，从而给人类带来在所有兽类中天然最懦弱的名声。

克　宙斯在上，异乡人啊，无论这发生在哪个城邦，[814c] 除了坏处外，看起来根本没有好处。

雅　那么，难道我们不该把这制定为法律，即妇女绝不可忽视战争事务，这是男女公民都必须关心的事？

克　[c5] 至少我同意这一点。

雅　有关摔跤，我们已有所探讨。但我想说，最重要的部分我们尚未讨论，这在言辞上并不容易解释，要是不附带身体证明的话。因此，随后再宣布我们的决定吧。[814d] 那时言辞会追随行动，而且能澄清已说过的其他事情。我们尤其记得，在各种运动中，摔跤确实是目前为止最接近战争中的战斗的，[d5] 摔跤是为了战争而练习，了解战争并非为了摔跤。②

克　这方面你确实说得好。

雅　现在，让我们进一步谈谈摔跤学校的力量吧。

关于整个身体的其他 [814e] 运动，如果有人称最大的部分是一种"舞蹈"，那么他说得正确。应认为它包含了两种样式：一种是在庄严运动中对高贵身体的模仿，另一种是在卑微运动中对可耻身体的模仿。[e5] 此外，卑微和庄严运动中还各有两种样式。

---

① 集体离开在外作战的是男性士兵，守卫儿童与城邦其余人的是女性士兵。

② 这是803e的教诲：游戏性活动的进行应服务于严肃的活动，二者缺一不可。

庄严运动的一种样式是模仿战时卷入使用暴力的高贵身体，其灵魂具有男子气概。另一种是模仿处于成功和适度快乐中的节制灵魂。若有人称之为"和平舞"，那他是根据自然言说。

[815a] 那类战争的舞蹈本质上不同于和平的，可正确地称之为"出征舞"。①一方面，它包含了模仿避开各种打击和投射物的运动——闪躲、完全退却、跳跃、蹲伏，[a5] 然后又力求模仿相反的动作，即包含打击的进攻姿势，用箭和标枪这类投射物和各种打击物进行打击。在这种舞蹈中，对好身体和 [815b] 好灵魂的模仿出现时，通过保持肢体伸直，基本上就能获得正确性和活力。这种姿势是正确的，相反的姿势就视为不正确。

至于和平之舞，需要观察各种情形，看看 [b5] 在合唱舞蹈中，一个人在保持高贵舞蹈上是否正确，是否没依据自然，与善法下生活的人相不相称。因此，首先有必要分离有争议的舞蹈和 [815c] 无争议的舞蹈。那无争议的是什么呢，两者如何分离呢？任何酒神式的舞蹈，及其相伴随的一切——正如他们声称的，在这种舞蹈中，他们就像醉酒者一样模仿所谓"尼普斯""潘神""西勒诺斯"和"萨图尔"，[c5] 以此庆祝某些净化和秘仪——这一整类舞蹈都不易定义为和平或好战的，什么时候都难以定义。我认为，看起来最正确的定义方式是：[815d] 它必须不同于战争之舞，也不同于和平之舞，而且人们必须说，这类舞蹈并非政治性的。就此打住吧，让我们现在回到战争与和平之舞，它们无疑属于我们的事情。

[d5] 关于非战争的缪斯的舞蹈，体现在人们荣耀诸神及神子的舞蹈中，构成了完整的一类，它起源于一种幸福感。我们可以将其再分为 [815e] 两种：一种体现了人们摆脱某些辛劳和危险而进入好的境况，包含较大的快乐；另一种则体现上述好境况的保持和增加，包含的快乐要比其他快乐更温和。在这种情况下，[e5] 每个人

---

① 出征舞（Pyrrhic）由斯巴达人皮里科斯（Pyrrichus）而得名。这种舞的尚武特点表明它源自斯巴达。

都有可能在快乐较大时更多地运动身体，在快乐较小时较少运动身体。此外，那些更有序和在勇敢方面有着更好体育训练的人，会较少运动［816a］身体，而懦弱者和在节制方面缺少体育训练的人，则在运动上表现出更大和更剧烈的变化。通常，没有一个正使用其声音的人——不论唱歌还是说话——能在身体上保持得［a5］非常冷静。因此，对于已说过的姿势，随着相关模仿的出现，便产生了整个舞蹈技艺。就所有这些姿势而言，我们有人和谐地运动，有人则不和谐地运动。［816b］我们现在应该明白，许多古老的名称被分配得很好且合乎自然，因此值得我们称赞：其中一个名称赋予过得好的人的舞蹈，这种人合宜地处理快乐。［b5］在那时，无论谁命名舞蹈，当他称所有舞蹈为"和谐"，并确立了高贵舞蹈的两种样式——战争或"出征"舞以及和平或"和谐"舞——他就说得正确、高雅且合理。在每一种情况中，［816c］他都分配合适的且和谐的名称。立法者应解释这些类型，而法律维护者应找出它们，一旦发现，就应将舞蹈与其他音乐安放在一起，分配给各个节日，给每个献祭分配［c5］合适的东西。因此，当他在有序的安排中圣化了这一切，他就不再就舞蹈和音乐的事情做任何改变。由此，这个城邦及其应尽可能彼此相似的公民，［816d］就会品味相同的快乐，生活得又好又幸福。

在已规定的合唱表演中，美丽的身体和出身良好的灵魂如何表现，上面的讨论已可得出结论。［d5］但有必要考察和了解涉及可耻的身体和思想的事情，以及那些转向搞笑的谐剧的人——他们借助言辞和歌曲，借助舞蹈和包含这一切的谐剧模仿。那些想变得明智的人，不了解可笑的事物就无法理解严肃的事物，［816e］就此而言，反之亦然。但如果一个人只分有一小部分德性，就无法以两种方式创造。事实上，他只是出于这个原因而应了解可笑的事物。［e5］这样，他就不会因无知而做出或说出任何荒谬的事情，假如他没必要的话。对这些事物的模仿，应分配给奴隶和受雇佣的异乡人。所有这些事情不应有任何严肃性，任何自由民、妇女或男人都不应被看到在学习这些事。事实上，这些模仿总会体现某种新［e10］事物。引起笑声的剧作，我们都称之为［817a］"谐剧"的剧作，在法律和言辞中就如此规定吧。

至于他们所谓"严肃的"诗人，我们的肃剧诗人，假如他们某些人在某个时刻来到我们这里，并这样问："异乡人啊，我们能否常到你们的［a5］城邦和领土？我们能否随身带上我们的诗歌，或者对这些事情，你已决定要怎么做？"有关这些问题，我们应该如何正确回答这些神圣的人？① ［817b］就我而言，我认为应这样："最优秀的异乡人啊，"我们应该说，"我们本身也是诗人，我们已尽全力创作了最美而又最好的肃剧；无论如何，我们整个政制的构建，都是在模仿最美而又最好的生活方式，至少［b5］我们认为，这种生活方式确实是最真的肃剧。现在你们是诗人，而我们也是相同事物的诗人；在最美的戏剧方面，我们是你们技艺上的对手和表演的对手，只有真正的法律能自然地让这种戏剧完美——正如［817c］我们所期望的。所以无论如何，不要认为我们会轻易地让你们到我们这里来，在市场搭建你们的舞台，引入嗓音好的演员，说话比我们还要大声。不要认为我们会轻易地让你们向孩子、［c5］妇女和所有的民众发表公开演说，谈论我们所谈的相同事务，但大部分却与我们所说的相反。在判断你们所创作的［817d］言辞和习俗是否适合表达前，如果我们和每个城邦的统治者允许你去做刚才所说的事，我们就几近彻底疯狂。那么现在，你们这些由温和缪斯传下的孩子啊，［d5］我们首先会向统治者们展示你们的歌曲，跟我们的歌曲做比较。如果你们所说的明显相同，甚至更好，我们会给你们一支合唱队。但如果不是，朋友啊，我们绝不会这样做。"

［817e］关于整个合唱技艺及其相关的学习，就让这些成为合法规定的习俗吧。如果可接受的话，适合奴隶的事要与适合主人的事分开。

克 在这一点上，怎么不可接受呢？

---

① 对参《理想国》398a–b，605c–607d。

　　雅　［e5］对自由民来说，有额外三门科目要学习。一门是算术和同数字相关的；第二是有关长度、面积和体积的测量，可作为一门学科；第三门是有关星辰旋转的方式，以及当它们运动时彼此之间的［818a］自然关系。在这些事情上，多数人无需劳心劳力学到完全精准，这是对少数人的要求。在我们讨论结束时，我们会解释他们是谁，那时解释才合适。但对于大多数人，尽管不知道许多［a5］被正确称为"必要"的事物对许多人来说是可耻的，但人人都要学到完全精准，这并不容易，事实上也根本不可能。当然，这些学科中固有的必然性无法摆脱，无论谁首先表达了关于神的这条谚语，他都有可能看到了这些，［818b］他说，"从未见过神与必然性搏斗"。①我认为，这意味着那些必然性都是神圣的。可一旦运用到属人的必然性——这是多数人说到这件事时看到的——［b5］这就成了目前为止最幼稚的说法。

　　克　异乡人啊，在这些科目中，哪些必然性不是属人的，而是属神的？

　　雅　我认为，如果在人类当中，有人要成为［818c］一位神、精灵或英雄，能够严肃地照管人，那他绝对要依据这些必然性行动和认识事物。无论如何，如果一个人无法学习一、二、三或一般的奇偶数，［c5］或者不懂得任何算术，或不会计算昼夜，不熟悉太阳、月亮和其他星辰的运行轨道，那他就远不能算作神圣的。［818d］有人认为，对于打算掌握几乎最为高贵的学习科目的人而言，所有这些科目都没有必要，这种看法非常愚蠢。但对于这些科目，应学习每一门的哪些部分，学多少，什么时候学，［d5］哪些学科应放在一起学或分开学，以及将它们合在一起的整体方式——在继续学习这些学科导入的其他学科前，这些问题应先正确把握。这样就建立起符合自然的必然性，［818e］我们认为，诸神对此现在不会反对，将来也不会反对。

---

　　①　这句谚语出现在西蒙尼德斯的一首诗中，《普罗塔戈拉》345d有讨论。

克 看起来，异乡人啊，你刚刚说的话是以正确方式言说的，现在所言也符合自然。

雅 ［e5］确实如此，克莱尼阿斯啊，但对于这些事务，难以提前以此立法。但你若愿意的话，我们可以在其他时间更精确地立法。

克 看起来，异乡人啊，我们对这些事情惯常性的不熟悉吓倒了你。但你的害怕并不正确；［e10］试着说说吧，别为此有所隐藏。

雅 ［819a］我的确害怕你正在描述的，但我更害怕那些以糟糕方式接触到这些研究的人。毕竟，对任何事情极端缺乏经验根本不可怕，也不是最大的恶。［a5］但在糟糕的培养下，获得的丰富经验和大量知识会带来更大的损害。

克 你说得对。

雅 所以我们应该宣布，在这每一个学科中，［819b］自由民都必须学习，就像埃及民众的全体孩子那样，连同文法一起学习。首先，就算术而言，为小孩们设计的课程要让他们在游戏和快乐中学习：［b5］分配一些水果或花环，这样，较多或较少的人就能平分相同的数量，或是让拳击手和摔跤手依次相继轮空或配成对，而符合自然秩序。在游戏中，他们也可［819c］把金碗、铜碗、银碗和其他此类碗混在一起，然后孩子们以各种方式对它们分组。这样，如我所言，通过把游戏与数字必然性的使用协调起来，在安排军营、［c5］行军和军事战役以及治家上，他们就能帮助学生，这通常也会使人更自立和更灵敏。接下来，［819d］他们转入长度、面积和体积的测量。由此，对于所有这些科目，人天然就有的某些荒谬且可耻的无知，也就能摆脱了。

克 您所说的是哪一种无知呢？

雅 ［d5］亲爱的克莱尼阿斯啊，我自己也是不久前才听到这些，我也非常吃惊地发现我们在这些事情上的处境。我认为，这种处境不应属于人类，而属于猪的后代。［819e］我不仅为我自己感到羞愧，更为所有希腊人羞愧。

克 关于什么？异乡人啊，请谈谈你要说的。

雅 我会说的。或者进一步，我会通过向你提问来表明。回答我一个小问题：你或许知道长度？

克 ［e5］怎么不？

雅 这个呢，面积？

克 当然。

雅 除了这两者外，第三个即体积？

克 怎么不是呢？

雅 ［e10］难道你不认为，所有这些都可彼此衡量？①

克 是的。

雅 我认为，长度天然可用长度测量，面积［820a］可用面积测量，体积也一样。

克 肯定。

雅 但如果有些根本不能测量——既非"肯定"又非"稍微"可测量，而是一些可测，一些不可测，你却认为全可测，那么，你如何看待自己的［a5］处境呢？

克 显然非常可怜。

雅 这个呢？长度、面积与体积是什么关系，或者面积、长度相互间的关系呢？对于这些事物，我们希腊人岂不全都认为，它们能以［a10］这样那样的方式相互测量？

克 ［820b］当然如此。

雅 但如果它们根本无法互相测量，不过像我所说的，所有希腊人却认为可以，那么，恰切的岂不是我们每个人感到羞耻，并对自己说："最好的［b5］希腊人啊，这难道不是我们所说的，不了解这些

---

① "彼此衡量"，即相互通约，关于可通约与不可通约（或无理数）的讨论，参见欧几里得，"能相互通约的大小具有数与数的比值"（欧几里得，X，假设5）；柏拉图，《泰阿泰德》147d–148b，《希琵阿斯前篇》303b–c；Thomas L. Pangle, *A Manual of Greek Mathematics*, New York: Dover, 1963, 页54–55、105–106、180–181。根据古注家对欧几里得《几何原本》卷十的注解，首先发现不可通约数的毕达哥拉斯学派认为这一发现非常危险，将其公开是不虔敬的，会受到诸神惩罚。

事情是可耻的，尽管懂得这些必然性也并非绝对高贵？"

克　怎么不是呢？

雅　[820c] 除此之外，还有一些与此类似的问题，让我们犯下许多错误，可谓我们正谈论的这些错误的孪生兄弟。

克　哪些问题？

雅　可测量之物与不可测量之物彼此间天然有联系。[c5] 如果我们不想可怜巴巴，就有必要探究和了解它们的差异。老年人若彼此总是提出这类问题，他们消磨时光的方式就会比下棋更优雅，由此让好胜心沉浸在闲暇活动中，这也与他们相称。

克　[820d] 也许是。不管怎样，下棋与这些学习科目之间可能不会截然分离。

雅　就我而言，克莱尼阿斯啊，我认为年轻人应学习这些东西。因为，它们无害也不难。如果在 [d5] 游戏中学习它们，它们就会带来好处，绝不会伤到我们的城邦。但如果有人还有其他说法，那就来听听。

克　怎么不呢？

雅　那好，如果这些活动明确如此进行，我们显然会判为可接受。但如果看起来不是如此进行，就判为不可接受。

克　[820e] 无疑，还有呢？

雅　那么现在，异乡人啊，这些东西应确立为属于必要的学习科目吗，这样，我们的法律中就不会有漏洞？让它们像定金一样确立下来，独立于这个政制的其他部分。[e5] 我们这些付定金者或你们这些持有定金者，一旦发现抵押物不受欢迎，那就可以赎回定金。

克　你说的是正当的定金。

雅　接下来看看，年轻人学习的天文学，是否与我们赞成的相符，抑或相反。

克　[e10] 那就说吧！

雅　那好，有件非常奇怪的事涉及这些东西，这件事无论如何不可忍受。

克 ［821a］什么事？

雅 就最伟大的神和整体宇宙而言，我们认为，人们既不应进行考察，也不应试图发现其原因，因为这样做不虔敬。①但有可能，如果发生完全相反的事，［a5］那就是正确的。

克 怎讲？

雅 现在说的这件事是矛盾的，人们会认为不适合老人。但要是有人认为，有一门学科高贵、真实、对城邦有益且［821b］完全蒙神喜爱，那他就可以谈一谈。

克 你所说的有可能。但我们要寻找的这门涉及星辰的学科是什么呢？

雅 ［b5］好人啊，可以说，关于伟大的神，太阳神和月亮神，当今我们所有希腊人都说错了。

克 是什么谬误呢？

雅 我们说，它们并不在相同的轨道运行，其他星辰也这样，因此我们称它们为"漫游者"。②

克 ［821c］宙斯在上，异乡人啊，你说的是实情。在我一生中，我常常亲眼看到晨星和暮星，还有其他一些行星，它们可从没有在同一轨道上运行，而是四处漫游。我认为大家都知道，［c5］太阳和月亮总是那样运行。

雅 墨吉罗斯和克莱尼阿斯啊，［821d］我现在认为，至少就天上诸神而言，这些事情正是我们的公民和年轻人所应学习的。他们应充分了解这一切，这样他们就不会亵渎诸神，在献祭或参与虔诚的祈祷时，就总是吉利地谈到诸神。

克 ［d5］这是正确的，如果有可能首先学习你所说的东西。这样的话，我们现在关于诸神若说得不正确，但通过学习我们会说得正确，那么，我至少在这个意义上会同意，这种事情应当学习。既然是

---

① 对参《申辩》18b7–c3。另参亚里士多德，《形而上学》982 b 27–32。
② 即行星（*Πλάνης*），这个词源于动词 *πλανάω*［漫游］。

这样，你就尽力充分地解释，我们也会尽力 [d10] 跟随你学习。

雅 [821e] 但我正在说的并不容易学习。另一方面却也不是太难，不需要花很多时间。证据在于，我听说这些时已不再年轻，实际上是不久之前，但我可以不用占太多时间向你俩说清。[e5] 如果这个学科很难，在我这把年纪，我就绝不可能向你们这把年纪的人说清楚。

克 你说的是实情。但你说的这门学科是什么呢，[822a] 你说它令人惊奇，适合年轻人学习，但我们却一无所知? 对此，请尽可能清楚地解释吧。

雅 我会尽力。最好的人啊，说月亮、太阳和其他星辰 [a5] 有时会漫游，这个看法并不正确。情形与此完全相反：它们每一个的运行轨道，始终都沿着同一个而非多个圆周，尽管看起来像是有多个轨道。此外，它们中最快的被错误地认为是最慢的，反之 [822b] 亦然。如果这些东西天然如此，但我们并不这样认为——如果在赛马或奥林匹亚长跑选手中，我们这样考虑事情，宣称最快的是最慢的，最慢的是 [b5] 最快的，并创作出颂词来歌颂失败者，仿佛他就是胜利者，那我认为，我们的颂词既不正确，也不会让选手喜欢，因为他们都是人。但现在，[822c] 我们对诸神犯了同样的错误，我们岂不认为，先前可笑和不正确的情形，一旦用到目前的事情上就根本不可笑。因为，我们对诸神的颂歌若包含错误的说法，那无疑也根本不会 [c5] 蒙神喜悦。

克 所言极是，如果事情确如此的话。

雅 因此，如果我们能证明事情就是如此，那么至少就此而言，这一切都应该学习。但如果证明不了，那就不要管它们了? 我们同意就这样吗?

克 [822d] 当然。

雅 此刻，我们应宣布，在教育上，有关学科的礼法已完成。但关于狩猎和所有这类事情，人们应该以相同的方式思考。因为立法者 [d5] 的任务具有风险，不仅仅是制定法律就算完成任务，法律之外还有其他事情，它们天然处于告诫与法律之间。在我们的［822e］讨论中经常碰到这一点，正如涉及抚养幼儿的讨论那样。我们认为，这些事情不应放下不提，而是在谈到时指出，这些事情若制定为法律，那将愚不可及。的确，即便我们写下了法律和［e5］整个政制，但赞扬德性优异的公民，说他是法律最好的仆人并最为顺从，从而成了好人，这样说也不完整。更完美的赞扬是说，一个人通过坚定地服从立法者制定、赞扬和谴责［823a］的作品而度过一生。关于公民的赞美，这就是最正确的言辞。一位立法者真正需要的是，他不仅写下法律，而且除了法律之外，还有与之交织在一起的事物，比如向他揭示高贵和低贱之事的作品。［a5］最高级的公民受这些事情的限制，不亚于受法律惩罚的约束。如果我们把目前的主题作为一种证据，就能进一步澄清我们试图说的事情。

　　狩猎是一种非常广泛的活动，［823b］但如今这个名称囊括了大多数活动。有许多对水中动物的狩猎，有许多对飞行动物的狩猎，还有许多对爬行动物的狩猎——不仅包括野兽，［b5］还包括对人的狩猎，而这是值得思考的。一种狩猎出现在战争中，但还有很多凭借友谊的狩猎，有时值得称赞，有时要谴责。①盗匪的攻击和军队抵抗军队都是［823c］狩猎。那么，立法者制定关于狩猎的法律，不可避免地要澄清这些事情，但他无法制定有威胁性的法律，给每种狩猎赋予秩序和惩罚。因此，关于这些事情，我们应该做什么呢？一方面，为了年轻人［c5］的锻炼和实践，立法者应赞扬和谴责有关狩猎的事情。另一方面，年轻人应遵从他听到的，不许让快乐或痛苦击败自己。同时，他们更应尊崇和彻底执行的是在赞美中说出的规定，［823d］而非与惩罚或制定的法律伴随的威胁。

　　在说完这些预备的事情之后，接下来就是和狩猎有关的恰切赞扬

----

　　① "通过友谊的狩猎"可指情人关系，一个年长的男子"狩猎"并占有年轻的男子，成为他的情人。参《会饮》203d，爱欲被描述为一个强大的猎人。关于"有时值得称赞，有时要谴责"，对参《会饮》205e–206a。

和谴责。那些让年轻人［d5］灵魂变得更好的狩猎应受赞扬，反之则受谴责。因此，让我们依次谈谈接下来的事情，通过祈祷对年轻人说：

"朋友们，愿你们不要让某种欲望或爱欲抓住，［823e］去海上狩猎，去钓取，或一般而言的猎取水居动物，或是采取偷懒的方式，使用猎捕的笼子，不论猎人醒着还是睡着！愿你们永远不要想借助海洋或海盗去抓人，愿你们不会因此而成为残忍和无法无天的猎人！愿你们丝毫不想要在村社和城邦从事偷盗！［e5］还有，捕鸟这种几乎没有自由的活动，愿其诱人的爱欲不要出现在［824a］任何年轻人身上。

"留给我们运动员的就只有猎捕爬行动物了。这一支由轮睡的男人实施，称作夜猎。这属于懒人，并不值得称赞。从辛劳中停下来休息的狩猎同样如此，因为这些猎人依赖罗网和陷阱［a5］而非爱劳作的灵魂的胜利来对付野兽的凶猛力量。唯一剩下的且对所有人最好的是，用马、狗和猎人自己的身体来猎取四足猎物。在这种类型中，猎人运用奔跑、打击以及亲手投出的标枪，打败他们猎捕的各种动物。谁要培养具有神圣勇敢的人，都应该践行这种狩猎。"

［a10］对这一切事情的称赞和谴责，就用上面所说的这番话吧。这条法律如下：

对于真正神圣的猎人，① 无人可阻止他在任何地方、以他喜欢的任何方式狩猎；

对于依赖罗网和陷阱的夜猎者，无人允许他在任何地方狩猎；

对于捕鸟者，在荒地［a15］和山上不受阻止，但在开垦的或神圣的土地上，任何遇到的人都应阻止；

对于捕鱼者，除了港口、圣河、湿地和湖泊外，其他地方都允许捕捉，但不能用汁液污染水域。

［a20］此刻，我们应当宣布，涉及教育的整套法律已完成。

克　你说得漂亮！

---

① 即培养了"神圣勇敢"的人。

卷 八

雅 ［828a］接下来，应安排节日并为之立法。德尔斐神谕会表明，城邦举行何种献祭、对哪位神献祭更好更合宜。①但至于献祭应在何时举行，次数要多少，兴许［a5］该由我们来立法，至少就一些节日而言。

克 也许次数该由我们定。

雅 那么，我们应该先谈谈次数。献祭的次数［828b］应为365次，不可或缺。②这样，至少有一位行政官可代表城邦、城邦民及其所有物，向某位神或精灵献祭。解释神谕者、男祭司、女祭司、占卜者应当与法律维护者相聚，［b5］一同安排立法者必然会遗漏的事宜。③此外，对于这些遗漏的事宜，这些人还应做出决定。法律会为这十二位神［828c］设立十二个节日，每位神都有一个以他命名的部落。部落成员会每月给每位神做神圣的献祭，举行合唱、音乐比赛和体育竞赛，这些活动匹配相应的神明及每个季节。［c5］他们也分配妇女的节日，有些节日适合男人不在时庆祝，有些则不用。此外，与冥神有关的节日，不应与我们称之为天神的节日及其相关之事混淆。这些冥神［828d］的仪式应单独举行，并依据礼法，分配在冥神之月即第

---

① 德尔斐会为他们解决好诸神的选择以及牺牲的类型，这句话是询问神谕时的惯常说法。

② 柏拉图这种计算太阳年长度的方法超越了他的时代。

③ 该委员会要首先找出立法者法令的漏洞，继而补充缺失的法令。

十二个月举行。①好战的人类也不应厌恶冥神，而应当尊敬冥神，始终将其视作人类族群中最好的神灵。因为我真诚地认为，对灵魂与肉体而言，[d5] 结合并不优于分离。

此外，对于这些事务，那些要作严格区分的人应牢记这些事情：现在，在提供闲暇与必需品上，人们找不到别的城邦可与我们城邦[829a] 相媲美，尽管如此，对这个城邦而言，正如对一个人而言，必须活得好。那些幸福生活的人，首先必须避免对他人行不义，以及自己遭受他人行不义。这两者中，前者并不太难，但难上加难的是拥有不受他人行不义的能力。[a5] 要完全实现这一点，这个人必须变得完全的好。②这同样适用于城邦：如果城邦是好的，就拥有和平的生活，如果城邦是坏的，就会面临内外战争。既然事情是这样，[829b] 人们不应仅在战争时期训练战术，在和平生活中也应训练。因此，凡有理智的城邦应当每月至少备战一天，如果统治者认为合适，可以更长。公民们应不顾 [b5] 严寒酷暑训练，无论公民自身，还是他们的女人和孩子概莫能外。只要统治者认为合适，就可调动全部民众，有时则调动部分民众。统治者们总会设计一些伴随献祭的高贵游戏，这样就有某些节日上的战斗，[829c] 尽可能模仿战争中的战斗。

在每个此类场合中，奖励均应授予胜利者与表现杰出者，他们应互为彼此创作③表达褒贬的诗歌，以展现每个人在竞赛和整个生活中要成为哪类人，[c5] 赞赏看起来最好的人，并谴责低劣之人。不是

---

① 在希腊历法中，第十二月是 Σκιροφοριών，大致相当于公历 6 月下半个月到 7 月上半个月。人们认为，第十二月是冥神的圣月，显然因为这个月标志着春天生长季的结束。

② 《高尔吉亚》522d2 称："只要他可以保护自己，既没说过又没做过任何不义之事，无论涉及人们还是涉及神们。因为，这样一种自我保护，对我们而言已经得到多次同意，最为强大有力。"雅典异乡人并未许诺我们，这种行为会一劳永逸；这是唯一的机运。

③ 此处的"创作"（ποιεῖν）和 829c6 的"诗人"（ποιητής）无疑专门用来指诗歌创作，829d2 的"创作者"（δημιουργοί，又有"艺匠"之意）则延续了技艺的思想。

每个人都可成为创作这些东西的诗人。首先，他必须至少年过半百；其次，他不应是［829d］自身具有足够的作诗及音乐才能，却从未做过明显的高贵之举。若诗歌要受传唱，诗人应是城邦中优秀且受尊敬的人，高贵行为方面的创作者，即便他们的作品并不天然具有艺术性。① 教育者及其他法律维护者［d5］应遴选这些诗人。② 他们将嘉奖这些诗人，让他们在文艺创作上言论自由，而其他人却不享有这项特权。任何人都不应鲁莽吟唱法律维护者视作低劣的缪斯，即便这位缪斯比塔缪里斯③［829e］和俄耳甫斯的颂诗还要甜美。相反，诗人们应吟唱被判定为神圣而献给诸神的诗，以及言行得当的好人创作的褒贬之歌。我认为，对于战争和诗歌中的言论自由，［e5］同样的规则应适用于男人与女人。

立法者还应做出比较，在推理中问自己："来吧，我准备了这整座城邦，是为了培育什么样的人？［830a］他们难道不应成为最伟大比赛中的运动员，在其中遇到成千上万的对手？"

"当然。"一位言谈正确的人会如是回答。

"这个呢？如果我们正在培育拳击手，练习拳击和摔跤混合比赛的人，或其他此类竞赛的运动员，［a5］那么，在没有每天花时间与他人练习格斗前，④我们会参加比赛吗？如果我们是拳击手，在比赛前的很多天内，我们难道不会学习［830b］格斗并苦练，模仿随后为了胜利竞技要用的所有东西，尽可能模仿得逼真，戴上夹层的手套而不是皮手套，以便充分练习如何［b5］打击对手并回避攻击？如果我们缺少

---

① 从上文802c4，我们得知，为了满足体系和规则的要求，如有必要，就算诗歌的快乐也必须舍弃。因此在这里，雅典异乡人认为，较之诗人生活的品性，一部作品在诗意上的优异不值一提。下文829e3的"言行得当的好人创作的褒贬之歌"表明，无需牺牲一切诗意上的优异。

② 这涉及教育的责任者，他应是法律维护者（765d）。

③ 塔缪里斯（Thamyrus）是一名忒腊克歌者，他向缪斯女神发起挑战，后因傲慢被夺去记忆（《伊利亚特》2.594–600）。

④ 说话者小心翼翼地将自己置于格斗者的位置，但他接下来才明示这一点。

练拳对手，我们会不会惧怕愚昧的嘲笑者，不敢挂起没有灵魂的假人，与之进行体育训练？［830c］如果有灵魂的和无灵魂的对手，我们全都缺少，在这般缺乏锻炼对手的情形下，我们难道会不敢名副其实地与自己的幻影格斗？或者，对于这种仅仅在打手势的练习，人们还能怎么称呼呢？"

克　［c5］异乡人啊，除了你眼下这个说法外，兴许没其他的了。

雅　这个呢？如果我们城邦军队的备战，还不如刚刚提到的那些竞赛的准备，那么，我们的军力每次胆敢投入最大的竞赛吗？是否敢以这种方式进行竞赛，［830d］使灵魂、孩子、财产与整个城邦濒于险境？由于担心彼此间进行体育锻炼的方式可能会成为某些人的笑柄，城邦的立法者会不会不愿立法规定，最好每天都进行［d5］小型军事练习，不使用重型武器？在设立合唱队和整个体育锻炼时，立法者会不再以此为目标吗？①他难道不会下令，一些携带重武器的大型体育锻炼，必须至少每月举行一次，在锻炼时，［830e］人们必须寸土必争，抢占地形，设置埋伏？难道立法者不会让他们模拟整套战争术，这样，他们便能用夹层手套真实地格斗，使用不大危险的投射物尽可能真实地抛掷？因此，他们彼此间进行的游戏并非令人毫无恐惧，［e5］借助这种恐惧可在某种程度上显示，谁的灵魂坚毅，谁懦弱。

［831a］由此，立法者难道不能正确地将荣誉授予前者，将耻辱加于后者，而使整座城邦做好充分准备，在其始终面对的真正竞赛中得心应手？此外，如果有人因这些锻炼而死亡，这种谋杀岂不会被视作非自愿的，难道立法者不会规定，［a5］只要经过合法的净化，凶手的双手就是清白的？难道立法者不会认为，如此死亡的人为数不多，其他更好的人会取而代之？但假如恐惧会消失，那么，立法者岂不无法找到另一种方式来检验，在所有这些训练中谁更优秀谁更低

---

①　这种备战是一切小的体育训练——无论是混合的还是单独的合唱队——的一种目的。

劣，[831b] 而这对城邦而言，岂不为害更甚？

克　我们无疑同意，异乡人啊，每个城邦应当如此立法并实行。

雅　我们是否全都知道，为什么在当今的城邦中，[b5] 几乎不再举行此类合唱活动与竞赛，即使有，规模也极小？我们该不该说，这是由于多数人及其立法者的无知？

克　兴许是。

雅　[831c] 绝非如此，有福的克莱尼阿斯！我们应当说，这背后有两个充分的理由。

克　是什么？

雅　一是对财富的爱欲，这使人们除了 [c5] 关心私人财物外，不再有闲暇关心任何其他事物。因此，每位公民的整个灵魂除了关心每日的盈利外，无法再关心别的事情。凡是有助于这一点的学习和实践，每个人私底下都会如饥似渴地学习和追逐，[831d] 对其他事物则一笑了之。这就是原因之一，我们应当以此解释，为何一个城邦不愿认真地举行这项或那项高贵的活动，而出于对金银的贪得无厌，人人都愿意接受任何技艺与发明，[d5] 无论高贵抑或低劣；只要这项技艺与发明能使他富有，人人都愿意不带厌恶地做任何事，无论虔诚与否，哪怕可耻之极，只要这行为能使他如野兽一般 [831e] 尽情吃喝，彻底满足各种性欲。

克　对。

雅　那么，对于城邦为何无法施行任何高贵之举，[e5] 尤其是无法对战争做好充分准备，就把我正在说的这一点定为一种原因吧。这一欲望将那些本性有序的人变作商人、船上的商贩与十足的奴隶，将那些勇敢的人变作海盗、入室行窃者、[832a] 抢劫神庙者、好战者与僭主——有时，他们并非本性不良，而是运气欠佳。

克　怎讲？

雅　我怎么能不称他们为全然不幸的 [a5] 人呢？无论如何，他

们被迫永远灵魂饥渴地度过一生。^①

　　克　这就是原因之一。那你说第二个原因又是什么呢，异乡人啊？

　　雅　能提醒我真好。

　　克　［a10］你正在说的是原因之一：终生贪得无厌地［832b］求取，这使人没有任何闲暇，阻碍了每个人高贵地备战。那就这样吧，说说第二个原因是什么。

　　雅　我是否让人觉得欲言又止，因为不知所措而耗费了时间？

　　克　［b5］没有，但你让我们觉得，你义愤填膺，强烈地谴责此类性情，超出了眼下论证所需。

　　雅　异乡人啊，你们的批评很在理。看来你们也愿意听听我下面要说的话。

　　克　尽管说吧。

　　雅　［b10］我至少会说，原因在于我先前论证［832c］经常提及的非政制^②——民主制、寡头制与僭主制。这些都不是政制，全都称为"派系"最正确。因为，这些政制都没有实现自愿的统治者统治自愿的臣民，而是自愿的统治者［c5］总是借助某种暴力统治非自愿的臣民。由于统治者内心惧怕，他绝不会自愿让被统治者成为高贵、富有、强大、勇敢之人，或使他们在任何方面好战。

　　这两个主要原因几乎为所有事情负责，无疑也包括刚刚提到的那些事情。现在，我们正在为之立法［832d］的政制，规避了我们描述的这两大原因。因为，这个政制提供了尽可能多的闲暇，人们彼此间是自由的，而且出于这些法律，我认为他们最不可能成为财迷。因此，在各种现存政制中，可能唯有这种政制建立得合理，［d5］并允许上述战士教育和游戏，要是在论证中阐述正确的话。

---

　　①　克莱尼阿斯在回答（832a10）中表示，他也满意这个回答。但这话显然另有深意。柏拉图指出，他那个时代的人一心扑在赚钱上。财富只能满足动物的欲望（831d8以下）。因此，这一时代的灵魂必定是极度饥渴的。

　　②　指712e，714a-b，715a-b以及756e。

克 说得好！

雅 因此，接下来，我们岂不应该牢记：[832e] 就所有体育比赛而言，如果它们是为了战争，那就应该举行，并颁发胜利的奖品，否则就可以放弃？这些竞赛是什么，最好是从一开始就阐明并为之立法。[e5] 首先，我们岂不应规定赛跑和速度方面常规的竞赛？

克 应规定。

雅 无疑，对战争最重要的事物总是身体的敏捷，一方面是脚的敏捷，另一方面是手的 [833a] 敏捷。脚的敏捷能及时逃跑和抓捕，而手的敏捷有益于近身肉搏和短兵相接，这需要强壮与力量。

克 当然。

雅 但没有武器的话，这两者就没有 [a5] 多大用处。

克 怎会有呢？

雅 因此，首先在竞赛时，如同现在做的那样，我们的传令官会传令赛跑者。赛跑者全副武装入场：[1] 我们不会给没有武装的参赛者颁发奖品。首先进入 [a10] 赛场的是携带重武器的赛跑者；[833b] 其次是双程赛跑者；第三是中距离赛跑者；第四是长跑者。[2] 第五组比赛中，我们首先派遣"重装的"赛跑者，因为他携带重装备，他要跑六十斯塔迪昂，往返某座阿瑞斯的神庙，他跑的 [b5] 道路比较平坦。而另一类是携带全副箭具的弓箭手，他要跑一百斯塔迪昂的路程，往返某座阿波罗和阿尔忒弥斯神庙，要经过山路和各种地形。[833c] 设置完这些比赛之后，我们等待他们归来，然后给每一位胜利者颁发奖品。

克 对。

雅 我们认为，这些比赛应分为三批：[c5] 一批是儿童的，一批是青少年的，一批是男子的。针对青少年组，我们给他们设置三

---

① 一个赛马场约等于185米。实际上，这涉及那些在体育场赛跑的人（正因为这个原因，才会"距离很短"）。

② 竞技里程不尽相同，但不会超过二十四个赛马场。

分之二的赛程，儿童组一半赛程，不管他们是作为弓箭手还是重甲兵参赛。至于女性，[①]未成年的女子要裸体［833d］参加单程、双程、中距离和长距离赛跑，限定在运动场内进行。13岁以上的未婚女孩也要参加，至少到18岁，但不能超过20岁。[②]她们应穿着合适的衣服［d5］参加这些竞赛。关于男女赛跑的安排就这样。

与力量相关的比赛，但不是摔跤和当今诸如此类的强力型［833e］比赛，将会有重武装的战斗，一对一、二对二，直至十对十互相作战。为了胜利，一位参赛者应避免或承受些什么以及相应的程度，乃是我们应决定的事宜，恰如当今在摔跤比赛中［e5］做的那样，那些参与摔跤的人制定规则，判定谁摔得好、谁摔得不好。同样，那些重武装中顶级的战斗者应召集起来，并向他们求助，以制定规则，判定在这样的战斗中谁是真正的胜利者，［834a］胜利者应避免或承受什么，以及同样的，什么规则决定谁是失败者。对于未婚女性，也要进行同样的立法。

为取代拳击与摔跤的混合比赛，我们应设立完全的轻武装战斗，用弓箭、轻盾、标枪［a5］以及用手或投石器投掷石头进行比赛。同样，对这些竞赛要制定规则，在这些规则下比赛最优秀的要颁发奖品及胜利的荣誉。

［834b］接下来，我们需要为之立法的是赛马。不过，根据克里特的状况，我们不过多使用大量马匹。因此，我们必然对养马以及赛马不大关注。［b5］我们这里根本没人保养战车，也没有人因这些事变得热爱荣誉，所以，如设置这类并非本土的竞赛，看起来就不理智。［834c］但是，如果我们为骑兵设置奖励，他们骑着没有长牙的小马驹、成马年和年龄介于两者之间的马，那么，我们就会依据这片土地的自然特性，建立一种有关马的运动。因此，对于这类骑手的胜

---

① 女性竞技者是否穿衣服，无关紧要。不过，她们只在跑道上跑，而不是穿越整个村社。

② 在785b最后，柏拉图将年龄的下限定为十六岁。

利，就有了合法的比赛和竞[c5]争。所有此类竞赛和卸下武装的参
赛者，就让部落长老和骑兵司令共同决定。①在体育训练或当前的情
形中，我们设立的比赛若没有武装，[834d]我们的立法就不正确。
既然克里特骑马的弓箭手与标枪投掷者并非毫无价值，出于玩乐也设
立这类竞争和比赛吧。至于女性，没有必要用法律和命令强制她们参
加这些[d5]比赛，但如果之前的游戏让她们养成习惯，②她们的天
性也认可并能忍受这类活动，那么，在不招致责难的状况下，可允许
这些女子和未婚女性参加比赛。

现在已全部完成的主题是比赛与竞技的学习③——[834e]既有比
赛的事宜，又有学校每日必须完成的工作。此外，音乐的大部分讨论
主题同样也已完成，但要如何安排吟诵诗人及其随从，以及节日里必
定举行的[e5]合唱比赛，要等到诸神及其随从指定到相应的年、月、
日之后。那时可以确定，节日是每三年抑或每五年举行一次，或根据
[835a]诸神就安排给出的指示，确定节日在何处及如何举行。④同时也
应期望，音乐比赛轮番举行，由裁判员、年轻人的教育者及法律维护
者共同安排。他们共聚[a5]一堂，自身成为这些事情的立法者。关
于所有舞蹈和舞蹈比赛，他们将决定何时举行，谁来表演，谁应陪同
表演者。[835b]最初的立法者要经常⑤解释，在言辞、歌曲以及混合
节奏与舞蹈的和谐方面，应当给每场比赛规定什么。后继的立法者执

---

① 这个由骑兵军官组成的委员会要决定（1）赛程的长度，（2）这些竞技
者谁胜出。

② 指的是这些情形：因之前的训练，体育和半军事化操练成为一种根深蒂
固的习惯。

③ "比赛"（Ἀγωνία）描述的是这一卷处理的体育领域，亦即作为宗教节日活动
的公共体育比赛；"学习"（μάϑησις）描述的是体育的教育方面，卷七 813–816 对此进
行了讨论，上文 830d4–6 对此也有简要提及。

④ 这些大节日的日子根据宗教考虑而定，现在的权威人士就集中音乐比赛的顺
序和规则进行立法。

⑤ πολλάκις［经常］，譬如在卷二 798–802。τῷ πρώτῳ νομοθέτῃ［最初的立法者］
即雅典异乡人本人，δεύτεροι［其次、后继］是议事会；对比 835a3 以下。

行任务时，应遵循这些准则，给每场比赛安排合适的时间及相称的牺牲，使得城邦能欢庆节日。

[b5] 不难理解，这些和其他此类事务应如何合法安排，而且如果这儿或那儿改变了，也不会为城邦带来大的益处或损失。[835c] 但兹事体大，且难以令人信服，实则是神的职责，如果我们能以某种方式从神那里获知安排的话。①不过现在，我们需要一位敢于冒险的人，他极其推崇直言不讳地表明，[c5] 他认为什么对城邦和公民最好。在堕落的灵魂当中，他将为整个政制安排恰当之事并照料之。他反对最强烈的欲望，也没有人作为助手，他孑然一身，仅遵从理性。

克　[835d] 异乡人啊，我们现在谈的是什么论点？我们都还不明白。

雅　不必大惊小怪，我会努力向你们解释得更清楚些。当我在论述中抵达教育时，我看到 [d5] 年轻男女彼此友好地交往。正如所料，我考虑到这个问题时感到某种不安：一个人如何管理这样的城邦，在其中，年轻男女受到良好培养，摆脱了沉重又不自由的工作——[835e] 此类工作最能抑制肆心；而献祭、节日与合唱队成为所有人终生的关切。在这个城邦中，他们怎么远离常将多数人抛入深渊的欲望？理性力图成为法时，[e5] 会命令他们远离这些欲望。②无需惊讶，要是许多欲望受到我们业已制定的礼法控制。[836a] 不能过度富裕对节制大有裨益，整个教育也有中道的法则来促进。此外，统治者们训练有素的视线从不望向别处，③[a5] 而是始终关注这些事情和年轻人本身，尽力让其他欲望保持适度。

但是，就男女对儿童的爱欲以及女性对男性、[836b] 男性对女性的爱欲而言，无数的事情发生在个人与整个城邦身上，一个人又如何

---

①　雅典异乡人暗示，尽管我们不可能真的有神口授法律，但我们的法来自诸神。

②　"力图"（ἐπιχειρῶν）给"理性"（λόγος）增添了人格意味。这句话简要表述了整部作品的精神。在眼下的困境中，柏拉图诉诸的正是以法的形式获得承认后的正确理性的强制力。

③　我们在809a3得知教育主管的"洞见"。

警惕？在每种情形下，一个人要用哪种药，才能找到逃离危险的办法呢？这根本不容易啊，克莱尼阿斯。因为，[b5] 尽管在其他不少事情上，整个克里特和拉刻岱蒙已给我们提供大量帮助，以制定有别于多数人的那种法律，但在爱欲方面，我们私下说，他们完全反对我们。如果 [836c] 某人遵循自然本性，制定了拉伊俄斯①之前盛行的法律，并且说，避免男人与男青年像男女那样交媾是正确的，他还引用野兽的本性作证，证明 [c5] 男性与男性之间不应该有肉体接触，因为这些事不合乎自然本性，那么，他的观点可能不太会有说服力，也与你们的城邦根本不一致。

　　但还有一条原则，[836d] 我们说立法者应始终关切它，它与这类行为不相容。因为，我们始终在寻找，什么规定有助于德性，什么无益。来吧，假设我们同意当前的立法认为这类行为是高贵的，或至少绝不可耻，那么，这在多大 [d5] 程度上会有助于我们朝向德性呢？在受诱惑者的灵魂中，勇敢的性情会生长出来吗？还是在诱惑者的灵魂中，会生长出节制样式的种子？或者，岂不是没有人会轻信这些观点，而是截然相反，每个人都会谴责他们软弱，[836e] 屈服于快乐，而无法控制它们？对女性进行模仿的人展现的相似形象，岂不应该谴责？那么，什么人会为这些事如此立法？恐怕没有人吧，要是他心中拥有真正的法律。[e5] 那我们如何确定这是真理呢？如果有人想要 [837a] 正确地思考这些，就必须考察友爱、欲望和我们所谓的"爱欲"的自然本性：这里有两种不同的东西，从两者中产生了第三种样式，但由于共用一个名称，就产生了各种困惑与混淆。

　　克　[a5] 怎讲？

　　雅　或许，德性相似者之间或平等者之间的关系，我们称之为

---

　　① 拉伊俄斯是俄狄浦斯的父亲。按照一种说法，有神谕警示他，他将被自己的儿子杀死，因此，他不得不避免与妻子同房；还有一种说法，他去佩洛普斯（Pelops）家做客时爱上了佩洛普斯的儿子，并把他拐到狎拜（见 Athenaeus，XIII.602）。

"友爱"，^①但匮乏对富有的"友爱"，我们说是相反的类型。当每一种友爱变得强烈时，我们管它叫爱欲。

克 ［837b］正确。

雅 对立者之间的友爱是可怕和野蛮的，在我们当中很少产生共同的东西，但相似者之间的友爱，终生都是温和与共同的。由这二者混合而成的友爱，^②［b5］首先不易理解的是，一个拥有第三种爱欲的人打算为自己带来什么。此外，由于他受到这两种爱反方向的撕扯，他不知所措，一方劝他要抓住青春时光，另一方则禁止他。对于［837c］爱身体的人，渴求青春时光就像渴求成熟的果实那样，他命令自己一口吃掉，而不用敬重情伴的灵魂习性。另一种爱者则认为，身体的欲望是次要的，他凝视身体而非［c5］爱上身体，他确实是以自己的灵魂欲求另一个灵魂，认为以身体满足身体就是肆心。他敬畏并崇敬节制、勇敢、宽宏和明智，希望借助纯洁的情伴而永葆纯洁。［837d］由这两种混合而成的爱欲，就是我们刚刚所说的第三种爱欲。

这就是爱欲的种类。法律应当将它们全部排除，不让它们出现在我们当中，或者，［d5］如果可能的话，在我们的城邦中，我们希望拥有那类让年轻人变得尽可能优秀的德性和欲望，而禁止另外两种爱欲，这岂不是一目了然？或者要怎么说呢，我的朋友墨吉罗斯啊？

墨 你说得十全十美，异乡人，对于［837e］目前这些问题。

雅 看起来，如我所猜，我已获得你们的一致同意，朋友啊。我没有必要追问，你们那里的法律如何看待这些事情，我只需接受你们对这个论证的同意。［e5］然后，我会再次回到这些问题，尽力用咒语说服克莱尼阿斯。目前，就当你们已经赞同我，我就来完

---

① 这是柏拉图常用的俗语，在《吕西斯》214b3 以最扼要的形式出现，对比上文 773b6，《高尔吉亚》510b2，《奥德赛》17.218。

② 雅典异乡人承认，所谓的爱——他考虑的主要是男人之间的关系——不总是非此即彼。所谓的爱可能是二者结合的产物。身体的欲望可能会唤醒，从"朋友"身上具备的某种卓越或好所感受到的精神的满足也会唤醒。雅典异乡人进而指出，（1）要表明这个混合产物中的主导要素并非易事，（2）这两个要素互不相容。

整地说说法律。

墨　你说得再正确不过了。

雅　为了制定这种法律，[838a]如今我拥有某种技艺，一方面它是容易运用的，另一方面又完全最难以运用。

墨　怎讲？

雅　也许，我们知道，[a5]尽管目前绝大多数人无法无天，但他们却严格地戒除与美人交配，他们并非不自愿这么做，而是最为自愿。

墨　你说的是什么时候？

雅　当某人有漂亮兄弟或姐妹时。再者，[838b]就儿女而言，这一不成文法也会最有效地保护他们免遭触摸——通过公开或秘密地同睡，或者其他拥抱触摸。事实上，这种交配的欲望，[b5]多数人根本不会有。①

墨　你说的是实情。

雅　只言片语岂不就能扑灭所有这些快乐？

墨　你是指哪些种说法？

雅　[b10]这种说法表明，这些事情根本不虔敬，而是遭诸神憎恨，[838c]是可耻之事中最可耻的。原因难道不在于，没有人有过其他说法，而是从我们出生起，每个人随时随地都会听到人们说这些事情？在玩笑中和所有严肃的肃剧中，[c5]岂不是常常说，这些事出现在一些人身上，像图厄斯忒斯，②或俄狄浦斯，③或玛卡瑞俄

---

①　多数人没有做出这种行为，不是因为害怕被发现，而是他们根本没动过这种犯罪的念头。

②　在黑暗中，图厄斯忒斯（Thyestes）在不知情的情况下强暴了自己的女儿佩洛皮娅（Pelopia）；佩洛皮娅因此生下儿子埃吉斯托斯（Aegisthus）。图厄斯忒斯没有自杀，跟儿子相处融洽，但佩洛皮娅最终在埃吉斯托斯长大成人得知其父是谁后自杀（见Hyginus, 88）。索福克勒斯和欧里庇得斯都创作有关图厄斯忒斯的戏剧，均已佚失。

③　俄狄浦斯在不知父母是谁的情形下杀父娶母，他的母亲还为他生育了几个后代。得知真相后，俄狄浦斯的母亲自杀，俄狄浦斯也抠瞎双眼（参见索福克勒斯的俄狄浦斯三联剧）。在另一个版本中，俄狄浦斯随后自杀（Hyginus, 242）。

斯①——他偷偷地与妹妹交配，我们不也看到，他们毫不犹豫地处死自己以惩罚自己的罪过？

墨 在这点上你所言极是：[838d]这种说法具有惊人的力量，要是没有人试图以任何方式违背这条法律。

雅 因此，刚刚说的话正确。某种尤其会奴役人的欲望，当立法者[d5]想要奴役时，他轻而易举地就晓得应如何处理。通过让所有人——奴隶、自由民、孩子、女人和整个城邦，都一致认为这种说法是神圣的，他就会让这种法律[838e]稳如磐石。

墨 的确如此。但是，要怎么促成这些事情，以让每个人都愿意说这样的话——

雅 你提出这一点很好。②因为这正是我说过的，[e5]在这种法律上我有项技艺，会促使人依据自然交配来生孩子。一方面，禁止男人与男人性交，不准故意杀害人类，禁止将精子播撒在岩石或石头上，[839a]因为这些地方绝不会生根并生产出自然的后代。另一方面，要远离你不希望自己的精子在其中生长的所有女性之地。如果这种法律变得永恒，同时也占支配地位，[a5]就好像是当前父母的交配占主导，如果这种法律在其他方面也能恰当地取胜，那就会带来数不尽的好处。

首先是因为，这种法律根据自然制定，会阻止爱欲的热望和疯狂，阻止各种通奸行为，更不用说各种过度的饮酒和[839b]饮食，还会让男人们成为妻子的伴侣和朋友。确实，它还会产生其他许多好处，如果有人能掌控这种法律的话。但是，如果某个精力充沛的冲动年轻人，[b5]他已听过这条制定的法律，并站在此处，那么，他就可能唾骂我们，说我们设立了愚蠢的和不可能的习俗，他的大吼大叫

① 玛卡瑞俄斯（Macareus）与妹妹柯娜科（Conace）乱伦后自杀，柯娜科也自杀或为其父埃俄罗斯（Aeolus）所杀（见Hyginus，238、242、243，以及奥维德，《女英雄书信集》[Heroides]，XI）。

② 雅典异乡人礼貌地承认，这个问题不合时宜。在839b3以下，他列举了突破这一困难带来的种种好处。

也会充斥四周。正是着眼于这一点，对于我掌握的那种技艺，[839c]我才会说它一方面在所有事物中最容易运用，另一方面又最难，此技艺着眼于这种法律的永久设立。

不难理解这种可能性的存在以及其何以可能：我们认为，如果这种习俗充分地神圣化，就会奴役每一种灵魂，[c5]并给灵魂注入恐惧，以确保灵魂彻底服从于已建立的法律。但目前已得出的一点是，在这些条件下，这种法律看起来不存在，就好像公餐习俗中出现的那样，人们不相信整个城邦会一直[839d]践行这个习俗。然而，行动以及发生在你们那里的事实驳斥了这种怀疑，尽管在你们的城邦中，女人的公餐依旧被认为不自然。正是由于这一点，由于这种怀疑的力量，我才会说，在法律上，这两种习俗①[d5]要永久设立，其困难重重。

墨　你无疑说得正确。

雅　但这并未超出人力，而是可能实现的，你们希望我尽力为你俩展示某种具有说服力的论证吗？

克　[d10]为什么不呢？

雅　[839e]是否有人会轻易地远离性事，更愿意恰当地遵守相关的规定，如果他的身体好看，也不缺乏锻炼？又或丑陋的话？

克　兴许非常容易，如果他不缺乏锻炼的话。

雅　[e5]那么，我们岂不因耳闻而知晓塔伦图姆的伊克科斯，②[840a]因为他参加了奥林匹亚竞赛和其他竞赛？由于热爱胜利，他的灵魂中便拥有这种技艺，还有伴随节制的勇气，③据说，在整个密集训练的时期，他从未碰过女人或男孩。[a5]此外，克里松、④阿

---

①　"这两种习俗"是：（1）禁止鸡奸和通奸的法律，（2）为女子设立公餐。

②　伊克科斯是五项全能得主，成为知名训练者（参《普罗塔戈拉》316d）。

③　在696b，勇敢与节制关联在一起（亦参630a–d）。

④　克里松是一名来自希美拉（Himera）的著名运动员，参加了公元前447年的奥林匹亚竞赛（参《普罗塔戈拉》335e）。

斯图洛斯、① 狄俄朋珀斯和许多其他人，都可能有过同样的说法。确实，与你我的公民相比，克莱尼阿斯啊，他们的灵魂受到的教育更为[840b]糟糕，而他们的身体却更富有活力。②

克 确实，你所说的这些，古人们非常肯定；对于那些运动员，这些事情的确发生过。

雅 [b5]这个呢？为了在摔跤、赛跑和诸如此类的事情上获胜，这些人敢于远离多数人称作幸福的行为。而为了更加高贵的胜利，难道我们的孩子却无法控制自己吗，[840c]从他们孩提起，我们便用迷人的神话、演说、歌曲告诉他们，这种胜利是最高贵的？

克 哪一种？

雅 [c5]针对快乐的胜利。如果他们掌控住快乐，他们就会生活得幸福。但他们要是让快乐打败的话，就会经历完全相反的事情。除此之外，难道我们就不能期许，他们对绝非虔敬之事的恐惧，③ 将会使我们能够掌控其他低劣之人都能掌控的事情？

克 [c10]确实可能。

雅 关于这种习俗，既然我们已经达成这一点，[840d]由于多数人的堕落，我们已陷入困惑之中，我认为，我们的习俗唯一要做的就是施行下去，规定我们的公民不许比鸟儿们和其他许多野兽更差。[d5]鸟和野兽都出生于大的群体之中，直到它们生育前都过着未婚、纯洁和贞洁的生活；当它们到了生育的年龄时，它们成双成对，雄雌、雌雄因喜爱而结合，它们虔敬且正义地过完余生，坚决[840e]信守友爱的第一次承诺。无疑，他们至少应当比野兽更好。但是，如果他们让其他希腊人和大多数的野蛮人败坏，看到并听说自身里面具

---

① 克罗同（Crotona）的阿斯图洛斯在公元前480年左右的奥林匹亚竞赛中蝉联三甲；西蒙尼德斯为他献诗一首。他也是僭主希耶罗的朋友。

② 言外之意是，更铁的纪律会让自制变得更容易。这些体育竞技者的多数都来自大希腊地区（Magna Graecia），我们从上文637b得知一个关于塔伦图姆方式的不好说法。

③ 这牵涉到某种有益的恐惧，参798b。

有所谓"无序的阿芙罗狄忒"最伟大的力量，[e5]并由此无法控制
自己的欲望，那么，法律维护者就会成为立法者，不得不为他们设计
次好的法律。

克　[841a]你建议他们制定何种法律，如果目前制定的已远离
他们的话？

雅　显然，在这种法律之后的是次好的法律，克莱尼阿斯啊。

克　[a5]你指的是哪一种？

雅　快乐的力量应尽可能远离体育锻炼，用其他锻炼扭转它的
流向和在身体其他地方生长。假如人们绝不会毫无羞耻感地沉溺于
性事，情形便是如此。因为，如果羞耻使他们[841b]很少纵欲，
他们就会发现自己的欲望是一位很少下命令的女主人，从而更少受
其支配。[①]因此，就让这成为法定的习惯和不成文法吧：在他们当
中，谁做这些事[性事]而没被看到，便是高贵的，若让人看到就
是可耻的，但我们并未[b5]完全禁欲。这样，我们的法律就设立
了耻辱与高贵的第二等标准，这是第二正确的标准。而那些天性已
经堕落的人，我们称他们"弱于自身"，[841c]作为一类人，有三
种人会围住他们，强迫他们不准违法。

克　哪三种人？

雅　敬神之人，以及爱荣誉者，还有[c5]品质高贵的人，欲求
的不是身体而是灵魂。现在说的这些事情，可能就像神话中的祷告。
若是能实现，它们就会给所有城邦带来迄今最好的结果。或许，如
果神愿意的话，[841d]关于爱欲，我们也可强制推行两条法令中的
一条：

要么，禁止任何人触碰任何出身良好和自由的人，除了他妻子这
个女人，禁止任何人在妓女身上播下亵渎的、杂野的种子，或违背自
然地在男人身上播下不育的种子；[d5]要么，我们应彻底废除男子
间的性行为，而跟女人的关系，除了因诸神认可和神圣婚姻而进入其

---

①　羞耻会减少放纵，而放纵的减少会弱化欲望。

屋子的女人外——无论她们是买来的［841e］还是以其他方式获得的，谁要是跟一个女人性交，而让所有男人和女人看到，那么，我们若立法要褫夺他在城邦中一切荣誉，这样立法看起来便是正确的，因为他确实是一位异乡人。

这种法律无论应当称作一种［e5］还是两种，就这样将其定为关于性事［842a］和所有爱欲的法律吧：它规定了我们因这些欲望而与他人性交，既在我们行为正确时，也在我们行为错误时。

墨　那么，异乡人啊，我欣然接受［a5］你提出的这一法律，但克莱尼阿斯应说明他怎么看待这些问题。

克　我会这样做的，墨吉罗斯啊，一旦我认为恰当的时机到来。眼下，我们还是让异乡人在法律上更进一步。

墨　［a10］正确。

雅　［842b］那么，目前我们差不多前行到这一阶段：公餐制已建立起来。我们认为，这在其他地方难以创立，但在克里特，没人会认为应当有其他不同的安排。至于该以何种方式安排，是像这里还是［b5］像拉刻岱蒙那样安排，①抑或存在第三种公餐形式，比这两种都好，我认为这不难弄清楚，弄清楚了也没有多大好处：公餐制此时已很好建立起来了。

［842c］接下来是生计的安排，以及相应的食物供应方式。其他城邦的生计多种多样，来源众多，至少是这里的两倍，因为大部分希腊人从陆地和海洋［c5］获取食物，而这里的人单从陆地获取。对立法者来说，这使事情变得更容易了。［842d］他们只需一半甚至一半不到的法律，这些法律也更适合自由民。因此，这个城邦的立法者可以告别航运、商贸、零售、客栈、关税、采矿、②贷款［d5］和复利，

---

① 据亚里士多德（《政治学》1271a27以下，1272a13以下），克里特的公餐使用公费，而在斯巴达，每个城邦民需缴纳人头税。凡是缴不起税的斯巴达人都无缘公餐，也就失去了公民身份。亚里士多德严厉批评了这种斯巴达体制的反民主后果。

② 矿藏租赁和矿业是一项与农业相对的商业。大量矿物和矿产经海上运至港口，同时还能在那里听到很多关于开矿权以及雇佣开矿奴隶的事。

以及无数诸如此类的其他事情，去为农夫、牧者、养蜂人，以及此类事务的护卫者和工具的看守者［842e］立法。最重要的事务，即婚姻、孩子的出生和养育，还有教育和有关城邦官员的制度，皆已在立法中得到关注。现在，他必须将立法转向食物及其［e5］生产者。

首先，应存在可谓"农业法"的法律。边境神宙斯的第一条法律当如此表述：

无人可以移动土地的界标，无论它属于邻居同胞，还是共享边界的人，若是他碰巧在边境拥有土地，有个外邦邻居的话。要坚信［843a］"移动勿动之物"的说法，真正在此处践行它。每个人宁愿尝试搬动一块不是界标的巨石，也不可搬动一块划分边界的小石头，它受神的誓约保护，用来划分友邦之间或敌邦之间的边界。在前一种情况下，部落神宙斯是见证；［a5］在后一种情况下，异乡人保护神宙斯是见证。无论引发哪种情况，随之而来的就是最可恨的战争。

守法者无需遭受它引起的罪恶，但藐视法律之人要遭受双重惩罚，第一重源自诸神，第二重源自法律：

［843b］不应有人蓄意移动邻居土地的界标。若有人移动，任何人只要愿意，就可以告知相关农夫，由他们将那人送上法庭。若此人被判定有罪，如暗中或强行重分土地，［b5］则由法庭评判败诉者该受的惩罚或该付的罚金。

接下来是邻里之间许多微小的伤害，由于经常出现，它们产生巨大的怨恨，［843c］以及邻里关系的紧张和僵硬。因此，邻人应时时注意不去做任何对邻居不友善的事情，在其他方面都应如此，尤其要始终注意，一寸土地也不能侵占。因为，每个人［c5］都不难伤害别人，却并非人人都能有益于他人。

谁要是跨过边界，侵占邻居土地，就必须赔偿损失。同时，为了医治无耻［843d］和无教养，他必须额外赔偿两倍于损失的罚金。土地监察官必须审理诸如此类的所有案件，并充当法官和审查员。先前所说的［d5］较大的侵害案，应由全部十二个部门负责；较小的案件则仅由监察官负责。谁要是放任畜群到他人的土地吃草，监察官应视察损失，并作出判决和裁定。谁要是霸占别人的蜂群，［843e］用敲击声吸引蜜蜂，将它们占为己有，他就必须赔偿损失。如果有人焚烧树木时，没有留心邻居的树木，他必须赔偿一笔官员认为合适的罚金。如果有人种树^①时，没有在树与邻居的土地之间留下足够的空隙，也同样如此。［e5］关于这类事情，很多立法者已经说得够多了，我们应当利用这些法律，而不是要伟大的城邦指导者为所有事情立法，包括任何普通立法者［844a］都能处理好的各种琐事。

比如在为农夫供水上，已制定过一些古老而良好的法律，没必要再引入讨论。^②然而，谁想要把水引到自家土地，都可以从公共溪流^③开始引。［a5］他不能截断任何私人的地表水，但可以把水流引到他想要的任何路线，只要避开房屋、某些庙宇和纪念碑，除了开凿水渠外没有造成损坏。［844b］如果某些地区土地天然干旱，宙斯的雨水无法汇集成流，连必要的饮用水也缺乏，那里的人就应在自己的土地上一直向下挖，直到黏土层。如果挖这么深依旧打不到水，［b5］他可以从邻居那儿获取每个家庭成员必要的饮用水。如果邻居同样缺水，田地管理员就应安排水的定量配给，他须每天去取水，而与［844c］邻居共享。当宙斯的雨水倾盆而下，若住在低处的人不让毗邻的高处农田排出过量雨水而造成损失，或者反过来，住在高处的人任意让水溢出，而损害住低处的人，［c5］并因此彼此不愿就此事达成一致，那么，谁愿意的话，在城邦中就可以叫来城邦管理员，在村社则叫来田地管

---

① "种植"（φυτεύων）与"自然"（φύσις）词根相同。

② 尽管雅典异乡人不会说出法律的全部细节，但他会进一步举例解释这些法律的主要原则。

③ 一切河流、溪流和泉水皆为公有，并为私有。

理员，他会安排每一方应当做什么。谁要是拒绝服从安排，就起诉
［844d］他嫉妒和灵魂愤恨。若被定罪，他要双倍赔偿受害方，作为
对不愿服从行政官的惩罚。

所有人应以如下方式分享水果的收获。［d5］这位女神①
以其仁慈赐予我们两件礼物：一件是狄俄尼索斯无法储存的玩
乐，另一件是依自然适合储藏的水果。因此，有关水果的法律
应这样制定：

在与大角星升起一致的收获季之前，［844e］谁要是吃了田间水
果——葡萄或无花果——无论是自家田地的还是别人的，都必须罚
款。若是从自己的田地采摘②水果，罚款五十德拉克马，献给狄俄尼
索斯。若是从邻居的田地［采摘］，罚一米纳。若［e5］是从其他人
那里，罚三分之二米纳。

谁想要收获如今称作"好品种的"葡萄，或者"好品种的"无花
果，若是从自己的作物中摘取，他可以自己喜欢的方式随时摘。若未
经准许从别人那里摘，他永远都要受到此条法律惩处："勿动非你放
置之物"。［845a］如果一个奴隶未经土地主人准许就触碰这类东西，
他必须遭受鞭刑，鞭打的次数与葡萄枝上的葡萄和无花果树上的无花
果一样。如果一个外邦居民购买了好品种的水果作物，［a5］他愿意
的话就可采摘。如果一个外邦旅客走在路上时，渴望品尝一些水果，
他想要的话，可以不受惩罚地采摘好品种的水果，够他本人和一个侍
从食用，［845b］这是好客之道。但法律禁止我们与外邦人分享所谓
"野生的"水果和诸如此类的东西。如果某人或其奴隶无意中摘了这
样的水果，奴隶要受鞭刑，自由民要受警告和教育后驱逐，［b5］要

---

① 该女神是丰收女神欧珀拉。这两种礼物显然分别是食用葡萄和酿酒葡萄。在
下文，"田间"水果似乎指的是用来酿酒或风干储藏的水果，而"长得好"的水果似乎
是那些直接生吃的水果。

② 柏拉图之所以用"采摘"（Δρέπη）这个诗歌语词，很可能因为他想到了赫西
俄德的"摘下"（ἀπόδρεπε）（《劳作与时日》，行611）。

告诉他，唯有其他的不适合储存来做成葡萄干以备酿酒的^①和用来做无花果干的才是可以采摘的。

　　至于梨、苹果、石榴，以及所有［845c］此类水果，人们不必因偷采摘而羞耻，但如果一个三十不到的人因此被抓，要打他一顿并驱逐出境，但不能打伤他，自由民不许因此类责打上诉。外邦人可以像分享其他水果一样［c5］分享这些水果。如果一个老人摘了这种水果并当场吃掉，一点也没带走，那就允许他像外邦人那样，分享所有这些东西。然而，要是他不遵守这条法律，［845d］往后有人想起这件事，并提请法官注意，那他就可能丧失参与德性竞赛的权力。

　　在所有东西中，水最能养育［d5］果园，但也易受污染。土地、太阳和风，与水共同养育地里长出的东西，它们不易受毒药、改道或偷盗所破坏，但水的自然本性使所有这些事都可能［845e］发生。因此需要法律的援助。有关水的法律理应如此：

　　如果有人蓄意用投毒、挖沟或偷盗的方法，破坏他人水源——无论泉水还是池水——受害方应向城邦管理员提出申诉，［e5］包括一份损失数额的书面评估；如果有人被判犯了投毒破坏罪，他不仅要赔付罚金，而且必须净化泉水或蓄水池里的水，净化方法要依据解释者的法律，视每种情形和每一个体而定。

　　［e10］至于把收获的所有水果运回家，谁［846a］愿意的话，都可以通过任何属于自己的路线运回家，^②只要他对别人秋毫无犯，否则就按给邻居造成损失的三倍予以赔偿。行政官应是此类事务的仲裁

----

①　用葡萄干酿酒是古希腊以来的一种传统做法，将正常收获期的葡萄采摘下来风干后，水分流失后得到的果汁的浓度大大提升，糖分更加浓缩，因此酿制出来的酒口感更甜。在《劳作与时日》611-614，赫西俄德提到，将收成的葡萄运回家，"先放在太阳下晒十天十夜，再捂盖五天，第六天存入桶中"，就能获得美酒。荷马在《奥德赛》7.123-124也提及，将葡萄平铺在地上暴晒。关于葡萄酒的酿制，亦参维吉尔，《农事诗》2.552；普林尼，《自然史》，14，77-84。

②　譬如载着饲料或燃料的一辆马车若借道邻居的地，能省去三分之二的路程。无论如何，法官很难权衡一人所得的益处与他给别人造成的损失。原则很清楚，但现在因"路权"（rights-of-way）很难获准这么做。

者，也仲裁其他所有这类案件，[a5] 比如有人蓄意用自己的财产①暴力地或偷偷地伤害他人或其财产。在所有这类案件中，要是损失数额在三米纳以下，受害方应向行政官出示损失并获得赔偿。但若有人指控他人造成了更大损失，[846b] 就需要向公共法庭报案，并从加害者那里获取法律赔偿。如果某个行政官被认为在作出惩罚判决时有所偏帮，他应当按给受害方造成损失的两倍予以赔偿。在每一个特别的申诉中，谁愿意的话，[b5] 都可以向公共法庭起诉官员的过失。

这种琐碎的规定②不胜枚举，它们规范着惩罚的实施、书面申诉、[846c] 法律传召、证人传召——是否需要两个证人，或应有多少证人——以及所有此类事情。对这些规定不能不立法，但年老的立法者不值得为之操心。因此，年轻的立法者应 [c5] 模仿先辈制定的法律，在制定大的法律后设计琐碎的法律。在有必要使用这些安排的地方，他们会获得经验，直至所有细节看起来都得到充分规定。那时，他们要使这些规定不可更改，依这些有尺度的规定生活。

[846d] 其余的艺匠应遵守如下规定：③第一，本地人及其家中的仆人，皆不可从事艺匠的技艺。因为，男性公民已拥有一种合适的技艺，需要大量的实践 [d5] 和各种学习。为了保护和维持城邦的公共秩序，他们需要全身心投入。人的自然本性几乎不可能同时精确地从事两种工作或技艺，[846e] 或能够充分锻炼自己，同时又监督其他人练习别的技艺。因此，这就是应在城邦中推行的首条原则：

没有人可以同时既是铁匠又是木匠，也不能让木匠去监督自己没有其 [e5] 技艺的铁匠工作。他可能提出辩护，如果他监督许多家仆为他工作，那他就可以合理地期待，更好地监督他们 [847a] 比仅仅使用自己的技艺能获得更多收益。但在我们的城邦中，每个人都只应有一门技艺并以此为生。城邦管理者必须坚持这一法则，若一个

---

①　此话将损坏限定在人的物品造成的损坏上，因此，这就符合穿过作物造成的损失的例子中的通则。

②　此处提到的"规定"（νόμιμα）显然指法律程序的方法。

③　关于这条著名的禁令，参见下文920a以下。

本地的居民［a5］倾向某种技艺，而非关注德性，就要用责备和羞辱惩罚他，直到他回到正确的道路上来。若一个外邦人追求两种技艺，［847b］应该罚他坐牢、缴纳罚金或将他驱逐出城邦，以此迫使他只扮演一个角色，而非多个。

至于工匠的工资，以及拒绝收货，或别人对他们行不义，或他们对别人行不义，损失不超过五十德拉克马的，［b5］由城邦管理者裁定；若总额超出这些，公共法庭就有合法管辖权。

本邦对进出口货物都不征税。①不得进口乳香或其他焚烧给诸神的外邦香料，［847c］以及紫色染料和任何其他非本邦生产的染料，也不得进口其他技艺出于非必需目的使用的外邦货物。另一方面，没有人可以［c5］出口任何本邦必须保存的货物。

这一切事务都由十二位法律维护者审理和监管，除开五个最年老的，他们年纪最大。

［847d］在重武器和所有军事装备上，若需要某种引入的技艺、植被、金属、捆绑材料或某些动物，骑兵指挥官和将军们就应负责［d5］这些事物的进出口。城邦本身要给予和接收，法律维护者应制定出恰当而充足的法律管理这些事。但无论这些货物还是其他任何货物，以营利为目的的零售在［847e］整片地区和城邦都不允许。

至于食品供应和农产品的分配，正确的方法是采用类似克里特法律规定的方法：

根据消耗的顺序，每个人必须将各种［e5］农产品分为十二份。拿小麦和大麦来说，所有其他收成也按同样的方式分配，每个地区出售的动物也是如此，［848a］十二份中的每一份按比例②分为三部分：一份给自由民，一份给他们的家仆，第三份给艺匠和一般的外邦人——有些人因定居于此而需要［a5］必需的食物，③有些人出于某种

---

① 除了过剩的东西，所有东西都不能出城邦；除了必需品，其他东西一概不准进入城邦。因此，再说通过征税进口或者出口，就纯属多余。

② "按比例"（κατὰ λόγον），亦即按照上文提到的三个阶层各自的规模。

③ 这是所有外邦人的情形，不论贫富，因为外邦人不准有土地。

需要临时访问某个城邦或私人。一旦划分了所有必需品，可以出售的只是第三份，不可强迫任何人出售其余两［848b］部分。

那么，怎么分配这些东西才最正确？首先，很明显，我们的分配在某种意义上均等，但在另一种意义上不均等。①

克　怎讲？

雅　土地上生长和发育的每一种东西，必然［b5］有丰收也有歉收。

克　怎么不是呢？

雅　那么，给主人、奴隶和外邦人的三份中，没有哪一份会更多；分配给每个人的应都一样，在相似性上平等。［848c］每一个公民应拿走②他的两份，并负责分给奴隶和自由民，数量和种类按他的意愿分配。任何盈余应按如下尺度和数量分配：计算土地上［c5］所有需要喂养的动物数量，以此分配。

接下来，必须安排他们各自的住房。住房的合适安排如下：应有十二个村落，每一个坐落于十二个区之中；［848d］在每个村落里，首先应当有庙宇和市场的场所，它们属于诸神及其伴随的精灵。如果那里仍有马格尼西亚③的当地神灵，或仍保留在人们记忆中的其他古人的神殿，那就应当像古人那样尊崇［d5］他们。④但

---

①　亦即一项分配，在这方面公平，在另一方可能就不公平；譬如一皮袋好产地的酒，就比一皮袋贫瘠葡萄园产出的酒值钱。

②　我们不妨认为，每个邦民（按月）"领取"（λαβών）一份生活用品，要么根据他的家庭规模配给，要么根据他为公库所做贡献的数量（可能是前者）。无非就是这两种选择，供给分配计划的其他细节也一样。现在分配方式就清楚得多了：自由民把自己的所有土地出产交归公库，又从中取得足以养活自己和家人（包括奴隶）的物资。

③　对比上文704c5。据一种传统说法，在河曲处建立马格尼西亚的那些马格尼西亚人（Magnetes）是克里特移民。在860e，柏拉图称他的构想中的城邦为"马格尼西亚人的城邦"（ἡ Μαγνήτων πόλις）。

④　未提及名称的这十二位神是宙斯、波塞冬、赫斐斯托斯、赫斯蒂亚（她占有一席之地，尤其根据《斐多》246e–247a）、雅典娜、阿瑞斯、德墨忒尔、赫拉、阿尔忒弥斯、赫耳墨斯、阿芙罗狄忒和阿波罗。

每个地方都应当建立庙宇，供奉赫斯蒂亚、宙斯、雅典娜以及各地区的每一位守护神。首先，这些庙宇应建在［848e］最高处，在其四周建房子，以便为守卫提供最好的防御堡垒。因此，其余所有土地应配备给艺匠，将他们划分为十三组。每组安置在城邦中，再划分为十二部分，［e5］对应城邦的每一分区，环绕在城邦外围。在每个村社中，应让几类合适的艺匠住在农夫附近。土地管理者应监督这一切事务，决定每个地区需要的艺匠数量和类型，以及艺匠应该安置在哪里，以便［e10］他们给农夫带来最小的困苦和最大的好处。［849a］同样地，城邦管理员也要照管和监督城邦里的这些事。

有关市场的各种事项，都由市场管理员管理。除了看管市场周围的庙宇，［a5］不让任何人损害外，其次他们还应照看人类事务，注意节制和肆心的行为，惩罚应受惩罚的人。关于商品，他们首先得明白，城邦民卖给外邦人的［849b］每一件商品都应依法出售。有一条法律是这样：

每个月第一天，销售代理——为城邦民代理的外邦人或奴隶——带来货物出售给外邦人。［b5］首先是谷物的十二分之一，在第一市场里，外邦人应购买谷物及相关商品，供他整个月之用。在本月的第十天，充足的食物买卖持续整个月，一方卖出，一方买入。［849c］在本月的第二十天，第三市场出售家畜，每个人按自己所需买进卖出，①而出售给农夫用的各种器具或其他物品，像兽皮、各种服装、编织品、羊毛毡以及类似物品，外邦人［c5］必须通过向他人购买获得。

但关于任何这些东西的零售，包括磨成粉的大麦和小麦，以及其他各种食物，皆不能通过城邦民或其奴隶买卖。②［849d］在外邦人的市场里，外邦人可以向艺匠及其奴隶销售，出售酒和谷物就是大多

---

① 848a1暗示，只有这样的"家畜"才能离开农场上市出售。

② 任何城邦民都不准从事零售买卖，不准批发或零售牟利。

数人所谓的"零售"。一旦屠宰好牲口并切割完，屠夫①就应将肉分给外邦人、[d5] 艺匠或其家仆。任何外邦人想要买大批柴薪②的话，他可以在任何一天向地区代理商购买，[849e] 他愿意的话，任何时候卖多少给其他外邦人都行。

每个人所需的所有其他货物和工具都应送到公共市场，每一种在一个地点出售，法律维护者、市场管理员同 [e5] 城邦管理员一道划出适当的地段，并规定每种商品的出售摊位。在这些地方，他们应钱货或货钱交易，不允许彼此赊账。一味相信另一方的人，无论是否得到他应得的，都必须接受，因为对于这种交易行为，[850a] 不会有赔偿。③

如果买卖的货物额度违反法律，过多或不足，而法律会表明，要增加或减少多少才不会违反这些交易，那么，过多就由法律维护者登记，[a5] 不足时交易就取消。涉及财产登记的条例同样适合于外籍居民。

谁愿意的话，符合如下规定就可以成为侨民：

这里有地方给外邦人居住，[850b] 谁愿意都能定居那里。他必须有一门技艺，并从登记日期起，居留不得超过二十年。他无需缴纳一丁点侨民税，除了要求他节制外。他做买卖也不需要缴其他税。时间 [b5] 一到，他就得带着财产离开。但如果在这些年里，由于他为城邦做了十分有益的贡献而闻名遐迩，并相信自己能够说服议会和公民大会同意他的请求，法定推迟他的离境期，[850c] 甚至允许他终

---

① "屠夫"（*Μάγειροι*）与其他工匠一样，当然也是"外邦人"（*ξένοις*）。毫无疑问，牲畜由屠夫在集市日收拾，期间，邦民在牲畜宰好后卖给屠夫。

② "柴薪"（*ὕλην καύσιμον*）不准上市出售。乡村代理商（*ἐπιτρόπων*）从樵夫那儿批发过来，充当了在樵夫和卖给消费者的商人之间的中间商。享有自由的外邦人和手工艺者能拥有仆人和奴隶。

③ 买卖的大小使一个人的财产高于或低于法律限制——倘若某人购买了超过他应有的，或花费了超过他应花费的，那么，超出部分就会记录在法律维护者的法庭上。这就意味着"充公"，不足部分（无论是物品还是价格）必须补足。关于这条法律，参见 744d–745b 以及 754e。

生居留，那么，他应前往去说服城邦，一经说服，这些请求就应全面执行。侨民的孩子若是艺匠并已年满十五岁，他们的居留期［c5］就从十五岁开始算起。依照这些条件，每个人可以停留二十年，然后就必须离开，前往他想去的任何地方。若他们有人想留下，就必须像上面提及的那样说服城邦。离境者［850d］应擦去他的登记表①后离开，他先前写下的登记表保留在行政官那里。

---

①　既然外邦人要带走自己的财产（850b5），也就没必要再保留他的记录。离开的外邦人有注销记录的义务。因此，需要对外邦居民的名字进行登记造册，参745a-b，753c和785a-b对登记的提及。

卷 九

雅 ［853a］刑法是接下来的话题，紧跟着先前的所有安排，刑法依据自然将是下面的法律安排。需要刑法的某些事情已讨论过，如涉及农业及其相关的那些［a5］事情，但关于最重大事情的刑法尚未谈过，对于每一种情形，我们会表明应采取什么惩罚，［853b］该用哪些法官。接下来，依顺序应谈谈这些事情。

克 对。

雅 在某种程度上，确实可耻的是，为我们目前［b5］打算完成的所有事情立法——在这样的城邦中，我们宣称，它将会治理得好，各方面安排正确，①并朝向德性的践行。甚至可以认为，在这样的城邦中，若出现某类人，具有其他地方的最大邪恶，从而有必要立法来预防和威胁这样的人，［853c］若存在这种人，就要立法威慑他们，并在一出现就惩罚他们，好像他们即将出现，那么，如我所说，这在某种程度上是可耻的。但我们的境况不同于古代立法者，他们为英雄们②即诸神［c5］之子立法。按照眼下的说法，他们本身源自诸神，并为其他有同样出身的人立法。而我们身为凡人，为当今的人类种族立法。因此，［853d］我们的恐惧不应引发谴责，以免我们哪个公民

---

① "安排正确"（Ὀρθότητος），和上文847e3一样，指"好的体系""有效的组织"，卷八解释的有关统治和教育的法规。

② 英雄即"神子"中那些出类拔萃者，譬如在《伊利亚特》中，英雄几乎皆为半神，这也让人想起739a–740a。

变得像"刺头"，^①天性变得极为冥顽不化；恰如那些种子没法用火软化，这些人也无法用强硬的^②法律软化。

[d5]针对这些人，我首先要提出一条令人不悦的法律，涉及抢劫庙宇，以防有人胆敢这样做。我们既不希望，也绝不期待一个正确培养的公民会染上这号病，但他们家中的仆人，还有外邦人及其奴隶，往往企图[d10]这样做。特别是出于这一点，同时为了[854a]预防人的自然本性的普遍弱点，我将提出法律，针对抢劫庙宇以及其他所有这类难以医治或无可救药的行为。根据我们先前同意的说法，^③尽可能简短的序曲应置于所有[a5]这些法律之前。有人白天受邪恶的欲望驱动，夜里不睡去抢劫圣物，对于这种人，某人可通过对话和鼓励[854b]这样说：

"神奇的家伙哟，现在促使你去抢劫庙宇的邪恶，既非属人的，亦非属神的，而是人自然生长出的某种疯狂，^④源于古老的且未净化的不义。这种受诅咒的事情到处乱转，[b5]我们必须尽全力提防。但要提防的是什么，请了解。当你陷入某种这类意见时，你要去参与驱邪；你要作为一个乞援人去诸神的庙宇辟邪，并经常去可谓你们当中的好人那里[854c]交流。请聆听[告诫]，你自己也设法说，每个人都应尊崇高贵之物和正义之物。但要避免与恶人交往，不转向他们。你这样做，疾病就会减轻些，不这样做的话，你就可视死亡为更好的[c5]选择，摆脱生命。"

这一切不虔敬的行为会毁坏城邦，对于想着这些事的人，这些就是我们为其吟唱的序曲。对于服从者，法律会保持沉默；但对于不服

---

① "刺头"原文为 χερασβόλος，根据古注家，该词本义指那些经风干后变硬的豆类，要想使之变软，必须放在火上烤。

② "强硬"（Ἰσχυροῖς），显然不是指眼下即将制定的法律的严苛，而是指现行法的效率。

③ 指的是772e4以下，在那里，首次"同意"为法律加序曲。

④ "疯狂"（οἶστρος）与《苏格拉底的申辩》中苏格拉底所用的"牛虻"（μυωπός）不是同一个词；两个语词有时都喻指"刺棒"或"狂热的兴奋"。

从者，序曲过后，法律将［854d］高声鸣唱：

"凡抢劫神庙被捕者，若是个奴隶或外邦人，就在他脸上手上烙下遭诅咒的印记，并在按法官裁定的数目施以鞭刑后，将他赤身裸体扔出边境。"

或许，遭此刑罚［d5］会使他有所收敛而变好。[①]因为，依法采取的刑罚绝不会着眼于邪恶[②]之事，而往往想要达成两种目的之一：使受刑者变好，［854e］或抑制其邪恶。

若发觉公民做出以下行径，对诸神、父母或城邦做了罪大恶极、骇人听闻的不义之事，法官就该认定他已无可救药——［e5］鉴于他虽自幼受到此类教育和抚养，却仍无法摆脱最深重的罪恶。此人该受的刑罚是死刑，这是［他遭受的］最低限度的恶；当他［855a］被不光彩地扔出边境而消失后，[③]其他人将以之为鉴并受益。但对于此人的孩子和家族，若他们能避免沾染父辈的性情，就应获得名声和荣誉，因为他们表现出色，勇于趋善避恶。

［a5］份地始终保持数量不变和均等的政制，不宜将罪犯那份充公。因此，一旦有人因行不义而遭罚款，他多于配备份地所需的财产可用来［855b］支付，但以此为限，不要超过。法律维护者应仔细核查书面记录，[④]获得这方面的精确数据，并在每次庭审时向法官清楚报告，免得任何份地［b5］因缺少资金而荒废。若某人要缴更多罚

---

① 对比上文728c2。在这里（以及下文854e7，862e4以下），柏拉图未提对共同体的好处，而只提到"惩罚"（δίκη）对罪犯本身的"德性教化"作用：惩罚要么使他变好，要么减少他身上的恶；比较934a1和934b1–3。

② "邪恶"原文为Μοχϑηρότερον，本义为"受刑的"，有时也指"可怜的"或"臭名昭著的""邪恶的"。

③ 参下文873b，"把他赤身裸体扔在城邦外某个指定的交叉路口"。对比862e5，"警示他人莫要行不义"。雅典人不许犯下渎神罪或叛国罪的人在他们的城邦内下葬。参色诺芬，《雅典政制》1.7.22。

④ 关于财产登记，见上文745a6，以及850a4和d1。在得知一个人财产的真实情况后，法院就有义务保护他的持有权，不让他丧失生产工具，免得不能耕作。

金，^①而他的朋友不愿为其作保和帮他付罚款以使其获释，就大幅延长其监禁期，［855c］让他受一定的羞辱。但不应该有人因为单项罪名就永受屈辱，即便他被驱逐出境。可施加的刑罚包括死刑、监禁、鞭刑，或令其以某种屈辱的姿态坐着或站着，或让他在边境的神庙^②里罚站，［c5］或让他按刚才所说的罚款方式支付罚金。

涉及死刑的法庭，其法官应是法律维护者，^③以及选自上一年度［855d］表现优异的执政官。在这类案件中，较年轻的立法者应关注起诉、传唤之类的事情，及其应如何进行。但为投票立法是我们的责任。投票要公开进行，［d5］但在此之前，让我们的法官们按年龄大小坐成一排，与原告和被告面对面，尽可能靠近他们。在这样的审判中，凡是有闲暇的公民都应尽可能认真旁听。^④原告首先发言，［855e］被告第二个发言。在双方发言后，最年长的法官开始审问，^⑤他要充分调查双方的发言内容。在最年长的法官之后，对双方当事人说到或没说到的事情，［e5］其余法官应轮流审问可能的漏洞。找不到漏洞的法官，应交由下一位法官审问。凡是看起来中肯的发言都应核准，［856a］附上所有法官的签字，存放在赫斯蒂亚的庙宇。^⑥第二天，他们要在老地方汇合，以同样的方式仔细审问案子，并对所说的内容再次签署备案。当他们第三次［a5］这样做，并掌握了足够的证据和证

---

① 超出他足够支付的钱。

② 神庙周边可能是修行地，因此也可能是土地的边界线，但把二者混为一谈，似乎没什么意义。

③ 法律维护者原文为 νομοφύλακές，法庭要判处死刑，需参考前一年行政官的选择权（参见上文767d-e以下），可能还得加上相同人数的法律维护者——具体人数由"较年轻的立法者"定（对比上文846c4）。

④ 上面提到的法令大体与雅典的战神山（Areopagus）法庭一致，柏拉图对此作了区分：在战神山法庭上，原告和被告都获准有两次发言机会（Herm. Vest.46以下）。

⑤ 此处的两个"审问"似乎没用作专门的法律术语，而是描述双方案件审理的过程，大致相当于我们现在的法官总结。

⑥ 显然，法庭应设在相当于雅典公共会堂的建筑中，其中设有赫斯蒂亚的神坛——这是城邦中最神圣的地方。

人，每个法官都应投出神圣的一票，在赫斯蒂亚前宣誓，他们会尽其所能作出公正和真实的判决。至此，这类审判就完成了。

[856b] 谈完有关诸神的事务后，接下来涉及颠覆政制问题。谁要是让人支配法律而使法律受奴役，并使城邦屈从于某个派系，而且试图依靠暴力和煽动内乱非法地达成这一切，这个人就 [b5] 应视为整个城邦最大的敌人。有人未参与此类事件，但在城邦中身居高位，却未注意到这些事，或者 [856c] 并非出于失察，而是因懦弱而无法为母邦进行惩罚，这类公民的罪恶就应视为第二位。凡是有所裨益的人，就应该通过检举阴谋者、告知行政官，控告阴谋者用暴力非法颠覆政制。[c5] 这些人的审判法官与抢劫庙宇者的相同，整个审判流程也相似。多数票胜出就应判处死刑。

总而言之，父辈的罪责和报应 [856d] 不殃及子辈，除非某个人的父亲、祖父和曾祖父一个个都被判处死刑。城邦应遣送这些人回到故土和母邦，[①] 让他们带着财产，除了配备份地的 [d5] 那部分财产外。有些公民不止有一个年龄十岁以上的儿子，那就由孩子的父亲、祖父或外祖父提名继承人，靠抽签挑选十人。[②] 抽中者 [856e] 的名字应报送德尔斐神庙，而神选中的那位有好运的人，将确立为离去者家业的继承人。

克 很好。

雅 [e5] 关于法官人选和审判程序的法律，还适用于第三类案子，即有人控告他人叛邦而把他带到法庭。同样地，关于后辈在母邦是去是留，[857a] 这项法律针对三类案情做了规定：叛邦者、抢劫庙宇者、用暴力破坏城邦法律者。

关于偷窃，无论偷得的数额巨细，全都适用于一条法律和一种刑

---

① 这句话特别指涉了设想中的马格尼西亚殖民地，此地的居民多来自克里特岛（702c）。

② 无论父亲抑或祖父还是外祖父，作为我们谈到的儿孙的法定看护人，都"获提名"。因此，城邦从这些提名的人中抽出十位，德尔斐神庙又将从这十位中选出一名拥有这些无主财产。

罚。首先，如果判处某人［a5］犯了此罪，而他拥有远超份地的其他财产，那他就按被盗物品价值的两倍赔付罚款；若不赔付，那就监禁他，直到他付清罚款或说服起诉人放过他。［857b］如果判处某人盗窃公共财产，而他说服了城邦①或按被盗物价值双倍赔付，就将他释放出监狱。

克 异乡人啊，为何偷窃数额是大是小，［b5］偷自神圣或圣洁场所，还是偷自完全不同的其他地方，②在你口中都没有区别呢？既然罪行多种多样，立法者绝不可沿用同种刑罚吧？

雅 好样的，克莱尼阿斯，我自顾自前行，［857c］你撞了我一下并点醒了我。你提醒我注意到了一件我之前考虑过的事情：到此为止有关立法的尝试都没有走上正道——事实上，基于现在的局面，完全可以这么说。我说这句话是什么意思呢？［c5］要是我们对比那些由奴隶治疗的奴隶与所有生活在现存法律下的人，这个对比并非不可理喻。因为，人们有必要知晓这类事：如果有位奴隶医生，根据经验而非理性下药，他曾［857d］邂逅一位同患病的自由民进行对话的自由民医生——这位医生运用接近哲学化的论述，从根源上把握了疾病，并回溯到身体的整体自然本性——那他立刻就会哈哈大笑，只会［d5］说出大多数所谓的医生对这些事情的一贯看法。他会宣称："蠢驴！你们不是在医治病人，你们实际上是在教育他，［857e］好像他要的是变成医生，而非健康！"

克 那他这样说对吗？

雅 或许吧——如果他进一步思考，像我们现在这样详细阐述法律的人，乃是在教育［e5］公民，而非立法。他要是这样说，看起来岂不正确？

克 也许吧。

_____

① 就城邦而言，能给赦免权的权威可能就是由三十名议事员组成的议事会，这些议事员代表当月的议事会。对比758b以下。

② 在此，克莱尼阿斯不一定暗指抢劫庙宇；希腊法律对抢劫圣所和抢劫圣物（以及抢劫圣所外的圣地）有常见区分。

雅　目前的状况对我们是幸运的。

克　在哪方面？

雅　[e10]没有必要立法，[858a]我们只需参与探究所有政制，从而尽力发现最好和最必要的政制，及其以何种方式形成。此外，我们若想要探寻最好的法律，或想探寻最必要的法律，现在看起来就能做到。所以，[a5]让我们来选择做哪个。

克　异乡人啊，我们正在提出一个荒谬的选择，我们与那些极需马上立法[858b]的立法者，面临着同样的限制，因为他们没法把工作留到明天。但如果神同意我所说的，我们大可以像石匠①或其他刚开始建造的人那样，自由地收集材料，挑选适合我们[b5]打算构建的材料，而且是从容不迫地挑选。所以，现在让我们想象自己是一个不受限制的建造者，还处在从容不迫地收集和组织材料的阶段。因此，可以正确地说，我们的[858c]法律有一部分正在制定，还有一部分在收集材料当中。

雅　这样，克莱尼阿斯啊，我们对法律的概观就更符合自然。现在，诸神在上，让我们看看有关立法者的这些事情。

克　[c5]哪些事？

雅　或许，在城邦中存在其他许多人的作品和成文的论述，还有立法者的作品和论述。

克　怎么不是呢？

雅　我们应把心思转向其他人的作品吗，[858d]转向诗人和在无韵及有韵作品中写下生活忠告的那些人，而不应关注立法者的作品？或者，我们最应关注后者？

克　[d5]显然是后者。

雅　但在作者们当中，对于高贵、善和正义之事，是否唯有立法者不被认为是在建议并教导它们是什么类型的事情，以及那些想要变

---

①　柏拉图明确选用了"石匠"（λιϑολόγοις），而非更常见的"建筑师"（οἰκοδόμος），以便为挑选石头盖房子的譬喻做准备。

得幸福的人应如何践行它们？

克　［d10］怎么不是呢？

雅　［858e］那么，关于生活和习俗，荷马、图尔泰俄斯以及其他写下糟糕看法的诗人岂不更为可耻，而吕库尔戈斯、梭伦以及所有写下这类事情的立法者，倒不那么可耻？或者，［e5］正确的岂不是，城邦的所有作品当中，关于法律的作品展现出来时看起来是迄今最高贵、最好的，而其他作品要么［859a］遵循它，要么它们的声调若不协调，就该受到嘲笑？关于城邦法律的拟订，我们该怎么构想呢？是该像父亲母亲那样，怀着爱和理智书写，还是像一名僭主和［a5］暴君，动用命令和威胁，将条文张贴在墙上，然后一走了之？那么，现在让我们考虑一下，是否要试着讨论有关法律的这一观念——［859b］拿出点热情，无论我们是否能走到最后。如果走这条路我们难免碰到些麻烦，那就让它来吧！但愿这是件好事——如果神愿意的话，它会是的。

克　［b5］说得好，就按你说的办。

雅　那么，像我们做过的那样，①首先应精确地探究涉及抢劫庙宇者、一般盗窃和各种不义的事情。在立法过程中，［859c］如果我们确立了某些事情，却又要考察其他事情，请不要见怪。因为我们正在成为立法者，但还不是立法者，而是有望成为立法者。如果我们同意按我刚才说的那样探究我提出的问题，那就探究吧。

克　［c5］务必。

雅　那么，关于一切高贵和正义之物，让我们试着这样审视：我们自身内部在多大程度上保持一致，又在多大程度上相冲突——如果没有别的话，在这方面，我们会声称自己渴望有别于多数人。因为，多数人［859d］自身内部相冲突。

克　你说的是我们什么样的冲突？

---

① 在这里，我们回到了857b4中断的关于惩罚的思考。这一离题为讨论定罪原则做了铺垫。

雅 我会尽力解释。关于整体的正义，以及正义的人、事情和行为，［d5］我们全都会同意，这一切都是高贵的。因此，若有人主张，正义的人即便身体丑陋，①却仍美丽动人，因为他们的性情最为正义，那么，他这样［859e］讲看起来绝非信口开河。

克 难道不对吗？

雅 或许吧。但让我们审视一下，如果一切分有正义的事物都是高贵的，那么，这个"一切"就包括我们的一切经历——［e5］我们做过的几乎所有事情。

克 那又如何？

雅 就正义的行为而言，其对高贵的分有，几乎等同于对正义的分有。

克 当然。

雅 那么，若说一个人做的事分有正义，［860a］也就承认它同样是高贵的，岂不会出现悖论？

克 确实会。

雅 但无论如何，我们若同意某人做的事情正义却又可耻，［a5］那么，正义和高贵就会产生龃龉，因为正义之事将被说成最可耻。

克 此话怎讲？

雅 这不难理解。我们不久前确立的法律所规定的事情，看起来［a10］与现在所说的截然相反。

克 哪些事情？

雅 ［860b］我们已规定，处死抢劫庙宇者是正义的，处死善法的敌人也一样。②而当我们打算建立许许多多此类礼法时，我们停了下来，意识到这类处境数不胜数、纷繁多样，［b5］虽然所有这些做法最正义，却也最为可耻。所以，对我们而言，正义之事和高贵之事

---

① αἰσχροί［丑陋］一词还有"可耻"之意，是καλός［美］的反义词。

② 在这两个原因中，前一个原因影响了克莱尼阿斯（857b4以下），我们必须认为，后一个原因导致了雅典异乡人的离题话。

岂不看起来在某个时刻完全相同，而在另一个时刻却截然对立？

克 恐怕是。

雅 ［860c］因此，在这个意义上，多数人关于此类问题的说法不一致，他们完全分离了高贵之事与正义之事。

克 看起来就是这样，异乡人啊。

雅 克莱尼阿斯啊，让我们再次审视，［c5］看看在同样这些事情上我们是否一致？

克 哪种一致？涉及什么方面？

雅 在之前的讨论中，我想我已经说得一清二楚。但如果还不够明白，我现在就这样说……

克 ［c10］说什么？

雅 ［860d］所有坏人，在一切方面，都是不自愿变坏的。既然如此，必然引出下一个论点。

克 怎讲？

雅 ［d5］不义者或许是坏的，但坏人是不自愿这样的。那么，说自愿的行为非自愿地完成，毫无意义。因此，对于将不义定为不自愿之事的人而言，行不义的人看起来是不自愿地行不义。现在我必须同意这一点。因为我认为，每个人都是非自愿地行不义。但如果某个好胜的［860e］或爱荣誉的人①声称，不正义确实是非自愿的，而多数人自愿地行不义，我的论点便是前者而非后者。那么，我要怎么说才与自己的论点相符呢？

克莱尼阿斯和墨吉罗斯哟，假设你们问我：［e5］"若是如此，异乡人啊，那么关于为马格尼西亚城邦立法，你会给我们什么建议？我们该不该立法？"

"为何不呢？"我会回答。

---

① 在这里，柏拉图似乎想到某个特别有异议的哲人，似乎很难称其为固执己见和自作主张的。泰希米勒（Teichmüller）认为，柏拉图指的是亚里士多德。对比亚里士多德，《尼各马可伦理学》1145b31，1146b22。

"你是否打算把非自愿的不义与自愿的区分开来，我们是不是要对自愿的过错和不义制定更严厉的［861a］惩罚，而对非自愿的从轻发落？或者一视同仁，因为根本不存在自愿地行不义。"

克　说得正确，异乡人啊。那么，我们该如何运用目前这些说法？

雅　［a5］问得好。首先，让我们这样运用。

克　怎么用？

雅　让我们回忆一下。不久前我们恰切指出，关于正义之物，我们还混乱不堪、莫衷一是。有鉴于此，让我们再次扪心［861b］自问："由于我们还没有解决在这些事情上的困惑，也没能定义自愿与非自愿地行不义的区分①——以往各个城邦的每位立法者都会认为有［b5］两种形式的不义，并据此立法——那么，我们刚刚提出的论点，就只能言尽于此吗？它是否像神谕一般，不用证明为何［861c］说得正确，只管按其立法就是了？"当然不可能。在立法之前，有必要弄清这两类东西及彼此间的差异，这样，无论何时谁对这两者之一作出判决，都可以遵照我们的说法，并［c5］得以判断哪些法制定得恰当，哪些不恰当。②

克　我们认为你说得好，异乡人啊。因为，我们应当做这两件事之一：要么不再说一切不义都是非自愿的；要么［861d］先做一个区分，表明这样说正确。

雅　那么，对我来说，这两种选择中有一种完全不可接受——在我信以为真时，却要禁止谈论，这样既不合礼法，也不虔敬。但是，如果它们彼此的区分不在于自愿与非自愿，又依据［d5］什么方式分为两类呢？无论如何，我们必须基于其他区分尽力辨明。

———————

① 哲人立法者在区分自愿与非自愿犯罪时，这一困惑（ἀπορία）是他面临的实际困难。作为哲人，立法者不能承认，任何犯罪都是自愿的；但他承认了流行观点如是区分的效力，他不会凭借其哲学观点为之立法（κατανομοθετήσει）。他接下来区分了现代法的"犯罪行为"与"侵权行为"。

② 普通人的决定可能不是基于跟哲人一样的根据，但也显然合乎情理。

克 异乡人啊，我们全然没有其他方式来思考这一点。①

雅 ［861e］是这样。那么，来吧：公民之间的许多伤害看起来是在合伙和交往中做出的，其中自愿的和非自愿的都数目繁多。

克 ［e5］怎么不是呢？

雅 没有哪个人会把所有伤害都视为不义，②从而认定其中的不义行为可分为两类，有些是自愿的，有些是非自愿的。就所有伤害而言，在数量和严重程度上，非自愿的并不低于［862a］自愿的。但考虑一下，我接下来要说的话是言之有理还是空洞无物。克莱尼阿斯和墨吉罗斯啊，我不是说，如果一个人对其他人造成了某种伤害，并非有意如此，而是非自愿的，那他就是非自愿地行不义。我也不会这样子立法，［a5］即确立这是一件非自愿的不义行为。我决不会将这样的伤害认定为不义，无论伤害是大是小。确实，如果我的观点获胜，我们就会经常宣称，若某种利益的产生不正当，那负责产生这种利益的人便是［862b］行不义。总而言之，朋友们啊，如果某人把某物给了他人，或者反过来拿走某物，不应该径直称此事正义或不义，而立法者应注意的是，某人是否用正派的性情和方式帮助或阻碍他人。立法者应关注两样东西：［b5］不义和伤害。他应该通过法律弥补伤害，保护受毁灭的，［862c］扶正倒下的，弥补被杀者或受伤者。一旦针对每一种伤害的补偿到位，他就应始终尽力通过法律缔造友谊，以取代不和。

克 ［c5］这样是高贵的。

雅 那么，就不义的伤害和获益而言，当某人通过对他人行不义而获益时，其中有许多可治愈，应视为灵魂的疾病，那就要救治。应当指出的是，我们对不义的治疗，要遵循这个方向。

克 ［c10］哪个？

---

① 克莱尼阿斯的回答可能不过是说，他在这两点上都同意雅典异乡人。

② 错误是把一切伤害都当成了侵害。伤害可能是有意的，也可能是无意的，但没有无意的侵害。再者，一种行为没有伤害你，而是有利于你，这一事实也不能排除这是一种侵害的可能。

雅　［862d］这个：一个人可能犯下的任何不义行为，无论大小，法律都应尽量教导和强迫他，使其要么不敢再自愿行不义，要么很少再这样做——除了赔偿损失之外。要实现这些目标，［d5］得靠行动或言辞，快乐或痛苦，荣誉或耻辱，甚至靠钱财的惩罚或奖赏，总之，要靠一切可以采取的措施，使人们憎恶不义，热爱或至少不憎恶正义的自然本性——这正是［862e］最高贵法律的使命。不过，在这些方面，立法者发觉已无可救药的人，又该怎么办？他要为这些人制定什么刑罚和法律？立法者晓得，对于所有这类人，继续活下去并非更好，剥夺其生命能给他人带来［e5］双重好处：①警示他人莫要行不义，并扫除城邦中的坏人。因此，［863a］对于这类人的过失，立法者必然要判处死刑，但对其他人不必如此。

克　你所说的看上去很合理，但我们还是更乐于听听，如何更清晰地表明［a5］不义与伤害的区别，及其混杂的自愿与非自愿的区别。

雅　我会尽力按你的要求去做和说。［863b］显然，关于灵魂，你们至少彼此谈过并听说过这一点：灵魂自然本性的一个要素，或是某种激情或是某个部分，乃是血气，这种所有物天然争强好胜，用无理性的暴力颠覆了很多事情。

克　［b5］怎么不是呢？

雅　我们也主张，快乐不同于血气，但我们认为，血气通过一种与之相反的力量占据主导：通过说服和强行欺瞒，它为所欲为。

克　［b10］正是如此。

---

①　以此换他们的命，不仅对无可救药的罪犯来说是恩泽，也会在双重意义上有利于城邦：会制止他人犯罪，同时城邦的罪犯会减少。对比《理想国》410a2："那些本质相反的人，如果躯体方面如此，它们就会让他们慢慢死尽，那些在灵魂方面本质邪恶、无法挽救的人，它们就将其处以死刑。"在上文728c5和854e7，雅典异乡人谈及对幸存者的有益警告；在735e3以下，谈及这些人在世时的危害；在942a3和958a1，雅典异乡人重申，对于这些无可救药的人，只能处以死刑。我们眼下这段话最充分地阐述了整个情形。

　　雅　〔863c〕若有人说无知是犯错的第三个原因，那他就说得没错。然而，立法者最好将其一分为二：将简单的无知视为微小过错的原因，而双重的无知在于，一个人缺乏理解力，〔c5〕他不仅无知，还自以为智慧，认为自己完全知晓他一无所知的事情。^①如果这伴随着强力和强迫，立法者就得将其定为重大的和无教养的过错的原因；〔863d〕如果这伴随着虚弱，导致孩童或老人的过错，那么，立法者要将其定为实际的过错，并对犯错者设置法律，但无论如何，这是最温和、最宽宏的法律。

　　克　〔d5〕听起来很合理。

　　雅　那么，关于快乐和血气，我们似乎全都说，我们某人"更强"，另一个人"较弱"。事实上就是这样。

　　克　毫无疑问。

　　雅　〔d10〕但就无知而言，^②至少我们从未听说，我们某人"更强"，另一个人"较弱"。

　　克　〔863e〕的的确确。

　　雅　而我们声称，所有这些东西，常常跟拉扯人的意愿背道而驰。^③

　　克　确实很常这样。

　　雅　〔e5〕现在，我会向你们清楚地区分我所说的正义与不义，毫不含混。血气、恐惧、快乐、痛苦、妒忌感和欲望在灵魂中的僭政，不管有没有造成某种伤害，〔864a〕我都统称为不义。另一方面，

---

　　①　认真且顽固的罪犯的职位越高，所犯的罪行就越严重。参见《斐勒布》49b3，对此几乎作了相同的区分。

　　②　我们不能说，同理，我们和无知之间进行着一场竞赛；我们要么战胜无知，要么屈服于无知的诱惑。

　　③　这表明，违背意愿的事情是无意做的。但就像刚刚提醒我们的，我们甚至不能把无知说成积极的对手，而是一种状态，在此状态下，我们被引着走向与我们真正想去的方向相反的方向。"我要是早知道"，"打死也不会这么做"，对于说这种话的人来说，正是无知导致了他的过失。

一旦关于什么是最好的意见——无论城邦或某些个人会怎样看待最好——统治灵魂并给每个人带来秩序，那么，即便这种意见在某方面有错，通过这种意见所做的事情，[a5]以及每个人服从于这样的统治者，都必须宣布为完全正义，并对人的一生最好——尽管多数人认为，这种伤害是非自愿的不义。关于名称，眼下我们不想卷入喋喋不休的[864b]论争，但既然犯错的三种形式已澄清，首先就得将它们牢牢记住。那么，其中一种形式涉及痛苦，我们称作"血气"和"恐惧"。

克 [b5]务必。

雅 第二种涉及快乐和欲望。第三种与众不同，它寻求有关何为至善的各种期望和真实意见。如再次分割，将最后一种分为三种，那就变成了五种形式，恰如[864c]我们现在所言，对于这五种形式，都应设立彼此不同的法律，而法律有两类。

克 这些是什么？

雅 一是涉及用暴力和公开施行的每种行为，[c5]另外是涉及秘密发生的事情，暗中使诡计。有时两类都涉及，那么，处理此种案件的法律将是最严苛的，如果要恰当分配的话。

克 有道理。

雅 [c10]接下来，让我们回到离题前的论点，完成法律的制定。我认为，[864d]关于抢劫神庙者和叛邦者，以及那些意欲瓦解现行政制而破坏法律的人，我们已经为其立法。现在，要是有人还这样做，那他可能是精神失常，或疾病缠身，或老态龙钟，[d5]或还处于与这类人无异的幼稚状态。如果基于行为者或其辩护人的辩解，为这一特殊案子挑选出来的法官已明确注意到上述情形，并判决这种情形已违反法律，[864e]那就让他足额补偿他对受害人造成的伤害，但免除其他刑罚，除非他杀了人，因谋杀而手染鲜血。在后一种情况下，[e5]他要被流放到其他领土和地方，远离家乡住一年。如果他在法律规定的时间点之前返回或踏足故土，法律维护者应判他在公共监狱囚禁两年，而后释放出监狱。

[865a] 既然已经开了头，我们切莫犹豫，而要完成法律的制定，涵盖每种形式的谋杀。首先，让我们谈谈暴力的和非自愿的谋杀。

在竞赛或公共游戏中，如果有人无意中 [a5] 杀死某个他亲近的人，无论是当场死去或过一段时间后因伤死亡，或者，如果这发生在战时或备战时期——他们在操练标枪时 [865b] 没有佩戴盔甲，或使用某些重武器模仿战争活动——那么，此人根据德尔斐为此指示的礼法净化后，他就洁净了。

就所有医生而言，如果他们无意中使医治的人死亡，那他们根据法律是洁净的。

如果一个人无意中失手杀死他人，[b5] 或赤手空拳，或用武器，或用投掷物，或用饮料食物，或靠火或寒冷，或通过窒息——无论亲手为之还是假借他人之手——[865c] 在所有情况下，都权当是他亲手杀的，让他按如下的司法惩处赔付：① 如果他杀了一个奴隶，他不可让死者的主人受损，他要预估自己若失去这样一个奴隶会损失多少，然后按估值赔付，[c5] 否则就惩罚他按死者的两倍价值赔付——价值应由法官评估。比起竞赛中的杀人者，他要受到更大、更多的净化，[865d] 神挑选的阐释者应负责这些事务。

如果他杀死的是自己的奴隶，那么经过净化后，他应依法免除谋杀者的罪名。

如果某人无意中杀死一位自由民，他净化自身的方式就与杀奴案中的净化 [d5] 一样，请他不要轻视一个源自古老神话的传说。据说，遭暴力杀害的人生前若是个自由民，刚死之时 [865e] 会对凶手充满愤怒。由于受暴的经历，他 [的魂影] 充满惊恐和害怕，看到凶手出现在他常去的地方，他会惊恐万分。他自己受到搅扰，就会尽其

---

① 可能指下面适用于所有杀奴案的两个预防措施，而不只是指上文提到的那起拒绝补偿的案件。对于（1）奴隶的价值根据他们的性格和能力各不相同，要满意解决这个问题的唯一方式，是通过一个中立的法庭或调解员；（2）对奴隶意外死亡所做的净化，比游戏中竞赛者的死亡更细致，显然是因为后一种杀人行为的性质有值得称道之处。

所能［e5］以记忆为盟友，搅扰凶手及其行为。因此，凶手必须一年四季远离受害者，不涉足受害者在整个母邦的任何常去之地。

如果死者是个外邦人，在同样的时间段，［866a］凶手也必须远离此人的城邦。如果某人自愿遵守该法律，那么，死者最亲近的人，也就是留心这些事的执行的人，就应原谅凶手，与此人和平往来，①这样做对他来说完全［a5］恰当。但若有人不遵从——首先，他若未经净化就胆敢频频造访圣地并献祭，其次，他还不愿完成规定时间内的放逐，［866b］那么，死者最亲的人就应起诉谋杀者，一经定罪，所有惩处加倍。如果最亲的人不对此受害提出起诉，②诅咒就会传到他身上，因为受害者会将其灾祸招到［b5］亲人头上；谁愿意的话，都可以控告此人，依法强制他离开母邦五年。

如果一个外邦人无意中杀死本邦中的另一个外邦人，［866c］谁愿意的话，都可以按相同的法律控告他：若他是一个侨民，就流放他一年；若全然是个外邦过客，那么，除了净化之外，无论他杀的是一个外邦人或侨民，抑或是本邦成员，他一生都不得踏入受这些法律［c5］支配的城邦。若他非法返回，法律维护者就应判他死刑，若他还有些财产，就判给受害者最亲近的人。若他非自愿返回，［866d］比如船只在临近城邦的海域失事，他就必须在海水能没其脚处扎营，等待起航的机会。若有人从陆上强行将他拖上来，第一个发现他的城邦管理员应释放他，并送他安全出境。

［d5］若有人亲手杀死一个自由民，但做出此行为是血气上涌，首先就应区分两类行为。有时，因血气上涌这样做的人是一时冲动，［866e］突然间没有预谋地用击打之类的方式杀死某人，并在这样做之后立即感到后悔。另一方面，出于血气杀人者，也可能是受言语或不尊重的行为侮辱而寻求［e5］报复，在一段时间后杀人；他早有预

---

① 阿提卡法规定，杀人犯在回到自己的城邦前，有必要获得至亲的同意，即便已超出放逐的期限。柏拉图进而规定，必须得到至亲的同意。

② 但有何罪？杀人罪？还是没有结束他的放逐年限？显然，这话是说，倘若证实放逐年限未到，就会把杀人法的法律定位转变为谋杀犯。

谋，杀人后也毫无悔过之意。因此，看起来，这样的谋杀者应分为两类，两者都主要是 [867a] 出于血气，①最恰当的说法是，他们处于自愿与非自愿之间。然而，他们每一类都是另两类之一的镜像：一种人管住血气，没有立即报复，而在之后蓄意报复的，类似于自愿的；[a5] 另一种人压不住血气，在没有预谋的情况下当场泄愤，类似于非自愿的——但此人并非全然非自愿，而是非自愿的镜像。[867b] 因此，很难定义出于血气的谋杀者，也难以决定是否应当立法，裁决他们是自愿的，或某种程度上是非自愿的。最好且最实在的做法是，将他们作为镜像，基于是否有预谋来区分他们：[b5] 对于有预谋且在愤怒中杀人的，应立法重惩；对于没有预谋而突然杀人的，应该轻罚。因为，对于更大邪恶的镜像，要施以更重的惩罚，[867c] 邪恶越小，惩罚也越轻。我们的法律也应该如此。

克 的确。

雅 让我们回过头来继续讨论：[c5] 如果某人亲手杀死一个自由民，其行为是出于愤怒，而没有预谋，那么，要判他遭受的惩罚，除了像非血气杀人者那样以外，还要强迫他流放两年，以约束其血气。[867d] 那些出于血气杀人，但早有预谋的，除了要流放三年而非两年，其他惩罚跟前者一样。这样，他会因自己更大的血气而遭受更长的惩罚。

在这些案例中，从放逐中回归应按如下方式。这件事很难精确立法。[d5] 因为有时候，法律定为更残酷的反而更温和，定为更温和的反而更残酷，后者可能犯下更凶残的谋杀，而前者犯下的可能更温和。[867e] 但在大多数情况下，还是得遵照现在所说的程序。法律维护者应当裁决所有这类事，在每个案例中，流放期一过，他们就应派出 12 位成员出境作为法官：在此期间，[e5] 他们应深入调查流放者的行为，裁定是否可以宽恕他们并让其回来。流放者必须遵从这些

---

① 由于两名杀人犯都是受愤怒触发，没有人是故意的，虽然后者比前者更具主观意愿。

[868a] 行政官的判决。无论哪种情形，流放者回来后，他若再次因受制于愤怒而犯下同样的罪行，就必须再放逐他，永不返回。若他竟敢返回，就按照返回的外邦人那样处置。如果某人杀死的是个奴隶，还是他自己的奴隶，他就应接受净化仪式。[a5] 若是出于血气杀了他人的奴隶，他就得双倍赔偿奴隶主人的损失。

若有杀人者不愿遵守法律，频繁出入集市、竞技场以及其他圣地①而使之 [868b] 遭到亵渎和玷污，谁愿意的话，都可以起诉坐视不管的死者近亲和杀人者，强迫他们缴纳双倍罚款并接受其他惩罚。[b5] 根据法律，这笔钱归起诉者所有。

如果某个奴隶因血气杀死了主人，死者的亲属可以随意处置杀人者而不会 [868c] 受到污染，只要他们决不让他活在世上。如果有个奴隶出于血气杀了一个自由民，奴隶的主人应把这个奴隶交给死者亲属，他们必须杀死行凶者，[c5] 他们想怎么处死都行。

如果父母用殴打或其他暴力方式，一气之下杀死子女——这种事虽然很少见，但确实会发生——他们就要像其他人那样接受净化仪式并流放三年。[868d] 杀人者回来时，若是丈夫则要与妻子分开，妻子则要与丈夫分开，他们绝不能再共同生孩子。这个罪犯与抢夺儿子或兄弟的人，也不能分享家灶或共享圣事。[d5] 对这些事情不虔敬和不遵从的人，谁愿意的话，都可以控告他不虔敬。如果某个男人一怒之下杀死的女人是 [868e] 他妻子，或某个女人一怒之下杀死丈夫，就要接受同样的净化仪式，并完成三年的流放。此人履行过这些事回来后，不可与子女共享圣事，永不可与他们共聚 [e5] 一餐。若父母或后辈有谁不遵从，谁愿意的话，同样可以控告他不虔敬。若某个兄弟一气之下杀了兄弟或姐妹，或者某个姐妹杀了兄弟或姐妹，那就要说，他们必须接受的净化仪式和流放，与我们所说的对于 [e10] 父母和子女的一样：他与那些抢夺了兄弟的兄弟或抢夺了孩子的父

---

① 集市中央广场四周的神庙使之神圣。"不洁"（Ακάϑαρτος）的出现会玷污另两个集会场所：公共游戏场所和公共祭祀场所围观的群众。

母，绝不能分享家灶或共享圣事。若有人不遵从，[869a]那么，我们说过的针对在这些事情上的不虔敬的法律，就可用来控告他，这是正确和正义的。

如果某人对父母不加限制地发泄怒气，竟敢在一怒之下丧心病狂地杀了父亲或母亲，那么，[a5]死者临终前若自愿宽恕①凶手的谋杀行为，凶手应像非自愿的杀人者那样经受净化仪式。一旦他做完所有这些事，他就净化了。但他若没有得到[869b]宽恕，犯事者就触犯了多项法律。他将因攻击而遭受最严厉的惩罚，就像不虔敬和抢劫庙宇那样，因为他夺去了父母的灵魂。因此，如果同一个人真的可以死好几次，[b5]这个因血气而弑父者或弑母者，就真是百死不足惜。即便父母可能杀死他，[869c]法律也绝不允许他为了自卫而杀死父母。父母让子女的自然本性得见天日，法律会规定，一个人必须忍受父母，无论如何也不能做出这种事情。因此，这样依法惩处此人是恰当的，还会有[c5]其他方式吗？因血气杀害父亲或母亲的人，就该判处死刑。

在内战中，或在类似情形下，一位兄弟若为了自卫，在战斗中杀死先动手的另一位兄弟，[869d]那么，这就好似他杀了一个敌人，他是洁净的。在此情形中，公民杀死另一位公民，外邦人杀死另一个外邦人，同样如此。如果城邦的一员因自卫杀死一个外邦人，或者一个外邦人杀死城邦的一员，他也同样是洁净的。[d5]奴隶杀死奴隶同理。但如果奴隶为了自卫杀死自由民，他就触犯了子弑父的同款法律。②之前所说的父亲宽恕凶手，[869e]在此类案例中同样适用：任何人自愿宽恕某人，就权当谋杀者是非自愿的，让他接受净化仪式，让法律施加他流放一年的惩罚。

现在，与暴力和非自愿相关的、出于[e5]血气的谋杀，已恰当讨论过。接下来，我们应谈谈自愿的、全然不义的罪行，还有涉及阴

---

① 据称，阿提卡允许，若得到被杀之人的原谅，则可免死。

② 我们在上文869b7得知，一个人不可对父亲暴力相向，即便是正当防卫。

谋的罪行，它们源于面对快乐、欲望和嫉妒时的软弱。

克　说得对。

雅　[e10] 首先，让我们再度尽力谈谈，[870a] 这类东西有哪些。最大的是欲望，它控制着受渴望驱使而变得狂野的灵魂。这尤其体现在多数人最常见、最强烈的渴望：源于自然本性和缺乏教育 [a5] 带来的邪恶，金钱的力量催生了无数欲望，使人贪得无厌地追求。缺乏教育的原因在于对财富的邪恶称赞，它广泛流传于希腊人和野蛮人之间。财富本处于诸善之中的第三位，[870b] 人们却将其定为首位，由此，他们毁了子孙后代和自身。对所有城邦而言，最高贵、最好的事情就是讲出关于财富的实情，亦即财富是为了身体，而身体是为了灵魂。[b5] 因此，鉴于财富依自然是为了其他善存在，它就排在第三位，处于身体和灵魂的德性之后。这一论点便可教导我们，想要幸福的人不应当追求 [870c] 富裕，而是正派和节制地牟利。这样，①城邦中就不会出现要用谋杀来净化谋杀。但现在，正如我们一开始讨论这些事时所说的，正是这一件最重大的东西 [欲望] 导致对蓄意谋杀的最严厉 [c5] 惩罚。

第二个肇因是爱荣誉的灵魂习性②及其培育的妒忌。这些是危险的伴侣，尤其是对于有妒忌心的人，其次是对于城邦中最好的人。

第三个肇因是怯懦的、不义的恐惧，它引发了许多 [870d] 谋杀，在此情形下，某人正在做或已经做某事情，但他希望无人知晓正发生或已发生的。他们想让可能的知情者消失，就要杀死他们，除此之外无计可施。

[d5] 我们说的这些就作为所有这类案件的序曲吧，此外，还得加上一个多数人深信不疑的道理，③因为，从深谙此类事务秘仪的人

---

①　倘若正确的观点以及随之而来的正确的行动原则在世界上得到推行，这个世界就不会有这种谋杀，否则只能杀人偿命。

②　"爱荣誉的灵魂习性"（φιλοτίμου ψυχῆς ἕξις），此处并不清楚，写作《法义》时的柏拉图会不会否认有一种好的"爱荣誉"（φιλοτιμία）存在。

③　"道理"原文为 λόγον，这是后来的校勘，最好的抄本显示为"法律"。

那里，他们听说过这个道理：此类罪行在冥府中必受［870e］报应，当他们转世为人时，必然会依自然遭受正义的惩罚，凡是他施加于受害者的，他定会遭受，他也会落入他人之手，以相同的命运了结此生。

［e5］对于相信这类惩罚且惊恐万分的人，只要这个序曲本身，就不必［871a］吟唱法律了。但若有人不信服，那就拟订如下法律：

谁若有预谋而不义地亲手杀死族人，首先，他就必须远离通常禁止他踏足的地方：他不得污染庙宇、集市、港口或任何其他［a5］公共集会地，无论是否有人向他宣读这一禁令。为了整个城邦，法律对此明令禁止，一向如此，并将一直如此。［871b］若死者的近亲，关系在父方的堂兄弟或母方的表兄弟之内，未能按他应当做的那样发起诉讼，或宣告凶手要受流放，那么，首先污染和诸神的敌意就会落到他身上。因为，法律的敌意会催促神谕［b5］降临。其次，谁愿意为死者寻求［对杀人者的］惩罚，就可进行起诉。① 愿意寻求惩罚的人应履行一切，留心这些事务所需要的净化仪式，以及［871c］神为这些习俗规定的其他事宜，在宣读警告后，强迫罪犯接受依法作出的司法处罚。

这些事务应伴随某些祈祷和献祭，献给关心此类事务的某些神明，［c5］以使城邦不会出现谋杀，这一点立法者不难表明。但献给哪些神，如何进行这类审判会是最正确地着眼于神圣性，法律维护者［871d］连同神谕解释者、先知和神明要为这些事务立法，由此他们才进行这些审判。

在这些审判中，法官就是之前说过的掌管抢劫庙宇案审判权的那批人。判处死刑者，［d5］不可埋在受害者的城邦，以表明他不受原谅，更不用说不虔敬。他若逃之夭夭，不愿受审，就让他终生流亡。若他们竟有人踏入受害者的故土，第一个碰到他的死者家人［871e］

---

① 首先，被害人亲属若不起诉，宣称谋害者是暴徒，那他本人就是暴徒；其次，他容易面临合谋杀人的指控。

或城邦民，就应杀死他而不受惩罚，或把他绑起来，交给审理案件的官员处死。起诉者应立即要求被起诉者交保证金，①被起诉者还应提供担保人，由负责此类事务的官员［e5］认定是否可靠——他要提供三个可靠的担保人，保证他在审判时到场。如果某人不愿或做不到这一点，行政官员就要控制他，将他拘留起来加以看管，审判时再让他出庭。

但如果［872a］一个人并非亲手杀人，而是策划杀死他人，靠策划和阴谋杀人后，还作为谋杀的主谋居住在城邦中，带着不洁的灵魂，那么，此类案件应遵循相同的司法程序，［a5］除了担保人外。②

如果此人被处死，他可以选择自己的墓地，但在其他方面［的处理］，也适用先前描述的案件［处理办法］。外邦人之于外邦人，城邦居民与外邦人彼此之间，还有奴隶之于奴隶，［872b］这些条例同样适用——除了担保人外——无论亲手杀人还是阴谋杀人。就此而言，正如我们说过的，亲手杀人者必须交保证金，但在这些案件中，公开起诉凶手的人应同时要求他交保证金。如果一个奴隶蓄意［b5］杀死自由民，无论亲手还是用计杀人，并受过司法判决，那么，城邦的公共行刑者应将他带到死者墓碑附近，一个他可以看到坟墓的地点，按起诉者要求的［872c］次数施以鞭刑；如果杀人者在鞭打后仍活着，就应处死他。如果有人杀死一个并未行不义的奴隶，原因是害怕他泄露其不光彩的邪恶行径，或出于诸如此类的原因，那么，就让他像［c5］杀死一个公民那样，接受谋杀的审判。

如果发生了某些恶劣案件，连立法者也非常厌恶，但又不能不为之立法——［872d］自愿地和全然不义地谋杀亲人，无论是亲手还是用计杀人，这种事通常发生在治理和教育糟糕的城邦，但也有可能发生在人们料想不到的某个地方。我们应重申［d5］不久前提到的说

---

① 此处和871b6一样，我们从当前语境的主题转向普遍情况。

② 这是不是说，让这个老奸巨猾，兴许还怯懦的人假释出去不安全？抑或这种杀人犯不会被强迫缴纳保释金，因为对他的量刑没有其他案件严重？可能是后一种情况。

法，由此，我们的听众便能更好地避开蓄意谋杀，这种谋杀在各个方面都最不虔敬。事实上，那个［872e］神话或论证，或怎么称呼都行，早已由古老的祭司清楚表明：

守护正义的女神，亲族流血的复仇者，运用刚刚提到的法律，规定这样的凶手必然要遭受他做过的那些［e5］事情。若是弑父者，在某时某刻，他必定会在子女手上遭受相同的暴力行为。若是弑母者，他转世时必然分有女性的自然本性，在一段时间之后，必会让子嗣亲手夺去生命。因为，对同一血脉的污染，^①［e10］没有其他方法净化，污染也不会自行消失，［873a］直到以牙还牙，凶手的灵魂以命偿命，从而平息整个家庭的血气。

这些事可以使害怕受诸神报复的人有所顾忌。但如果某人［a5］受不幸的状态所支配，竟敢蓄意为之，有预谋地使其父亲、母亲、兄弟或孩子的灵魂脱离身体，可朽的立法者将为这类人［873b］制定如下法律：

关于远离惯常规定的禁地以及担保人，其禁令应与之前案子中讨论的一样。若某人犯了这种谋杀，即杀了一名亲人，担任法官助手的官员就该处死他，^②［b5］然后把他赤身裸体扔在城邦外某个指定的交叉路口，所有官员都要携带一颗石头，代表整个城邦砸向尸体头部，以将不虔敬驱离整个城邦。随后，他们应将其带到领土［873c］边境，依法把他暴尸荒野。

但是，一个人若杀了据说是他最亲近和最心爱的人，他又该遭受什么呢？我说的是自杀者，他暴力褫夺了自己命定的份额，既不是［c5］受城邦的审判所责令，又不受迫于可怕的痛苦和临到头上的无

---

① 两人"同一血脉"（κοινοῦ αἵματος），而非"家人"。杀人者与被杀者流着"相同的"血导致对被杀者家庭中幸存者的"污染"。这个家族的其他人为此而愤怒。但若使杀人者偿命，幸存者则不受污染。

② 显然是一些行政官员作为整个城邦的官员代表，必须参加死刑的执行——以及后来石击谋杀犯的头——以使共同体免受污染。在石击谋杀犯头部的情况下，每位行政官都要带一颗石头。

从避免的厄运，也没有遭遇难堪的耻辱而活不下去，而是出于懒散和无男子气的怯懦，将不义的刑罚加诸［873d］己身。

对于这个案子的其他方面，神晓得净化和丧葬的习俗应是什么，在这些事务上，死者最亲的人应当询问神谕解释者和相关的法律，然后遵照执行。但对这样自我毁灭的人，首先必须将其单独下葬；［d5］然后，他们将被埋在12片区域边界的无名荒地上，不许在坟墓上刻碑或留名。

［873e］如果一头轭下的牲口或其他活物杀了人，除非是在公共竞赛上争夺奖牌的情况下发生，否则就由死者亲属起诉凶手谋杀罪，近亲应指定田地管理员判决，［e5］确定人选和数量。他们应将获罪方处死并扔出境外。倘若某个无生命物夺去人的灵魂，除非是霹雳或神降的这类飞物，否则，在其他任何情况下，某人因撞到此物或让此物砸到而致死，死者的至亲［874a］就应指定近邻作为法官，以此洗脱死者与整个家族的不洁。他们应把有罪之物扔出边境，像前面提到的活物那样。

倘若有人确认身亡，经细查仍［a5］不能确定凶手，无迹可寻，公告就应像其他案件那样，公布"凶手的行径"。起诉成功后，［874b］他们应在集市上公告凶手姓名，凶手杀人获罪，不得踏足神庙和受害者城邦的任何地方。因为，凶手若让人发现并认出，就应处死，扔出受害者的城邦，不予埋葬。那么，关于谋杀，［b5］我们就把这条法律定为权威。

至此，我们已处理过特殊类型的案子。但在如下案例和情形下，杀人者无疑是洁净的：

倘若他在夜间抓住并杀死一个入室［874c］窃贼，那他是洁净的。他若在自卫时杀死强盗，他也是洁净的。若有人强奸女自由民或男自由民，受暴力侵犯的一方，或其父、兄弟、儿子，都可以杀了他而免受惩罚。［c5］若丈夫发现已婚妻子被强奸，那么，他若杀了强奸犯，在法律中他是洁净的。若有人在保卫其父时杀人，而其父未行任何不虔敬之事，此人就完全洁净，同样的情况适用其母、子女、兄弟或［874d］孩子的母亲。

关于活人灵魂的培养和教育，就这样立法。若有培养和教育，人生就值得过，没有的话就不值得过。关于暴力致死应受的惩罚，［d5］我们也立了法。关于身体的抚养和教育，我们也已讨论过。①接下来，我们应尽力区分人们彼此自愿与非自愿的暴力行为，表明其性质、次数以及［874e］每一种适用何种惩罚。很可能，我们接下来该对这些事务进行正确立法。

伤害以及由伤害导致的伤残，乃是死亡之后的第二主题，那些转向法律的人，即便是最平庸者②也会［e5］处理。那么，像先前区分谋杀一样，伤害也分为非自愿与自愿的伤害，前者是因血气和恐惧造成的伤害，后者是有预谋的伤害。

关于所有这类案件，我们应定下这样的序曲：人们有必要立法，并依法生活，［875a］否则在各方面就与最野蛮的野兽③无异。理由是这样：没有哪个人因天性充分发展就能认识到什么是对城邦民有益的东西，并且在认识到这点后，能够并总是愿意去做那最好的。［a5］首先，难以认识到真正的政治技艺④应该照料的不是个人利益，而是公共利益——因为公共利益使城邦团结，而个人利益则撕裂城邦；同样也难以认识到，对公众和个人两者都有利的是，高贵地［875b］确

---

① 本段把个人伤害分为致命的和非致命的，并将这两类与本书前面部分巧妙联系在一起。致命的伤害是对灵魂的伤害，非致命的伤害是对身体的伤害。灵魂需要滋养和教育，没有这一点，生命就会消逝——毁灭生命的方式不止谋杀一种，眼下对两种方式进行了探讨。如前所示，身体也需要滋养和训练，以臻完美。身体之所以会不完美，不仅因为缺少锻炼，还因同伴对身体的伤害。

② 雅典异乡人表示，即便最庸常的立法者都必须认清暴力行为与谋害的关系。他是否暗示，可能需要更具哲学的思考来审视前文所说的这些关系：强健体魄与暴力摧毁身体？

③ 在欧里庇得斯《圆目巨人》338，圆目巨人提议"绞死"一切立法者，由此证实了哲人"预先警告"（πρόρρησις）的智慧。

④ 关于真正的公民共同体或πολιτεία［政制］的定义，参见亚里士多德，《政治学》1279a28。

立公共利益而非个人利益。其次，即便有人充分掌握［政治］技艺，知道这些事情的本质如此，然后作为专制者不受监督地统治城邦，他也绝不会固守这个信念，［b5］毕生把促进城邦公共利益放在首位，让个人利益追随公共利益。

可朽的自然本性总会驱使他贪得无厌，追求私人利益，不理性地趋乐避苦，［875c］把这两者放在正义和善之前。由于内心滋生了黑暗，他自身和整个城邦就会恶贯满盈。当然，若有人天性优异，蒙神眷顾，能够获得这些东西，［c5］那就不需要任何法律支配他。因为，没有什么法律或秩序强于知识，理智屈从于任何东西或变成奴隶都不恰当，［875d］而应统治一切——如果依据自然，理智是真正的自由。但现在，事实上，无论在哪里或以任何形式，这种人存在的可能微乎其微。因此，人们必须退而求其次，求助秩序和法律，这两者能顾全［d5］大局，却无法顾全一切。

讨论这些事情的目的在于，我们现在要规定，伤害或致他人伤残者，应受何种惩罚或赔偿。

当然，在任何事情上，每个人都可以打断我们，正当地询问："你说的是哪类［875e］伤害，受害者是谁，如何、何时伤害？因为，这些问题多种多样，答案各不相同。"① 所以，交由法庭裁决这一切，或什么也不由其裁决，皆不可能。确实，有一件事适用于每个案件，有必要交由法庭裁决：［e5］这些案件每一件是否确已发生。话说回来，［876a］在这些犯罪中，行不义者应付的赔偿或要受的惩罚，若不交由法庭裁决，而事无巨细地为一切事情立法，那也不大可能。

克　那么，接下来该讨论什么？

雅　［a5］这一点：哪些事应交给法庭，哪些不用移交，而应由我们自己立法。

克　那么，哪些事应为之立法，哪些又该交由法庭裁决呢？

---

①　让立法者把关于个人伤害的这一切问题一股脑儿都留给法庭裁决同样不可能。首先，事实问题必须留给法庭裁决；此外，他们也必须大力对罚款和惩罚进行评估。

　　雅　接下来这样说再正确不过：在［876b］一个城邦中，若法庭卑微可鄙、默不作声、隐瞒自己的意见，暗中表决，甚至更可怕的，一旦他们不再沉默，而是像剧场一样吵吵闹闹，用或褒或贬的叫喊轮番评判每个［b5］演说者，那么，整个城邦就会变得举步维艰。若某种必然性导致为这样的法庭立法，那并非幸事，但若出于必然性这样做，［876c］在极少数的案件中，我们必须允许他们规定惩罚。若要为这样的政制立法，立法者应明确为大多数案件立法。不过，在一个城邦中，若法庭能尽可能正确地建立，准备审判的人［c5］也训练有素，经受了极为严格的考验，那么，由这样的法官裁决大多数案件中罪犯的惩罚或赔偿，就会是正确、好和高贵的。

　　在目前的情况下，［876d］对于最重大和最常见的事务，倘若我们没有立法，请不要苛责。在这些事情上，即便教育上最微不足道的法官，也能查明并裁定每种过失受的惩罚和赔偿。既然我们认为，我们［d5］为之立法的这些人，并非完全不适合成为这些案件的法官，大多数案件就应交给他们。不过，我们之前立法时常说也［876e］常做的是，勾勒出一个惩罚的框架和草案，以给法官提供案例，始终避免逾越正义的界限，这在那时非常正确，我们此时再次回到法律，也应该［e5］这么做。我们关于伤害的成文法如是规定：

　　若有人预谋杀死某个亲近的人，除非法律允许，否则，即便只是伤了对方，未能杀死，这种预谋伤人者就不值得［877a］怜悯。和杀人者一样，此人不应宽恕，而应以谋杀罪强迫他受审。不过，要尊敬他不完全坏的运气①和精灵，精灵怜悯他和受伤者，没有让受伤者无法医治，［a5］凶手也免于受诅咒的厄运和不幸。为了向这位精灵表达感激之情，不与之对抗，伤人者死罪可免，但应移居［877b］邻邦度过余生，仍享有自己所有财产的收益。②至于他造成的伤害，他若

────────────

　　①　最接近我们拟人化的命运女神（Fortune），在古希腊被尊为"机运神"（Τύχη）、"奥托玛提亚神"（Αὐτοματία）和"凯若斯神"（Καιρός）。

　　②　不减少对其家族的供给。但弑夫或杀妻者不享有这项特权。

使受伤者致残，就必须赔偿受伤者，数额由审理此案的法庭决定——法官跟审判谋杀案的法官一样。若子女预谋伤害父母，[b5]或奴隶伤害主人，就应判处死刑。

若有兄弟伤害兄弟姐妹，或姐妹伤害兄弟姐妹，[877c]而且是有预谋地实施伤害，那就应判处死刑。若妻子蓄意谋杀而伤了丈夫，或丈夫蓄意谋杀而伤了妻子，就将其永远流放。若他们有尚未成年的子女，护卫者应保管其财物，[c5]并像照顾孤儿那样照顾其子女。若其子女已成人，后代不必赡养流放者，却能占有他们的财产。若有人没有子女，却落入这种不幸，[877d]那么，流放者男女双方远至子侄辈的亲戚就应相会，与法律维护者和祭司①一起磋商，任命一个人为城邦5040个住宅之一的继承人。②[d5]他们应根据如下论证来思考：在城邦5040个住宅中，都不是居住者或其整个家族的财产，毋宁说是城邦的财产——无论在公共还是私有的意义上。

因此，城邦拥有的[877e]住宅应尽可能虔敬和幸运。一旦哪个住宅被认为既不幸运又不虔敬，以致所有者没有子嗣，单身而终，或者结婚无子，还被控蓄意谋杀，[e5]或犯下其他一些针对诸神或公民的错误，法律明确规定要判处这人死刑；或者某人子女尚未成人就要永久流放，那么，依据法律，首先就必须净化和清洁这个住宅。然后，[878a]如我们刚才所言，亲戚应与法律维护者会面，寻找城邦中德性和好运方面名声最好且多子多孙的家庭。他们应从这户人家选一个人，作为[a5]死者父亲和祖先的子嗣，并依照预兆沿用死者的姓氏。要祈祷此人能为死者延续血脉，守护家业，能掌管俗事和圣事，比他父亲运气更好，并依法[878b]指定他为份地继承人。而那个犯错者，就让他寂寂无闻，没有子女和财产，一旦这些灾祸③发生

① 可能需要祭司来扮演仪式中的宗教角色。宗教仪式结束时，就没再提及祭司（见878a2）。

② 填补这一空位主要是城邦的职责，依据下文即740a3以下所述的原则。

③ 关于"灾祸"（συμφοραί）的这种用法，参见上文877a5。凡是在无继承人的情况下，这种由家族制定继承人的做法，在雅典司空见惯。

在他身上。

很可能，每样东西并非都与其他东西界线分明，[b5] 而是会有一个中间地带，横贯在两个边界中间，又与每边相接。的确，我们认为，血气产生的正是这样的东西，介于非自愿与自愿之间。因而，因愤怒伤人，[878c] 同样如此规定：

若有人犯罪，首先，创伤可治愈的话，就让他赔偿双倍损失。若创伤不可治愈，则要赔偿四倍损失。若可治愈，但会让受伤方蒙受奇耻大辱，则按三倍损失 [c5] 赔偿。①若伤人者不仅损害了受害方，而且损害了城邦，使受害者不能帮助母邦对抗敌人，在这种情况下，除了其他惩罚外，对城邦的损害他也要赔偿。除了 [878d] 自己服兵役外，他还得代替丧失行动力的人服兵役。如果他不这样做，谁愿意的话，都可以依法控告他拒服兵役。要赔偿损伤的额度是两倍、[d5] 三倍还是四倍，应由法官在定罪表决时裁定。若一位家人伤了另一位家人，那刚才提到的那些人，即家人和男女双方远至子侄辈的亲戚，无论男 [878e] 女，都应在判决后相会，让生身父母评估损伤。如果评估引发争议，男方亲戚拥有最高权威确定评估。如果他们无法裁断，最终就要把此事移交法律维护者。[e5] 审理子女伤害双亲案的法官，必须年逾六十，育有子女，子女不能是收养的，而是亲生的。②一旦有人获罪，他们就必须裁断此人是否该处死，抑或施以更重的惩罚或从轻发落。[879a] 行凶者的家人不得担任法官，即便他到了法律规定的年龄。

如果某个奴隶愤怒之下伤了自由民，主人应把这名奴隶交给受伤者，任凭其处置。倘若主人拒不交出奴隶，他本人 [a5] 就得赔偿损失。若有人控告奴隶和受伤者一道谋划此事，主人就应为此案辩护：他若败诉，就得赔偿三倍损失；但他要是赢了，就可以控告与奴隶勾

---

① 这三类的例子有：伤口愈合没有留疤的；瞎了一眼或折了一条腿的；脸上伤口愈合留疤的。

② 可能因为一个人从未做过父亲，不能切身体会到这种过错的可憎。下面的规定也是出于伤害父亲的利益。

结的人诱拐［879b］奴隶。非自愿伤人者只需照价赔偿损失，因为没有哪个立法者可以主宰机运，此类案件的法官与子女伤害父母案的法官相同，由他们评估［b5］损失。

迄今为止，我们讨论的都是暴力伤害，各类攻击也是暴力型的。因此，每个男人、小孩和女人，都应这样思考此类事情：

老人比年轻人更加值得尊重，［879c］在诸神眼里如此，在希望获救并变得幸福的凡人眼中同样如此。因此，在城邦中，我们若看到年轻人殴打老人，这是可耻的、让诸神痛恨的事。而老年人打年轻人是合理的，年轻人应忍住愤怒，平息血气，［c5］以便自己老年时得到同样的尊重。

那就这样立法——在言行上，我们每个人都应该敬重年长者。比我们年长二十岁以上的人，无论男女，都应视同父母，因此也必须关怀他们。［879d］出于尊敬掌管生育的神灵，我们应始终避让所有可当其父母的那代人。我们对外邦人也要这样避让，无论他是久居者还是新来的。我们绝不能用殴打惩戒这类人，无论是率先［d5］动手还是还手。若有人认为外邦人猖狂地公然袭击他，而该受惩罚，他也不能殴打对方，而应该抓住这个外邦人，把他带到城邦管理员面前，让他不敢［879e］再打本地居民。城邦管理员应抓捕并审判此人，让他对外邦人的神表现出应有的尊重。倘若外邦人看起来不义地攻击了本地居民，他打了多少下，就鞭打他多少下，以此遏制外邦人的［e5］胆大妄为。但要是他并未行不义，他们就应威吓并斥责那个把外邦人带过来的人，然后遣散双方。

若有人殴打了同龄人，［880a］或者某个年长但无子嗣的人，那么，无论是老人打老人，还是年轻人打年轻人，此人依自然就可以自卫，不用武器，而是赤手空拳。但要是四十岁以上的人竟敢打架，无论他先动手还是还手，都应说他粗野、［a5］无教养、有奴性，他若因此惹上可耻的惩罚，也罪有应得。

谁要是服从这些劝诫，他就是温顺之人。而拒不遵从、无视序曲的人，等待他们的将是［880b］如下法律：

若有人殴打比他年长二十岁以上的人，那么首先，遇到此事的人若与打斗双方不同龄或比他们年长，就应尽力分开他们，否则，依据法律，他就是坏人。倘若他与挨打者同龄甚至［b5］更年轻，那么，他就应保护挨打者，就像遭受不义者是他的兄弟、父亲或更年长的亲人。此外，如前面所说，谁要是胆敢殴打比自己年长的人，就得因袭击而受审判，如果他被判［880c］有罪，监禁至少一年。倘若法官裁定刑期应更长，那就按法庭的裁定强制执行。如果某个外邦人或外邦定居者殴打了比他年长二十岁以上的人，关于［c5］旁观者出手相助的法律拥有同等效力。倘若一个未定居的外邦人输掉官司，那就必须判处他坐牢两年。若一个外邦居民不服从法律，就必须坐牢［880d］三年，或者法庭评估时判处更长刑期。在所有这类案件中，袖手旁观、未依法援助者，都要支付罚金：他若属于最高阶层，罚一米纳；第二阶层，罚五十德拉克马；第三阶层，［d5］罚三十德拉克马；第四阶层，罚二十德拉克马。①此类案件的陪审团由将军、连队指挥官、部落统领和骑兵指挥官组成。

很可能，法律的出现部分是为了正直的人，旨在教导他们与人结交、［880e］友好共处的方法，部分是为了那些逃离教育的人，他们本性顽梗，无法软化以远离各种邪恶。下面要说的话就是针对这些人。为了［e5］他们，立法者会根据必然性立法，希望不会有用上的那一天。因为无论是谁，无论何时，若胆敢暴力攻击父母，乃至祖辈，既不怕天上诸神的怒火，也不惧［881a］传说中地下诸神的报应，而是藐视人人都会重复的古谚，好像②他知晓自己一无所知的事，还违反法律，那么，这种人就需要一些终极的威慑。因此，死亡也算不上终极。据说，等待这些人的是冥府中的［a5］磨难，虽然这些比死亡更接近终极，人们也言之凿凿，但对这类灵魂没有威慑力。

---

①　对这四个纳税阶层的区分，见744b–c。

②　此处的"好像"（ὡς ἔοικεν）和上文878b4一样，旨在开启一段哲学性总结。雅典异乡人表示，法分两类：一类旨在凝聚社会中心存善意的人，另一类旨在抑制冥顽不化、桀骜不驯的作恶者。

否则，这些人就不会殴打母亲，或者胆敢不虔敬地殴打其他长辈。因此，对于［881b］做这类事的人，有必要生前就给他们施加惩罚，尽可能不比死后轻。接下来要说的就是：

若有人胆敢殴打父母或祖父母、外祖父母，这样做时并未精神失常，那么首先，［b5］路过的人应该像先前的情形那样①去帮忙。若有定居的外邦人出手相助，就邀请他在竞赛中列席前排，他若袖手旁观，就该把他永远逐出城邦。［881c］非定居的外邦人若相助，就会受赞颂，袖手旁观则会受谴责。奴隶若相助，就可以成为自由民，若袖手旁观，就会受鞭打一百下。事情若发生在市场，就由市场管理员执行；若发生［c5］在市场外，但在城里头，就由当地的城邦管理员处罚；若发生在乡间某地，就由田地管理员执行。如果路过的人是本地居民，那么，无论［881d］孩童、男人甚或女人，全都必须来援助，大声啊斥不虔敬的一方。未能援助者依法会受宙斯②诅咒，宙斯看护亲缘和父亲的地位。若有人被判殴打父母，那么首先，必须将他永久逐出城邦，流放到［d5］其他领土，禁止他踏足任何圣地。如果他不避开圣地，田地管理员就应用击打处罚他，愿怎么打都行。倘若他从流放中返回，就应判处他死刑。若有自由民与此人同吃同喝，或在［881e］其他这类集会中与他交往，甚或只是在某处碰到他时主动握手示意，那么，这个自由民就不能再踏足任何庙宇、市场，也不能踏入整个城邦，直到受净化，因为人们认定，他也染上了受诅咒的厄运。但如果他不服从［e5］法律，非法地污染了庙宇和城邦，若有行政官得知此事却不审判他，那么，在核查时，［882a］这会成为对该官员的最严重指控。

同样，若有奴隶殴打自由民，旁观者无论是外邦人还是城邦一员，都要上前相助，否则就像说过的那样，根据其阶层支付罚款。路过的人［a5］必须和挨打者一道，将肇事者绑起来，交给遭受不义的

---

① 指880b给出的建议，这些建议是关于所有年龄的人都能采用的干预手段。

② 宙斯是看护家庭关系神圣性的神。

人。［882b］受害者应把奴隶捆上脚链，随心所欲鞭打他，只要不给奴隶主人造成损失，^①根据法律，［事后］他要把奴隶交还主人看管。法律如下：任何奴隶，若敢在没有官员命令的情况下殴打自由民，［b5］都应戴上镣铐，由主人从挨打者那里领回，［882c］除非奴隶说服受害者，他值得被释放而生活，否则不得释放。在所有这类案件中，同样的法则适用于女人告女人，女人告男人，男人告女人。

---

① 亦即不能把奴隶打成废物。

卷 十

雅　［884a］谈过殴打之后，有关一般暴行的法规可宣布如下：没有人可以拿走或带走他人之物，或使用邻人的所有物，如果他未说服物主。因为，这类行为［a5］是所有已提及的罪行的根源，过去、现在和将来都是。

在未谈到的恶行中，最严重的是年轻人的放纵行为和肆心①之举。其中最坏的肆心是针对圣物，尤为严重的是针对公共的和神圣的东西，或一部分人共有的东西，这些人是某个部落或其他这类群体的成员。［885a］其次，第二坏的［肆心］是针对私人的圣物和坟墓；第三是有人肆虐自己的父母，除了之前讨论过的情形外。第四是这类肆心：有人无视统治者，带走、拿走或使用他们的某些所有物，但未［a5］说服他们；第五是肆逆每个公民的政治权利，如吁求刑罚。对于所有这些情形，应该制定一种公法。

至于抢劫庙宇，［885b］无论暴力地还是偷偷地抢劫，应当受什么惩罚，这已经概述过；但是，关于有人可能在言行上肆逆诸神——要么通过言辞，要么通过行为，他所必须受到的惩罚，应该在制定②

---

①　在《法义》中，肆心与不义（ἀδικία）经常并举。将太大的权力交给低下者或卑下的灵魂，这些人就可能变得无比放肆，走向不义（691c1-d5）。人一旦成为主宰一切的权威，就会充满肆心和不义（713c5-e4）。另参661e2，662a2，679c1，775d6-7，906a8。胜利、掌权、富裕、贫穷、过度的爱欲或自爱都会产生肆心，造成不义和罪恶，参641c2-7，679b7-c2，716a5-b5，774c7，637a3，783a1-4，775d5-7。

②　"制定"的原文为 παραμύθιον，这个词还有鼓励、鼓舞、劝告；安慰、安抚、缓和、平息等意思。

这个劝谕后才说明。劝谕如下：

没有哪个依法相信诸神存在的人，[b5] 自愿做过不虔敬的事，或无意中说过不法的言论，除非他处于以下三种情形之一。要么，我刚刚所说的这一点［诸神存在］，他不相信；要么其次，他相信诸神存在，但认为诸神不关心人类；要么第三，他认为诸神很好求情，可用献祭和祈祷诱惑。①

克 ［885c］那么，我们该对他们做甚或说点什么呢？

雅 我的好人啊，让我们先听听我预想他们会说的话吧，他们会因蔑视我们而说嘲笑话。

克 那是什么话？

雅 ［c5］他们可能会戏谑地②说出这番话：

"雅典异乡人，还有拉刻岱蒙和克诺索斯的异乡人啊，你们说的可是实情。我们中的一些人根本不信诸神，另一些人则相信诸神是你们所说的那样。现在，我们要求——正如你们在法律上所要求的，［885d］在你们严厉地威胁我们之前，你们应努力说服并教导说，诸神存在——你们要举出充足的证据哦——而且诸神好极了，不会受某些礼物的诱引而背离正义。现在，由于实际上［d5］我们听一些人说过这类和其他事情——他们据说是最优秀的诗人、演说家、占卜者、祭司以及不计其数的其他人③——我们大多数人便不去避免行不义，［885e］而是行不义后再设法弥补。对于那些声称并

————

① 对比《理想国》365e："可用献祭、祈祷……诱导（παράγεσθαι）诸神被说服。"因为"很好求情"，所以"诱惑"之。

② 这些人是怀疑者，怀疑者戏谑地（ἐρεσχηλῶντες）说话。他们要求证明［诸神存在］的行为就是戏谑的——仅仅就他们的言说方式而言，他们就像是说："你们无法证明：你们仅仅依赖于权威。"

③ 这些人的混乱无疑指的是论战：在柏拉图看来，占卜者和祭司与（错误认识神的本性的）诗人和演说家一样，在宗教事务上无能为力。在这个问题上，《法义》没有贬低这种显著的批评。《伊翁》543c-e 也说到了诸神：若无神圣的灵感，他们也会跟诗人一样无知。《理想国》卷二和卷三，譬如卷二377b-e，苏格拉底强调了与诸神有关的故事的重要性。

非残酷而是温和的立法者啊，我们要求，首先对我们使用说服。关
于诸神存在，即便你们不比其他人说得好多少，只要你们［e5］在
真相上讲得更好，或许你们就能说服我们。但是，如果我们的说法
得体，就尽力答复我们的请求吧。"

　　克　那么，异乡人啊，看起来岂不是很容易道出真相，说诸神存在？

　　雅　［886a］怎讲？

　　克　首先，存在大地、太阳、星辰和整个宇宙，以及划分了年和
月的季节的美妙秩序。此外，还有个事实：所有希腊人［a5］和野蛮
人都公认，诸神存在。①

　　雅　至少，我的好先生啊，我担心——我绝不会说，我畏惧——
坏人以某种方式蔑视我们。因为，你们不知道我们与他们不同的真正
原因是什么，你们反倒认为只是由于对快乐［886b］和欲望的不自
制，他们的灵魂便落入不虔敬的生活。

　　克　但除此之外，还会有别的什么原因吗，异乡人啊？

　　雅　某个你们难以知晓的原因，因为你们完全生活在它之外，
［b5］它避开了你们的注意。

　　克　你现在解释的这一点是什么呢？

　　雅　某种非常严重的无知，看起来成了最高的见识。

　　克　你指的是什么？

　　雅　［b10］在我们这里，诸著作中保存着各种说法，由于政制
的德性，你们那里没有这些著作，据我了解。这些［886c］讲述诸神
的著作，有些有韵，有些没韵。②它们最早探讨了天体与其他事物的
第一本性如何生成，紧接着这一开端不远，它们详细描述了诸神的
产生，以及在产生后如何相处。［c5］这些著作对听众的影响好不好，
并不容易判断，因为它们非常古老，但对于服侍和尊敬父母，至少我

――――――――

　　①　这句话的意思含混，也意为"相信它们［即刚刚提到的天体现象］是诸神"。

　　②　"政制的德性"原文为 ἀρετὴν πολιτείας，ἀρετὴν 的原意是"德性"，也意指"优
秀"。"有韵""没韵"的说法表明，这些著作主要是诗人的作品。

绝不会美言它们，说它们有益，或与现实完全相符。[886d]与这些
古书相关的东西，应该丢到一边，一别了之，^①或以诸神喜悦的方式，
怎么说都行。不过，必须谴责与我们新的聪明人^②有关的东西，就其
是坏东西的起因而言。这些人的观点导致的结果是：我和你[d5]举
出诸神存在的可靠证据，并提出将这些东西——太阳、月亮、星辰和
大地——作为诸神和神圣事物，但这些让聪明人说服的人会说，这些
东西都是泥土和石头，不可能[886e]关心人类事务，无论用花言巧
语将它们粉饰^③得多好。

克　相当棘手的论点，异乡人呐，你讲的恰好是这么一种，哪怕
只有这一种；但眼下恰好有非常多的论点，那[e5]就更棘手啦。

雅　那怎么办？我们说什么？我们必须做什么？要么，我们申
辩，就好像有人在不虔敬的人面前控告我们——不虔敬的人却对在立
法上为自己辩护的人说，[887a]我们为诸神存在立法真是可怕之举？
要么，我们一别了之，置之不理，再回到法律上来，以免我们的序曲
变得比法律还长？因为，论证一旦展开就不会简短——如果对于那些
渴望[a5]变得不虔敬的人，我们要用恰当的论证向他们证明，他们
所宣称的事情不得不进行讨论；此外，如果我们要让其怀有恐惧，并
制造一种厌恶感，^④而且要在这些事情之后，再制定合适的法律的话。

克　[887b]但是，异乡人啊，我们已常常——鉴于这么短的时
间内——提到一件事：在目前的处境中，没有必要尊崇言辞简短，胜

---

①　古书指赫西俄德、斐瑞库德斯（Pherekydes）、俄耳甫斯这类人的著作。倘
若柏拉图想到的就是他们，那这显然是为了巨大的荣誉，此处的原文对比《理想国》
364e以下。

②　"新的聪明人"（νέων σοφῶν）也可译为"我们的新人和聪明人"。有些译者跳
出字面译为"现代科学家"。

③　"粉饰"（περιπεπεμμένα），参阿里斯托芬《马蜂》668："父亲，你是上了这些
花言巧语（περιπεφθείς）的当，把他们捧出来统治你。"

④　关于"厌恶"（δυσχεραίνειν），可参654d，708e，746a，751d，831d，834d，
900a，908b。法律的意图之一是培养正确的苦乐感，使人始终厌恶坏东西，喜欢好东
西。

于长篇大论。因为，常言道，没有哪个人对我们紧追不放。其实，可笑而短浅的便是，相比［b5］最好，我们显得宁愿选择更简短。至关重要的是，我们的如下论证总有某种说服力：诸神存在且是好的，并尊崇不同于人类的正义。因为，对于所有法律，［887c］这几乎是我们最高贵和最好的序曲。① 因此，既不要厌恶，也不要匆匆忙忙，应尽我们所能，使这些论证具有说服力，让我们毫不退缩，尽可能充分地阐述这些论证吧。

雅　［c5］在我看来，祈祷是你现在说的话所召唤的，因为你是如此热情地投入！不容再推迟谈论了。来吧，一个人怎会不带血气地谈论诸神的存在呢？因为，无从避免，我们会严厉对待并憎恶［887d］一些人，他们过去和现在都对我们卷入这些论点负有责任：他们不相信从奶妈和母亲那里听来的神话，那时，他们还是吃奶的幼儿，听她们讲神话就像听念咒，她们时而逗乐时而虔诚地念。孩子们在祭献的祈祷中听到这些神话，② 并看到与之相伴的表演，至少年轻人最乐于看和听这些在献祭中举行的表演。孩子们看到，父母们为了自身和他们呈现出最大的虔诚，［887e］他们以祷告和祈求跟诸神交谈，因为诸神是最高的存在。太阳和月亮升落之时父母伏地膜拜，孩子们听说并看到，所有希腊人和野蛮人均以各种不幸和幸福的［e5］方式这样做——它们不像不存在，而像是最高的存在——所以绝不会产生怀疑，说它们不是诸神。那些蔑视这一切的人并不依据哪

---

① 克莱尼阿斯由此指出，关于不虔敬的法律序曲总体上取代了墨吉罗斯的立法，成为序曲。这段序曲的内容就以这种方式获得了创立者自身的价值。正如卷十（尤其是903b-e）将谈及的，不认识神，就不可能照看人类事务。

② 这里的论证出现在卷二659e。严格意义上讲，念咒是一种在涉及献祭或秘仪的仪式中所说的宗教性套话，因此，念咒的功能是激起神力的效果。神话对灵魂的影响，常与神秘的魔力（κήλησις）关联在一起，这种影响就像是下了咒（έπωδή；参《法义》卷二659e，卷十903a-b，《斐多》77d-78a，114d，以及《欧蒂德谟》289e）。念咒常作玩笑话，此处就是这样（参《法义》卷一647d，卷二659e，卷五732d，卷七795d，796d，798b，803c-d，卷七942a；《斐勒布》30e；《理想国》卷十602b；《智术师》237b；《会饮》197e）。

一个充分的论证，即便拥有一丁点心智的人也能确定的论证，正是他们迫使我们现在说出这番话。[888a]一个人怎么可能用温和的道理劝诫并同时教导这些人呢——首先是关于诸神的存在？不过，必须敢于[这样做]。因为，至少双方不应该同时发狂——我们有些人是由于贪图快乐[而发狂]，另一些人则是出于对这些人的义愤。从如下[a5]开场白出发吧，平心静气，对待那些思想败坏的人，让我们和声细语，平息血气，宛如与他们中的一个人交谈：

"小伙子啊，你还年轻，随着时间的推移，你会改变[888b]你现在所持的许多看法，将它们倒转过来。因此，等到那时再对最重要的事情作出评判吧——这个最重要的事情，你现在认为无关紧要：正确思考诸神，从而高贵地生活，或者相反。首先，关于这些事情，如果[b5]我要向你揭示重要的一件，那我绝不会说谎，这就是：无论你自己，还是你的朋友们，均非首先最早持有对诸神的这一意见，不过，总是有些人，有时多，有时少，会染上这号病。我遇到过许多这样的人，[888c]我愿对你这样说：从未有人在年轻时秉持诸神不存在的意见，到了老年还保持这样的观念。①

"其他两种关于诸神的看法确实有人保持，人不多，但[c5]有一些：诸神存在，但毫不关心人类事务；此外，诸神确实关心人类事务，但很容易用祭献和祈祷求情。如果你要让我说服，那么，你就要等待，直到你对这些事情的意见尽可能变得清晰，同时，你要探究事情究竟是这样还是那样，[888d]并向别人且尤其向立法者探知。②在此期间，你就不会斗胆行任何不敬神之事。为你制定法律的人，现在和将来都应该尽力教导这些事情究竟[d5]是怎样的。"

克 对我们而言，异乡人啊，你到目前为止所说的都好极了。

雅 完全是这样，墨吉罗斯和克莱尼阿斯啊。但我们没有意识

---

① 诚如《理想国》卷一330d–331a中忧心忡忡的克法洛斯所示。

② "探知"（πυνϑανόμενος）从属于"探究"（ἀνασκοπῶν），在细节上解释了探究的过程。888d2和d3提到立法者，使雅典异乡人这个宗教哲学的演说者现在所呈现的立场合法化。

到，我们已落入一种令人吃惊的论证！

克　［d10］你指的是哪一种？

雅　［888e］多数人认为所有论证中最聪明的那一种。

克　请解释得更清楚些。

雅　或许，某些人会说，一切［e5］现在产生、过去产生和将要产生的事物皆源于自然、技艺，或靠机运。①

克　难道这样［说］不好吗？

雅　有可能，至少那些聪明人②兴许说得正确。［889a］不管怎样，让我们跟随他们，来探究那些人在那方面碰巧想到的一切吧。

克　务必。

雅　他们有可能会声称，最伟大、最好的东西［a5］由自然和机运产生，较小的东西则来自技艺。技艺出于自然，自然是最伟大和最早的产物的起源；技艺塑造和构建的所有较小之物，我们大家都称之为人造的。

克　此话怎讲？

雅　［889b］下面，我会说得更清楚些。火、水、土和气全都源于自然和机运，他们说，这些没有哪个是来自技艺；随后出现的物体——大地、太阳、月亮和星辰——由这些完全［b5］无灵魂的存在物产生。③每个［这样的存在物］源于机运的力量，各自承载着自身；它

---

①　以下并未显明 φύσις［自然］与 τύχη［机运］之间明确的区分，毋宁说在某种程度上融合了这两个概念。与"机运"（τύχη）表示相似意思的还有"出于偶然"（ἀπὸ τοῦ αὐτομάτου），如《普罗塔戈拉》323c，《苏格拉底的申辩》41d，38c。此外，众所周知，亚里士多德反对区分"机运"和"偶然"。

②　"聪明人"指留基伯（Leukipp）、德谟克利特、恩培多克勒和某些智术师，他们的哲学思想见889b及下。

③　"这些"可能指"自然和技艺"，不过，许多解释者都认为，"这些"指的是最初的元素——火、水、土和气。提及四元素表明，这不是雅典异乡人的论证所特别针对的留基伯或德谟克利特的原子论学说。雅典异乡人反对任何否定灵魂或心智参与创世的学说，尽管这些论证借他的反对者之口道出会让我们想到各种学派，但雅典异乡人的心中可能没有任何特定的学派。

们若与特性和谐一致的东西结合——热的结合冷的，或干的结合湿的，软的结合硬的，以及［889c］一切对立物的混合，这种混合依据源自必然性的机运——那么，通过这种方式，并根据这些方法，便产生了整个天体和天体里的所有东西，这些东西产生出四季后，各种动物和所有植物便产［c5］生了。他们说，［这一切的产生］既非通过心智，也非通过某个神或通过某项技艺，而是像我们所说的，源于自然和机运。技艺是后来的，后来才从这些东西中产生；技艺本身是可朽的，出自［889d］凡人们，它随后产生的某些玩物，并不分有多少真理，而是某些彼此相似的幻象——例如，绘画、音乐及其伴随的一切技艺的产品。但有些技艺确实产生了某种重要的东西，［d5］譬如，医术、农艺和健身术这些技艺拥有同自然一样的力量。尤其是政治术，他们声称，它只有一小部分分有自然，绝大部分来自技艺。因此，整个立法［889e］不是源于自然，而是出自技艺，立法的诸假设并非真实。

克　此话怎讲？

雅　我的好人啊，这些人首先断言，诸神的存在源于技艺[①]——不是源于自然，而是源于某些礼法，这些［神］因地而异，取决于每个群体本身制定礼法时如何达成一致。此外，［e5］他们声称，出于自然的高贵之物不同于出自礼法的高贵之物，而正义之物根本不是源于自然。相反，人们彼此争论不休，老是改变正义之物，他们在某个［890a］特定时期所做的任何改变，在那个时期全都具有权威性——［他们认为］正义由技艺和礼法产生，与某种自然毫不沾边。

这些东西，我的朋友们啊，都是年轻人[②]心目中的聪明人提出

---

① 在此，柏拉图首先想到的可能是他著名的、有才智的同宗克里提阿斯（Kritias），在其《西绪佛斯》（Sisyphos）中，克里提阿斯提出了这个最明确且最强有力的观点。参狄尔（Diels），《前苏格拉底残篇》，第二版，页620以下。

② 雅典异乡人用 ἀνήρ［男人、大丈夫、武士］来指"聪明人"，用 ἄνϑρωπος［人类］来指"年轻人"。ἀνδρῶν（ἀνήρ 的复数属格）不禁让人想到 ἀνδρεῖος［勇敢的、男子气的］一词，这暗示，"聪明人"是那些勇敢之人，智术师正是勇敢者，他们也是年轻人心目中的聪明人，并导致了无神论。

的，即写散文的个人①和诗人们。他们宣称，最正义的是，[a5] 无论什么都可用强力获取。②这就是年轻人染上不虔敬的根源，他们认为，诸神不是礼法命令他们应该相信的那样；内乱由此产生，这源于有些人把人们引向依据自然的正确生活——实际上就是过主宰他人的生活，而非依据礼法成为他人的奴仆。

克　[890b] 你已阐述过一种论点，异乡人啊！这种论点着实摧毁了年轻人，无论在城邦的公共生活里，还是在私人家庭里！

雅　你说的确是实情，克莱尼阿斯啊。那么，你认为立法者应当做什么呢，鉴于这些人如此装备由来已久？[b5] 他应仅仅站在城邦一边威胁所有人吗，如果他们不承认诸神存在，并在思想上不认可诸神像礼法证实的那样③——关于高贵之物和正义之物，关于一切最重要的东西，[890c] 关于任何涉及德性和邪恶的东西，同样可以这样说，也有必要这样做，并以立法者在作品中所引导的方式思考——他该不该说，谁没有显明自己服从法律，在某种情况下就必须处死，在另一情况下必须受殴打和监禁，[c5] 再有就是遭凌辱，而在其他情况下，则遭削减财产和流放？他不应为人们提供劝谕吗，并在为人们制定法律时将劝谕融入他的言辞之中，以尽可能使人变得温顺？

克　[890d] 绝非如此，异乡人啊！在这些问题上，即便可运用的劝谕碰巧非常有限，就算微不足道的立法者也绝不该委顿无力，相反，他应该"大声疾呼"，④就像有人所说的那样，并成为古法论点的

----

①　"个人"的原文为 ἰδιωτῶν，其意思含混，也意为"私人"或"散文作家"。

②　这是卡里克勒斯在《高尔吉亚》482c-484c 所持的观点，也是忒拉绪马霍斯在《理想国》卷一 337a-352d 的观点，《理想国》常引品达的诗，《法义》也两次出现这一观点（卷三 690b-c，卷五 715a）。亦参《泰阿泰德》172a-c。

③　对比 885b4 和 890a6。这种简单顺从法律条文的看法，不仅有别于依照命令，而且有别于依照立法者哲人确立的教诲——柏拉图已反复强调过的教诲。参 634d-e，720d-e，857c，859b。

④　"大声疾呼"（πᾶσαν φωνὴν ίέντα）这句谚语字面意思是"声嘶力竭"，也出现在《欧蒂德谟》293a 和《理想国》5.475a；另参见《吕西斯》222b，或德摩斯梯尼（Demosthenes）的《论王权》，行 301。

支持者，[d5]支持诸神存在，以及你刚刚讨论的其他论点。他尤其应该援助礼法本身和技艺，表明它们源于自然，或源于某种不低于自然的东西，如果它们是心智的产物，依据正确论证的话。依我看，你是这么说的，因此我现在相信你。

雅　[890e]热情无比的克莱尼阿斯啊！这个呢？向大众讲述这类论点，他们岂不是很难领会？此外，这岂不要长篇大论？

克　怎么，异乡人？关于醉酒和音乐，[e5]我们自己容忍了如此漫长的讨论，涉及诸神和相关问题时，我们不会忍耐吗？此外，对于审慎的立法，这样做也许最有助益，因为，[891a]法规制定成文就完全固定了，可供人随时检审。因此，法规一开始难以听懂，也无需担心，学习吃力的人只要能反复研究就行了。[a5]倘若法规冗长但有益，那至少在我看来，每个人若因这[法规冗长]而没有尽其所能援助这些论点，就是完全不理性也不虔敬。

墨　在我看来，异乡人啊，克莱尼阿斯说得好极了。

雅　[891b]确实，墨吉罗斯啊，我们应当照他所说的去做。当然，如果这些[诸神不存在的]论点不扩散到全人类，可以说，那就无需为诸神存在的论点辩护。但目前有必要。[b5]当最重要的礼法遭到坏人践踏时，还有谁比立法者更适合来援助呢？

墨　没有啦。

雅　[891c]那么，请你再对我讲，克莱尼阿斯啊，因为你必须参与论证：说这些话的人冒险相信，火、水、土和气在万物中最早，并以"自然"命名这些东西，①而出自这些东西的灵魂是晚出的。不过，看来他不是"冒险"，而[c5]确实是在论证中向我们表明这些。

---

①　伯内特说："早期的宇宙论者不曾明确用φύσις[自然]指'某种永恒的初始之物'。"为了支持这一观点，伯内特提到了这个段落，并提到了亚里士多德《物理学》193a9以下："有些人说存在物的自然或本性是土，有些说是火，有些说是气，有些说是水，有些主张是其中的几个，有些则认为是它们全部。"此外，伯内特还提到《形而上学》1014b26以下。然而，在892c2以下，柏拉图显示，无论如何他信任其对手，因为他更宽泛地使用了这个术语——暗含生成的力量。

克 千真万确。

雅 那么，宙斯在上，我们岂不已发现某种东西是这些曾从事自然研究的人没头脑的意见的根源？请考虑和检验整个论证吧。[891d] 因为，并非无关紧要的是，这些人持不虔敬的观点，并让人误入歧途，他们还明显使用不好这些论点，而是错误使用。在我看来，情况就是这样。

克 [d5] 说得好，但请尽力解释为何如此。

雅 看来，现在不得不接触颇为陌生的论证。

克 切莫犹豫，异乡人啊。因为我理解，你认为我们将走出立法的领域，假如我们要接触这些 [891e] 论证的话。但是，如果除此之外再也没有别的方式达成一致，同意如此称呼现在礼法上所说的诸神是正确的，那就必须这样讨论了，你这神奇的家伙！

雅 那么，看来在此刻，我得呈现某种颇为不习惯的 [e5] 论证。这就是，万物生成和毁灭的第一因不是第一因，而是后来生成的——那些塑造①了不虔敬灵魂的论点如此宣称，而后来的东西却更早。由此，在有关诸神的真实存在上，他们犯了错。

克 [892a] 我还不理解。

雅 友伴啊，他们几乎每个人都冒险曲解了灵魂：[曲解了] 恰好成为灵魂的东西、灵魂所拥有的力量，以及关于灵魂的其他方面，尤其是灵魂的生成——灵魂何以 [a5] 属于最早之物，灵魂如何在所有物体之前生成，特别是，灵魂何以统领物体的变化和所有的重新排序。情况若是这样，这岂不是必然的：与灵魂同类的东西比与物体 [892b] 有关的东西早生成，因为，灵魂比物体古老？

克 必然。

雅 意见还有照管、心智、技艺和礼法，都先于硬的、软的、重

---

① "塑造"的原文为 ἀπεργασάμενοι，亦有"完成"之义。选用这个词来支配"灵魂"暗含反讽。由此，雅典异乡人使人注意到一种含混性：将灵魂（ψυχήν）视为无生命的自然（φύσις）的"产物"。或许，我们可以译为"不虔敬的灵魂是哲学的最终产物"。

的和轻的东西。[b5] 确实，重大的、最早的产物与行为可能由技艺生成，它们属于最早之物，而源于自然的东西以及自然——他们这样叫不正确——兴许是后来的，技艺和心智可能是它们的起因。

克　[892c] 何以"不正确"？

雅　他们打算说，自然是与最早之物有关的生成物。不过，如果最早出现的是灵魂，而非火或气，并且灵魂在最早之物中已生成，那么，这样说几乎最正确:[c5] 灵魂尤其是出于自然。[①] 事实就是如此，如果有人可以证明灵魂是早于物体的存在者，而绝非他物的话。

克　你所言极是。

雅　因此，接下来，我们应着手的不正是这项任务吗?

克　[892d] 当然。

雅　让我们警惕一个各方面都诡诈的论证，以免咱们这些老人受它的新颖哄骗，让它从我们手里溜走，使我们显得可笑，看似抓住了大东西，[d5] 却连个小玩意儿也没能得手。因此请考虑：假定我们三人必须渡过一条十分湍急的河流，而我恰好是我们中最年轻的，并对水流有丰富的经验，我说，我应当亲自第一个试 [892e] 水，把你们留在安全处，我要摸索一下，像你们这样年纪较大的人能否渡过去，或情况如何。要是我认为可以，那我就招呼你们，并用我的经验帮助你们渡过。但如果你们不可渡过，冒险的就只有 [e5] 我啦。我这样说似乎得体。确实，现在论证即将进入吃紧之处，或许，凭你们的力量几乎不能渡过。为了防止你们被搞得晕头转向，[893a] 让一些陌生的提问席卷而去，从而造成一种不悦的难堪和失态，依我看，我现在应当这样做：首先，我应自己提问，而你们太太平平地听，然后 [a5] 我再自己作答，并以此来详细审查整个论证，直至完成有关灵魂的讨论，并证明灵魂先于物体。

克　我们认为，异乡人啊，你讲得好极了。照你所说的做吧。

---

①　雅典异乡人意在证明，灵魂比任何种类的物质都更为"自然"。他这样论证：灵魂是"在初始之物中"（ἐν πρώτοις），因此它"早于物体"（πρεσβυτέραν σώματος）。

雅 ［893b］来吧，如果我们有时应该祈求神的帮助，现在正是这样做的时候了①——在证明诸神本身的存在时，毕恭毕敬地祈求诸神的帮助吧——就像是抓住某根安全的船缆，让我们进入眼下的论证。②

关于［b5］这些事情，如果通过以下问题来盘问我，看来依此回答最安全。

"异乡人啊，"一旦有人问，"万物皆静止吗，无物运动吗？或者完全与此相反？或者，有些东西在运动，有些则不动？"

［893c］"或许，有些在运动，"我会说，"有些则不动。"

"这样，岂不是在某个场所，静止的东西保持静止，运动的东西则在运动？"

"还能是别的情况吗？"

"或许，有些东西会在一个地方做运动，而有些则会在许多地方？"

"你说的那些东西拥有在中间［c5］保持静止的力量吗，"我们会说，"并在一个地方运动，就像圆在转圈，而圆可谓静止。"

"是的。"

"总之，我们认识到，在这个旋转中，最大和最小的圆圈同时转动，［893d］这种运动按比例将自身分配给小圆圈和大圆圈，运动大小乃依据比例。因此，该运动成了这一切奇观的根源：同时运转着大大小小的圆圈，慢速与快速和谐一致，［d5］有人会认为，这一情形不可能发生。"

"你所言极是。"

---

① 这是一种流行的修辞，通常用在开始一段特别困难的检审前（对诗人而言，缪斯女神握有权威的发言）；另参，《斐勒布》12c，尤其是《蒂迈欧》，开篇（27c）谈到宇宙论。

② "船缆"（πείσματος）和"进入"（ἐπεισβαίνωμεν）显示，雅典异乡人仍瞥了一眼他即将进入的"河流"。

"在许多地方运动的东西，^①在我看来，你指的是在某个路线上运动的任何东西，它们总是按这个路线转到另一个位置：它们有时拥有［893e］一个支撑轴，有时则更多，因为在滚动。它们每次相碰时，若碰到静止的东西，它们就会裂开，若碰到来自反方向的其他东西，那么，在这些东西之间的正中间，它们就会结合成一体。"^②

［e5］"那么，我确实可以说，这些东西如你所说的那样。"

"此外，东西结合时就有生长，分裂时则有衰退，只要每个东西的固有特性保留着；［894a］但如果没有保留，那么，两个过程都是毁灭。这样，万物的生成发生时，出现了什么情况呢？显然，一旦本原获得生长，就会进入第二次转变，并从这个［转变］进入下一个［转变］，当它到达第三次转变时，［a5］就会有感知者的感觉。^③通过这样的转变和变化，万物生成了。^④一物只要保留着，它就确实存在，^⑤不过，

---

① 在刚刚描述的那种运动中，运动之物始终占据相同的空间。在第二种运动中，运动之物始终占有新的空间，这种运动有两种：一，物体滑动，但自身保持相同的位置；二，物体在滚动的同时占据新的空间。

② "结合"的对象不再是原来893d6的"在许多地方运动的东西"（τὰ κινούμενα ἐν πολλοῖς），而是源于结合过程的新形成物。"这些东西"（τῶν τοιούτων）是指：一，原来的运动（κινούμενα）之物；二，相碰的"运动"之物——在"正中间"是新形成物造成的。因此，单个物体的分裂和两个（或更多）物体的结合，在此被视为运动模式。这让我们想起，《泰阿泰德》181d提到，"变化"（ἀλλοίωσιν）作为"另一种运动的样式"（ἕτερον εἶδος κινήσεως），这与"保留在相同位置"相协调。

③ 一切可感之物其实都具有体积，是三维的。在这个语境中，将各种撞击描述成一种从第一维向第三维转变的过程，借由运动，我们从线到面积，再过渡到立体。《蒂迈欧》53c-56c描述了这个过程，并最明确解释这种生成。

④ 不清楚的是，实际的"生成"（γένεσις）是否被认为发生在所有这三个"转变"（μετάβασις）或"改变"（μεταβολαί）期间，或只是在第三次转变出现。在后一种情形中，γένεσις和φθορά都不表示绝对的生成和毁灭，但唯有生成或终止易于让人感知。

⑤ 在此，这种转变必须拥有另一种感觉，参《蒂迈欧》28a3-4：真实的存在被认为不具有感受性的感觉，因为它仅秉有理智。

它一旦转变成另一种特性，就完全毁灭了。"

那么，我们岂能道出并数清所有［894b］运动的样式，朋友们啊，除了这两种［运动］之外？

克　哪两种？

雅　我的好人啊，我们现在进行的整个研究，几乎都着眼于这两种。

克　［b5］请说清楚些。

雅　或许，这是为了灵魂？

克　确实。

雅　因此，会有一种运动，能够使他物动起来，却不能使自己动起来，这始终是一种；还会有另一种运动，始终能使自己［b10］和他物动起来——通过结合与分裂、生长与衰退、生成与毁灭——这种运动［894c］属于所有运动之一。

克　正是如此。

雅　因此，那种总是使他物动起来，并由他物转变的运动，我们将定为第九种。那种［c5］使自己和他物动起来的运动，与所有行为和所有处境都协调，①被称为一切存在者的真实转变和运动，我们基本上会称之为第十种。

克　当然可以。

雅　［c10］我们大约有十种运动，哪一种可以［894d］最正确地评判为所有运动中最强大且特别活跃的？

克　或许有必要宣布，无比优越的是那种能够自己让自己动起来的运动，而其他所有运动都是后来的。

雅　［d5］说得好。那么，刚才我们一两个不正确的表述岂不应

---

① 也就是说，在各种物体运动和转变中，灵魂的力量显明了自身，是活态的。行为和处境是指诸如运动物体的主动和受动行为（分裂或被分裂），以及所有由运动引起的转移和变动（参894c3-4, κινοῦσαν καὶ μεταβαλλομένην［运动和转变］）。在好多相互作用的物体中形成了一系列受动和主动的运动，在每个这样的运动中，（灵魂）持续不断的自我运动看起来是运动的开端。

该改正？

克 你说的是哪些？

雅 关于第十种运动的说法几乎讲得不正确。

克 为什么？

雅 ［d10］按理来看它在生成和力量上是第一。［894e］在此之后的那种，我们认为是第二种，但刚才奇怪地称之为第九种。

克 怎讲？

雅 是这样：当我们看到一种东西变成另一东西，［e5］另一东西又变成他物，不断转变，那么，在这些转变中哪一个会是最先的呢？受他物推动的东西，怎么会居于被改变物的首位呢？这是不可能的。不过，一旦自己让自己动起来的某物改变他物，而他物又改变另一物，［895a］由此生成无数的受动之物，那么，它们所有运动的起因会是什么呢，除了那自己让自己动起来的转变外？①

克 说得好极了，应当同意这些说法。

雅 ［a5］让我们以如下方式继续谈论吧，并再次回答我们自己。如果一同生成的万物会以某种方式保持静止，②就像那些人绝大多数斗胆声称的那样，那么，以上提及的运动，哪一个必然会从它们当中最早生成［895b］呢？无疑，是那个自己让自己动起来的。因为，它绝不会受先于它的其他东西改变——在其他东西中不存在居先的变化。因此，自我运动作为所有运动的起因，并在静止之物中最早生成，而且在运动之物中最早存在，③［b5］我们会说，它必然是所有变化中最早和最强的，而那种由他物改变并使他物动起来的运动，则是

---

① 第十种运动，唯一的自我运动，是灵魂的运动。

② 对比《泰阿泰德》153d："一旦运行休止，犹若被锁链捆缚，万物便将毁灭。"

③ "最早生成"与"最早存在"含义不同：它是最早生成的，而且在存在等级上最高。这两种表达分别对应下一句的"最早"（πρεσβυτάτην）和"最强"（κρατίστην）（对比892a–b）。

次级的。^①

克　你所言极是。

雅　[895c]既然我们讨论到了这一点，就让我们接着回答吧。

克　什么？

雅　如果我们看到自我运动在某处产生，即在由土或水组成[c5]的东西上，或在具有火的样式的要么分裂要么混合的东西上，那么，这种东西的状态我们会称作什么呢？

克　你兴许会问我：当它自己会让自己动起来，我们是否能说它是活态的？

雅　是的。

克　[c10]是活态的。能不这样吗？

雅　这个呢？当我们看到某些东西中的灵魂，^②除了这样说，还能说什么呢？岂不应同意，灵魂是活态的？

克　绝不会是别的。

雅　[895d]继续，宙斯在上！有关各个事物的三方面，你岂会不愿意思考？

克　你指的是什么？

----

①　有些前苏格拉底的哲人抱持万物皆静的观念（参《斐德若》72a-c，《泰阿泰德》180e，1873e，《智术师》248e-249a），这也使得雅典人认为，自发的运动是新运动的开端。ὁμοῦ γενόμενα［一同生成］这一用语使人注意到阿纳克萨戈拉（《斐德诺》72c4，《高尔吉亚》464d5也表明这一点）：对于万物而言，最初"一同生成"（前苏格拉底残篇59 B 1），这也可能指向他的弟子阿凯劳斯（前苏格拉底残篇60 A 4.5）。但也可考虑一般的宇宙论：由混合和分离所证明的某种周期性变化（例如恩培多克勒），在转变的瞬间需要这种变化。不过，也有哲人否认万物皆动，而认为万物皆静止（例如帕默尼德，前苏格拉底残篇28 B 8，26以下）。

②　参前文，892a开始证明，灵魂"在所有物体之前生成"，对描述的每一变化都具有最高的支配权，也就是895b5以下的话，"是所有变化中最早和最强的"。

雅　一个是存在者，一个是存在者的定义，①［d5］一个是名称。此外，对于每个存在者，还有两个问题。

克　哪两个？

雅　有时候，我们每个人提出的是名称本身，却寻求定义。有时候，我们提出的是定义本身，却要求名称。那么，以下这一点正是我们［d10］现在想要说的吗？②

克　什么？

雅　［895e］或许，其他事物中有可一分为二的，数字也如此。对于这个，③就数字而言，名称为"偶数"的定义是，"一个能分成两个相等部分的数字"。

克　是的。

雅　［e5］这就是我正在解释的东西。以下无论哪种情况，我们谈论的岂不是相同的东西：不管是要求定义给名称，还是要求名称给定义？就名称"偶数"，定义"能一分为二的数字"而言，我们谈论的岂不是同一个存在者？

克　完全如此。

雅　［e10］那么，名称为"灵魂"的这个东西，其定义是什么？我们还有［896a］别的吗，除了刚刚说过的之外，即"能够自己让自己动起来的运动"？

克　你是不是说，定义为"让自己动起来"的那个存在者与我们大家命名为"灵魂"的那个存在者一样？

---

① 《书简七》呼应了这三种区分，《书简七》认为，认识一种事物，就意味着知道它的名称、定义和实在（342a–d）；《帕默尼德》142a对此也有论及。《智术师》262d和《泰阿泰德》206c–207c的明确目标是，区分实在的名称与定义。

② 《法义》卷十二964a–b回到这一点，再次强调如果要认识一种实在的名称，而不同时认识这种实在的定义，那会有多荒唐。

③ "这个"（ταὐτὸν）指"可一分为二"的"存在者"（τὴν οὐσίαν或τὸ ὂν）。他说，在谈到事物时，我们可以分别使用名称和定义，亦即名称和定义是等同的。这个论证是欧几里得"等同于同一东西的各种东西彼此相等"的本质。

雅 ［a5］至少我会这么说。果真如此的话，我们是否还会遗憾缺少一个充分的证明：灵魂等同于这样的存在者，它是现在、过去和将来存在的东西及其所有对立物①的最初生成和运动，因为，［896b］灵魂看起来是万物所有转变和运动的原因？

克 不，相反，这已最为充分地证明，灵魂在万物中最古老，是作为运动的起因而生成。

雅 那种因他物而在某物上产生的［b5］运动，而非那种自己绝不会让任何东西使自己动起来的运动，岂不是次级的——或者有人愿意把它算作次很多级也行，它确实是无灵魂的物体的一种转变。②

克 正确。

雅 ［b10］因此，我们讲得正确、权威、最真实且最［896c］完美的③可能是：灵魂先于物体生成，物体是次级的和后来的，受灵魂统治，而灵魂依据自然行统治。

克 最真实不过了。

雅 ［c5］那么，我们无疑记得，我们先前同意过：④倘若灵魂显得比物体古老，与灵魂有关的东西就比与物体有关的东西古老。

克 肯定如此。

---

① "对立物"（$\dot{\epsilon}\nu\alpha\nu\tau\dot{\iota}\omega\nu$）是指"非存在者、已毁灭之物和将毁灭之物"，因此，雅典异乡人是说，某种特殊之物还原为非存在的状态，就像灵魂的作用使其存在一样。那样的话，"最初"（$\pi\rho\dot{\omega}\tau\eta\nu$）就都附属于"生成"（$\gamma\dot{\epsilon}\nu\epsilon\sigma\iota\nu$）和"运动"（$\varkappa\dot{\iota}\nu\eta\sigma\iota\nu$）。对比《斐多》95e9："生成和毁灭的原因必须全面讨论。"

② 灵魂由此重新被认定为首要之物，无论在哪方面：灵魂具有时间的优先性，最有力、最崇高，尤其是它是一切运动亦即一切生灵的原因。

③ 这里使我们想起相似的形容词聚集的强调作用——《蒂迈欧》最后一段92c提到，"最伟大且最好，最高贵且最完美"（$\mu\dot{\epsilon}\gamma\iota\sigma\tau\sigma\varsigma$ $\varkappa\alpha\dot{\iota}$ $\dot{\alpha}\rho\iota\sigma\tau\sigma\varsigma$ $\varkappa\dot{\alpha}\lambda\lambda\iota\sigma\tau\dot{\sigma}\varsigma$ $\tau\epsilon$ $\varkappa\alpha\dot{\iota}$ $\tau\epsilon\lambda\epsilon\dot{\omega}\tau\alpha\tau\sigma\varsigma$）。

④ 雅典异乡人由此让人想起892a–c提出的那些问题。

雅 这样，各种习惯、性情和意愿、各种推理、真实的意见、^①
[896d] 照管和记忆，就会先于物体的长度、宽度、深度和强度而生
成，如果灵魂确实先于物体的话。

克 必然。

雅 [d5] 那好，接下来，岂不必然同意，灵魂是好东西和坏东
西的原因，是高贵和低贱、正义和不义以及所有对立之物的原因，如
果我们确实要把灵魂定为万物的原因的话。

克 能不这样吗?

雅 [d10] 灵魂因管理并居住在到处 [896e] 运动的万物之中，
岂不必然可以说，灵魂也管理着天体?^②

克 怎么不呢?

雅 [灵魂有] 一个还是多个? 多个，我会这样回答你们。[e5]
或许，我们无论如何应认为不少于两个：一个行善，另一个却能做相
反的事。

克 你所说的千真万确。

雅 那好。这样，灵魂驱动天上、地上和海里的每一事物，乃通
过自身的种种运动——^③这些运动的名称 [897a] 是意愿、探察、照
管、深思、正确和错误的意见、欢欣、痛心、勇敢、胆怯、憎恨和喜
爱——并通过所有与这些类似的或原初的运动；这些运动 [a5] 控制
着物体的次级运动，驱动每一事物生长和衰退、分裂和结合，并伴随
热、冷、重、轻、硬和软、亮和黑、苦 [897b] 和甜。灵魂使用所

---

① "真实的"（ἀληθεῖς）这一属性也许能证明，在此，附加的灵魂行为具有正面
的意图。896d5-8 先是强调，灵魂也是不义的原因，因此，紧接着在 897a2 就提到与真
实意见相反的意见。

② 柏拉图可以把大地包含在这些天体中，但 897b7 的"天体、大地和整个循环"
表明，他把"大地"单列出来，说明他在此所说的"天体"主要是太阳、月亮和星辰。
因此，这里使用的 οὐρανός [天体] 不是指宇宙，如《蒂迈欧》28b 和《法义》897c4。
896e8 "天上、地上和海里的每一事物"这一表达也支持了这个观点。

③ 即源于自身的种种运动，下面称为"原初的运动"（897a4）。

有这些，总是将心智作为帮手——正确地讲，心智即诸神眼中的神——教化每一事物朝向正确的和幸福的东西。不过，当灵魂与非理智结合时，给万物带来的却是与此相反的东西。我们应将这些事情定为真实情况吗？或者我们仍在怀疑，[b5]情况可能有所不同？

克　根本不。

雅　这样，我们应该说，哪一类灵魂控制着天体、大地和整个循环呢？是明智[897c]和充满德性的那类，还是一无所有的那类？你们想让我以此回答这些问题吗？

克　怎么？

雅　神奇的家伙啊，我们应该说，如果天体[c5]及其中的所有存在者的整个路线和运动，与心智的运动、旋转和推理有相同的自然本性，并以相似的方式运行，那么，显然我们应当说，最好的灵魂照管整个宇宙，并沿着那样的路线驱动宇宙。

克　[c10]正确。

雅　[897d]不过，如果它们以狂乱的和无序的方式运行，[照管的]便是坏的灵魂。

克　这些也正确。

雅　那么，心智的运动拥有什么自然本性呢？在此，朋友们啊，审慎地说，这可是一个难于回答的问题。①[d5]因此，你们现在适合将我作为回答上的帮手。

克　说得好。

雅　因此，我们不应通过直视来回答：就好像我们从反方向直视

---

① 雅典异乡人下面解释说，心智的力量和尊贵会使人眩晕。凡人的理智所能沉思的一切只是某种映像或影像，只能给予我们某种关于"心智的运动"的自然本性的模糊观念。换言之，雅典异乡人能给我们展示的只不过是"心智的运动"与"在一个位置的运动"之间的相似点。所以，用"审慎地说"是为了"用整全的理解"或"用科学的精确性"描述。

太阳，会在正午产生夜晚，^①［d10］这就如同假设，凡人的眼睛可看见并充分［897e］认识心智。通过观看正在探问的东西的影像，我们可以更安全地看。

克 怎讲？

雅 让我们把类似心智运动的那十种运动之一［e5］作为影像吧。请你们回想它，我将作出我们的共同回答。

克 你会说出最漂亮的话来。

雅 起码，我们仍记得之前确定的这一点吧：万物中有些是运动的，有些则不动。

克 ［e10］是的。

雅 此外，那些运动的东西，有些是在一个位置运动，［898a］有些则在几个位置运动。

克 是这样。

雅 那么，在这两种运动中，那种始终在一个位置上的运动，必定围绕某个中心运动，仿佛是凸缘上［a5］转动着轮子。在各个方面，这种运动与心智的循环的关联和相似性可能最大。

克 怎讲？

雅 涉及相同的东西、以相同的方式、在相同的位置运动，并围绕相同的东西、^②朝向相同的东西运动，还依据一个比例和秩序［898b］运动，这种运动描绘了两个情形：心智和在一个位置上运转的运动——这两者可用凸缘上转动着球体的运动来阐明。显然，如果我们这样说，我们绝不会显得是言辞中美丽影像的蹩脚匠人。

---

① 对比《理想国》516e："难道他的眼睛不会充满了黑暗，鉴于他突然走出了太阳的领域？"亦参《斐多》99d："有些人毁了眼睛，因为他们不是探究水中或某个诸如此类的东西中的太阳映像。"

② 在这里，技艺性的物体强调的是轨道的完美（这种运行也可能出自木匠或制陶匠）。我们在亚里士多德那里发现了这种类比，不过，他在其专论《天象论》卷二4，287b15中表示，人造的球形仍比运行中形成的轨道更完美。《蒂迈欧》33c–34b也持这种观点。

克 你说得最正确。

雅 ［b5］另一方面，有一种运动，从未以相同的方式、涉及相同的东西、在相同的位置运动，从未围绕相同的东西、朝向相同的东西或在一个位置上运动，也从未有规则、有秩序、按某个比例运动，这种运动岂不类似于完全无心智的运动？①

克 最真实不过了。

雅 ［898c］现在确实不再难以明言，由于灵魂是为我们驱动万物的东西，那就应当说，天体的旋转出自必然性，它被驱动是因为最好的灵魂或相反灵魂的照管和［c5］安排。

克 不过，异乡人啊，从目前所说的来看，无论如何，除了这样说，其他说法则是不虔敬的：灵魂，无论一个还是多个，②具有驱动万物的完整德性！

雅 克莱尼阿斯啊，你极好地倾听了论述。但也［898d］请倾听这一点。

克 什么？

雅 太阳、月亮和其他星体，果真全都由灵魂驱动的话，岂不是每一个［都由灵魂驱动］？

克 ［d5］当然。

雅 让我们举一个例子来论证，这样我们就可以看到，这个例子也明显适用于所有星体。

克 哪个？

雅 就太阳而言，每个人都看得到它的形体，却没有人看到它的［d10］灵魂：其他任何生物体，无论活着的还是正在死去的，其灵魂

---

① 正如《厄庇诺米斯》982c–d和983e提醒我们的，把人类和诸天体说成不理智的运动是不虔敬的，除非这些神仅依理智存在。

② 一个还是多个（*μίαν ἤ πλείους*）：在这个语境中，这些重复的语词表明，克莱尼阿斯无论如何没有理解雅典异乡人的意思，他的头脑中只有世界灵魂的二元性——一个善的和一个恶的灵魂。

同样如此。不过，非常有可能，① 我们周遭② ［898e］所有这类自然生长的东西，凭任何身体的感官都感觉不到，而只能靠心智来理解。确实，让我们运用心智和思想来把握有关灵魂的如下这一点吧。

克 什么？

雅 ［e5］如果灵魂确实驱动太阳，如果我们说它是以这三种方式之一驱动太阳，我们大概不会离谱。

克 哪些方式？

雅 要么，灵魂居住在这个可见的球体内，由此带领它到各个地方，正如我们的［e10］灵魂带领我们到各个地方；要么，灵魂赋予自身某种外在形体，［899a］火或某类气的形体——恰如有人说的那样——并以物体的力量推动物体；要么，第三，本身没有形体的灵魂拥有其他某种极其惊人的力量，引领着［太阳］。

克 ［a5］是的，这是必然的：灵魂引领万物，至少用这些方式之一。

雅 那好，就此打住。灵魂给我们所有人带来光明，无论是因驻扎在太阳的马车里，③ 还是从外部［驱动］，或不管用何种方法、以什么方式［驱动］，每个人都应当将灵魂视为神。或者什么［a10］呢？

克 ［899b］是的，无论如何，没有达到这一顶峰的人都缺乏心智。

雅 至于所有星体和月亮，关于年、月和四季，我们还能提出什么别的论述吗，［b5］除了这一个之外：由于灵魂或诸灵魂明显是所有这些东西的原因，而且好的诸灵魂具有完整的德性，我们将宣称，

———————————

① 关于无实体的精灵和一切精灵，雅典异乡人没有断言，我们的身体感官始终分辨不清它们每一个。

② "周遭"原文为 περιπεφυκέναι，本义为"围绕、依附"，雅典异乡人用它来含混地描述灵魂与身体的关联；对比《理想国》612a，灵魂在尘世中，"周遭"裹满泥土般的"污垢"，如同船在海上航行。这显示了柏拉图借助隐喻大大敞开了思想，他会在某个地方将灵魂视为被掩盖的，在另一个地方又将其视为掩盖的元素。

③ 参《蒂迈欧》41e，星体被呈现为安置灵魂的"马车"（ὄχημα）。

诸灵魂就是诸神——无论诸灵魂统领整个天体，是作为有生命的存在者居于物体之内，还是以什么方式、怎么做都行？有没有同意这些的人不坚持万物充满诸神？①

克 ［899c］没有人这般疯狂，异乡人啊。

雅 那么，让我们对先前不信诸神的人说些话吧，墨吉罗斯和克莱尼阿斯，并与他划清界限。

克 ［c5］什么话？

雅 要么他来教导我们，因为我们将灵魂定为万物中最早的生成物，这样说不正确，从这一点得出的其他任何说法［也不正确］；要么，如果他不能够比我们说得好，那他就应信服我们，并在余生中过着相信诸神的［899d］生活。因此，让我们看看，对于那些不信诸神的人，我们有关诸神存在的说法是已充分还是不足。②

克 异乡人啊，最算不上不足。

雅 那么，我们与这些人的论辩就到此为止吧。［d5］不过，必须劝谕那些认为诸神存在却不关心人类事务的人。

"最好的人啊，"让我们如是说，"你相信诸神可能是出于某种神圣关联，这种神圣性吸引你走向某种天然的东西，尊敬和相信它的存在。然而，坏［899e］人和不义者私人的与公共的好运将你引向不虔敬，这些人并不真正幸福，但按不恰切的意见却被称作幸福无比，在缪斯们中以及各种言辞中都不正确地被歌颂。③或许，［e5］你看到人们得享天年，［900a］子孙满堂，极受尊敬，现在困扰你的是，你发

---

① 根据亚里士多德（《论灵魂》411a8），"泰勒斯认为，万物充满诸神"。这句话也出自赫拉克利特：参见《赫拉克利特》；残篇以及 J.-F.Pradeau 的注释 148。同时，这句话也出现在柏拉图《厄庇诺米斯》991d4。

② 这看起来更像是争论的另一结论，而非关于［划清界限的］"最终的话"延续。或许，柏拉图并不意指两种可能都会成立。

③ 在希腊语中，"在缪斯们中"指的是在音乐作品中，同时让我们想起艺术作品。这些话都是柏拉图在《高尔吉亚》或《理想国》中树立的样品（用以驳斥），此处则援引了品达，对比《法义》卷三690b。

现在所有这些情形中——或是听说或是全都亲眼所见——有些人参与了许多可怕的不虔敬行为，并通过这些行为［a5］从底层爬到僭主统治的最高位置。这样，由于这一切事情，由于你跟诸神有关联，你明显不乐意谴责诸神，要他们为这些事负责，缺乏理智以及不能厌恶［900b］诸神，把你引入目前所处的境地：你认为，诸神存在，但轻蔑且忽视人类事务。那么，为了防止你现在盲目的意见，将你推向更严重的不虔敬境地，如果以某种方式，［b5］我们有可能在这种意见出现时用各种论证驱除它，就让我们的下一个论证尽力结合我们一开始反对根本不信诸神的人时就详细讨论的论证，［900c］在当前的处境中运用该论证。"

但你们，克莱尼阿斯和墨吉罗斯啊，得代替年轻人来回答，正如你们先前所做的那样；如果在论证中碰到什么麻烦，那么，我会从你们两位那里接过手，像刚才我那样渡过［c5］河。

克　说得正确。你就这样做吧，我们会尽力按你所说的来做。

雅　但有可能，至少向这个家伙证明这一点不会有困难：诸神照管的小事情不会少于而是多于［900d］特别重大的事情。因为，刚才讲那番话时，他有可能听到并在场，也就是，由于具有完整德性的诸神是好的，诸神最适合作为照管万物的主人。

克　他肯定听到了。

雅　［d5］因此，在这之后，让他们和我们共同审查，当我们同意诸神是好的，究竟是指诸神的什么德性。来吧，我们是否宣称，保持明智和拥有心智属于德性，而相反之物属于邪恶？

克　是这样宣称。

雅　［900e］这个呢？勇敢属于德性，怯懦则属于邪恶？

克　当然。

雅　它们有些是可耻的，有些则高贵，我们会这样说吗？

克　［e5］必然。

雅　那些低劣的品质都属于我们，即便不属于每个人，但它们无论或大或小，诸神都不分有，我们会这样说吗？①

克　每个人都会同意就是这样。

雅　[e10]这个呢？疏忽、懒惰和奢侈，我们会归为灵魂的德性吗，或者，你说呢？②

克　我们怎么会呢？

雅　那归为相反的东西吗？

克　是的。

雅　[901a]这样，与这些相反的品质就归于相反的东西吗？

克　[归于]相反的东西。

雅　那这个呢？凡是奢侈、疏忽和懒惰的人，就像诗人解释的那样，"与无刺的雄蜂尤为相似"，③[a5]在我们看来岂不是这样？

克　他说得最正确。

雅　那就不应该说，神具有那种连他自己也憎恶的性情；谁要想这样说，都不能允许。

克　[a10]当然不[允许]。那怎么可能呢？

雅　[901b]设想一下，专门负责和照管某事的人，他的心智能照管大事却忽视小事：依据什么理由，我们可以称赞这个人而不至于大错特错呢？让我们[b5]这样考虑吧：能照管大事却忽视小事者岂不会依据这两种方式之一，无论神还是人？

克　我们说的是哪两种？

雅　他忽视小事，要么是因为他认为这些事对整体无关[901c]

---

① 这里涉及事物的本源，在柏拉图对话中经常讨论。一种观点认为，诸神不可能是好事物的原因，也不是坏事物的原因。尤其参见《理想国》卷二379b-c。

② 关于列举的这些品质是缺点，已在比如卷三695b说明，卷七791d和793e-794a则对之进行了义理阐释。

③ 柏拉图提到的赫西俄德的这段话，参《劳作与时日》303："诸神和人们都厌恶懒人，因为他们无所事事地活着，其秉性有如无刺的雄蜂。"可对比《理想国》572e-573a，苏格拉底将爱欲比作一只长着翅膀的大雄蜂，统率那些贪求所有可得资源的懒散欲望。

紧要，要么他是由于漫不经心和奢侈才忽视——如果这些事情确实重要的话。或者，有没有其他某种方式导致那一忽视？因为，如果确实不可能照管万物，那就无所谓会忽视大大小小的事情——就没能照管事物的［c5］神或某个卑微的人而言，他是因缺乏能力而没能照管它们。

克 那怎么可能呢？

雅 现在，让这两者来回答咱们三个［901d］——两者都同意诸神存在，但一个说诸神可以求情，另一个则说诸神忽视小事："首先，你俩是否都宣称，诸神知道、看到并听到一切，任何能感觉和认识的东西皆无法逃脱他们的注意？"①［d5］这些事情就是所说的这样吗，还是怎么着？

克 是这样。

雅 这个呢？凡人和不朽者能做的一切，诸神也能做吗？

克 他们怎会不承认事情就是这样呢？

雅 ［901e］那么，我们五人都已同意，诸神的确是好的，甚至最好。

克 千真万确。

雅 那好，既然诸神确实像我们所同意的那样，岂不是不可能［e5］同意，诸神做任何事情皆出于漫不经心和奢侈？因为，至少在我们身上，懒惰源于怯懦，漫不经心则源于懒惰和奢侈。

克 你说得最真实。

雅 可见，没有哪个神因懒惰或漫不经心而疏忽大意，［e10］因为神无疑不分有怯懦。

克 你说得最正确。

雅 ［902a］因此，剩下的是，如果诸神确实忽视属于整全的少量小事，那么，诸神这样做要么是因为知道这些事情没一件有绝对的

---

① 柏拉图就是在这里区分了认识两类理性的两种方式：这种观点可与《蒂迈欧》37a-c进行比较。

必要去照管，要么，……除了缺乏知识外，还有什么原因呢？

克 ［a5］什么也没有啦。

雅 那好，最优秀和最好的人啊，我们该不该认为你说诸神是无知的，他们由于无知而忽视了应当照管的事情？或者，诸神知道自己应当［照管］，却像可谓最低贱的人那样做：他们知道，除了自己的那种［902b］行事方式外，还可更好地行事，但由于面对快乐或痛苦时的某些弱点，^①他们没有这样做？

克 那怎么可能？

雅 那么，人类事务岂不［b5］分有生灵的自然本性，人类岂不是所有生灵中最敬神的？

克 确实有可能。

雅 无疑，我们可以说，一切会死的生灵均是诸神的所有物，整个天体也如此。^②

克 ［b10］怎不会呢？

雅 因此，有人要说，这些东西无论是小是大，［902c］皆属于诸神：因为，不管在哪种情况下，主人们忽视我们都不合适，既然他们［对我们］关怀备至^③且最好。除了这些问题外，让我们考虑如下这一点吧。

克 什么？

雅 ［c5］就属于感觉和力量的东西而言：它们是否天然彼此相反，在容易与困难方面？

---

① 对比869e7的"由于面对快乐、欲望和嫉妒时的弱点"。关于快乐和痛苦，《法义》卷九已有评论，见869e7，它们是犯罪的动因（另参卷五734b和卷九863a–864c）。诸神与这些毫无瓜葛，这也是柏拉图常强调的；尤其参见《克里提阿斯》109a–b，《斐勒布》33b–c，以及《理想国》388c–390c。

② 《法义》906a–b将回到这一点。人类可能被视为诸神的所有物，诸神放牧人类，因此人类是诸神的牧群，参《斐多》62b–e的相似说法，《治邦者》271c–274d的神话，或者《克里提阿斯》109b–c。

③ 这暗示了好农夫的类比，以及他对其家畜的关心。

克 什么意思？

雅 或许，小东西比大东西更难看到和听到，尽管大家更容易携带、控制和照管［c10］少量小东西，而非相反之物。

克 ［902d］确实如此。

雅 如果指派医生要照料的是某个整体，但他愿意且能够照管的是大的部分，而忽视了小的部分，他最终能让整体［d5］变好吗？

克 绝不会。

雅 对于舵手或将军，或治家者，或对于某些治邦者，或任何其他这样的人而言，若没有少数小东西，多数东西或大东西也不会变好。就连［902e］石匠们都说，没有小石子，大石块就砌不好。

克 怎么能［砌好］呢？

雅 那么，我们绝不能把神看得不如凡俗的艺匠，艺匠们尚能运用一门技艺，来完成适合自己的工作的大大小小方面，他们做得越精确和完美就显得越好；^①也不可认为智慧无比、愿意并能够照管的神［903a］不会照管容易照管的小事情，而只会照管大事情，就像某个懒惰或怯懦的家伙，遇到苦差事就变得漫不经心。

克 我们决不要接受有关诸神的这种意见，异乡人啊。［a5］因为，我们会认为，这种想法绝对既不虔敬也不真实。

雅 依我看，在这一点上，我们同喜欢指控诸神疏忽大意的人已进行了一场最恰到好处的对话。

克 是的。

雅 ［a10］通过论证，我们已迫使他同意，^②［903b］他说得不正

---

① 这种类比首先表明，总是同一种技艺负责整体和部分，亦即最重要的和次要的，但与此同时，如柏拉图在《理想国》卷二370a–c特别坚持的观点那样，无论哪门技艺或哪种活动，做得最好的总是专门从事的那个人（正因为这个原因，在最好的城邦中，每个邦民都应从事一门工艺）。

② 为了争取他完全站到我们这边，我们不只需要论证。我们必须呼吁他的灵魂和理性，我们将使用"神话的咒语"（*ἐπῳδῶν μύϑων*）——这里的情形是为了迷住他完全同意我们。对比671a1和其他相似的用法：咒语（*ἐπῳδός*）和念咒（*ἐπᾴδειν*）。

确。不过依我看，我们还需要一些神话的咒语。

克　哪些呢，好人啊？

雅　让我们用这些道理来说服这位年轻人："万物的〔b5〕照管者安排万物，为的是整全的保存和德性，并尽可能让每一部分遇到和去做适合自身的事情。对于这些部分的每一个，统治者们均规定了任何时候的遭遇和活动，直至最小的方面，它们在细枝末节上都尽善尽美。①〔903c〕你只是其中的一份子，你这顽固的家伙呀，这一份子总是奋力趋向整全，即便它微不足道。但你没有注意到的事实正是这个：所有生成皆是为此而产生，一个幸福的存在可以描绘整全的生活、整全的生成不是〔c5〕为了你，而你却是为了整全。因为，每个医生或每个能工巧匠做每件事都是为了整全，他创造出的部分是为了整全，力争让总体变得最好，而非〔903d〕整全为了部分。但你却在发牢骚，因为你不知道，从你们的力量同源来看，就你的位置最有益于整全而言，何以同样最有益于你自己。由于灵魂始终与身体结合，有时与这一个〔身体〕，有时与那一个，〔d5〕由于灵魂经历了由它本身或由另一个灵魂②引起的各种转变，那就没有别的任务留给下跳棋的弈手了，③除了将已变好的性情移到更好的位置，将已变坏的性情移到更坏的位置，这样做依据的是适合每个灵魂的东西，以便分配给

---

①　或许除了"统治者"之外，这一名称还包含《蒂迈欧》41a以下设想的创造力或神匠之类，最高的存在将构造人及其环境委托给他们，这是对自然法的拟人化表述。

②　雅典异乡人在此想起了894b-c描述的两种物体运动，他发现这也适合于灵魂的运动。一个灵魂对另一个灵魂的影响在904d5还可看到："与其他灵魂的联系变得紧密。"

③　希腊语 πεττεία 通常译为"跳棋"，是几种棋盘游戏的总称，我们并不知道这些游戏的具体规则。大部分游戏的玩法可能类似于西洋棋。一种游戏似乎叫做"城邦"（对比《理想国》422e），其目标是孤立和捕捉敌方的棋子（对比亚里士多德《政治学》1253a）。另一种游戏在棋盘上有条"神圣的界线"，每个弈手似乎都应尽力让他的棋子靠近这条界线。"没有别的任务留给下跳棋的弈手"，喻指灵魂已经变好或变坏之后，人所能做的就只剩下让好灵魂和坏灵魂分别去它们该去的地方，得到"相称的命运"，就像弈手除了移棋子，将活棋与死棋分开，并不能做其他了。

它［903e］相称的命运。"

克　你指的是哪种方式?

雅　可理解诸神最轻松地照管万物的方式——依我看,这正是我在解释的。因为,如果［e5］某位［神］没能一直照看整全,却能通过改变万物的形状来塑造万物,例如让有灵魂的水出自火,而非让多出自一,或［904a］一出自多,那么,经过第一次、第二次或第三次的生成之后,在重新安排的宇宙中,就会有无数的变化。不过,现在万物的照管者却出奇地轻松了。

克　［a5］这又是什么意思?

雅　是这样——①"既然我们的王者看到,一切行为皆涉及灵魂,这些行为中具有许多德性,但也有许多邪恶,而且,灵魂与身体一旦生成就无法毁坏,但并非永存②——像依法存在的［904b］诸神那样——因为,这两种东西之一若遭毁灭,就绝不会有生物生成。同时,灵魂中凡是好的东西始终天然有益,坏的东西则有害;既然他［我们的王者］看到了这一切,他或许会为每一部分设计一个位置,这样,［b5］在整全中,德性就会以最轻松和最好的方式大获全胜,邪恶则一败涂地。为了整全,事实上他就如此设计。因此,当某种东西生成时,它必须始终占有某个地方,而后驻扎在某些位置上。［904c］他也给我们每个人的意愿分配了成为哪类人的责任。因为,一个人欲望的方式和灵魂的性质,几乎在任何时候、在大多数情况下都决定了我们每个人的类型和性格的形成。"③

---

①　以下是雅典异乡人对那些认为诸神忽视人的"小伙子和年轻人"描述的灵魂可能的遭遇,这一点要到904e5才清楚。

②　这段话让我们想起《治邦者》273e的论述,尤其是《蒂迈欧》41a–d(以及37c–d和43a):世界是有生的,它生来就坚不可摧;在严格意义上,它不能永恒存在,因为它受阻于有形特性,但它被设计成这种类型:它不会变形,也不会消失。

③　此处与860d以下和《蒂迈欧》86d以下说法相似,而非像以上提到的命运女神拉克西斯所说的"选择的责任",柏拉图并不认为,有必要调和这个说法与他如下不可改变的信念:自然的、开明的人的意志不可能喜欢恶胜过善。《理想国》的厄尔神话有相同论述。

克　［c5］的确有可能。

雅　"因此，分有灵魂的万物会转变，转变①的原因包含在自身之中，在转变时，它们根据命定的秩序和法则运动：对于性情上转变较小且较无关紧要的，存在［c10］水平的场所移动；当转变较大且［904d］较不义时，皆会跌入深渊和据说是下面的地方——人们用'哈得斯'及与之相关的名称称呼它，它使人惊恐万状，无论人们活时在睡梦中，还是脱离了肉身之后。不过，一旦某个灵魂本身的［d5］意愿变强，与其他灵魂的联系变得紧密，从而获得大量共有的邪恶或德性，那么，要是它通过结合某种神圣的德性而变得特别有德性，那它在位置上就会有特别大的［904e］变化，沿着一条神圣的道路被带到另一个更好的位置。要是情况相反，它的生活就会转变到相反的位置。

"'这就是占有奥林波斯山的诸神的判决'，②［e5］认为诸神忽视了你们的小伙子和年轻人啊，变得更邪恶的人被带到更邪恶的灵魂那里，变得更好的人则被带到更好的灵魂那里；在活着和每一次死亡中，他遭受的和做过的事情，合乎同类对同类［905a］做过的事情。无论你还是其他任何变得不幸的人，永远无法夸耀逃脱得了诸神的这一判决。这一判决的规定者，将其定为最为显著的判决，对此，我们方方面面都当小心谨慎。这一判决绝不会忽视你——［a5］哪怕你小得足以遁入地下深渊，哪怕你高得足以飞抵上天——你会受到相称的报应，无论是留在这里的时候，或者［905b］被带到哈得斯之后，还是被移到比这更恶劣的位置之后。你会发现，这一解释同样适合你

---

①　这里谈论的转变贯穿生灵（ζῷον）的终生，但这个转变所决定的"运动"（φέρεσθαι）和"移到"（μεταπορεύεσθαι）方向，明显只发生在灵魂与身体的分离之后，在灵魂转世时。根据当前的阐述，这个转世可能发生在冥府。

②　荷马的这句诗参见《奥德赛》19.43：这是奥德修斯对特勒马科斯说的话，当他们在准备暴力惩罚所有求婚者而藏匿其武器时，特勒马科斯提到了帮助他们的智慧女神雅典娜的光辉。柏拉图引用这句诗有自己的目的。在诗中，δίκη的意思是"方式、习俗"，但柏拉图这里赋予它的含义是"判决、正义"。

注意到的那些人，他们靠不虔敬的行为或诸如此类的行为，从低位爬到高位，你认为他们摆脱了不幸，[b5] 变得幸福，从他们的行为中，正如在镜子中，你相信自己看到了所有神灵的疏忽大意——你不晓得，诸神对协助整全的贡献究竟有多 [905c] 大。但是，最为大胆的家伙啊，你怎能认为不必知道这一点呢？如果有人不知道这一点，那么，对于幸福的生活和不幸的命运，他绝不会窥见堂奥，也无法作出解释。

"因此，在这里，如果 [c5] 克莱尼阿斯和我们整个长老议事会①能说服你，你不懂得自己关于诸神的说法，那么，神本身就会高贵地帮助你。但如果你还需要某个论证，那就倾听我们 [905d] 对第三方的谈话吧，要是你有点心智的话。"

关于诸神存在，并照管着人类，我确实可以宣称，我们完全不是以不足为道的方式证明过了。但是，关于不义者可向诸神求情——如果诸神接受礼物的话——[d5] 我们不应当认同，我们应当使出浑身解数驳斥这一点。

克 说得好极了，让我们照你所说的去做吧。

雅 来吧，凭诸神本身说！以什么方式，诸神会变得 [905e] 可让我们求情，如果诸神会变成这样的话？他们会是什么或哪类呢？或许，诸神必定是统治者，因为，诸神永远管理着整个天体。

克 是这样。

雅 [e5] 那么，诸神类似哪些统治者呢？或者，在统治者当中，那些我们能将其比作诸神的，从不足道的到举足轻重的，哪些类似于诸神呢？会是某些赛队的驭手或船只的舵手吗？不过，诸神也许可比作某些军队的将领；甚至可以说，诸神就像为 [e10] 照料身体而与疾病作斗争的医生，或 [906a] 像农夫，提心吊胆地等待庄稼通常难以生长的季节，或者像牧群的监管者。既然我们之间已经同意，天

---

① 长老议事会（γεϱουσία）是斯巴达一项重要制度。参《法义》692a。

体里充满许多好东西，也有许多坏东西，而［a5］坏东西更多，^①那么，我们要宣称，这类永恒的斗争会持续下去，需要惊人的警惕，同时，诸神和精灵们是我们的盟友，而我们是诸神和精灵们的所有物。不义、肆心连同愚蠢毁灭了我们，而拯救我们的是正义［906b］、节制连同明智^②——这些品质居住于诸神那灵魂的力量中，但有些人也可以清楚地识辨出，有一小部分居住在我们里面。因此，居住在大地上的某些灵魂获得了不义之财，明显是用野兽般的手段得到的；［b5］他们讨好护卫者们——看门狗、牧羊人或那些方方面面都最高超的掌管者^③——的灵魂，用奉承话或某些祷告般的咒语说服护卫者，［906c］让其相信坏人的主张^④所宣扬的东西：他们可以取得多于人们的那份而不用遭受苛责。但我们兴许可以说，刚刚所谓的过错，即要求比应得的更多，就是所谓的身体中的"疾病"，季节［c5］和年月中的"瘟疫"，它在诸城邦和政制中换了个名称，即不义。

克　完全是这样。

雅　确实，那些人说，只要我们分给诸神一份不义之财，［906d］诸神就总会宽恕不义之人和行不义者，这些人必定会得出这样的论点：这就像狼将它们的掠夺物分一小部分给狗，狗让礼物驯服了，便允许狼掠夺羊群。［d5］那些主张可向诸神求情的人不就持这一论点吗？

克　确实如此。

雅　前面提及的那些彼此相似的护卫者，^⑤有哪些任谁都能将其

---

①　参见《理想国》卷二379c：苏格拉底声称，"在我们人间，好事远比坏事少"，让人想起诸神是好事的根源。关于坏事在人类生活中的重要性，参见《泰阿泰德》176a–b的论述。

②　"毁灭"（φϑείρει）一词指疾病的毁坏，包括人身上、家畜或庄稼的疾病。"拯救"（σώζει）彰显了固化和治疗的功效。

③　"看门狗、牧羊人、掌管者"，这是一个明显的递进。

④　"主张"（φῆμαι）也有神谕、预言的意思，与"咒语"对应。

⑤　在此，"护卫者"（φύλαχας）代替了"统治者"（ἄρχοντας）；这个称号也显示在906a6以下。

比作诸神，而又不会变得［906e］可笑？会是舵手们吗，他们由于酒的"祭奠和牺牲的香气①而偏离"航道，使船只和水手们沉没？②

克 绝不是。

雅 ［e5］但肯定也不是这样的驭手，他们一起列队比赛，却让礼物收买，将胜利出卖给其他队。

克 你说的这番话，描绘的真是个可怕的景象！

雅 ［e10］当然，［诸神］也不是将领、医生、农夫、牧人或某些受狼诱惑的狗。

克 ［907a］肃静！这怎么可能？

雅 那么，对于我们而言，所有神灵岂不是一切护卫者中最伟大的，高于最伟大的事物？

克 显然如此。

雅 ［a5］我们会不会宣称，那些守护最高贵事务的神灵，而且本身在守护的德性上出类拔萃的神灵，却不如狗和常人——为了不义之人不圣洁地给予的礼物，常人绝不会背弃正义？

克 ［907b］绝不能［这样说］；说这种话不可容忍，那些卷入各式各样不虔敬的人，谁坚持这个意见，谁就要冒险受到这一最公正的判决：在一切不虔敬者当中，他最坏且最不虔敬。

雅 ［b5］那么，诸神存在，诸神进行照管，以及诸神绝不会让人求情而违背正义，我们会说这三个观点充分证明过了吗？

---

① "祭奠和牺牲的香气"（λοιβῇ τε οἴνου κνίσῃ），参荷马《伊利亚特》9.500，这个短语出现在阿喀琉斯的老师佛伊尼科斯（Phoinix）的长发言中，佛伊尼科斯恳求阿喀琉斯同意，用礼物平息他正当的愤慨，就像诸神那样。这是一个传统的荷马式虔敬，其权威性对于正在讨论的问题来说，尚需从整体上加以思考。佛伊尼科斯似乎区分了诸神的两种意愿：一是当人们对诸神做坏事时，诸神愿意息怒；一是当人们对其他人做坏事时，诸神不大愿意息怒（对比行453以下及行493）。在《理想国》364d-e，阿德曼托斯也谈到这一短语。

② 这个对比也出现在《理想国》卷六487e-489a（举的也是一个船长因醉酒而变得无能的例子）。在这里，《法义》有力驳斥了虔敬的第三种方式，《理想国》（见卷二379a-383c）仅暗中批评了这点。

克　怎么不会呢？至少，我们投票赞成这些论点。

雅　［b10］不过，我们以某种方式非常热切地说出这些论点，是因为热爱战胜［907c］坏人。我们对此好胜，亲爱的克莱尼阿斯啊，是为了避免坏人认为，如果他们在论证上更强有力，就可以根据自己有关诸神的各种看法为所欲为。正是由于这些问题，热情［c5］促使我们青春洋溢地①谈话。但是，如果在某种意义上，对于说服这些人憎恶自己并以某种方式渴求相反的性情，我们做了点小小的贡献，那么，我们就可谓高贵地说出了［907d］关于不虔敬的法律序曲。

克　但愿如此；即便没有［贡献］，这类论证也绝不会有损立法者的声誉。

雅　在序曲之后，我们像法律［d5］解释者那样说就是正确的，他对一切不虔敬的人宣告：他们应将自己的［生活］方式转变为虔诚的［生活］方式。对于那些不服从者，关于不虔敬的法律如下：

如果有人［907e］在言行上不虔敬，那么，碰到这种情形的人应向行政官报告，以捍卫［法律］，第一个获悉这件事的行政官，应依法将被告带到指定审理这类事情的法庭。如果某个行政官听说这类事而不［e5］这样做，任何愿意为法律寻求报应的人，就可以起诉他不虔敬。如果某人被判有罪，那么，对于每个不虔敬的人，法庭都应该分别施加惩罚。［908a］每一种情况都应处以监禁。

城邦将有三所监狱：一所是大多数犯人的公共监狱，②靠近市场，是为了监管多数人的身体；③一所靠近夜间议事会会址，叫做“感化

---

①　“青春洋溢地”（*νεωτέρως*）比《泰阿泰德》168c6的“血气方刚地”（*νεανικῶς*）更为温和，但意思基本相同。这再次回应了907b10的“更热切地”（*σφοδρότερον*）。

②　第一所监狱被称作“公共监狱”（*κοινοῦ τοῖς πλείστοις*），仅仅是为了保护“多数人”（*τοῖς πολλοῖς*）的安全。

③　第一种监狱监禁坏人，监禁他们无疑是为了让他们改邪归正，维护他们的灵魂，就像将不虔敬之徒关入“感化所”一样，虽然只监禁了他们的身体。为了防止邦民犯下人身侵犯的罪行，必须囚禁这些身体。

所"；① ［a5］还有一所在领土中心，某个荒芜之地，偏僻之极，它的名称是某个与报应有关的叫法。② 涉及不虔敬的原因有［908b］三种，我们都详细讨论过了，而这些原因每一个又可分为两种，那么，关于神圣事物，就有六种值得分开的过错，不需要相同的或相似的惩罚。有一种人可以描述为，根本不信诸神存在，［b5］但性情天生正派。这种人确实憎恨坏人，并因厌恶不义而不赞成行不义之事。他们避开不义［908c］的人并喜欢正义者。但另一种人除了认为万物中没有诸神外，可能还受折磨于快乐和痛苦上的不自制，也可能拥有很强的记忆力和敏锐的学习能力。不信诸神是这两类人［c5］的通病，但就对他人造成的危害而言，前一种人危害小些，后一种人危害大些。在谈到诸神、祭献和誓言时，前一种人直言不讳，而且他对别人的嘲笑，或许会［908d］使别人变得像他一样，如果他没受到惩罚的话；而后一种人与他人意见相同，具有所谓的"好天性"，并且狡猾无比，欺诈成性。③ ［d5］这类人当中产生了许多占卜者和耍弄各种巫术的人，有时则产生僭主、民众演说家和将领，还有那些利用私人秘仪的密谋者，以及那些耍伎俩的所谓"智术师"。这些人［908e］有许多种类，但只有两种情况值得制定法律：那种犯错的伪装者④ 应处死不止一两

---

① 柏拉图杜撰了"感化所"（σωφϱονιστήϱιον）这一有趣的语词，这是在回应阿里斯托芬杜撰的语词"思想所"（φϱοντιστήϱιον）。"思想所"是阿里斯托芬的谐剧《云》中苏格拉底及其门徒的居住地名称。

② 文中始终未指明这种监狱的名称；这可能是委婉的措辞，因为它具有可耻的意味，也没有与之对应的语词。

③ 这种人不顾一切追求快乐并逃避痛苦的一个结果是，他需要隐藏他理论上的无神论，所以显现出"所谓的好天性"。他必须获得公众的认可。由于"狡猾无比、欺诈成性"，他会这样做。对比《理想国》365a，关于神人的说法对这类有"好天性"的人的影响。

④ "伪装者"原文为 εἰϱωνικόν，有"装傻的、伪善的""反讽的"之意，此处并非指"反讽的"。苏格拉底惯于"装样子""装傻"（《会饮》218d6，《理想国》337a4），但那是装得谦虚而非有意嘲讽他人。对各种不虔敬者的实际惩罚是监禁，但有一种监禁看起来是比死刑更糟糕的惩罚，参909a–d。

回；另一种人则需要训诫连同监禁。同样，认为诸神疏忽大意的观点产生两类［不虔敬］，认为可向诸神求［e5］情的观点产生另外两类。

这些［不虔敬者］就如此区分。有些人变成这样，是由于缺乏心智，但没有坏脾气或坏性情，［909a］法官应依法送到感化所，为期不少于五年。在此期间，其他公民都不得同他们接触，除了夜间议事会成员，后者应接触他们，以训诫并［a5］拯救他们的灵魂。当他们监禁期满，如果他们有谁看起来明智，就令其居住在明智者当中，但如果没有，①并再次应受到这样的指控，就得处以死刑。

还有些人变得像野兽一般，［909b］他们除了不信诸神之外，还认为诸神疏忽大意或可向其求情：他们蔑视人类，在假装召引亡灵②时，勾引了许多活人的灵魂。他们许诺，通过献祭、祈祷和咒语来蛊惑诸神，［b5］就可说服诸神。因此，为了钱财，他们试图彻底摧毁个人、全体家庭和城邦。要是有人看起来犯了其中一条，法庭就应依［909c］法将他囚禁在领土中心的那个监狱里，任何自由民都不得去探访这类人。法律维护者应规定，他们从家奴那里获得食物。他们死后应扔出境外，不得埋葬。［c5］如果哪个自由民去参与埋葬，有人愿意指控的话，此人应被判不虔敬。如果罪犯留下的孩子适合成为邦民，那么，孤儿监护者必须照管这些看似［909d］孤儿的孩子，对他们的照顾绝不亚于对其他人，时间从他们的父亲被判罪之日开始。

应该有一条法律，可通用于所有这些人，它通过禁止非法交易圣物，使他们多数人在有关诸神的行为和言语上［d5］少犯错，并让他

---

① 如果一个人在"感化所"中表面上已醒悟，并由此被释放，但实际上却不知悔改，那就应当判以不虔敬，不再提供悔改的机会，必须把他处死。这个解释暗示了，如果一个人五年之后被认为没得到改正，就要继续监禁。

② "假装召引亡灵"原文为 ψυχαγωγῶσι，这是为了安抚它们，以免愤怒的复仇者让这些亡灵来攻击世人（见卷四865d-e的例子）。假装召引亡灵的是这类特殊的占卜者，即巫师。

们不变得那么不理智。①让他们全体一律受制于如下法律：

没有谁可在私人住宅里拥有神龛。②要是有人想祭献，应该去公共神庙祭献，把祭品交给男女祭司，[909e]他们负责净化这些东西。他得跟其他愿意和他一起祈祷的人一同祈祷。

这样安排是出于如下原因：建立庙宇和诸神并不容易，这件事要做得正确，需要某种深邃的思想。[e5]然而，特别是所有妇女，还有各种病人，或处于谁都可能面临的危险或困境中的人，甚至相反，在某方面取得成功的人，全都习惯于神圣化当时碰巧出现的任何东西，并发誓要献祭，③还许诺[910a]为诸神、精灵和神子建造神庙。此外，由于让幻象和睡梦中的恐惧惊醒，并因此回想起许多幻影，他们便设法补救每一个[幻影]，让祭坛和庙宇遍布每个家庭和每个[a5]村社，在洁净的地方和人们恰好有过那些经历的地方建造。出于所有这些原因，我们应该依照现在宣布的法律行事。除了这些考虑之外，这样还[910b]可防止不虔敬者在如下事情上行骗：通过在私宅里设立神龛和祭坛，而认为他们可以秘密地借助祭祀和祈祷使诸神变得慈悲。若如此，不义将无限增长，并落到自己身上，[b5]落到那些容许他们指控诸神的人身上——虽然这些人比他们好——由此，整个城邦理应得到他们不虔敬的好处。④

然而，立法者不会遭神责备，因为他要制定这条法律：禁止拥有私宅里的神龛。如果[910c]某人被发现拥有神龛，不是在公共神庙里举行祭神仪式，如果这个拥有神龛的男人或女人没有做任何严重而不虔敬的不义之事，那么，发觉这一情况的人应向法律维护者报告。

---

① "那么不理智"（ἀνοήτους ἧττον），亦即如果没有机会举行私人仪式，男男女女就比较不会陷入过度迷信中。

② 法律认为，唯一的例外是家族崇拜（卷717b；卷十885a）。柏拉图再度质疑了可能威胁城邦凝聚力的秘仪。

③ 希腊民间崇拜通过圣所里象征神或虔敬的还愿物体现出来。

④ ἀπολαύη原意为享受、得到好处，这里是反讽用法，即得到坏处，整个城邦变得不义。对比赫西俄德《劳作与时日》240以下，这段话明显再现了其用语和含义。

法律维护者应命令，[c5]私人神龛要移入公共神庙，那些不服从者应受惩罚，直至他们移入。但是，如果有人被发现行事不虔敬，不是孩子气的那种，而是不洁净的成年人的那类不虔敬，或是私设神龛，或是公开地向任何神献祭，[910d]那么，必须判处他死刑，因为他献祭时不洁。法律维护者应判断这是不是孩子气的不虔敬，据此将被告带到法庭，并对这类不虔敬施加惩罚。①

---

　　①　在此我们回到了第三种关于诸神的主要错误——认为诸神可以"被不义者求情"。如果谁认为这些多余的宗教狂热只是愚昧和妇女的"敏感"（909e5以下）的结果，并坚持犯下这种罪，这种情形就适合罚款。不过，一旦崇拜与犯罪联系，并培育出一种观念，即上天宽恕某种偏爱的邪恶，那么，这些及所有以相似精神来表演的公共仪式都是渎神的，只能处以死刑。

卷 十 一

雅 ［913a］接下来，要恰当安排我们彼此间的商业交易。无论如何，一个扼要的说法想必会是这样：只要有可能，任何人都不能动我的东西，移动一丁点也不行，［a5］要是他根本没能说服我。而且，我也要依据同样的原则，对待他人的所有物，要是我拥有审慎的理智。

在这类东西中，我们先来讨论某人为自己和家人储藏的财宝，此人非我先辈。［913b］我绝不能祈求诸神让我找到这笔财宝。就算我真的找到，也绝不能动它。同样，我也绝不能与那些所谓的先知商量此事，他们总会以这样那样的方式鼓动我去占取储存在地里的东西。因为，我占取这笔钱财而获得的［b5］利益，绝对不及不占取它而在灵魂的德性及正义上获得的实质增长。由此，我身上更好的部分会获得比那笔财产更好的财富，因为我更看重获取灵魂的正义，胜过获得物质财富。确实，谚语"勿动之物不可动"适用于许多事物，［913c］应该说，这就是其中一种。人们应当相信谈及这些事务的神话，因为这种行为无益于子孙后代。

但若有人对下一代漠不关心，也无视制定法律的人，在未说服财物［c5］埋藏者的情况下，占据既非他本人也非其父辈名下的藏物，又该怎么办？此人由此败坏了最高贵的法律——一条由出身绝非低微的人制定的最简明法令，他说："勿占据非你［913d］埋藏之物。"①

---

① 这显然援引了古希腊立法者梭伦的一条法规。参见第欧根尼·拉尔修，《名哲言行录》1.57。

若有人藐视这两位立法者，占据不是他放置的财物，要是数目不菲，是一大笔财富，那么，此人当受何惩罚？

他在诸神手中要受的惩罚，唯有神知道。但谁先发现这种事都应报告：［d5］若事情发生在城邦，就报告给城邦管理员；若是在城邦市场的某个地方，就报告给市场管理员；若［914a］是在村社某地，就要向村社管理员及其长官揭发。一旦被揭发，城邦就要将他送至德尔斐神庙：无论神对钱财及其动用之人有何旨意，城邦都应服从神谕，代表神去执行。［a5］如果报告者是自由民，他将获得有德之誉，但要是他没上报，他就会臭名昭著。如果他是个奴隶，城邦的正确做法是，让他因上报而成为自由民，并付费给他的主人。但他要是没报告，就应处死。

［914b］接下来要说的是，关于大小事务的相同原则，相应的法规如下：

倘若有人有意或无意将自己的东西落在某地，见到此物的人必须让它留在原地，相信道路女神①会守护［b5］这些东西，这是依法敬畏女神的表现。若有人违背这些禁令，拿走了那件东西并带回家，那么，他要是个奴隶，而且东西价值不大，碰巧路过的三十岁以上的所有人就要抽打他多次。［914c］但他要是个自由民，除了被认为无教养、不遵守法律，还得赔偿失主此物价值的十倍。若有人指控他人占用了他的部分财产，不管大小，而被指控者承认自己拥有这些东西，［c5］但不承认这些东西属于他人，那么，财产若曾依法在行政官员那里登记，②原告就应召唤财产所有者面见行政官，并出示此物。一旦物品公之于众，如果登记记录［914d］显示，这件东西属于争执双方任一方，此人就可以拿着东西离开。但要是记录显示此物属于不在现场的某人，争执双方谁要是能提供可靠的担保人，就能代表不在现

---

① 阿尔忒弥斯，抑或与之对应的冥府中的赫卡特（Hecate）。

② 关于私人财产的法定登记，参见上文745a6以下。从我们眼下这段（而非前一段）话似乎可知，个人财产的登记，不只是一份钱财数目的名单，而是一份各种财产的详目。

场的物主把东西拿走，并依据所有权物归原主。［d5］若这件有争议的东西没在行政官那里登记，它就要放在三位最年长的行政官那里，直到做出判决。若质押的东西是动物，审判的败诉方就要向行政官支付［914e］照管费用。行政官要在三日内给出判决。

心智健全之人愿意的话，可以抓住自己的奴隶，随心所欲地处置，只要在虔敬的限度之内。他也能［e5］为亲朋好友捉拿逃跑的奴隶，并保全他。不过，若有人想让被占为奴者变成自由民，拥有者就必须放人，但试图为他赎身的人必须提供三位可靠的担保人，赎身还应满足这些条件，否则就不释放。［915a］有人若违反这些条件擅自释放，就要为暴力袭击的罪行负责，一旦定罪，他必须因释放而双倍赔偿登记的损失。

获释的奴隶也会被捕，若他不敬奉释放他的人，［a5］或不尽力敬奉。敬奉包括每个月定期去释放者家中三次，做他当做的力所能及的正义之事。某种程度上，他的婚事也要征得前主人同意。此外，他不能变得比释放他的人［915b］富有，超出的任何东西都要归主人所有。获释的奴隶不能待超过二十年，而是像其他异乡人那样，必须带着他的所有财产离开，除非他能说服行政官和释放他的人。［b5］如果获释者或哪个外邦人所得财产数量超出第三等级，①那么，自这种情况发生之日起，他在三十天内必须带着［915c］财产离开。此人无权向行政官提出继续居留的请求。若有人被带到法庭，被判违反了这些禁令，就应处死，财产也应充公。［c5］对这些事情的审判，应在部落法庭举行，如果他们之前没能当着邻人和特选法官的面解决彼此间的指控。

谁若把他人的牲畜或任何东西占为己有，［915d］占有者要把东西归还给贩卖者或给他的人——要是他值得信任且正直——或者能以

---

①　参上文744c，e。第三阶层排倒数第二，参756d1。对外邦人和自由民财产的这种限制似乎是柏拉图一厢情愿。他显然不赞成雅典人对侨民的优待。在这一点上，柏拉图的亲戚克里提阿斯和卡尔米德会赞同他。

别的规定方式转交此物的人。若此物为城里居住的公民或外邦人占有，他应在三十天内这样做，但东西若从外邦运来，[d5]他得在五个月之内这样做，其中间月份应是夏至日所在月份。

凡以买卖方式与另一个人交易任何事物，都必须在市场划给每种商品的指定地点交付，并当场收取[915e]货款，而不能在任何别的地方，任何人都不能赊账买卖。若有人出于对跟他交易之人的信任，以别的方式或在任何别的地方跟人交易，他做这事就必须明白，对于不按现在所说的条件出售的物品，依法不会有[e5]司法保障。至于团体捐献，只要愿意，谁都能以朋友身份从朋友那里募集。但这样做时必须明白，如果对募集上来的东西产生了分歧，谁都不能提起任何形式的诉讼。谁要是出售货物收到不少于[e10]五十德拉克马的货款，就有必要待在城里[916a]十天，由于这些事务经常会出现诉讼，且为了能合法地退货，买主要知道卖主的住址。

合法退货和拒绝退货的规定如下。若有人[a5]出售俘虏的奴隶，患有肺痨，或结石，或淋症，或所谓的"圣疾"，①或众人看不出来的其他长期且难以治愈的身体或精神疾病，那么，若买主是医生或运动员，这种情况下[916b]买主就无权退还，若卖主在交易时已据实相告，也不能退还。但是，若哪个艺匠跟一个外行做了这种交易，买主可在六个月之内退货，"圣疾"的情况除外——对于这种情况，他可以在一年[b5]之内退货。司法判决交由双方共同选出的三位医生。判决中获罪的一方要支付双倍售价。要是[916c]外行卖给了外行，同样有权退货，判定方式照前，但获罪方只需支付售价。若有人故意把一个杀人犯卖给知情者，购买了这个奴隶的人就无权[c5]退货。但如果买主并不知情，一旦发现就有权退货。这种情况的判决由五位最年轻的法律护卫者负责，要是判定卖主有意为之，他就必须依据神谕解释者的法律净化买

_____

① "圣疾"即癫痫。

主［916d］的家，并付给买家三倍价钱。①

谁要是用货币与货币交易，或交易其他任何活的或死的东西，都要依据法律不得掺假让人收受。不过，［d5］跟其他法律一样，我们拟一个关于这整个罪行的序曲：

人人都要明白，掺假、说谎和欺诈乃是同一类。多数人惯于给出以下声明——这样说得并不好：②这种事［916e］往往是对的，如果它每次都发生在恰当的时机；但是，由于未能规定和界定哪里、何时属于恰当时机，他们的这种说法给自己和他人带来诸多害处。然而，立法者不能任其不加界定，［e5］而是要不断澄清其边界所在，无论大小。故而现在就这么界定：考虑到这类事情要通过祈求诸神来完成，谁要是不愿成为诸神最厌弃的人，就不要在言辞或行为上犯下说谎、欺诈或［917a］掺假的罪行。这样的人或者是起伪誓的人，毫不在乎诸神；或者其次，在地位高于他们的人面前撒谎。既然更好的优于更坏的，一般来说，老人高于［a5］年轻人，那么父母就高于子女，男人高于女人和孩子，统治者③高于被统治者。在其他统治类型中，尤其是在官职中，大家应该对所有这些高位者感到敬畏——这促成了我们现在的谈话。在市场［917b］货物中掺假的那些人撒谎、行骗，并求告诸神，在市场管理员的法律和警告面前起誓。因此，他们既不敬畏人，也不虔敬地尊崇诸神。当然，在方方面面这都是一种好行为，即不轻易妄自［b5］提及诸神的名号，在涉及净化和诸神圣事的大多事务中，每次也不轻率地像大多数人一样行事。但若有人不遵守，就这么规定法律：

在市场上售卖任何物品，都不能提出两种售价，［917c］而只能

---

① 用欺骗手段售出一个不洁净的奴隶，比用欺骗手段售出一个身体残疾的奴隶所受的惩罚重百分之五十，这一点很重要。

② 柏拉图在这里思考的是欺骗的社会影响，且作为立法者言说。参下文917a8。

③ 此处的"统治者"（ἀϱχῆ）也有"开端"之意，用来指任何种类的权威，包括刚才提到的所有优越性。在下一行中，"官职"（ἀϱχαῖς）代表官员意义上的具体"权威"。

说定一个价。①他要是无法卖到这个价格，正确的做法是把商品再次带走；同一天他不能再设定一个更高或更低的价格。对于所售的任何物品，不得以赌誓的方式夸赞。若有人违反这些禁令，[c5] 碰巧经过的所有年满三十岁的城邦居民，都应惩罚那个起誓的人，可以狠狠揍他而不受处罚。但路过之人若无视并违背这一规定，他就会因背叛法律受到责备。至于有人出售掺假物品，且不遵守 [917d] 当前的告示，过路人中谁若有学问能证实他的罪行，且的确在行政官面前证实了，那么，他要是个奴隶或外邦居民，就可以拿走那些掺假的物品；他要是个公民，并且没能证实那人的罪行，就会被宣布为掠夺诸神的[d5] 邪恶之徒，但他若能证实，就能将此物献给掌管市场的神灵。若发现售卖这种掺假商品的人，除了要没收商品外，还要鞭打他，他给商品开价多少德拉克马，[917e] 就要受到多少鞭打，在鞭打前，传令官要在市场上通报他挨打的原因。

关于卖家的掺假和恶行，在询问了那些在每项事务上有切身经历的人之后，卖家 [e5] 应当做什么、不应做什么，市场管理员和法律维护者都要写下来，并将这一成文法张贴在 [918a] 市场管理员办事处前的石碑上，以便明确指引那些在市场做生意的人。有关城邦管理员的职责，前面已充分讨论过。但如果需要做些补充，他们应咨询那些法律维护者，写下看起来遗漏的内容，并将由他们裁决的 [a5] 第一和第二套法规张贴在城邦管理办公场所的石碑上。

掺假行为之后紧接着是零售行为。我们不妨先就这整个问题给出建议和论证，然后为其立法。

[918b] 城邦产生的所有零售行为，依自然都不是为了损害，而是为了截然相反的目的。因为，如果一个人让原本分配不等、不均的每样东西，都得到均等、均匀的分配，他怎么可能不是做好事的人？

---

① 市场法的两个要点是：一，一旦定价，当天就不得易价；二，不能用花言巧语或赌咒发誓说明物品。阿勒克西斯（Alexis）的一则喜剧提到，自梭伦以降，再没有比阿里斯托尼科斯（Aristonicus）更富的立法者，此人就集市鱼贩的诉讼程序等制定了法律，他规定，一旦鱼贩定了价，若降价出售，便会被送进大牢。

[b5]我们应当承认，这是靠钱财的力量实现的。我们也应当说，这是分配给商人的职责。雇工、旅馆老板及其他人——他们有人变得更得体，[918c]有人变得更不得体——都能带来这样的结果，并为所有需求提供帮助，使财物得到平均分配。那么，我们来看看，究竟是什么让这看起来既不高贵也不体面，又是什么让其丧失信誉。[c5]这样，我们就能用法律补救，即使不是全部，至少也能补救部分。

看起来，这任务并非微不足道，需要的德性也不浅薄。

克　此话怎讲？

雅　亲爱的克莱尼阿斯啊，人类中只有极少数[c10]能依自然本性和最高教养成长，在对某些事物[918d]的需求和欲望产生时，唯有他们能坚持适度。在能获得大笔财富时，也仅有少数人能保持冷静，选择适度而非更多。多数人跟这些人完全相反：[d5]一旦有欲求，他们所求无度；在可以获得适度数量时，他们选择贪得无厌地获取。因此，每种零售、批发和旅馆业都信誉丧失、名声扫地。

不过，如果有人——这种情况绝不该发生，[918e]将来也绝不应出现——强制（现在说这话很可笑，但仍然要说）各地最好之人在某段时间内成为旅馆老板，或从事零售交易，或者做任何这类事，甚至出于命运的某种必然性，强制妇人参与这种生活方式，[e5]那我们就会明白，这些事情多友善、多令人向往。

若能根据某项没受败坏的原则去践行，这一切活动都会受人尊崇，就像母亲和奶妈[的照料]那样。但现在，为了零售业，[919a]有人在荒凉之地建了房子，那里离每个方向都路途遥远，有受欢迎的歇脚地，接待那些困顿之人，给予那些受猛烈暴风雨袭击的人温馨安宁，使闷热疲乏之人恢复活力。但[a5]此后，他没有继续像接待友伴那样热情，提供友好的待客之礼，而是相反，仿佛他们是落入其手的罪犯，必须付给他一大笔不义的肮脏赎金才会[919b]释放他们。在所有这些情形中，正是这些及类似的错误，使得对困顿者提供的帮助名誉扫地。

因此，立法者必须一如既往为这些事开出药方。在疾病和很多

［b5］其他事情上，古谚说得很对，"双拳难敌四手"。①确实，眼下围绕这些事情的战斗就是要对抗两个敌人，贫困和财富，一个以奢侈败坏人的灵魂，［919c］另一个则用痛苦刺激灵魂变得无耻。那么，在一个有理智的城邦中，对这种疾病又有什么解药？首先，应尽可能少使用零售者阶层；其次，分派去［c5］从事零售业的人，其败坏对城邦的损害应当最小；第三，要建立一套机制，以防从事那些行业的人的灵魂性情［919d］易于变得无耻之极、粗劣无比。

现在，说过这番话后，愿我们有好运，就这些事务制定如下法律：在马格尼西亚人那里，神正再次恢复、安顿他们，［d5］那些拥有份地的5040个家庭中，谁都不能自愿或不自愿地成为零售商和批发商，也不能提供任何卑微的服务，给无法回之以对等服务的私人——除了［919e］父母、家中长辈或其他所有年长者外，他们都是自由民，也会以自由的方式为他们服务。对于何为自由和不自由，要立法确定并不容易，但在憎恶不自由和热爱自由上有最好认识的人，［e5］可由他来裁断。谁若用某种技艺从事不自由的零售业，任何人愿意的话，在那些被认为德性超迈的人面前，都可以控告他辱没家族。如果他做了不肖行为，玷污了祖先的名誉，就要监禁他一年，并就此停止［920a］这类行为。②如若再犯，监禁两年，若还不停止，以后每抓到一次，刑期都是上次刑期的两倍。

因此，第二条法律是：打算从事零售业的人，必须是侨民或异乡人。

再次，第三条法律是：这类［a5］人有些会成为我们城邦的居民，为了让他们最有益或伤害最小，法律维护者们必须明白，他们不仅要保卫那些出身和教养良好的人——他们很容易防止这些人变得目无法纪和邪恶——［920b］而且要保卫更多不属这类的人，他们从事的行当很容易让人变坏。

---

① 《斐多》89c和《欧蒂德谟》297c提到了相似或相同的说法。

② 言外之意，囚禁不仅是一种惩罚，也是一项预防措施。

　　为此目的，法律维护者们①要再次就这些问题与那些在每个零售业都有经验的人相会，就像我们之前在掺假问题上要求他们所做的那样，[b5]因为掺假与此相似。零售业很广泛，包括刚刚提到的多种行当，在城邦中，零售业看起来不可或缺并已允许保留，法律维护者应当[与从业者]相会并弄清，[920c]如何随时在收支平衡的情况下让零售商人适度获利。最终达成的收支平衡要以文告形式[c5]张贴出来，并受市场管理员、城邦管理员和土地管理员保护。借此，关于零售业的事宜就对每个人大有裨益，对城邦中使用者的损害也会小而又小。

　　[920d]关于有人同意合作做某事却没能守约去做的情况，除非法律或议案禁止此事，或者是他受不义的逼使才同意，或者他非自愿地受阻于不可预见的机运，否则，[d5]在其他情形下，倘若在由仲裁者和邻人组成的法庭中，双方没能先解决分歧，那么，部落法庭就应对这起未能履行的协议进行审判。

　　赫斐斯托斯和雅典娜是艺匠阶层的保护神，②[920e]艺匠们用各种技艺供应我们的生活。崇敬阿瑞斯和雅典娜的那些人，用其他防卫性技艺保卫艺匠们的生产活动。因此，这些神是该阶层[战士]的保护神。确实，所有这些人都一直在照料[e5]母邦和民众，战士靠统领战争中的战斗，艺匠则是靠有偿创造出工具和产品。关于这些事情，他们不适合说谎，[921a]要是他们敬畏作为祖先的诸神。这样，若某个艺匠因恶习未能在规定时间内完成工作，竟在赐予他生计的神灵面前没有敬畏感——认为他的神会原谅他——并且竟不理智地看待此事，那么，他必须首先受到[a5]神的惩罚，然后还有法律等着他：

　　　　他必须向受骗支付佣金的雇主退回产品的价钱，并在规定的时间

----

　　①　法律维护者的第二项职能是制定物价，第一项职能是决定何种以及多少种贸易获准留在城邦。

　　②　将技艺归因于雅典娜、赫斐斯托斯和阿瑞斯是传统做法，我们在《克里提阿斯》109c-d也会看到这一点。

内无偿重新生产出那些东西。

对于承揽工作的人，法律作为建议者，[921b]给出的建议与给卖主的一样：不要试图通过定高价获利，而是要设定与其价值相符的价格。法律的这条忠告适用于生产者；毕竟，艺匠才了解真正的价值。技艺依自然是光明正大诚实无欺的行为，[b5]在自由民的城邦中，艺匠本身绝不能利用他的技艺企图从外行那里狡诈地获利。谁要是在这些事务上行不义，就会给自己招来官司，惩罚他的不义。另一方面，如果[921c]给艺匠佣金的人没按合法协议支付正确的数额，此人就玷污了城邦保护神宙斯和政制共建者雅典娜，此人出于获取蝇头小利的欲望松开了共同体的重要纽带，法律和诸神必须一道成为捍卫团结城邦的[c5]纽带：

预收了产品却没能在约定期限内付款的人要付双倍。若已过一年，尽管所有别的借款不用付利息，[921d]但此人必须每月为每德拉克马付一奥波洛利息。对这些事务的审判，要在部落法庭中进行。

由于我们刚从总体上谈到了艺匠，现在可顺带说说在战争中[d5]保卫我们的艺匠——将军及那些在这些事务上有技艺的人。他们很像艺匠，却是另一种艺匠。若他们有人高贵地完成了承担的公共工作，[921e]不管是主动还是遵行命令，法律就会不厌其烦地给予他恰当的荣誉，奖掖参战之人。①但要是他事先接到一份高贵的战争工作，却没能付出，法律就会谴责他。[e5]因而，这项法律就这么规定：我们要带着对这些事务的赞美，建议而非强迫大部分民众[922a]授予这些人二等荣誉：②他们是拯救了整个城邦的好人，要么通过勇敢的行动，要么通过军事谋略。因为，最高奖赏应授予第一等

---

① 之所以把军队和艺匠这样归为一类，其根据是：一，他们都处于神的保护之下；二，他们都不断服务于这片土地及其居民的利益；三，他们都从事"技艺"（τέχναις），因此在某种意义上都可称为"艺匠"（δημιουργοί，921d4），同时军队又是艺匠的保护者。不过，雅典异乡人承认，他们仅"大体上"如此。

② 我们不清楚，二等荣誉、第一等人这两个最高"头衔"如何授予或者标识。显然，头衔意味着荣誉，而非财富或官职。

人，他们能卓越地尊崇好立法者的成文［a5］法。

在涉及孤儿及其监护人对他们监护的事宜之外，我们已经安排了人类彼此间最重要的商业交易。

［922b］眼下的讨论结束之后，有必要设法安排以这些事务。所有这类问题的起点是，临终之人安排这些事务的意愿，或者偶然事故使人没有做任何安排。我之前说它"有必要"，克莱尼阿斯啊，［b5］正因考虑到这些事情特有的麻烦和困难。我们不能不对此作出规定。因为，每个人立下的许多遗嘱可能彼此冲突，并违背法律，有悖于生者的性情，甚至背离他在立遗嘱［922c］之前的主要性情，要是有人允许所立遗嘱具有无限权威，而不管他行将就木时的状态如何。事实上，我们在觉得自己大限来临时，大多数人某种程度上都没有头脑、［c5］虚弱不堪。

克　此话怎讲，异乡人？

雅　克莱尼阿斯啊，临终之人很棘手，还满口让立法者惴惴不安、左右为难的话。

克　［c10］怎会这样？

雅　［922d］凡事都想做主，就老带着怒气说话。

克　说些什么？

雅　"诸神啊，这可真惨！"他会说，"要是不许我［d5］随心所欲地把自己的东西分给人，给这人多些，那人少些——他们有人待我刻薄，有人善待我，我生病、老迈、命运多舛时已经充分检验过。"

克　那么，异乡人啊，你认为他们这么说不好吗？

雅　［922e］至少在我看来，克莱尼阿斯啊，过去的立法者显得心肠太软，他们立法时只看到和想到一小部分人类事务。

克　此话怎讲？

雅　［e5］好人啊，由于害怕这种话，他们制定了一条法律，允许一个人完全只按自己的［923a］意愿分配遗物，但对于你们城邦中那些临终之人，我和你们会以更恰当的方式回应。

"朋友们啊,"我们会说,"我们的确朝生暮死,① 你们现在很难认识你们自己的财产,更不用说认识你们 [a5] 自己,② 就像皮提亚的铭文显示的那样。无论如何,作为立法者,我要规定:你们自己和这份财产都不属于你们,而是属于你们整个家族,包括过世的和将来的,在更高 [923b] 层面上,整个家族和财产都属于城邦。由于事实如此,若有人趁你们生病或年老蹒跚时来巴结,说服你们立下一份有违带来最好结果的遗嘱,我绝不愿意赞同。相反,我会着眼于对整个城邦和家族 [b5] 最好的方式立法,③ 为了这一切,我还会合理地将个人之物置于次要地位。不过,你们待我们宽厚和善,现在,你们就继续沿着那条符合人的自然本性的道路前行吧。我们会照管好 [923c] 你们的遗物,竭尽所能照看它们——不是只照看其中一些,不照看另外一些。"对于生者和临终之人,克莱尼阿斯啊,这些话就作为鼓励和序曲吧。法律应这么规定:

立下遗嘱分配财产的人 [c5] 若是孩子的父亲,就必须在遗嘱中首先指出,他认定哪个儿子配成为份地继承人,至于其他孩子,他若想把谁给他人领养,也必须在遗嘱中写明。[923d] 如果他还有个儿子,没让人收养作份地继承人,他又希望依法将这个孩子送往某个殖民地,那么,这位父亲就可按自己的意愿把剩下的财产分给他,祖传的份地及其 [d5] 整套装备除外。若有更多儿子,这位父亲可按自己意愿,将份地之外的剩余财产按任意比例分给他们。如果哪个儿子已有房子,就不再分财产给他,女儿也一样——若已许配 [923e] 给人,就不再分给她,若没有,就要分给她。

遗嘱立定之后,哪个儿子或女儿若在当地获得一块份地,就要把

———————

① 在阿里斯托芬《云》中,苏格拉底第一次发言的第一句(1.223),苏格拉底就说斯特普斯阿德斯(Strepsiades)"朝生暮死"。这部剧的剧情是一个老父寻求哲学帮助,以恢复自家财政。

② 指的是著名的德尔斐铭文"认识你自己"。

③ 立法者应谨遵的两条界线是:一,立法者必须限制立遗嘱人的权力;二,立法者必须填补无遗嘱死亡的空白。

自己继承的份地留给［获得的］那块份地的继承人。如果立遗嘱者没有男嗣，［e5］只有女嗣，他应按意愿选一位女婿作为他的儿子，并在遗嘱中注明份地继承人。如果亲生或收养的儿子尚未能成为继承的男子就夭折，在这种不幸的情况中，立遗嘱者［924a］也要在遗嘱中注明，哪个孩子有好运成为第二位继承人。①完全无后的人要立遗嘱，他可以拿出除份地之外的十分之一财产，送给他想送的人。［a5］剩下的全部要交给他领养的继承人，他必须依法领养这个人作为儿子——他要无可指摘，儿子也要宽厚。

儿子需要监护人的，他在过世前若已在遗嘱中写好监护人，［924b］并希望他属意的人尽可能全都自愿作孩子的监护人，那么选择监护人的权威做法就是遵循这些成文的指令。不过，若有人去世时根本没有留下遗嘱，或遗嘱中没有选定监护人，那么［b5］权威监护人就应是父母的至亲，父亲那边选两位，母亲那边选两位，再从死者的朋友中选出一位，法律维护者应把这些人委派给有需要的孤儿。总体的监护和［924c］孤儿们始终要受十五位最年长的法律维护者监督。这十五位维护者依资历分成三人一组：三人服务一年，接着由另三人服务下一年，直到五组形成一个循环。［c5］要尽可能确保这个循环不中断。

至于有人去世时根本没留遗嘱，遗孤需要监护人的情况，他的孩子［924d］也适用这些法律。若有人碰上不可预见的变故，遗孤都是女儿，那么，他应原谅立法者，因为在安排这些女子的婚事时，立法者只能考虑父亲三个关注点中的两个：［d5］近亲关系和份地保存。父亲会关注第三点，他想了解，在所有公民中，谁的性情和生活方式适合成为他的儿子［924e］或女婿。这一点要放下，因为立法者无法考察。对于这些情形，可能最好的法律应这样制定：

若有人没立遗嘱，并且身后留下的是女儿，那么，他同父的兄

---

① 这是领养的第二种情况，也符合阿提卡惯例。

弟，或同母但没有份地①的兄弟，就要收养他的女儿［e5］并获得死者的份地。如果他兄弟已过世，只有兄弟的儿子，若他们年龄相仿，②也适用这种办法。若其中一样也没有，只有一个姊妹的儿子，同样适用。第四位是死者父亲的兄弟，第五位是死者父亲兄弟的儿子，第六位是死者父亲姊妹的儿子。因此，如果［e10］遗孤是女性，这家族就始终按血缘远近依次安排：［925a］从兄弟和兄弟的儿子上升，无论哪一代，男性都排在女性之前。

这些适婚女性跟对象配不配，需由一位检察官来决定，他应检查裸身的男子和［a5］半裸的女子。如果这个家庭没有亲戚，连死者兄弟的孙子都没有，也没有同祖父的孩子，那么这女子可以同监护人商量，任选一名［925b］公民，双方自愿，③这名公民就成为死者份地的继承人，并做这名女子的丈夫。当然，诸多事情需要各种资源，城邦本身经常缺少这样的男子。因此，若有人一时找不到适合的男子，［b5］她就该看看那些移居殖民地的人，是否有她心仪的人可作为父亲份地的继承人。若此人是亲戚，就让他按照法律的安排继承份地。若他不是族人，该女子在城邦中也无族人，［925c］那么，依据监护人和死者遗孤的选择，就可以授权他回家成婚，并继承那位没能立下遗嘱者的份地。

若有人无儿无女，生前又未立遗嘱，这人在其他方面［c5］也适用前面提到的法律，但家族中每次都要有一男一女作为夫妇住进这座废弃的宅子，这块份地就合法地成为他们的——［925d］首先是死者的姊妹，然后是兄弟的女儿，第三是姊妹的后代，第四是父亲的姊妹，第五是父亲兄弟的孩子，第六是父亲姊妹的孩子。这些女性要跟男性同住，依照血缘远近和习惯法，［d5］以我们之前规定的方式。

---

① 可能出现这种情况：死者的"堂"兄弟没有"遗产"（*κλῆρον*），而"表"兄弟可能有。这种把表兄弟算进来的做法有违阿提卡法律。

② 尽管雅典异乡人未挑明，但我们不妨认定，如果出现多个孤女的情况，只会选中一个（可能是最年长的那个），因为继承人只有一位。

③ 柏拉图允许新娘做选择的尺度可能远超阿提卡习俗。

我们不要忽略这些法律的分量，其严苛在于，有时命令死者的近亲必须迎娶其女性亲属，这些法律也显然没有考虑到，这要在人类中［925e］实现会困难重重，会让人不愿遵守这些命令。确实，若要命令他们迎娶或嫁入，那些身体有病和残缺或精神有病的人，他们可能会宁死不屈。［e5］在某些人看来，立法者似乎没有考虑到这些事，但这种印象并不正确。所以，我们不妨代表立法者和接受法律的人说几句，几近一个公共序曲，请求那些要服从命令的人能谅解立法者，因为立法者在监管公共事务时，［e10］完全不可能同时解决每个私人的困难。［926a］另外也要请求受法律统治的人谅解，因为很可能，他们没法完全执行立法者在无知环境中颁布的命令。

克　那么，异乡人啊，关于这类事情，［a5］最合宜的办法是什么？

雅　克莱尼阿斯啊，对于这些法律及其受众，有必要选出仲裁人。

克　此话怎讲？

雅　有时候，一个父亲富有的侄儿可能［926b］不愿迎娶叔叔的女儿，因为他心高气傲，一心想攀高枝。但有时候，一个人可能要被迫违背法律，因为立法者的命令会带来很大的灾难［b5］——强迫他们跟疯子或患有其他严重身心疾病的人结婚，这会让迎娶她们的人没有活路。因此，关于这些事务，我们眼下这些声明要制定成法：

若有人不满有关［926c］遗嘱的立法，无论是对任何其他方面不满，还是对婚姻不满，那么，立法者本人要是活着在场，就绝不会像现在这样强迫那些人嫁娶。或者反过来，即便要嫁娶，［c5］家族中有人或某位护卫者表示，若他活着在场，就必须宣布，立法者已让十五位法律维护者充当这对孤儿孤女的仲裁者和父亲。对这些问题［926d］有争议的人，必须诉诸这些人裁断，并把他们的意见当成权威执行。不过，若有人觉得这似乎给了法律维护者很大的权力，他就可以把他们带到特选法官的法庭①上，[d5]就争议问题得出决议。败诉方会受到立法者的指责和抨击——对于有理智的人来说，这惩罚比一大笔钱更加沉重。

现在，对孤儿而言，这宛如重获[926e]新生。他们第一次出生后每个人所受的抚养和教育，前面已讨论过。丧父后的第二次出生之后，对于那些因变故成为孤儿的人，必须想法子尽可能少让先前的孤儿怜悯其不幸。[e5]首先，立法让法律维护者成为他们的父亲，取代同时也不亚于他们的生身之父。确实，我们每年都委派他们去照管这些孤儿，像对待亲生孩子一样监管他们。关于抚育孤儿，我们已作的序曲适用于这些人和监护人：

在我看来，我们[927a]先前言辞②里的阐述很合适：人死后，逝者的灵魂仍有某种力量，可以照料人类事务。确有其事，但说来话长。关于这些事情，人们应当相信其他说法，因为这些说法数不胜数，[a5]源远流长。人们也要相信立法者所说，这些事情的确如此，它们看起来并非纯属无稽之谈。因此，倘若这些事情是依据自然，[927b]他们首先应当敬畏天上的诸神，因为诸神察觉到孤儿们失去亲人；其次是敬畏逝者的灵魂，他们自然会特别关心自己的后代，对敬重其后代的人和善，对不敬者心怀敌意。[b5]接着，还要敬畏在世者的灵魂，那些德高望重的老人。他们的子孙生活在一个善法统治下的幸福城邦，满怀喜悦地爱戴他们。对于这些事情，他们耳听八方、目光敏锐，[927c]对正当对待孤儿的那些人有好感，相反，对那些粗野对待孤儿和丧亲者的人义愤填膺，因为他们认为这是最重大也最神圣的托付。所有这些监护人和行政官要是有心智的话，应当转到这些事上，[c5]照料好孤儿的养育和教育，就好像他是在帮自己和亲生的孩子，他要在各方面都尽力做到最好。

---

① "特选法官的法庭"，参上文767c以下，855c6以下。

② 即865e那段话，雅典异乡人描述了被害者的灵魂在谋害者常去的地方出现时所感受的义愤，以及他对谋害者的"担心"。

因此，谁要是遵从立法之前的那个神话，决不虐待孤儿，就不会确切 [927d] 体验到立法者在这些事务上的怒气。但谁要是不遵守，对失去父亲或母亲的人行不义，那么，他要付的罚金是虐待双亲俱在的儿童所付罚金的两倍。

关于孤儿监护人及监管监护人 [d5] 的行政官，以及相关的其他立法，如果他们没有从抚育亲生子女和监管自家财产获得抚育自由民儿童的先例，[927e] 有关这些事务的法律也还未恰切地讨论，那么，就有必要制定某些关于监护人的法律，作为非常独特的一类法律，以独特的做法区分孤儿与非孤儿的生活。但现在，[e5] 在所有这些问题上，我们这些孤儿的状况与父亲照顾下的儿童没什么分别，虽然在荣耀和耻辱或监管责任上，任务不尽相同。① [928a] 确实，这就是为何在有关孤儿的立法这个主题上，法律会使用严肃的劝勉和震慑。不过，下面这种震慑很适时：

男孩或女孩的任何监护人，以及任何守护和监管监护人的法律维护者，[a5] 都要珍视不幸沦为孤儿的人，视如己出，并要以满腔热情去监管受监护人的财产，就像监管自己的财产一样，[928b] 或者确切地说，要做得更好。每个监护人都要遵从这条关于孤儿的法律。

但若有人在这些事上倒行逆施，违背这条法律，那么，行政官应惩罚监护人，或者监护人要把行政官带到 [b5] 特选法官的法庭，要求他付出法庭估定损害的两倍罚金。② 若孩子的亲属或是任何其他公民认为，监护人玩忽职守或行恶，他们同样要把他带到这个法庭。不管监护人被控造成何种伤害，[928c] 都要偿付四倍罚金，一半归孩子，另一半归成功检举者。若成年的孤儿认定监护人虐待他，那么在监护关系结束的五年内，他都可以就监护权采取司法 [c5] 行动。若有监护人获罪，法庭就要估定他应承担的惩罚或赔偿。若是某个行政

---

① 公众认为，监护人的职责远不如父亲。一般来讲，监护人在进行监护时远没有父母用心。

② 法庭要评估监护者或官员玩忽职守的程度，并指出损害的估价，原告要强制要求被告偿付这笔钱数的双倍。

官看起来因疏忽大意伤害了孤儿，[928d]法庭应评估他该如何赔偿孩子。但如果看起来是出于不义，那么，除了罚金，还要去除他法律维护者的职位。为了这片土地和城邦，城邦共同体要委派另一位法律维护者取代他。

[d5]父母与子女，以及子女与父母间发生的争吵，可能比预想的更严重，在这种情况下，父亲可能会认为，立法者应在法律中允许，他们要是愿意，就可以让传令官在众人面前宣布，[928e]他从此依法跟这个儿子断绝关系。另一方面，儿子也认为，父亲若因疾病或年老陷入令人羞耻的境地，就应允许他们控告父亲精神错乱。这些情况容易发生在十恶不赦的人中间，因为，要是只坏了一半——如[e5]父亲不坏，儿子坏，抑或相反——这样的不幸就不会产生那种程度的敌意。现在，在另一种政制中，宣布与父母断绝关系的孩子不一定要离开城邦，但在由这些法律维持的政制下，[929a]无父者有必要去别的地方居住。因为，5040个家庭不会多加一个。因此，在审判中这么做的人，不仅是跟父亲断绝关系，也是跟整个家庭断绝关系。[a5]在这些事务上，有必要依据如下法律来做：

无论正当与否，受血气驱动的人都绝不幸运，他想让自己的家族跟他所生所养之人断绝关系，那就绝不许他以一种粗鄙、草率的[929b]方式行事。相反，他首先要召集他的亲属，远至表亲，儿子母亲那边的亲属也请来，在他们面前控诉，说明这个儿子为何活该被他们所有人从家庭中赶走。他也要留给儿子一样的时间说话，[b5]表明为何自己不该受这种对待。所有亲属中——不包括父亲、母亲和投票的被诉方，但包括其他成年男女——[929c]若父亲能说服并赢得他们半数投票支持，那么，以这种方式并依照这些程序，就容许父亲宣布跟儿子断绝关系，但不能以其他方式。若有公民想收养这个被宣布断绝关系的孩子，[c5]法律不会禁止他这样做——因为每个人的一生中，年轻时的性情天然会发生许多改变——但十年后若仍无人想收养这已断绝[929d]关系的孩子，那么，负责将过剩后代送往殖民地的监管者就要接管他们，好让他们和谐地加入同样的殖民地。

某种疾病，或年老，或性格粗鄙，或者所有这些会导致某人精神失常，[d5]比多数人严重得多，除了跟他住一起的人，其他人都没有发觉。如果此人拥有对属己之物的绝对权威，他会败光家产，而他的儿子又不知所措，不敢书面控告[929e]父亲精神错乱，那么法律对此应规定：首先，这位儿子要到最年长的法律维护者那里解释父亲带来的灾难；充分了解情况之后，法律维护者应建议是否要提出书面控告，[e5]他们要是建议控告，就要为提出控告者作证并成为共同原告。被控有罪的人，余生将失去处置其所有物的至高权威，哪怕是最微小的处置，他余生也会像孩子一样受到监管。

若因不幸的性格，夫妻无论如何都[e10]无法达成一致，①那么法律维护者中②的十位中年[930a]男子就要和十个从事嫁娶工作、年龄相近的女子一起持续监管他们。他们要是能达成和解，这些安排就有权威性；但是要是两个灵魂愈加汹涌澎湃，他们就该尽力为两人重新寻求合适的伴侣。[a5]很可能，这种人不具备温和的性情，他们应该尝试跟性情更冷静、更温和的伴侣和谐相处。如果那些没有子女或只有几个子女的夫妻闹翻，新组建的家庭[930b]应着眼于孩子。如果他们子女够多，离异和再结合就应是为了白头偕老、相互扶持。

若妻子去世，留下儿女，既定的法律会建议而非强制一人抚养这些孩子，[b5]不要给他们找继母。但若无子嗣，丈夫就必须再娶，直到为家庭和城邦生出[930c]足够多的孩子。若丈夫去世，留下了

---

① 此话不只是暗示双方"脾气不合"，也假定了另一种情况，即双方的脾气坏（参下文930a5）导致决裂。

② μέσους本义为"中间"。在916c6，法官席由"五名最年轻的法律维护者"组成。924c还赋予"十五名最年长的法律维护者"其他职责。"最年轻"与"最年长"之间的中间（μέσοι）阶层除了中年法律维护者还能是什么人呢——这个阶层似乎最适合眼下的目的。但有多位学者认为这里的μέσος指不偏不倚。有没有可能存在一个从一群三十七岁的人中选出的官员阶层，他们对5040户人中的某个家族的人偏心或不偏不倚？对μέσος这个含义的唯一支撑，仅有一段希腊文本（路吉阿诺斯［Lucian］，《与赫西俄德对话》43）那里的文脉有力地证明μέσος即指不偏不倚，以及拉丁语medius的很多例子都指向这个义项。

够多的孩子，孩子的母亲就要留下来抚养他们。但她要是太年轻，寡居并不健康，那么，她的亲人就要跟主管婚姻的女子沟通，[c5]做出适合自身和这类女人的事情。如果孩子不多，她们也应以孩子为重。按照法律，孩子数量恰切的标准[930d]是一儿一女。

还有一种情况，关于孩子的父母是谁没有争议，但需要判定孩子应该跟谁。若与一位女奴交配的是男奴，或自由民，或获释的人，那么，孩子就完全归属[d5]这个女奴的主人；但某个自由女若与男奴交媾，孩子就属于这个男奴的主人。若孩子明显由男主人与女奴或女主人与男奴所生，女主人就应将其孩子和父亲[930e]一起送到其他地方；对于男主人的孩子及其生母，法律维护者也要这么做。①

没有哪个拥有理智的神或凡人会怂恿别人怠慢自己的父母。我们也要审慎地[e5]看到，关于侍奉诸神的这类序曲，应正确地用于对父母的尊敬与不敬：

关于诸神的古法，在所有人中确立的有双重。有些[931a]神我们因亲眼所见而崇敬，另一些神我们塑造为敬拜对象，即便这些神像没有灵魂，也令我们心悦，因为我们相信，那些有灵魂的诸神感受到我们巨大的善意和感激。因此，谁要是父母或祖父[a5]母健在——他们是家中瑰宝，虽年老体弱②——他就绝不能认为，一尊神像会比家中摆放的这些活像更权威，若拥有者能以正确的方式侍奉的话。

克　[931b]"正确的方式"，你指的是什么？

雅　我会说的。因为这些事情确实值得一听，朋友们啊。③

克　请说下去。

雅　[b5]我们认为，俄狄浦斯在受到不敬对待时，祈求降临在

---

①　这些决定的指导性原则，就是杜绝奴隶的后代踏入自由民家族的一切机会。

②　这句话似乎呼应了《伊利亚特》6.47的部分内容。

③　雅典异乡人没有马上解释何为尊敬年迈双亲的"正确方式"。只有等到他在赞扬了他们的权力和影响之后，他才在932a4指出，唯一正确的方式是竭尽我们所能尊敬他们。

他儿女身上的那些事情，按照所有颂歌，诸神都已聆听并实现。①阿闵托尔在愤怒中诅咒亲生儿子佛伊尼科斯，②忒修斯也这么诅咒过希珀吕托斯，还有无数父母［931c］对无数孩子的诅咒；由此可以清楚看到，诸神会聆听父母对孩子的诅咒。因为父母对子女的诅咒不同于他人的诅咒，它是最公正的。所以，大家不要认为，依据自然，神会聆听蒙受奇耻大辱的父母对［c5］子女的诅咒，而不会聆听受尊敬而变得无比喜悦的父母的祈祷。因此，父母慷慨祈求诸神赐予子女好的东西，难道我们会认为，诸神不会同样专注地［931d］聆听而分配给我们？因为若是那样，诸神在物品分配上就绝不公正，我们认为这跟诸神最不相称。

克　毫无疑问。

雅　［d5］因而我们要明白，如我们稍前所说，在诸神眼中，比起年老的父亲或祖父，或年老的母亲，我们拥有的任何神像都更不值得尊重。谁要是乐于敬重这些人，神就会喜悦。否则，神就不会聆听他们的祈祷。确实，令人惊奇的是，［931e］我们祖先的活像好过那些无灵魂的神像。活人拥有灵魂，我们只要敬奉，就会为我们祈祷，不受尊敬就不会为我们祈祷，神像却一样也做不来。因此，若人们能正确对待父亲、祖父和所有［e5］这些人，他就能拥有比任何神像更大的力量，因为他的命运受神佑。

克　说得好极了。

雅　但凡有理智之人都敬畏并尊重父母的祈祷，明白这些祈祷

---

①　俄狄浦斯的乱伦被发现后，他的两个儿子/兄弟将之放逐；反过来，俄狄浦斯诅咒他们将因自己的遗传在相互厮杀中死去，这一诅咒应验了。见索福克勒斯，《俄狄浦斯在科洛诺斯》1370以下；埃斯库罗斯，《七将攻忒拜》709以下。

②　佛伊尼科斯（Phoenix）在向阿喀琉斯发表长篇大论后，告诉了他父亲的诅咒（《伊利亚特》9.448以下）。阿闵托尔（Amyntor）爱上了一名姘妇，不忠于自己的妻子、佛伊尼科斯的母亲；为了不让母亲进一步蒙羞，佛伊尼科斯顺从了母亲的恳求，赶在父亲与姘妇圆房前赢得了她的感情，与之媾合。因此，阿闵托尔诅咒佛伊尼科斯不会有自己的子孙，这个诅咒应验了。在所有三个例子中，至少可以说，赌咒的父亲的道德主张模棱两可。

已常在多数人身上应验。由于［932a］依据自然就是如此安排这些事情，对好人来说，年老的祖辈在世时就是神赐的，直到生命的最后一刻。他们若英年早逝，就会备受怀念。但对坏人而言，这些祖辈是他们巨大的恐惧之源。所以，凡是相信眼下这些话的人，［a5］都要怀着法律倡导的全部敬意尊重自己的父辈。但要是听说有人对这些序曲充耳不闻，对这些人就可以正确地使用下面这条法律：①

在这个城邦中，若有人未尽自己本分，［932b］怠慢父母，不关心他们，在各个方面都不像对儿子、后代和他本人那样满足父母的愿望，那么，受如此对待的人可亲自或差人向三位最年长的法律维护者检举，也可向［b5］监管婚姻的三位妇人检举。他们会处理此事，用鞭打和监禁惩罚如此行不义的年轻人，亦即［932c］三十岁以下的男人；女人的话，四十岁以下要受同样的惩罚。如果他们过了这个年纪，仍没有停止怠慢父母，有时还虐待父母，就要把他们带到［c5］由全体公民中101位最年长者组成的法庭。一旦获罪，法庭就会判定他该受的惩罚或赔偿，不排除任何凡人能承受的惩罚或赔偿。［932d］若有人无法检举他正受虐待，知情的任何自由民都应向行政官报告，否则，他就是恶人，谁愿意的话，都可以控告他伤害罪。若有奴隶前去检举，他会获得自由：他若是作恶者或受虐者的［d5］奴隶，行政官就要放了他，但他要是其他公民的奴隶，公库就要为他向主人支付赎金。行政官要留意，谁也不能对此人行不义，以报复他的检举。

［932e］关于有人毒害他人的那些方式，我们已经充分讨论过这些命案，但对于有人自愿和有预谋造成的其他伤害，不管是用饮料、食物还是药膏，我们尚未得到充分讨论。这个讨论［e5］的障碍在于，依据人类的特性，毒药有两种。我们刚刚明确提到［933a］的那种，依据自然是借由物质毒害身体。但另一种用某些巫术、咒语和所谓的"施法术"，让那些胆敢伤害他人者相信他们确实有这种能力，

---

① 这句话似乎呼应了品达（《奥林匹亚凯歌之七》18）。

还让其他人相信，这些能施行巫术［a5］的人确实能造成伤害。关于
这些事情和这整个领域，并不容易搞清为何事情的本质如此，即使有
人知道，也不容易说服他人。在这些事情上，当人们的灵魂［933b］
对彼此怀疑时，不值得费力去说服他们。在门廊、三岔路口或有时在
祖先的墓地，若他们见过蜡制塑像，就要鼓励他们忽略所有这类东
西，因为他们对此没有［b5］清晰的意见。不过，根据下毒者试图采
取的方式，要在法律中对下毒做两种区分，首先应当要求、劝告并建
议［933c］他们不要企图去做这种事，不要去恐吓跟孩子一样胆小的
多数人，也不要强迫立法者和法官去医治受此惊吓之人。因为首先，
企图［c5］下毒的人并不清楚他在身体或巫术上要做什么，①要是他不
恰好懂得医术或者是一位占卜者或巫师的话。［933d］所以，让理性
这样谈论下毒的法律：

　　若有人毒害他人，并未对他及其家人或对其牲畜或蜂房造成致命
伤害，那么投毒者若恰好是个医生，并［d5］在审判中被定为投毒
罪，就应判处死刑；但若投毒者是外行，法庭就要评估他的案件应
受的惩罚或赔偿。有些人造成伤害是靠施法术、迷惑、某些咒语或
［933e］任何这类毒药，如果他看起来与这类人相同，是个占卜者或
巫师，就应处死。如果他没有占卜术，却被判投毒罪，他也应遭受先
前的判决：因为这个人的情况也一样，法庭应评估［e5］此人该受什
么惩罚或赔偿。

　　关于某人用行窃或暴力伤害他人的方式，伤害越大，此人向被害
者就赔偿越多，伤害越小赔偿越少。但主要是，此人每次都要支付足
够弥补［e10］伤害的费用。此外，每人还要为每桩恶行支付［934a］
相应的司法罚金，以教导节制：若有人作恶是源于他人不理智——因
年轻或其他类似原因受人唆使——可以少付一些罚金；若有人作恶
是因自身不理智或在快乐和痛苦上不自制，受制于怯懦的恐惧、某些
［a5］欲望、嫉妒或愤恨难平，那就要付更多的罚金。他不是因作恶

---

①　言下之意，生手由于无知而在伤害面前无能为力，这种想法也让他不敢尝试。

而付罚金①——因为覆水难收——而是为了让他［934b］和那些看到他受罚的人将来都会对不义满怀憎恶，或尽可能避免这种灾祸。

为了这一切，也出于所有这些考虑，法律应像不赖的弓箭手那样，瞄准每桩犯罪的严重性，［b5］尤其是其惩罚的价值。②一旦法律指派法官评估受审之人应受的惩罚或赔偿，法官就要协助立法者开展这项工作。［934c］立法者则要像画家一样，勾勒出遵循成文法的那些行为。墨吉罗斯和克莱尼阿斯啊，这正是我们现在应当做的事，以尽可能最高贵和最好的方式。对于所有盗窃和暴力行为，我们应描述［c5］恰当的惩罚方式，在诸神和神子允许我们立法的范围内。

若有人发了疯，他就不能公开出现在城邦。在这种情况下，亲属们得运用他们所知的一切办法，［934d］将其看守在家中，否则就要受罚款：最高阶层的人罚一百德拉克马，不管他没看管好的是奴隶还是自由民，第二阶层罚五分之四米纳，第三阶层罚五分之三米纳，［d5］第四阶层罚五分之二米纳。现在，许多人发疯形式多样。我们眼下讨论的是那些因疾病发疯的人，但有些人发疯是因为，他们因血气而败坏了天性和教养：为鸡毛蒜皮的争论，他们大吵大嚷、恶语相向、［934e］相互中伤。在有善法的城邦中，这种行为不适合以任何形式在任何场合出现。因此，下面这条法律适用于所有诽谤：

任何人都不能诽谤他人。在讨论中与他人有异议，［e5］他应引导和学习，绝不许谩骂有异见的人和旁观者。因为，从相互咒骂和诅咒，到像［935a］泼妇叫喊那样彼此起可耻的诨名，③一开始只是无足轻重的言辞，但最后会导致行为上的憎恨和最深的敌意。说这种话的人，是为满足粗俗之物，即血气，并用邪恶的盛宴喂饱他的

---

① 惩罚之重并不取决于犯罪的严重性，而取决于让他心生犯罪念头的精神疾病的严重性。

② 这重申了上文933e8指出的坚持正确评估损失。如下文所述，在这一点上，法官要与立法者携手合作。

③ 在这段极具感情色彩和修辞意味的话中，柏拉图显得是在"扯着嗓子"——兴许是有意表明他嫌恶的是哪种语言。

愤怒，[a5]使他灵魂中一度受教育驯化的那部分再次变得野蛮。由于生活在暴躁中，他成了一头野兽，得到的是血气的苦涩快乐。此外，[935b]在这种情况下，每个人通常多少会转而说些讥讽对方的话。没谁会习惯这种行为，除非在某种程度上偏离严肃的性情，或很大程度上打消他的高傲。因此，在神庙或[b5]公共场所举办的祭祀中，或在竞赛、市场、法庭或任何公共集会上，绝不会有人说这种话。每一项活动的负责官员会进行惩罚，[935c]否则就别想赢得卓越的竞赛——因为他既不在乎法律，也不按立法者的命令行事。倘若在其他场合，还有人不禁绝这种话——不管是他先挑起的谩骂，还是反击——任何恰好在场[c5]的老人都要捍卫法律，用适度的鞭打赶走充满血气的人，即那个邪恶的同伴，否则就要遭受规定的惩罚。

我们现在说的是卷入谩骂的人，[935d]无可避免地试图说些引人发笑的话。我们也要痛斥这种涉及血气的行为。但这个呢？谐剧家能否热切地对人类发出嘲笑？我们是否接受，谐剧家试图这样谈论我们的公民，但不带血气？[d5]我们该不该将嘲笑一分为二，玩笑的和非玩笑的？我们允许人玩笑地嘲讽他人，①不带血气，但不允许[935e]严肃地、带着血气这么做，如我们所言？这种限制绝不能取消，但允许或不允许谁这么做，我们应立法。

谐剧诗人或某个抑扬格讽刺诗人或缪斯的歌曲，都不能以任何形式嘲讽任何公民，[e5]无论是借助言辞还是喻像，也不管带血气或不带血气。若有人不遵从，那些裁判②[936a]必须当天将他彻底赶出城邦，否则就要交三米纳罚金，献给竞赛的保护神。不过，事先说好允许他人这样做的，可以相互这样干，不带血气地开玩笑，但不许严肃地[a5]或带着血气这样做。对这种区分的判断，要留给掌管整个青年教育的监管者。凡经这位监管者许可，诗人就可公开上

---

① 在上一句话中，谐剧诗人嘲讽的对象是"所有人"和"他的公民同胞"；此处意味深长地将嘲讽对象缩小为一个人对另一个人的谩骂。

② 对"裁判人"（ἀθλοθέτας）的提及，表明柏拉图此刻想到的是公共节日上的戏剧表演和合唱歌表演。

演，但监管者不许可的，诗人就不能自行表演给任何人看，也不能教给［936b］其他人，无论奴隶还是自由民，否则就会被视为坏人和违法者。

该怜悯的人不是挨饿者或有类似遭遇的人，而是节制者，或有某种德性或某部分德性却有某些［b5］不幸降临在他们身上的人。因此，令人震惊的是，在管理良好有序的制度和城邦中，这样的人不论是奴隶还是自由民，因完全无人照顾［936c］而沦为乞丐。因此，立法者可稳妥地对这类情形制定如下法律：

我们的城邦中不许有人当乞丐，若有人企图这样做，想通过无休止的祈求谋生，那么，市场管理员就要把他赶出市场，城邦管理员的行政机构要把他逐出城邦，［c5］土地管理员要把他从其余领地赶走，赶出边界，好把这样的人彻底从领土上清扫出去。

若男奴或女奴损坏了他人之物，［936d］受损方也没有任何责任，而是由于奴隶没经验或其他轻率的使用，那么造成损失的奴隶的主人必须要么完好无损地修好此物，要么交出造成损坏的奴隶。但如果这主人提出反诉，声称［d5］出现这个指控是施害者与受害者共同的伎俩，意在敲诈得到奴隶，那么，就让他以阴谋罪①指控那个声称受损失的人。如果胜诉，他就可以获得［936e］法庭估定的奴隶价值的两倍赔偿金；但若败诉，他既要弥补损失，又要交出奴隶。负重的牲畜、一匹马、一只狗或其他动物，若损坏了邻居的东西，也要根据同样的原则［e5］赔偿。

若有人主动拒绝作证，要他作证的人得发出召唤，受召唤的人就要上法庭。倘若他知情也愿意作证，就让他作证；但要是他声称不知情，就让他以宙斯、阿波罗和忒弥斯［937a］这三位神的名义，发誓不知情后离开。受召唤作证的人若没跟召唤者一起出现，就要依法承担损失。若有人召唤法官来作证，这名法官就不能在他作证的案子

---

①　阴谋罪（κακοτεχνιῶν）是一个法律术语，用来指证人的伪证，以及捏造任何指控的行为；这里的意思是"阴谋"。

中［a5］投票。允许女自由民作证并支持某个诉状，如果她年过四十的话；①要是她没丈夫，也允许她发起诉讼。若丈夫在世，她就只能作证。

只有在谋杀案中，［937b］才允许男奴、女奴和孩童作证支持某个诉状，条件是，他们能提供可靠的保证，坚持到审判完成，以防他们的证词被斥为伪证。双方都可以驳斥整个或部分证词，只要他声明，［b5］结案前它们已被证实是伪证。一经双方签章，行政官就要保护好这些指责，并上呈到伪证的审判中。若［937c］有人两次被判作伪证，②法律就不能再强迫此人作证；若他三次获罪，就不再允许此人作证。如果此人三次获罪后还敢作证，谁愿意的话，都可以向行政官揭发，让行政官将其［c5］移交法庭。此人一旦获罪，就判处死刑。那些在审判中证词受谴责的人，以及看起来作了伪证还帮人打赢官司的人，若他们［937d］的证词过半受谴责，因这些证词赢得的那场官司就无效。关于案子的判决是否应基于这些证词，还要召开辩论和审判。先前审判的最终结果取决于这次判决的［d5］方式。③

人类生活中有众多高贵之物，但可以说，大部分天然会伴随某种致命的东西，玷污、糟蹋它们。确实，是不是［937e］连驯服了所有人的正义对人类来说也不怎么高贵呢？但如果正义是高贵的，何以司法辩护对我们而言并不高贵？这是因为受某种邪恶败坏，此邪恶伪装为技艺这一高贵之名。首先，［e5］它宣称司法程序有某种设计，自身就能执行司法案件，支持他人的诉状并能带来胜诉，不管每个案件中的行为是否正义。［938a］其次，它还声称，这项技艺本身及其提供的论证，乃是可获得的礼物，花钱就可得到。现在，不管它是一

---

①　从上文785b5可得知，女行政官必须年过四十，亦即不可能再生孩子的年龄。

②　目击者一次偏离事实，可能是因为某个不可避免的错误；两次偏离就表明他至少有粗心的习惯，这种人当证人徒劳无益；若三次偏离，就说明他是无赖。粗心的人发现自己陷于无能的奇妙状态。

③　新一轮庭审要决定的问题是，在未遭排除的少量证据中是否有足够证据证明之前的判决。如果证据不足，之前的判决就会被推翻。

门技艺，还是某种无技艺的经验和实践，绝不应在我们城邦中发展。[a5] 立法者要求大家遵从正义，不许说有违正义的话，否则就去别的领地。对于那些遵从正义的人，法律会沉默，但对那些违背者，这就是法律的声音：

　　若有人 [938b] 企图颠覆法官灵魂中正义之物的力量，提起许多诉讼或支持别人打官司，而他们并没有被要求这么做，那么，谁愿意的话，都可以控告此人进行恶意司法诉讼或恶意司法辩护，并在特选[b5] 法官的法庭受审。一旦获罪，法庭就要判定他这样做是因为爱财还是好胜。如果是出于好胜，法庭就要在其案子中判定此人多长时间内不能控告他人或支持他人的诉讼。[938c] 但若是出于爱财，他要是异乡人的话，要么必须离开这里，永不得返，要么处死；他若是城邦民，就得处死，因为他爱财如命，对财富推崇至极。若有人两次被判因好胜如此 [c5] 为之，就得处死。

卷十二

雅 ［941a］如果某人身为使节或传令官，却对此城邦谎报信息，非真心地出使另一个城邦，或在外派时未能传达派他去传达的信息，或者身为使节或传令官，他显然未能［a5］正确地带回敌人乃至朋友传递的信息，那么就应指控这些行为是违法的不敬，不尊敬赫耳墨斯①与宙斯的信息和命令。如果他获罪，［941b］就要裁定他要遭受的惩罚或赔偿。

窃财者无教养，贪婪是可耻的。宙斯诸子，无一因乐于欺诈或暴力而行其一。因此在这些事情上，［b5］谁都别让诗人或以其他方式让不着调的故事讲述者欺骗和说服，认为他在行窃或施暴时并未做下任何可耻之事，而仅仅是诸神自己所为。因为，那既不真实也不可能：凡是会做出这类违法之事的人，绝非某位神或神子，［941c］立法者比所有诗人更确切地知晓这些事情。因此，谁要是相信我们的论证，谁就有好运，也会一直有好运。但说过这些之后，谁要是还不相信，必会与下面的法律冲突：

若有人偷盗［c5］公物，不论大小，都必将受相同的惩罚。因为小偷小盗也受同一种爱欲影响，只是影响力［941d］较小，而谁要是动了不是他放置的更大公物，则是彻底的不义。因此，法律对二者之一判定的惩罚更轻，不是依据偷盗的大小，而只因为其中一人兴许还能挽救，另一人则无可救药。事实上，［d5］若有人当庭指控一名异

---

① 赫耳墨斯是诸神的信使，也是言辞之神，包括各类修辞性言辞和不诚实的言辞。赫耳墨斯还是小偷的保护神。

乡人或奴隶偷盗公物，那么，要判决此人应受何种惩罚［942a］或付出何种代价，就应以此人是否还能挽救为依据。但一个城邦民若受教于他应有的培养方式，却被控洗劫母邦或对母邦施暴，不论他是否被抓现行，都应处以死刑，因为他几乎无可救药。①

［a5］诚然，军事机构需要大量建议和诸多法律，但最重要的是，不论男女，谁都不能没有统领，也没有人的灵魂仅凭自身就能养成做某事的［942b］习惯，无论严肃地还是在游戏中。②不管战时还是平时，生活上都应随时关注并依从统领，即便在细枝末节上也要受其支配，例如，有人下令时就起立、裸身［b5］徒步操练、洗浴、吃饭、夜间起床值岗、传递情报。危难时刻，统领不下令就不能追随某人，或从他人跟前撤退。［942c］总而言之，一个人要以习惯而非认识来教导自己的灵魂，他甚至根本不知道如何实施任何脱离他人的行动。每个人都应尽可能方方面面始终生活在群体之中，一起共同生活。因为，［c5］要在战争中获得安全和胜利，现在和将来都不会有任何东西会比这更强、更好、更巧妙。

在和平期间，人从幼年起就应立即实践的是，统治他人并受他人统治。无政府状态应被移［942d］出全体人类及其依附的野兽的整个生活。③此外，他们跳的所有舞蹈应着眼于战争中的卓越，出于同样的原因，他们应训练整体的好性情和坚毅，［d5］正如对食物、饮品、冷热及硬床的忍耐。最重要的是，头脚裹上外邦遮盖物，不会因此功能损坏，进而毁坏［942e］自己头发和脚底皮肤的自然生长。因为，如果这些四肢保留下来，它们就会在整个身体中获得巨大能力，若是情形相反，结果也就相反。对于整个身体而言，一个最卑微，另一个则最权威，［943a］因为依据自然，它拥有对身体的一切支配性感知。

---

① 这项法令与857b1的完全不一致，在那里，对盗取公家财物行为的处理跟盗取私人财物的处理办法大致一样。

② 关于游戏的重要性，参797a7以下。

③ 对比柏拉图《理想国》563c对民主制下的狗、马和驴在大街上趾高气扬的幽默刻画。

看起来，年轻人有必要聆听对军队生活的这个礼赞，相关法律如下：

受选或轮到他受命的人，必须服兵役。但若有人因懦弱［a5］且未经将军准许而没能服役，那么待他们①从军营归来，对那些人逃兵役的控告就会上呈给军事将领。法官就是分别列席的各阶士兵——重装步兵、骑兵以及依此列席的其他各阶士兵。［943b］［逃兵役的］重装步兵会被带到重装步兵面前，骑兵带到骑兵面前，同样，其他兵种带到相应的兵种面前。若有人受指控，他就绝不能竞争任何卓越奖，也绝不能指控［b5］他人逃兵役或成为这些事情的原告。除了这些事情，法庭也会评估此人应受的惩罚或赔偿。

接下来，对逃兵役者的审判定案后，官员们应再次召集每个兵种开会，［943c］有意愿参选卓越奖的人，各兵种进行评判。参选者提供的证据及目击者的证词，都不可来自先前的战争，而仅可来自他们当时参加的那次远征。各类兵种的［c5］胜利花冠均由橄榄枝编就，题字后悬挂在他所希望的任何一位战神的神庙上，以见证他毕生在卓越奖或二三等奖上的评价。在服役期间，若有人［943d］提前回家，早于官员让他返回的时间，那就应控告这些人擅离职守，跟那些逃兵役的人一样，将接受同一批人的审判。对于那些被判有罪的人，他们要受的惩罚与之前确立的一样。

当然，凡［d5］审判他人者都务必小心，应尽力避免自愿或不自愿地带来虚假的［943e］惩罚。因为，据说也的确有人说过，正义女神是敬畏女神的童贞女儿，②而敬畏和正义依据自然憎恨虚假。因此，每个人都务必当心，不要在其他审判事务上弹错调，尤其是在战争中丢弃武器［e5］这件事上，以免对有必要丢弃武器的情况做出误判而斥之为可耻，并对不该受指控的人进行不当指控。当然，要区分这两种情况一点也不容易，［944a］尽管如此，法律必须

---

① 指整个军队，而非逃兵。"归来"（Ἔρχεσθαι）可用来指返乡，参见《奥德赛》；又参色诺芬《上行记》2.1.9："我会径直回来。"

② 没有现存的其他文献说正义女神是敬畏女神之女。

尽力以某种方式区分两者。

让我们用神话来谈谈这一点：倘若帕特罗克洛斯被送回营帐时没有武器却依然活着，①而赫克托尔拥有成千上万件武器——［a5］诗人宣称，这些武器是诸神送给佩琉斯迎娶忒提斯的彩礼——那么，那个时代无论多卑微的人，都可能会责备墨诺伊提俄斯之子丢弃武器。其次，有些人丢了武器，或是因为被扔下［944b］悬崖，或是因为被抛入大海，或是因为身陷暴风雨、遭突如其来的洪水袭击。的确，有无数此类情形，有人可能会以令人欣慰的方式吟诵，由此把易遭人误解的恶行描绘成高贵之举。更大也更令人厌恶的恶行［b5］与其对立面，我们必须尽力区分开。现在，在指控的过程中，这些名称的运用确实包含了某种区分。因为，在所有情形中都使用"弃盾者"这个名称，［944c］而非"弃武器者"，这不公正。那些在合理程度的暴力下失去武器的人，与自愿丢弃武器的"弃盾者"情况不同。他们很可能在方方面面都截然不同。因此，我们就如此规定法律：

若有持武器的人遭敌人突袭，［c5］却未进行抵抗，而自愿遗弃或抛下武器，力图怯懦地苟活，而非勇敢地赢得高贵和幸福的牺牲，那么对这类丢弃武器的行为，［944d］应控以抛弃［武器］罪。但在调查上述情形时，法官不能漫不经心。因为，总有必要惩罚坏人，这样他兴许能变好，但不应惩罚不幸之人，因为他不会得到更多。反过来，有人丢弃了有防御力量的［d5］武器，对他们的恰当惩罚又是什么呢？据说某位神做过的事，凡人无法反其道而行之——这位神曾把帖撒利亚人凯内乌斯从女人变为男人的自然本性。②但这种转变若相

---

① 帕特罗克洛斯戴着阿喀琉斯的头盔（其父佩琉斯所赠）被杀的故事，是《伊利亚特》的关键片段（卷十六以下）。

② 根据奥维德（《变形记》，卷十二，行171以下），卡厄尼丝（Caenis）是一位美丽的处女，被波塞冬强暴，事后波塞冬允诺满足她的任何愿望；为了不再遭强暴，卡厄尼丝请求变为男儿身，波塞冬便将她变成一名无敌勇士。身为男儿（即"凯内乌斯"［Caenus］），卡厄尼丝参与了拉皮泰人（Lapithae）与人面马肯陶罗斯（Centaurs）的大战。

反，即从男人变为女人，[944e] 就是对弃盾者的惩罚，在某种程度上，这种惩罚再合适不过了。让我们尽可能接近这一点，正是由于爱惜生命，他才不肯为了余生冒险，但就可能最长久地活在 [e5] 坏名声里，如下法律可用于这些人：

一个在审判中因可耻丢弃其战斗武器获罪的人绝不配做男性士兵，任何将军和其他战争统帅 [945a] 也不可派遣给他任一职位。否则，审查官将在审查时指控这名官员，① 如果指派坏人的官员来自最高财产阶层，他就必须偿付一千德拉克马；若是第二阶层，五米纳；[a5] 第三阶层，三米纳；第四阶层，一米纳。在审判中获罪的人，除了要排除出依自然需要男子气的冒险，他还必须偿付一笔罚金：他若来自最高财产阶层，罚一千德拉克马；若是第二阶层，罚五米纳；第三阶层，[945b] 罚三米纳；恰如前面的，第四阶层罚一米纳。

有些行政官靠抽签的运气获得一年的职位，有些则获得多年的职位，由先前选举的团队选出，关于这些行政官的审查，[b5] 我们做出何种解释合适呢？要是他们有人不堪重负，德不配位，从而弄虚作假，又该由谁来充当这些人的合适审查官呢？要找到 [945c] 一位德性超迈的官员统领者，一点也不容易，但尽管如此，我们必须尽力找到某些神圣的审查官。

因为事实如此：一种政制就像一艘船或某种动物，许多关键要素都会导致它解体——[c5] 支索、捆紧船身的绳子和肌腱——这些东西本性相同，四处分散，名称各异。对于一种政制的保存或瓦解，这就提供了一个并非 [945d] 微不足道的契机。因为，若行政官的审查官比他们好，并以无可指摘的方式用无可指摘的正义表明这一点，那么，整片领土和城邦就会繁荣幸福。但若事实证明，行政官的 [d5] 审查官不如他们，那么，将一切政治行动凝结起来的正义就会分崩离

① "指控"原文为 κατευθύνειν，在上文 809a5 和 947a7 则为"指导"之意。"审查官"（τὸν εὔθυνον），参亚里士多德，《雅典政制》，第 48 段。"审查官"一词直译是"矫直器"，雅典异乡人利用了该词的双关含义。

析，由此，各个职位也会与其他职位分离：他们不是就相同的事情达成一致，[945e]而是让一个城邦变成多个，派系林立，迅速摧毁城邦。因此，就整体德性而言，审查官必须在各方面都出类拔萃。接下来，我们设法以这种方式使他们产生：

每年夏至之后，[e5]整个城邦必须在太阳神和阿波罗的共同辖区内集会，从审查官中[946a]选出三人呈现给神明。他们每人都要提名他自己除外的一个人，五十岁以上，方方面面都最好。他们要选出被提名者中得票最多的一半，若票数是偶数的话；[a5]若是奇数，他们应剔除得票最少的那个人，然后根据得票数，剔除一半人后留下另一半。若有人得票相同且这一半人数更多，他们就要剔除较年轻的人，而把多余的[946b]去除。在剩下的人当中，他们应再次投票评判，直到剩下票数不等的三人。但如果所有人或其中两人得票相等，他们就把此事交给好命和机运，用抽签选出胜者、第二和第三名，并为他们戴上橄榄枝做的[b5]花环。在给他们所有人颁发卓越奖时，他们应声明，在神的庇护下，马格尼西亚城邦再获安全，向太阳神呈现了她最好的三个人，[946c]依照古法，把他们作为最初收成共同献给阿波罗和太阳神，因为这些神一直跟踪他们的判决。

在第一年，他们要选出12位这样的审查官，直到每个人都年满七十五岁，[c5]此后每年都会加入三人。这些人要把所有职位分成十二部分，用各种适合自由民的方式检审。由于他们要[946d]长期进行审查，应居住于自己被选出的阿波罗和太阳神的辖区。当他们评判掌管城邦的那些人时，有些人会各自私下评判，也有些人会与他人共同评判，他们应在集市张榜公告，[d5]根据稽查员的判决，每个行政官要受什么惩罚或赔偿。哪个行政官不同意公正作出的判决，就必须把稽查员领到特选法官面前。① 对于审查官的判决，若有人获得无罪开释，[946e]他要是愿意的话，就可以控告稽查员本人。但他

---

① 参上文938b4和下文948a3，956d1，以及《书简八》356d7以下。767c2以下描述了这个法庭的构成。

要是获罪，审查官若已判他死刑，那他必死无疑。但在其他判决中，若需双倍偿付的话，他就要赔双倍。

我们也必须听听，［e5］这些人本身的稽查是什么，将如何发生。他们还在世时，［947a］这些让整个城邦评为值得获卓越奖的人，在各大节日都应在前排就座。此外，若逢泛希腊的共同献祭、演出或与其他城邦共同的神圣庆典时，他们中就应派出官员去负责每一个使团。这些人当中，唯有［a5］在城邦中的才要佩戴桂冠。所有人都是阿波罗和太阳神的祭司，但每年那些被选中的人当中，谁获得最高评价，［947b］就是当年的大祭司，每年都会铭刻他的名字。因此，只要城邦持存，就能以此测算年数。

审查官死后享有的停放、出殡和坟墓都与其他公民截然有别：丧服［b5］一律白色，不设挽歌和哀悼，相反，一支由男女各十五名组成的合唱队各立于灵柩旁，以诵诗的形式［947c］向祭司们轮唱颂歌，一整天都在歌声中颂扬他们的幸福。翌日清晨，死者亲属挑选的一百名来自体育馆的年轻人，将抬着灵柩去掩埋。送葬队伍打头的是未婚青年，①［c5］每人身着自己的军装——骑兵骑着他们的马，重装步兵拿着他们的重武器，其他的以此类推——绕着灵柩的，前面是唱祖传歌曲的男孩，［947d］跟在后面的是女孩和那些刚过生育年龄的妇女。② 紧接着是男祭司和女祭司，以净化葬礼——即便他们规避了其他人的葬礼——如果皮提亚的女祭司［d5］同意这么做的话。他们的坟墓应建在地下，是由多孔且尽可能牢固的石头建成的长方形地穴，还会有一个个紧挨着的石制［947e］长榻。当他们把这个有福之人安放在那里，并沿着环形堆满土时，他们会在周边种上一片小树林，除了一端外。由此，坟墓以后就会沿着这个方向扩大，那里要有土来埋葬。每年，［e5］他们都会为这些死者献上一场音乐、体育和

____

① 我们并不清楚这究竟是指所有未婚青年，还是仅指其中的精选部分。对男人而言，结婚的年限介于二十五岁到三十五岁之间。参见721b，722d-e，785d。

② 游行中在"灵柩旁"歌唱的男孩可能就是上文提到的那十五个，上文也提到"灵柩旁"的十五个女孩。毫无疑问，这些女孩也要唱歌，与男孩们轮唱。

马术竞赛。对于已通过他们审查的人，这些就是奖赏。

但是，他们若有人仗着别人信任其判决，竟在当选后变坏，显露他的人性，那就让法律规定，谁愿意的话都可以控告他。［948a］法庭的审判就以如下方式进行：

组成法庭的首先是法律维护者，其次是在世的审查官，除此之外，还有特选法官的法庭。对于他要起诉的对象，原告要写一份诉状，［a5］说明此人如何配不上卓越奖和官职。被告若获罪，就要剥夺他的职位、墓穴和授予他的其余荣誉。但原告要是未能获得五分之一的［948b］投票，他就要偿付一笔罚金：最高财产阶层的人付十二米纳，第二阶层的付八米纳，第三阶层的付六米纳，第四阶层的付二米纳。

拉达曼图斯因其传说中的断案方式备受推崇，①因为他看到，那时的人［b5］相信诸神确实存在——这一点合情合理，因为那个时代包括他在内的多数人都是诸神的后代，传说就是如此。确实，很有可能，拉达曼图斯认为，不该把审判事务交给任何凡人法官，而应交给诸神，他从神那里得到直接而快速的裁决。对于有争议的每件事，［948c］他让争论者们起誓，由此他就能快速且稳妥地处理好案件。但我们认为，现如今有部分人根本不信诸神，还有些人认为诸神不关心我们，最糟糕的是，大多数人的意见是，［c5］若诸神接受一小点献祭和奉承，就会帮忙攫取大量金钱，使他们免受诸多重大惩罚。结果，拉达曼图斯的技艺就不再适于［948d］当今人类的审判。因此，既然人类对诸神的看法改变了，法律也必须改变。因为在对诉讼

---

① 拉达曼图斯的审判权之所以如此完美，是因为他能依靠誓言的神圣性，更不消说他身为诸神之子的尊贵。可以说，一旦启用拉达曼图斯长官的誓言，由于诸神是他的陪审法官，就能从诉讼当事人那里诱导出真实的说法。因此，裁决案件的其实是诸神（948b8）。人们一向认为，这个关于拉达曼图斯司法过程的说法，直接否定了拉达曼图斯禁止人们在白天凭任何高于狗或鹅的事物起誓的传统。相反，这一说法惊人地证实了这一点。法官可能希望在庄重的场合信守诸神的誓言，因此明智地禁止人们在日常生活中使用誓言。

的审判中，凭理智制定的法律必须剔除争论双方的誓言，[d5]获得控告许可的人要写下诉状而非宣誓。同样，被告也应写下驳斥而非誓言，并交给行政官。由于在城邦中有大量诉讼，令人气愤的或许是，[948e]人们心知肚明，近半当事人都发了假誓，却在公餐、其他会面及各种私下聚会中若无其事地交往。

那就这样制定法律：法官应在即将[e5]宣判时发誓；任命公共行政官的人也应始终这样做，[949a]借助誓言，或带到神庙用鹅卵石投票；①还要宣誓的有合唱队和各种文艺活动的评委、体育和骑术竞赛的监督者和裁判，以及在人们看来所有发假誓不会获利的竞赛的[a5]监督者和裁判。但通过发誓强烈否认看起来明显获得巨大好处的竞赛中，相互指控的所有人都要接受审判，而不用宣誓。一般情况下，那些主持审判的人[949b]不许有人靠发誓来说服，或者诅咒自己和家人，或者用不成体统的哀求或女人般的哭哭啼啼。相反，一个人始终要完整陈述何为正义，用吉利的话教导和学习。否则，[b5]一旦发言者讲离题话，行政官就要把他拉回始终切合眼前事务的发言。至于异乡人起诉异乡人，如现在所做的，他们要互相接受[949c]誓言，要是他们愿意的话，就给予他们权威的誓言。②这是因为，这些人基本上不会在这个城邦中老去或给后代安家，由此在这个城邦产生一批和他们共同生活且有权的人。在互相指控的讼案里，应以同样的方式[c5]审判他们每个人。

关于有些自由民不服从城邦的情形——不是那些要鞭打、监禁或处死的事情，而是涉及合唱演出或游行的参与，或其他此类公共[949d]庆典或公共服务的参与。这些事都牵涉和平期间的献祭或战时的财产税，就所有这些例子而言，首先需要的是弥补损失。对于那些不遵守的人，他们应承担安全押金，城邦和法律[d5]会命令他们

---

① 关于投票的性质，参见753b–d，755e所述。去往一个因某个神灵存在而圣化的地方，就等于呼吁神灵来见证一个声明。

② 外邦人若用誓言呼召任何（商业性或其他）神灵，对城邦而言也无关紧要，理由有二：首先，外邦人并不长久居住；其次，他们不会不顾同样名誉受损的家人。

上缴。那些还不服从的人要变卖他们的财产，所得钱财归城邦所有。如果需要更大的惩罚，在各种情形下，行政官会对不服从者处以恰当的处罚，[949e] 把他们带上法庭，直到他们愿意听令行事。

除了从土地获利外，一个城邦若不打算牟利，也没有商贸，必定考虑过应如何处理 [e5] 本邦民众离开城邦外出旅行，以及如何接收来自其他地方的外邦人。因此，立法者应就这些事务给出建议，首先要尽可能有说服力：

城邦与城邦的交织混杂自然会导致品性在各方面的混杂，[950a] 因为外邦人与外邦人相互间会产生革新。对于借助正确的法律治理良好的城邦来说，这会带来最大的伤害。但对大多数城邦而言，由于他们根本没有善法的治理，并不会受影响，不管他们是迎入外邦人 [a5] 与之相混杂，① 还是周游其他城邦——无论有人何时想出游，何时想去何方，也不论他年轻还是年长。但话说回来，不接受其他人或他们自己不出访外邦，当然毫无 [950b] 可能。此外，这也会显得野蛮，对他人粗鲁，会让人用粗话说他们"排挤外邦人"，而且顽固和形式粗暴。②

但是，我们绝不能轻视一个人 [b5] 在别人那里名声的好坏。因为，多数人虽缺乏真正的德性而有失误，却也能判断其他人谁坏谁好。就连坏人身上也有某种神圣的精明，比如，[950c] 在言辞和意见中，有很多极恶之人也能很好地区分较好的人和较坏的人。因此，对于多数城邦而言，这是个高贵的告诫：要珍视在众人中的好名声。因为，[c5] 最正确且最重要的是成为真正的好人，并由此追求一种好名声的生活，此外别无他法成为完美之人。的确，对建在克里特的那座城邦而言，恰当的是，在德性方面，[950d] 从他人那里获得尽

---

① 这里的"混杂"（φύρεσθαι）与前面的"混杂"（κεράννυμι）用词不同，但似乎只是为了语词的多样化，实则同义，亦即对于一个法律和习俗不如外邦的城邦而言，与外邦人交往导致两者法律习俗的混杂无关紧要。

② 这是一种斯巴达的惯例，斯巴达禁止外邦人逗留（参见修昔底德，《伯罗奔半岛战争志》II.39，以及色诺芬，《斯巴达政制》14.4）。

可能最高贵、最好的名声。有个完全合理的希望是，若它能照计划实现，在有善法的城邦和领土中，太阳神和其他神就会看顾这座和少数其他城邦。因此，[d5] 就出访其他领土和地域以及接收外邦人而言，应当这样做：

首先，绝不许四十岁以下的人去任何外邦。此外，谁都不能以私人身份出访，但传令官、使节及某些观察团能以公共身份出访。[950e] 战时的海外军事远征，不适合纳入这类政治出访。对于皮托的阿波罗、奥林波斯的宙斯、涅墨阿和伊斯忒摩斯，应派人去参加献给诸神的 [e5] 祭祀和竞赛。① 他们应尽可能派出最多、最美、最优秀的人，在神圣集会与和平集会中，这些人将为城邦赢得好名声，[951a] 还会赋予其可媲美战斗者的声望。归来后，这些人会教导年轻人，那些用于其他政制的礼法是次等的。

经法律维护者允许，他们也应派出 [a5] 其他这样一些观察团。如果某些公民想更悠闲地观察其他人的事务，法律不应阻止他们。因为，[951b] 一个缺少坏人和好人经验的城邦，会因孤立而无法充分驯化和完善。再者，这样的城邦也无法守卫其法律，除非她凭知识而非仅靠习俗接受法律。事实上，众人中 [b5] 总有某些神样的人，完全值得与之交往。在有善法的城邦中，这种人的出现并不会多过没有善法的城邦。这些有善法的城邦居民要想不堕落，就必须不断漂洋过海到各地求索追寻，[951c] 好为那些高贵制定的礼法奠定更稳固的基础，② 有缺陷的礼法就进行修正。因为，若没有这种观察和追寻，一个城邦绝不会保持完美——他们要是没有做好观察员，城邦也不会完美。

克　[c5] 那么，这两件事③ 如何完成呢？

---

① 这是四个主要的泛希腊节日和竞赛。

② 参952c5。显然，出游者学习外邦事务，并从他所遇的众人中发现少数智慧者，出游者而非智慧者本人必须"抵挡住败坏"。

③ "这两件事"表明了刚才提到的两个目的：一是派出调查团，二是调查团自身的操行。952d5基本用同样的话再次提及这两点。

雅 这样子。首先，我们的这类观察员必须年过五十；其次，如果法律维护者打算将他作为榜样派往其他城邦，[951d] 那么，在其他方面和战争中，他应是已获得好名声的人之一。年过六旬的人不再做观察员。他愿意的话，可做十年的观察员，而后归来，他就会成为守护 [d5] 法律的议事会①成员。

这个议事会由年轻人和年长者混合而成，必须每天会面，从黎明直至太阳升起。首先，议事会应包括已获卓越奖的祭司，其次是始终最年长的 [951e] 十位法律维护者，以及全体教育主管——新任者和那些已离任的。他们每个人不应独自参会，而是要挑选一位他满意的三四十岁的年轻人 [e5] 陪同。这些人的会面和 [952a] 言谈应始终围绕法律及其母邦，以及他们从其他地方了解到的有别于但与上述事务相关的事情，还有他们认为有助于这类探究的各门学问：它们会让学习者更好地看清事物，而对不学习 [a5] 这些的人而言，法律的相关事务会显得更晦暗不明。在这些事务中，凡是年长者认可之事，年轻人都要一丝不苟地学习，若当中有受邀者看起来不够格，整个议事会 [952b] 都应斥责邀请人。但对于这些年轻人中声誉好的人，城邦的其他人要精心照看、爱护有加。当他们行事正确时就授予荣誉，但要是证明比多数人还坏，就让他们蒙受比其他人更大的 [b5] 耻辱。

因此，考察完外邦礼法的人一回来，应即刻前往这个议事会。关于法律制定、教育或培养的某些说法，如果他发现有人能够解释，或回来时对一些事务已有见解，就让他与整个议事会分享。[952c] 如果他回来后看起来根本没变坏或变好，一定要赞扬他满腔热忱。但他要是看起来好得多，就让他在世时获得更多的赞扬，在他死后，也让议事会的权威赋予他恰当的荣誉。[c5] 但要是他回来后看起来已堕落，就不要让他与任何年轻人或年长者交往，他绝不可佯装智慧。倘若他服从行政官，就可以私人身份活着，若 [952d] 不服从，也就是，对于教育和法律，他因飞短流长而在法庭上获罪，就得处死。倘

---

① "议事会"（τὸν σύλλογον）是法律维护者秩序的某种扩大化。

若此人该带上法庭，却没有行政官带他来，那么，在评选卓越奖时，行政官们会遭到斥责。[d5] 出访的人应如此出访，并成为这样的人。

接下来应处理的是对外邦来访者的友好接待。有必要讨论四种外邦人。第一种持续性出访者总在夏季 [952e] 完成访问，跟迁徙的鸟类一样。这些人大多为了赚钱漂洋过海，好像有翅膀一样，在每年夏天飞赴其他城邦。负责这些事务的 [e5] 行政官①应接待这类人，在市场、港口和城外附近的公共建筑物中，[953a] 他们必须保持警惕，以防这些外邦人有谁引入某种革新，还要正确地给他们分配审判——有必要的话就用审判，但要尽可能少。

第二种 [外邦人] 是真正的观察员，缪斯的观礼节到来时，用双眼双耳观察。对于这样的人，[a5] 要为每人备下靠近神庙的下榻处，这是有人情味的好客之道，祭司和神庙管理者必须照顾并关心这些人，让他们待上足够长的时间。他们在听说和目睹过自己为之而来的事情后，[953b] 若没有损害他人或受到伤害，就可以离去。若有人对他们哪个行不义，或者他们有谁对他人行不义，祭司们就是他们的法官，②罚金少于五十德拉克马。但他们若受到更大指控，[b5] 就必须在市场管理员面前审判这些人。

第三种外邦人是从其他地方来出公差的人，必须公开接待。这种人只能由将军、骑兵指挥官和步兵指挥官接见，[953c] 对这种人的照料，也只能交由同他一起下榻做客的人，由议事会主席协助。

第四种外邦人要来的话也屈指可数。但若有与我们的观察员③相对应的人从其他 [c5] 地方来，他首先必须不下五十岁。此外，他到这儿是因为，他认为自己会看到一些美好之物，有别于他在其他城邦看到的美好之物，或者能把这类事物展现给 [953d] 其他城邦。现

---

① 这些官员应是特别指派的监管者，监管外来的商业侨民，由于他们的职责所在，他们与商人的关系不可能亲密。

② 提及可能造成或受到的伤害，自然也就会提及针对这些访客和商人的法律机构。

③ "观察员"（τῶν θεωρῶν），亦即951a4以下描述的那些人。

在，这种人每个都可以不请自去登门拜访富人和智者，因为他自己就是这类人。例如，他可去登门拜访所有教育主管，应深信他是这种主人的合适客人，［d5］或者去造访那些赢得卓越奖的人。当他和这些人交往时，就会教学相长，然后像朋友与朋友惜别，会授予礼物和恰当的荣誉。

这些法律就用来管理一切来自［953e］其他地方的男女外邦人的接收，以及自己人的外派。由此，他们将显示出对外邦人保护神宙斯的敬意，不用食物和祭品驱逐外邦人——如今尼罗河的无耻之徒就这么做——也不可用野蛮的布告驱逐。①

［e5］若有人提供担保，应明确地担保，全部交易要书面同意，若数额不到一千德拉克马，要有不少于三位见证人在场；若超出［954a］一千德拉克马，则至少要五个见证人。对于不会被起诉或根本无负债的卖家，代理商也可做担保；代理商像卖家那样会负有法律责任。

［a5］若有人想为被盗物搜查他人房屋，他只能脱光衣服，穿一件不绑带的短衬衣，还得先向传统诸神发誓，他确实期望找到那件被盗之物。对方应交出房子让他搜查，包括密封的和不密封的东西。若有人［954b］不对想搜查的人放行，在对其要找的东西估价后，受阻者就可以控告他。若证实有罪，他就要对损失偿付估价的双倍。若房主恰好不在，居住者必须让人搜查［b5］那些没有密封的东西，而那些已密封的东西，搜查者应加盖封印，他可以交给任何人保管五天。若主人外出时间较长，搜查者可邀请城邦管理员来搜查，［954c］打开已封印的东西，然后在家庭成员及城邦管理者见证下，用同样的方式把东西重新封存。

对于有争议的所有权的时限，若超出时限后，就不能再质疑拥有者的所有权：这个城邦中［c5］的土地和房屋就不会有任何争议。关

---

① 在此，雅典异乡人似乎谈及埃及的那些禁止异乡人参加祭祀的习俗，也影射了斯巴达的一些惯常做法。

于他人可能拥有的其他物品，如果在城邦、市场和神庙里，有人公开使用一物，也无人来占取，而后有人声称，他们这段时间一直在寻找此物，而那人显然没有藏匿此物——若［954d］他们这样找了一年，一方占有某物，而另一方在寻找，那么，一年过后，谁都不准占据此物。若有人不是在城邦或市场上使用某物，而是在乡下公开使用，且五年内［d5］无人抗议，那么五年期满，此人就不准再占有此物。若有人在城邦的住房内使用某物，时限是三年。［954e］若有人在乡下悄悄地占有某物，时限是十年。若是在外邦，在某物没被发现的任何时间内，占有它就没有时限。

谁要是强行阻止某人出庭，不管他是当事人［e5］还是证人，那么，无论他阻止的是自己的或是别人的奴隶，审判都应取消而宣告无效。①若阻止者是自由民，［955a］除了取消庭审之外，还应监禁他一年，谁愿意的话，都可以绑架罪起诉他。若有人强行阻止竞争对手出现在体育、音乐或其他竞赛中，谁愿意的话，都可将此事报告给［a5］主持竞赛的人，他们应让任何愿意参赛的人自由参赛。如果他们没能做到这一点，阻止者还赢得了竞赛，那么，他们就应把胜利奖颁给受阻止的人，［955b］并在他意愿的任何神庙上，将他作为胜利者铭刻其名。而与这一竞赛有关的任何供奉品或题名，那位阻止者绝不会获得，他还应赔偿损失，无论他在竞赛中是败是胜。

［b5］如果有人接受了明知是偷来的任何东西，他应受和窃贼一样的惩罚。窝藏逃犯的惩罚是死刑。

每个人都应像城邦所做的那样，把同一个人认定为朋友或敌人。［955c］若有人撇开共同体，私下与别方缔结和约或宣战，这种情况下也应处以死刑。若城邦某党派私自与别方缔结和约或宣战，将军们应把这一行为的负责人带［c5］上法庭，获罪者应判处死刑。

那些为母邦效劳的人当不求回报，主张"善行当受回报，恶行则不必"，这并非理由，也不是值得称赞的说法。［955d］要认识到这一

---

① 奴隶在庭审过程中只能充当证人的角色。

点并在认识后坚守并不容易。最安全的做法是留意并遵守法律，不为回报而效劳。不服从者只有死路一条，要是他在审判中获罪。

[d5]关于公库的财政收入，出于诸多目的，应评估每个人的财产。此外，各部落都应向田地管理员书面报告岁入。①这样，公库每年就能考虑并决定[955e]想用两种现存课税方式中的哪一种——要么是全部估值的一部分，要么是除去公餐花费后当年岁入的一部分。②

[e5]关于给诸神的供奉品，适度的人应献上适度的东西。现在，人人都认为，对所有神而言，土地和家灶是神圣的。因此，谁都不该像供奉诸神那样再次供奉它们。在其他城邦，无论私下[956a]还是在神庙里，金银都是招人嫉妒的财产。但由于象牙取自一具已失去灵魂的尸体，就不是纯洁的祭品，而铁和铜是战争的工具。谁愿意的话，都可以敬献给公共神庙这些东西：由一块木头制成的任何木制品，[a5]石制品同样如此，或是一个妇人用不了一个月就能完成的编织品。在编织品和其他物品中，白色适于诸神，除非用在战争装饰品上，否则不加[956b]染料。但最神圣的礼物是鸟，以及一名画家一天之内就能完成的画作。其他供奉品应效仿这类东西。

我们已全盘讨论整个城邦的各部分——应该[b5]有多少、有哪些部分。涉及各种最重要商贸的法律，我们也已尽力讨论过。那剩下的就应是审判程序了。初级法庭由选定的法官组成，应由被告和[956c]原告共同选出，对他们来说，"仲裁者"这个名称要比"法官"更加合适。中级法庭应由村民和分成十二部分的部落成员构成，③在初级法官们面前没能获得裁决的原告和被告就要当着这些人的面辩论案件，[c5]但有受到更大惩罚的风险。如果被告再次败诉，

---

① 每个地方都会报告当年的收成，可能通过某个负责独立项目的部落官员。

② 年景不好时，当局无疑会根据前者计算赋税，年景好时则按照后者。

③ 根据这个含混的描述，我们不妨推断，第二法庭由每月轮值一次的十二名部族成员组成。此处提及的"村民"不是作为法庭的单独组成要素，而是因为有些法庭成员多半是诉讼当事人的本村居民。

他应另外付规定的审判罚金的五分之一。若有人不服这些法官，想要三审，［956d］他应将此案上诉至特选法官。倘若他再度失败，就要付一倍半的罚金。在初级法官面前输掉官司后，原告若不满并前往中级法庭，他要是赢了，将收到额外的五分之一罚金；［d5］但若败诉，他必须付同等数额罚金。如果双方不服先前的审判，前往高级法庭，那么被告败诉的话，就要偿付一倍半的罚金，如前所述，原告败诉则付一半的［956e］罚金。

法庭的抽签和补员，以及每个职位助手的任命，这些事每件该什么时间做，投票记录与休会的事宜，以及审判必然会涉及的所有这类事——［e5］先前的和后来的诉状，回复和出庭的要求，以及诸如此类的相关事宜——我们先前已讨论过，但正确的事情重申两三次［957a］是高贵的。所有这些琐碎且容易设计的法律程序，年长的立法者可能会忽略，年轻的立法者就应将其补上。①的确，如果私人诉讼的法庭这样建立，就很合宜。不过，关于处理民事和公共事务的法庭，［a5］以及行政官要用于管理每种行政职务的各类法庭，在许多城邦中，都有涉及这些法庭的大量法规，由正派人士制定。这些法规并非不适宜，法律维护者［957b］应从中选出适合的，以装备这个正诞生的政制。他们应考察并修正这些法规，用经验检审，②直到每一条法规看起来都充分确立。然后，他们应最终确立这些法规，使之不可更改地固定下来，［b5］并运用到整个城邦的生活中。

有关法官的沉默和吉利话，以及相反的事宜，还有不同于其他城邦的诸多正义、善和高贵之事的各种问题，［957c］已部分讨论过，后面结尾时还会部分论及。想要在审判上成为公正法官的人，必须留心所有这些事情，研习他已获得的相关作品。因为，在各门学问中，在使学习者变好上，［c5］最有影响的是有关法律的学问，如果法律

① 770a和846c已经区分了年轻立法者与年长立法者，以及两代立法者与两个城邦的立法者。

② 这是让借鉴来的法规成型并健全的唯一方式。

正确制定的话，定会是这样。不然，我们神圣且非凡的法律就空有跟理智相似的名称。此外，至于其他言辞，诗歌对某些人的 [957d] 任何褒贬，以及散文所说的一切——不论书面还是其他各种日常交谈，在交谈中，人们会因好胜而争论，有时也会毫无目的地赞同——对于所有这些，[d5] 立法者的作品①无疑是试金石。好的法官头脑里必须牢记这类作品，将其作为其他言辞的解毒剂，并用来纠正自己和城邦：让 [957e] 正义之物进入好人并使之增长，而且会尽可能改变坏人，使其脱离无知、放纵、懦弱及各种各样的不义——这是对于其观念还有救的坏人而言。对于观念已固定的人，[958a] 若将死刑作为药物，分配给这种状态的灵魂，如常讲的公道话那样，这类法官和法官的领头就配得到全城邦赞扬。

一旦每年的审判结束并做出裁决，[a5] 管理判决执行的法律如下。首先，审判的行政官应把获罪方的所有财物分给胜诉方，必须留下的物品除外。[958b] 每个案子在法官的听取下，一经宣布投票结果，就要立即执行。耗时数月的审判结束后的下一个月，败诉方若没有收到胜诉方的自愿撤诉，审理这一案件的行政官将根据胜诉方要求，[b5] 交出败诉方的财物。若财物不足，而且所缺不止一德拉克马，那么此人将不能提出对其他任何人的司法诉讼，直到他付清欠 [958c] 胜诉方的一切为止。但其他人对此人提出的诉讼将具有权威力量。若受审判的人妨碍判刑的行政官，那些受不正当妨碍的人就应将此人带到法律维护者的法庭上，若有人 [c5] 在这个审判中获罪，就应将他处死，因为他是在颠覆整个城邦和法律。

接下来，一个人出生、长大，并生儿育女，正当地跟他人 [958d] 做生意，若他对某人行不义或遭受他人行不义，就要让他受审判。在法律的陪伴下，他命定老去，依据自然走向生命的尽头。现在，就死者而言，不论男女，凡涉及地下和此世诸神的 [d5] 神圣事务的礼法，涉及恰切举行的各种仪式，均由神谕解释者权威地作

---

① 关于对研究法律文献的相似赞美，参811c6以下。

出解释。不过，坟墓不可安在任何可耕种的土地上，不论墓碑是大
[958e] 是小，而只能安在自然合宜的土地上，以对生者最不痛苦的
方式接收、掩埋死者的尸体——这些就是用来埋葬的地方。但对于地
母依自然欲为人类生产 [e5] 食物的那些区域，无论生者还是死者，
都不能从我们这些生者手中夺走。他们起的坟堆，也不能超过五个人
五天的工作量。他们制作的石碑也不能过大，顶多能写下死者生平的
四行英雄颂词。[959a] 至于停放时间，首先不能超过显示一个人是
死亡般的昏迷还是真死的时间，就人类而言，第三天是让尸体入土的
恰当时间。

　　人们应听从 [a5] 立法者在其他方面的劝谕，以及他的主张：
灵魂截然不同于身体；构成我们每个人生命本身的，无非是灵魂，
[959b] 伴随我们每个身体的只是外表；有一种高贵的说法是，尸体
是死者的幻象，① 而我们每个人的真正存在名为"不朽的灵魂"，则去
对其他神② [b5] 报告，如祖传的礼法所言。好人对此欢欣鼓舞，坏
人则心惊胆战。此外，人一死，对他就爱莫能助了。他所有的亲人
应在他生前帮他，这样，[959c] 他生前就能过得尽可能正义和虔敬，
死后也不会因邪恶的过错而在来世遭报应。事情既是如此，人们就
绝不应挥霍家财，或相信这具已埋葬的肉身特别属于某个人。[c5]
相反，人们应当相信，那位儿子或兄弟或那位我们特别思念的已下
葬者已然离开，去完成并实现自己的命运。我们应依现状量力而为，
[959d] 在献给冥神的无灵魂的祭坛上花销适当。立法者若颁布适当
的数额，就不失体面。因此，法律如下：恰当的花销是，最高阶层的
人为整个葬礼的花费不超过五米纳，[d5] 第二阶层的人不超过三米
纳，第三阶层的人不超过两米纳，而第四阶层的人不超过一米纳。

　　法律维护者必然要做许多别的事，并监管诸多事务，但并非无足

---

① 雅典异乡人在这里所用的语词 εἴδωλα [幻象、影像]，荷马常用来指涉亡魂。

② 下界的诸神常被称为"其他"诸神（参见《斐多》63b；埃斯库罗斯，《乞援
女》230–231）。

轻重的是，他们应终生［959e］照管孩子、成人和各年龄段的人。此外，在每个人临终前，应由某个法律维护者监管，他应充当死者家庭的监护人：与逝者相关的事宜若办得高贵且得体，他就会获得高贵的［e5］名声；若办得不高贵，名声就可耻。

尸体停放及其他事务应依照相关礼法进行，但下列诸事则应由治邦者－立法者处置。［960a］不宜下令为逝者哭或不哭，但要禁止唱哀歌，并禁止在户外号啕大哭。禁止公开在路上抬棺，也禁止抬棺时沿途大声哭喊。在破晓之前，送葬队伍就应到［a5］城外。关于这些事务的习俗，就这样制定，服从者不会受罚，谁不服从某位法律维护者，就会受到全体［960b］法律维护者一致通过的惩罚。关于逝者的其他事宜，他们有无坟墓，如弑父者、抢劫庙宇者及所有此类人的情况，之前已讨论过并在法律中确立。因此，我们的立法［b5］就基本完成了。

但在各种情况下，每次的目的都不完全为了做某事，或获得和确立什么。相反，对于新生之物，一旦有人发现完美且永恒的保护，他就应认为，需要做的都已完成。但在此之前，［960c］整件事都未完成。

克 说得好，异乡人啊。但方才所言目的何在，请更清楚地解释一下。

雅 克莱尼阿斯啊，先前很多事都可以优美地歌颂。［c5］很可能，这尤其适于赋予命运女神的那些名号。

克 哪些名号？

雅 首先是"拉克西斯"，其次是"克洛托"，第三是命定之物的救主"阿特罗珀斯"，她就像一位女子，用第三种旋转赋予纺线［960d］不可逆转的力量。①的确，对城邦和公民而言，这些方面的规

---

① 雅典异乡人正在得出一个词源学上的观点。"拉克西斯"（Λάχεσιν）意为"命运的分配者"，与意为"命定之物"的语词词根相同；"克洛托"（Κλωϑώ）意为"纺线的人"，与"纺线"（χλώϑω）同词根；"阿特罗珀斯"（Ἄτροπον）意为"不可逆转的"，与"不可逆性"（ἄτροπος）词根相似。命运女神分配并纺织着人类的命运；更充分的讨论，参见《理想国》617以下，尤其是620e。

定必须确立，不仅是为了身体的健康和安全，也是为了灵魂的井然有序，甚至是为了法律的保存。在我看来，我们的法律显然［d5］在这一点上仍有欠缺——不可逆转的力量应自然地植入法律。

克　你说的可不是小事，要是确实没法发现如何给整件事赋予这种品质。

雅　［960e］但这是可能的，至少目前在我看来，这显而易见。

克　那我们就别打住，直到我们为已经讨论过的法律提供这样东西。因为，［e5］可笑的是徒劳无功，建立的根基毫不稳固。

雅　你的建议正确，你会发现，我是另一个有这种想法的人。

克　说得好，你说说，什么才是我们［e10］政制和法律的保障，又如何保障？

雅　［961a］好吧，我们岂不是说过，在我们的城邦中，应有下面这样的议事会？十位任何时候都最年长的法律维护者，与所有那些因德性获奖的人聚到一处。还有那些去外邦［a5］增长见识的人可能也适于守护法律，一旦他们安全归来，并接受这些人检验之后，就应认定有资格列席议事会。此外，每个人都要选出一名［961b］三十岁以上的年轻人，在初判他有良好的天性和教养后，将如此选出的年轻人引荐给其他人。若这位候选人也得到其他人同意，就应选定他，但要是没有的话，已得出的评判［b5］要对其他人保密，尤其是对落选之人。聚会应在黎明，此时大家最有闲暇，都摆脱了其他公私活动。想必在之前的讨论中，这类事我们［961c］探讨过了吧？

克　确实如此。

雅　那么，再回到这个议事会时，我要这样讲：我认为，若有人像为整个城邦抛［c5］锚一样抛下此物，而城邦也装备了一切合宜之物，那么，这东西就能拯救我们渴望的一切。

克　怎么说？

雅　对我们而言，正确解释随之而来的事，时机已成熟，热望分毫不减。

克　［c10］说得好极了，就按你想的来做。

雅 ［961d］那么，克莱尼阿斯啊，就万物而言，有必要认清每个行为的合适救主是什么——好比在生灵中，在最大程度上，灵魂和大脑自然地是这样的救主。

克 此话怎讲？

雅 ［d5］无疑，这两者的德性为每个生灵提供安全。

克 为何？

雅 因为灵魂中有理智，还有其他东西，又因为头上有视觉和听觉，还有其他东西。①一句话：当理智与最高贵的感官融为［d10］一体时，理智就可恰切地称为每种感官的救主。

克 这倒是有可能。

雅 ［961e］的确有可能。但理智与诸感官融合时，怎么拯救船只，例如在暴风雨中或好天气时？在一艘船上，难道不是掌舵者和水手把诸感官与航海术方面的理智融合起来，拯救［e5］自己及船上的一切？

克 当然是。

雅 没必要举太多这类事的例子。我们倒不妨想想，好比军队和医术的整体服务，应确立什么样的总体［962a］目标，如果它们要正确拯救的话。就军队而言，难道不是战胜并强过敌人，而就医生及其助手而言，难道不是提供身体的健康？

克 怎会有别的？

雅 ［a5］那么，一个医生不了解②身体之事，即我们方才所说的健康，或一位将军不了解胜利或我们已讨论的其他各种事情，那他们对这些事情看起来还有理智吗？

克 怎么会？

雅 一个城邦怎么样呢？对于治邦者［a10］应着眼的目标，若

---

① 视觉和听觉是最高贵的感官，因为二者最需智力，因此它们自然与心智一起形成一个单独的官能。

② 此处及下文的"不了解"（ἀγνοῶν）与"理智"（νοῦς）词根相同。

有人明显无知，那么，首先，［962b］他还配称作统治者吗，其次，对这个东西的目的一无所知，他还能拯救它吗？

克　怎么可能？

雅　那看起来，在目前的情况下，若我们这片土地的定居［b5］有一个目标，那么，其中要有的某个要素是，首先，了解我们正在谈论的这个目标，也就是我们的治邦者应瞄准的目标，其次，要如何实现这个目标，以及谁能对此给出高贵或不高贵的建言——先是对法律本身的目标，然后是对人类的目标。不过，倘若［962c］某个城邦缺乏这些东西，那么，该城邦由于无理智和愚蠢，每次总是随意行事，也就不足为奇了。

克　你说的是实情。

雅　［c5］现在，问题在于，我们城邦的哪些部分或制度，能以各种方式充分提供这类保护呢？我们能解释吗？

克　异乡人啊，这无疑不是很清楚。但要是必须猜的话，我认为，这个论证指向你刚刚所说的议事会，［c10］必须夜间聚集的议事会。

雅　［962d］你回答得好极了，克莱尼阿斯，我们现在的讨论表明，这个议事会的确有必要拥有各种德性，其主导原则不是朝向多个目标，而是认定一个目标，总是像箭那样，将一切射向这个［d5］目标。①

克　务必。

雅　现在，我们无疑会明白，各城邦的礼法都游移不定，一点也不奇怪，因为每个城邦所立法规的不同部分都盯着不同的目标。大多数情况下，［d10］这一事实也没什么奇怪：对某些人而言，正义可定义为［962e］让某些人统治城邦的东西，不管这些人是好还是坏；而对其他人来说，正义就是让他们变富有的东西，不管他们是不是某些

---

①　箭的譬喻司空见惯，比如参见《理想国》519c 或《斐勒布》23b，以及《法义》717a。朝向多个目标（πρὸς πολλὰ στοχαζόμενον），在 693c8，我们也看到了这种结构的例子。

人的奴隶，还是有人受对自由生活方式的热望驱使。还有些［e5］城邦具有双重立法，着眼于两点：他们既要自由又想成为其他城邦的主人。①他们还认为，最智慧的人指向这些及所有类似的目的，而非其中一个，因为他们无法解释任何得到无上尊崇的东西，其他事务皆应着眼于这些东西。

克　［963a］那么，异乡人啊，我们先前确立的原则岂不正确？因为我们说过，与我们的法律相关的一切应始终着眼于一样东西，我们想必同意，可以非常正确地说，那就是德性。

雅　［a5］是的。

克　而德性，我们想必确立为四种。

雅　确实如此。

克　那么，理智是所有这些德性的领头，②确实，其他一切及其他三种德性都应着眼于它。

雅　［a10］你理解得好极了，克莱尼阿斯。也请了解余下部分。我们说过，航海术、［963b］医术和领兵术中的理智，着眼于它应指向的那个东西，而我们眼下正是在检审政治技艺中的理智。我们就把理智当成人来审问，这样说："神奇的家伙！你的目的何在？无论这个东西是什么，［b5］医术中的理智都能解释清楚。但既然你自认为，在一切明白人当中，你出类拔萃，还有什么是你无法言说的？"或者你们，克莱尼阿斯和墨吉罗斯哟，你俩能代表理智替我讲明并解释吗，不论你们说这个东西是什么，［963c］就像我为其他诸物给你们下定义那样？

克　完全不能，异乡人啊。

----

①　即不受其他城邦奴役也不奴役其他城邦。我们可以说，那些在立法中没有对这些以及类似事务视而不见的人比他们的邻居更有智慧。不过，真正的智者是对德性有独到眼力的人。

②　在此，理智（νοῦν）代替了明智（φρόνησις）。除了四重德性合归在一个总名下这种说法，唯一的概括性说明即智慧是四重德性之首。这种说法旨在暗示应如何回答"整体包含什么？"这一问题。关于明智的优越性，参631c6和688b2。

雅　这个呢？有必要专注于此物本身并发现它在哪里吗？①

克　你说是在哪里发现？

雅　[c5]譬如，当我们说德性有四种样式时，显然就有必要说，它们每一个都是一，却又是四。

克　当然。

雅　不过，我们称所有这些为一。因为我们说，勇敢是德性，明智是德性，[963d]其他两种也是，好像它们实际上不是多，而只是一，即德性。

克　当然。

雅　那么，这两种德性和其他德性如何彼此不同，[d5]并拥有两个名称，这并不难说明。但这两者为何用同一名称，即德性，其他的也用这个名称，并不容易理解。

克　此话怎讲？

雅　要弄清我现在的说法并不难。我们不妨[d10]把自己分为提问者和回答者。

克　你要如何解释？

雅　[963e]你要问我，当我们主张二者为一即德性时，为何又提到它们为二，即勇敢和明智。我会告诉你原因：因为勇敢牵涉恐惧，即便野兽也分有勇敢，[e5]它是幼儿的习性。因为灵魂无需理性，凭自然本性就能变勇敢；但相反，灵魂若没有理性，过去、现在和将来就绝不会变得明智并拥有理智，因为那是不同的实体。②

---

①　雅典异乡人并不是想解答方才所提的问题；他是想表明，解答这个问题需要最深刻的哲人的智慧，由此推断，需要为城邦的思考者提供最完美、最精准的哲学训练（964d4以下）。因此，雅典异乡人在下文964a7以下着手提供他们必须思考的那类问题的两个例子。

②　这表明理智并非一种与生俱来的品质，而是一种智识。因此，《普罗塔戈拉》349b1以下在讨论这同一个问题时，苏格拉底表示，"这一个与另一个不同"。上文对勇敢特性流行的草率定义，与《拉克斯》197a6以下尼喀阿斯表达的观点针锋相对：尼喀阿斯否认了动物和稚童能被称作勇者的观点，因为他们的无畏是由于无先见之明和愚蠢；这一定义与《普罗塔戈拉》350c5以下也不一致。

克　你说的是实情。

雅　[964a]那么，它们为何不同而为二，你已从我这里获得解释。你就反过来跟我说说，它们为何是一且相同。想一想，你要说出它们为四时为何是一，而一旦你证明它们是一，还得要求我再谈谈为何[a5]是四。①此外，接下来让我们考察，有些东西既有名称又有定义，对于要充分了解的人而言，只知名称不知定义是否就足矣，或者，对各种因各自的[964b]伟大和高贵而显赫的事物一无所知是否令人羞耻。

克　确实有可能。

雅　那么，对于立法者和法律维护者，以及自认为在德性上出类拔萃的人，还有在这些事务上获得优胜奖[b5]的人，还有什么比我们正谈论的这些东西更重要：勇敢、节制、正义和明智？

克　怎会有？

雅　那么，一提到这些东西，神谕解释者、教师、立法者和其他人的护卫者——他们应对[964c]在认识和理解上有欠缺的人，或因犯错而需要受惩罚和谴责的人——难道在教导并透彻显明邪恶和德性具有的力量上，这些人不比其他人更卓越吗？进入城邦的某位诗人，或号称是[c5]年轻人的教育者，看起来好过在全部德性上获胜的人吗？在这种城邦中，如果在言辞和行动上都没有合格的护卫者——他们充分认识德性，那么，若因没有这类护卫者，该城邦遭受如今[964d]众多城邦的遭遇，还会让人吃惊吗？

克　可能根本不会。

雅　这个呢？我们目前在谈论的东西，应该去做吗，或者怎么样？护卫者们该不该准备好，而在关于德性的言行上[d5]比多数人更精准？或者以何种方式，我们的城邦会有类似明智者的头脑和感

---

①　雅典异乡人在谈及剩下的两种德性时，不会再重复964e3以下讨论勇敢和明智的程序，而是会表明，德性的相同特质或本质如何呈现为四种不同的德性。我们在965d将听到的那段关于勇敢的言辞，包括德性的一般特质及其独树一帜的特点。

官，自身内具备这样一种护卫？

克　但是，异乡人啊，在谈及这个城邦时，我们又如何以何种方式将其比作这种人呢？

雅　[964e] 显然，城邦本身是躯干，而护卫者中的年轻人可谓最顶尖的头脑，他们因有最好的天性而受选，在灵魂的各方面都最敏锐；他们环视整个城邦，守卫时 [e5] 把诸感官交给记忆，并把城邦中的一切汇报给老年人。[965a] 老年人是理智的影像，因为他们出类拔萃，能审慎思考诸多值得探讨的事务，深思熟虑，并在集体商议时把这些年轻人当成助手。①因此，这两种人的确一道拯救了整个城邦。我们该不该 [a5] 说，我们应这样安排事情，抑或还有其他方式？我们是否让他们全都一样，不用对某些人精心抚养和教育？

克　不可能，你这神奇的人！

雅　[965b] 那就得前往比之前更严格的教育。

克　务必。

雅　我们方才大致触碰到的难道不正是 [b5] 我们需要的吗？

克　当然。

雅　难道我们没说过，那个顶尖的匠人和护卫者，在每件事上都必定不仅能注意到多，也能追求并知道一，正因为知道一，[b10] 他就能以整全视角安排一切以指向那个目的？

克　正确。

雅　[965c] 有没有什么方式，比起能从诸多不相似之物看到一种样式，会有更精确的视角和思考？

克　也许有吧。

雅　[c5] 不是也许，而是肯定，你这人精啊！对凡人而言，没有任何比这更清楚的探究方式了。

克　我相信你，异乡人，也强烈同意，我们的讨论就这样

---

①　年轻的充当侦察员，并把他们的所见珍藏在记忆里（上文964e5），因此能帮助议事会的前辈决议。

推进吧！

雅　看起来，就连我们神圣政制［c10］的护卫者们，也有必要强迫他们精确地看到，首先［965d］这四种［德性］中相同的是什么：在勇敢、节制、正义和明智中，我们所说的一是什么，恰切称呼它的就是德性这个名称。对此，朋友们啊，我们要是愿意的话，现在就别放松，而是［d5］全力以赴，直到我们恰切地表明它应着眼于什么——不管是一或是一个整体，还是二者都是，或不论它依自然是什么。①或者，我们会不会认为，即便这个问题使我们困惑，我们也会［965e］在德性方面心满意足，哪怕我们没法解释德性是多，是四，还是一？不会。这样的话，我们若还愿遵从自己的建议，就要想想别的辙，让这种东西出现在我们城邦中。然而，要是［e5］这个话题看来应彻底放弃，那也得放弃。

克　凭异乡人之神，异乡人啊！毫无疑问，这个话题断不该放弃，因为在我们看来，你说得非常正确。但现在，要怎么促成此事呢？

雅　［966a］我们姑且不谈我们怎么促成。还是先通过达成共识，我们确认一下有无必要。

克　肯定有必要，如果可能的话。

雅　［a5］但这个呢？关于美和善，我们认为是同一事物吗？我们的护卫者是否应该只知道这些每一样是多，还是也该知道何以及在何种意义上是一？

克　很可能，他们有必要理解何以是一。

雅　［966b］这个呢？他们必须理解这一点，却无法通过论证证明这一点吗？

克　什么？你眼下描述的是某种跟奴隶相配的习惯！

---

①　措辞经过精心挑选，以同时符合一和多的关系这一普遍问题，符合四重德性中的每个与泛指的德性之间的关系——我们在963a以下已经看到，第二点是每个真正的统治要搞清的问题——"这是存在于所有四重德性中的某物？还是这些都对？抑或其他解释行得通吗？"

雅　这个呢？关于一切严肃之物，我们的论点岂［b5］不是，真正的法律维护者①必须真正了解这些事物的真理，也必须能用言辞充分解释，并在行动中实践，依据自然判断哪些事物高贵或不高贵地出现？

克　不然还能怎样？

雅　［966c］那么，关于诸神的一种最高贵之事，我们岂不已严肃地讨论过：诸神存在，并握有决定性的力量——我们要了解这一点，人所能及地了解这些事务，并认识到［c5］城邦中大多数人只遵从法律的主张？而那些参与监管的人，若不努力掌握关于诸神存在的一切证据，②就不会受认可？这种不认可岂不是为了确保，［966d］一个人若不神圣且不致力于这些事务，就不会当选为法律维护者，也不会在德性上受到认可？

克　这再恰当不过，正如你所言，在这些事务上漫不经心［d5］或无能的人应与高贵者分开。

雅　那么，我们难道不知道，有两件事会形成关于诸神的信念，我们在先前的讨论中已细说过？

克　哪两件？

雅　一是我们关于灵魂的说法，灵魂何以［966e］在万物中最古老也最神圣——万物的运动一旦生成，就能使其获得永恒流动的存在。另一个则涉及星辰的有序运动，以及由理智支配的其他事物的运动，理智会有序地安排宇宙大全。因为，以既不低贱又［e5］不外行的方式见识过这些事物的人，谁都不是天生的无神论者，而不会秉持跟多数人相反的［967a］意见。多数人认为，那些从事这类事务的人，会因天文学和其他必然相伴随的技艺而成为无神论者——他们

---

①　卷六（752e–755b，770）表明了这类人的构成和任命，在接下来的立法过程中他们担负了很多额外的职责，但为了应对这项至高无上的任务，必须配备一个团队，成员从他们和其他人中选出，年长的和年轻的结合，且天赋更出众——其实就是哲人团体。

②　"证据"（πίστιν）还可指"信仰"。

观察到，事物通过必然性生成，[a5]而非通过实现善物的意图的思想。①

克 但怎么会这样呢？

雅 我说过，现在的情形跟以前截然相反，那些思考这类东西的人曾认为，它们没有灵魂。即便在那时，[967b]人们对这类东西也会产生好奇感，那些精确研究它们的人怀疑如今确信无疑的事：存在者若无灵魂，就绝不会将卓越的推理在自身上用得如此精确——要是存在者没有理智的话。的确，当时就有人敢于[b5]冒险提出这个主张，说正是理智安排了天上的一切。但这些人同样也搞错了灵魂的自然本性，以及灵魂为何比身体古老。[967c]由于认定灵魂更晚出现，可以说，他们再次推翻了一切，尤其是他们自己。因为在他们看来，他们眼前看到的和天上运行的一切全是石头、泥土和其他诸多无灵魂[c5]之物，这些物体是整个宇宙的起源。②那时，这些人受控造成了各种无神论和令人厌恶的观点。的确，诗人们也出来痛斥，把那些搞哲学的人比作枉然[967d]狂吠的狗，③还说些其他没头脑的话。但如今，我说过，情形完全相反。

克 怎么说？

雅 没有哪个必死之人会坚定地[d5]敬神，除非他已掌握现在提到的这两点：在分有生成的万物中，灵魂最古老，灵魂不朽且统治一切物体。除此之外，他不仅要掌握常常谈到的这一点——星辰[967e]据说正是由存在者的理智控制——而且要掌握必然先于这些事务的学问。他应明白这些学问与涉及缪斯之事的共同之处，还应把这种见识和谐地运用到涉及性情的习俗和礼法中。对于有合理解释的事情，他应能[968a]给出解释。除了大众德性外，谁要是不能获得这些品质，根本不大可能成为整个城邦的合格统治者，只能充当其他

---

① 关于善和完美是宇宙安排的终极目的，参《斐多》97c以下和《蒂迈欧》39e。

② 参苏格拉底在《斐多》98b7以下表达的对阿纳克萨戈拉的失望之情。

③ 《理想国》607b6更充分地给出了这段出自某个不知姓名的诗人的片段。

统治者的助手。

所以，此时此刻，克莱尼阿斯和墨吉罗斯啊，有必要看看，[a5]除了已提过的并通盘检审过的法律，我们是否该加入这条法律：为了拯救，统治者的夜间议事会将依法成为护卫者，[968b]并共同参与我们讨论过的那种教育。或者，我们该怎么做？

克　好人啊！我们怎么不能加上这条，即便我们能做的微不足道？

雅　[b5]对于此事，让我们全力以赴吧。至少在此事上，我非常乐于助你们一臂之力——除我之外，兴许还能找到其他人。在这些事务上，我有十分丰富的经验和研究。

克　[b10]但是，异乡人啊，我们必须先沿着这个方向前进，神也引领着我们朝那儿走！①但我们这条道如何[968c]以正确的方式产生，乃是我们眼下应探讨和寻求的。

雅　现阶段不可能对这些人进行立法，克莱尼阿斯和墨吉罗斯啊，除非这个议事会已安排好——然后[c5]他们自己也有权威对必要之事立法。但眼下为这些事情所做的准备，需要采取教导和大量交流，如果要正确进行的话。

克　怎讲？我们宣称已说过的这一点又是什么？

雅　无疑，首先要造一份名册，罗列[968d]那些在年龄、学习能力、性情和习惯方面都符合护卫者本性的人。但接下来，要发现该学哪些东西，②或成为其他对此已有所发现之人的学生，并不容易。此外还有[d5]时间问题，各学科应在什么时候学，占用多长时间。书面讨论这些事务徒劳无益，因为学习者们自身并不[968e]清楚这个学科是否在正确的时间学习，直到每个人将此学科的知识吸收进灵

---

①　雅典异乡人968e4以下的话暗示，克莱尼阿斯看到了议事会权力的界定。但我们不妨认为，克莱尼阿斯领会了雅典异乡人坚持让议事会成员接受特殊训练的意义，他也觉得，这就是他最需要人给他启发的重点所在。

②　这指的是对数学、天文学和哲学这些学科的详尽规划，我们得知，这些是深造的科目。

魂［才能清楚］。因此，尽管说关乎这些事务的一切都是不可名状的秘密是不对的，但我们也没法预先描述出来，①因为预先描述这些事务也完全无法澄清我们［e5］正在讨论的事情。

克　如果事情是这样，异乡人啊，接下来该如何是好？

雅　朋友们啊，可能就像谚语说的那样，对我们而言，"它在于共同和中道"，我们若愿意让整个政制冒险，要么掷出三个六，要么如他们说的，掷出三个一，［969a］那就势在必行。②我也会和你们一道冒险，对眼下再度成为讨论主题的教育和抚养进行解释并说明我的意见。这个风险的确不小，非比寻常。［a5］克莱尼阿斯啊，我建议你尤其要留意这一点。因为，正是你正确创立的马格尼西亚城邦——或神要赋予它什么名称都可以——将获得最大的名声，与所有［969b］后来的继任者相比，你也必定会获得最勇敢者的名声。因此，我们这个神圣的议事会若确实能产生，亲爱的友伴们啊，这个城邦就要交给它。现今的立法者们，可以说，没谁会对此有任何［b5］异议。前不久，我们在言辞中像梦一样触及的东西，一旦结合头脑和理智组成的共同体这一意象，就会真正成为几近完美的真实景象——也就是说，如果我们的这些人已精准地结合，教育［969c］得当，而且一经教育，他们就作为完美的护卫者，居住在这个城邦的卫城。就拯救的德性而言，我们有生之年从未见过像他们这样的人。

墨　亲爱的克莱尼阿斯啊，从我们现在所说的一切来看，［c5］我们要么必须舍弃城邦的创建，要么别让这位异乡人走掉，我们必须千方百计求他参与城邦的创建。

克　［969d］你说得对极了，墨吉罗斯啊，我定会这么做，你也要协助。

墨　我会协助。

---

①　实际上这就等于说，要试着事先说服民众接受每门进修科目的正当性和合理性，这是完全无望的。关于普通公民的通识教育，雅典异乡人在卷七做了相当充分的课程规划，比如参809e以下。

②　根据古注家，这句话来自掷骰子：三个六稳操胜券，三个一则必输无疑。

索 引[*]

专名索引

阿波罗（Apollo, Ἀπόλλων, 对比皮提亚，缪斯，德尔斐）624a, 632d,
　　653d, 654a, 662c, 664c, 665a*, 672d, 686a, 766b, 796c, 833b, 936e,
　　946a, c, d, 947a, 950e

阿尔戈斯（Argos, Ἄργος）683c,d*, 690d, 692c, 707c, 708a

阿芙罗狄忒（Aphrodite, Ἀφροδίτη, 对比"性"）840c

阿伽门农（Agamemnon, Ἀγαμέμνων）706d

阿开奥斯人（Achaeans, Ἀχαιός）682d, e, 685c, 706d, e

阿里斯托德摩斯（Aristodemus, Ἀριστοδήμου）692b

阿玛宗人（Amazons, Ἀμαζών）806b

阿闵托尔（Amyntor, ἀμύντωρ）931b

阿缪科斯（Amycus, Ἄμυκος）796a

阿姆蒙（Ammon, Ἄμμωνος）738c

阿瑞斯（Ares, Ἄρεος）671c, 833b, 920d

阿特罗珀斯（Atropos, ἄτροπος）960c

阿提卡（Attica, Ἀττικός, 对比雅典人）626d, 698a, 706a

阿托斯（Athos, Ἄθως）699a

埃及（Egypt, Αἴγυπτος, 对比尼罗河）656d*, 66oc, 747c, 799a, 819b

---

　　*　本索引来自潘戈（T. Pangle）译本，略有订正，增补了希腊语原文，词条重新按汉语拼音排序，以便读者查索。*表示该词条在该位置不止出现一次。

誓言索引

凭异乡人之神（By the god of strangers，*νὴ τὸν ξένιον θεόν*）965e

凭宙斯（By Zeus，*μὰ Δία*）715d，814b，821c

凭宙斯（In the name of Zeus，*πρὸς Διός*）660b，683e，891c，895d

凭宙斯和阿波罗（In the name of Zeus and Apollo，*πρὸς Διός τε καὶ Ἀπόλλωνος*）662c

凭诸神（In the name of the gods，*πρὸς θεῶν*）691b，720e，858c，903d

常用称呼索引

主题索引

649d, 662c, 663d, 754e*

爱欲（Love, the erotic, ἔρος, 对比欲望，性，参专名阿芙罗狄忒）632a, 643d, e, 645d, 649d, 688b, 711d, 727e, 734a*, 782e, 783a, 792a, 823d, e, 831c, 836a, b, 837a*, b, c*, d*, 870a, 941c

懊悔（Remorse, μεταμέλεια）727c, 866e

白银（Silver, ἀργύρεος）630a, 679b, 698a, 705b, 742a, d, 743d, 801b, 819b, 831d, 955e

报复（Vengeance, retribution, τιμωρία）672b, d, 716a, b, 728c, 729e*, 730a, 735e*, 762b, d, 846a, b*, 853a, 856c*, 857a, 866b, e, 867a, b, c, d, 871b*, 872e, 873a, 874d, e, 876e, 881a, 905a, 907e, 908a, 932d, 943d*, 944e, 959c

必然性（Necessity, compulsion, ἀναγκαῖος）625d, e, 627c, 628b, d, 632b, 634a, 635c*, 642c, 643c, 648b, d, 654b, 655e, 656b*, 658e, 660a, d, e, 661c, 662a, b*, 663d*, 665b, e*, 666a , 667a, e, 670b, c, d*, e*, 671a*, b, 676c, 677b , 679b, 681c*, 687c, 689e, 690b, 693d, 694d, 697b, 698a, 705c, 708b*, 709a, 710a, 714b, 716c, 718b, 719b, c, 722c, 728c, 729a, c, 732b, e , 733c, 734b*, e*, 736b, c, 741a, 742a, b*, e, 743d , 752e, 753e, 7 54a , b, 756c*, 757d, e*, 758a, b, 762c, 764a*, 765b, c, 767a, e*, 768b, 769d, 770b, e ,771e, 772a, c, 773c, d, 774c, 773d, 777b, 779c, 780a , b , e , 789e, 795c, 798a, c, 799d, 802e*, 803b, 804d, 803d*, 806a , d, 807a, 809c, 810c, 811e, 812e, 814a , 816d, 818a*, b* , d*, 819c, 820b, c, 828b, d, 829a, 832a, 834b, e, 837a, 842e, 844b*, 846c, 847b, c*, 84 8a*, b, 849c, 857e, 858a*, b*, 860d, 861c, 862d, 863a, 866b, 867c, 868b, c, 870e, 872e*, 873c, 874e, 875a, e , 876b*, 877a, c , 878e, 880e, 887c, e , 889c , 891b , 892a, b, 894d, 895a, b, 896d*, e , 898a, c, 899a, 900e, 905e, 906c , 915e, 918d, e,920b, d, 922b*, 926a, b*, c*, 928e*, 930b*, 933c, 937c, 943e, 946e, 949d, e, 951d, 953a, 956e*, 958a, 959d, 963c , 965c, 966a, 967a*, e

编织（Weaving, πλεκτικός）679a, 734e

财富（Wealth, πλοῦτος）629b, 631c, 632c, 649d, 660e*, 661a, d, e,
679a, b*, 687b, 694e, 696a*, b, 706a, 711d, 715b, 719d, 729a, 742d,
e, 743a*, b*, c*, 744a, c*, d,773a, c*, 801b, 831c, d, 832c, 836a, 837a,
870b*, c, 913b, 915a, 919b, 926a, 953d, 962e

彩礼（Dowry，πϱοίξ，对比结婚）742c, 774c, 921a, 944a

嘲笑（Laughter, γέλοιος）669d, 670b, 686d, 732c, 751b, 773c, 778e,
781c, 789e, 790a, 800b, 801b, 810e, 816d*, e*, 819d, 822c*, 830b, d,
831d, 838c, 857d, 858a, 859a, 887b, 892d, 906d, 908c, 918d, 935b,
d*, 960e

称赞（Praise, ἐγκωμιάζω）625a, 627a, 629c, d*, e, 630c, 632a, 633a,
638c*, d*, 639a, c*, 642c, 643d, 655e*, 656a, b, 660a, 663a*, b, 687a,
b, 688d*, 691a, 694d, 700c, 706c, 710c, 711c, 719d, e*, 727b, c*,
730b, e, 732e, 739d, 753e, 754a, 762e, 770e, 775b, 798d, 801e*, 802a,
806c*, 811e*, 816b, 822b *, e*, 823a, b, c, d*, 824a*, 829c,e, 841e,
870a, 876b, 881c, 886c, 901b, 917c, 921e*, 943a, 947c, 952c, 955c,
957c, 958a, e

城邦（City, πόλις）624b, 625e, 626a, b, c*, 627a*, b, 628a, b, c, d*,
631b, 633d, 634a, 626b*, d, e, 637b, 638b, e, 64od, 641b*, e, 642b*,
c*, 644d, 645a, b*, 656d*, 658a, e, 660b, 664a, c, 665c*, d*, 667a*,
672a*, 673e, 674a*, c, 676a, b*, 677c, 678a*, 679d, 680e, 681d, e,
682c*, d, 683a, b, d, 684a, b*, d, 685a, b, d, 687e, 688e, 689b*, c, d,
e, 690a, 692d, 693b, e, 694c, 696a, b, c, 698a, d, 701d, 702a, c, d*,
e, 704a, b*, c, 705a, b, d, 707a, d, e, 708b*,d, 709c, e*, 710b, d*, e,
711a, b, c, d, 712a, b*, c, d, e, 713a*, d, e, 714a*, c, 715a*, b*, c, d*,
716b, 717a, 718b, 719b, 720c, 721a*, d, e, 722a, 729a*, d, 730b, d,
731a, b, 735a, d, e, 736a, c*, e, 737a*, b, d, 738a, b*, e*, 739a, b, c,
d*, 740a, b*, 741d, 742b*, c, d*, 743d, 744a, b, d, 745a*, b*, c*, d, e,
746a, 751a, b, c*, e, 752b, c*, e, 753a, c, d*, e*, 754a, b*, c, d, 755 a,
c, 757b*, d*, 758a*, c*,d*, e*, 759a*, b, 760a, 762a,763c*, d, 765e,

766a, d, 768a, b, d, 769e, 770e*, 771b, d, 773a, b, c*, 774a, c, 777c, 778b, c, e, 779b, c*, e, 780a, d, 781b, c*, 782a, 783d, 788b, 790b*, 791e, 793c, d,7 94b, 797a, c*, d, 798b, c, 800c, d, 801b, c, 804c, d, 805a, 806a, c, 807e, 808b, c*, d, 809c, d*, 813a, d, e*, 814a*, c, 816c, 817a, d, 820d, 821a, 823e, 828a, b, d, 829a, b, d, e, 830c, d, 831a, b*, d, e, 835b*, c, d, e, 836b, c, 837d, 838d, 839c, d, 841c, e, 842c, d, e, 844a, 846d, e, 847a, b*, d, e, 848a, e, 830b, c, 853b, 8546, 856b*, d*, 857a, b, 858c, e, 859a, 860e, 861b, 862e, 864a, 866b, d, 870b, c*, 871a, c, 872a, b, d, 873b*, c, 875a, b*, c, 876b c, 877b, d*, 878a, c*, 879c, 881e*, 890b*, 906c, 908a, 909b, c, 910b, 913d, 914a*, 915d, e, 918b, 919c*, 920a, b, c, 921b, c, 922a, 923a, b*, 925b, 927b, 928d*, 930c, 932a, 934c, e, 936b, c, 938a, 941a*, 945d, e, 946b, d, e, 947a, b, 948d, 949c*, d*, e*, 95oa*, c*, d, e, 951b*, c, d, 952a, b, e*, 953c, d, 955b, c, e, 956b, 957a, b, d, 958a, c, 960a, d, 961a, c, 962a, c*, d*, e*, 964c, d*, e*, 965a, e, 966c, 968a, 969a, b, c*

城邦管理员（City Regulators, ἀστυνόμοι）759a, 760b, 763c*, d, e, 764c*, 779c, 794c, 844c, 845e, 847a, b, 849a, e, 879d, e, 881c, 913d, 918a*, 920c, 936c, 954b, c

船（Ship, πλοῖον）639a*, b, 641a, 643e, 691c, 698c, 699a, b, 705c*, 706b*, c*, d, e*, 707a, b, 709b, 758a, 803a*b, 831e, 842d, 866d, 905e, 906e*, 945c, 96le*

大众（Mob, ὄχλος）670b, 700c, 707e, 722b, 734b, 817c, 819b

德性（Virtue, excellence, ἀρετή）627e, 630b, c, e*, 631a*, 632e*, 633a, 637d, 643d, e, 644e, 645b*, 647d, 648e, 653a, b*, 655b, c, 656c, 659a*, 661c, 667a, 671a, 673a*, 676a, 678a, b, 685e, 688a, b, 696a, b*, d, 704d, 705d, e*, 707d, 708d, 713e, 714a, 715b, 716e*, 718e, 720e, 727d, 728a, 730d, 731a*, b, 734d*, e, 739b, d, 744b, e, 745d, 757c*, 765e, 770d, 773a, 776d, 777e, 781b, 782d, 791c, 807c, 812c, 816e, 822e, 836d*, 837a, d, 843d, 847a, 853b, 870b, 878a, 886b, 890c,

897c, 898c, 899b, 900d*, e*, 903b, 904a, b, d*, 907a, 913b, 914a,
918c, 919e, 936b, 945c, e, 950b, d, 953d, 961d, 962d, 963a*, c*, d*, e,
964c*, d, 965d, e, 966d, 968a, 969c

敌人（Enemy）：πολέμιος（对比战争）626d*, 628b, 634b, 641c, 647b,
671d, 705c, 706a*, b, c, 760e, 761d, 778e, 779a, 806b, 808c, 814a,
860b, 865b, 869d, 878c, 941a, 944c, 962a；ἐχϑρός 640b*, 672a, 697d,
733d, 761a, 803e, 843a, 919a, 955b；δάιος 629e, 661a

洞府（Cave, ἄντρον）625b, 680b

对话（Dialectic, discussion, διαλέγω）630e, 635a, 648a, 673b, 682e,
686d, 719a, 722c, d, 732e, 854a, 857d, 888a, 903a

多数人（Majority, multitude, πλῆϑος）627a, d, 655c, 658d, 659b, 670e,
684c, 689a, b*, 699e, 700c, d, 733b, 734a, 745d, 754d, 758b, 767e,
779e, 800c, 818a, 856c, 890e, 904a, 918d, 921e, 946a

多数人（The Many, οἱ πολλοί）625e, 634d, 657e, 658e, 659a, 661a,
672a, 684c, 700e, 707b, d, 714b, 718e, 731d, 742d, e, 752e, 755c,
757e, 758b, 779e, 793a, 810c, d, 818a*, b, 831b, 836b, 838b, 840b,
d, 859c, 860c, 870a, 909d, 916a, d, 929d, 933c, 948b, 950b, c, 951b,
952b, 964d, 976a

儿童（Child, παῖς, τέκνον, 对比女儿，儿子）631d, 635b, 636b, 641b,
642b*, 643b, c, e, 645c, 646a, 653a*, b, 656c, 658c, d, 659d*, 663b,
664b, c, 665c, 666a, e, 764b, 680c, 681b*, 685d, 687c, d*, e*, 694d*,
e, 695b, 696a*, 700c, 706b, 710a, 712b, 720a, b, 721c*, 727a, 729a,
b, c, 730d, 739c, d, 740a, b, c*, d, 746a, 751c, 752c, 754b, 764d*, e*,
763d, 766a, c, d, 769b, 771c, 772a, d, 773d*', e*, 775c, 776a, b, 779d,
783b, d*, e, 7 8 4 a*, b*, d*, e*, 785a, b*, 788a, d, 789b, e, 790c*, d,
e, 791c, 792a, 793e, 794a, 796b, c*, d, 798c*, e, 799a, 802c, 804d,
806a*, e, 807b, 808a, d*, e, 809a, c , e, 811b, e, 813b*, c , e*, 814a, b,
815d, 817c, 819b*, 822e, 829b, 830d, 833c*, 834d, 836a, 838d, 840a,
b, c, 842e, 850c, 853c, 854e, 855a, 856d, 868d, e*, 872e, 873a, 874c*,

877b, c*, d*, e, 878a, d, e, 879b, 881d, 887d, 900a*, 909c, 910a, c, d, 913c*, 917a, 923c*, e*, 924a*, c, d, e*, 925a*,c, d*, 926d, 927b *, d, 928a,c, d*, e, 929e 930a, b*, c*, 931b*, c*, 933, 934, 937a, 941b, 942c, 947b, c, d*, 958c, 959d, 963e

儿子（Son, υἱός）625a, 627c, 650a, 687d*, 695a, c, 698c, 717d, 740c,765d, 776d, 800c, 838b, 856d, 868c, 874c, 877c, 878a, 923c, d*, e*, 924a, d, 928d, e*, 929b*, c*, d*, 932a, 941b,959c

法官（Judge of the courts, δικαστής）627d, e, 628a, 674b, 761e, 766d, 767a, b*, d, 768b, 843d, 853b, 854d, e, 855b, c, d, 856a, c, e, 864d, 865c, 867c*, 871d, e, 873b, e, 876c, d, e, 878d, e, 879b, 880c, 909a, 915c, 923a, 926d, 933c, 934b, 938b, 946d, 948b, e, 953b, 956b, c*, d, c, d, 958a*, b

法律（Law, νόμος）624a, b, 625a, c, 626a, 627d, 628a*, 630c, e, 631a*, b, 632a, b, c, d*, 634b*, c*, d, e, 635a, b, 636b, d*, e, 637a, c, 638b, 641d, 642a, 644d, 645a*, b, 647c, 656c, 659b, 660e*, 661a, b, c, d*, e, 662a, c, d*, e, 663a, b*, c*, d*, e, 667d, 671d, 678a, 680a*, e, 681b, c, 682e, 683a, b, 684a, b, c, d, 685a *, b, 686b, 688a*, 689b, 690c, d, 691a, 695c, d, 697a, 698b, c, 699c*, 700a*, b, d, e, 701a, b, 702c, 705d, e, 707d, 708c*, d, 709a, 711c, 712a*, b*, 713e, 714a*, b, c*, d, 715b, c*, d, 716a, 717b, 718b*, c, 719b, c, e*, 720a, e, 721a, d*, 722a*, b, c*, d*, e*, 723a*, b*, c, e, 729a, 730b*, 733e, 734e*, 735a, d, 738b, 739a, b, d, 740c*, 741b, d, e, 743c, e, 744d, 745a*, 746e, 747b, e, 751a, b, c, 752c, 754d*, e, 755b, 758d, 759c, d, 762d, e, 763d, e, 764b, c, 765b, d, 768c, e, 769d, e, 770b, 771a*, 772c, d, e, 773c, d, e, 774b, 775b*, 776b, 779d, 780a*, d, 781a, e, 783a, b, c, d, 784e, 785a, 788a, b*, 789e*, 790b*, 793b, c, d*, 793a, 796b, 797a, 798a, c, 799b, d, e*, 800a, b, d, 801a*, c, d, e*, 802e, 804c, d, 805c, 806d, 807c, 808a, 809a*, 810c, d, 812a, 813c, 814c, 817a, b, e, 820e, 822d*, e*, 823a*, c, 824a, 828b, d, 831a, b, 832d, 834a, c, d, 835e, 836a, b, c,

b, c, d*, 656c, 657b, c, d, 664b, c, d, 665a*, b*, e, 666d*, 667a, 670a, 671a, 672b, e*,673b, d, 764e*, 765a, b, 771e*, 772a, b, 790e, 796b*, 799a, b, 800a, c*, e, 802c, 804b, 809b, 812e, 815b, 816d, 817d, e, 828c, 830d, 831b, 834e, 835a*, e, 942d*, 947b, 949a, c

合法的（Lawful, θέμις）680b*, 717b, 875c, 923d

和平（Peace, εἰρήνη）626a*, 628b*, c, d*, 640b, 713e, 729d, 738a, 796d, 803d*, 814e, 815a, b, c, d*, 816b, 829a, b, 866a, 942b, c, 949d, 950e, 955c*

洪水（Flood, κατακλυσμός）677a*, 679d, 682b, 740e

护卫、护卫者（Guard, guardian）：φύλαξ 625e*, 626a, b, 628a, 632a, b, c, 640c, 654d, 705d, e, 715a, 754d, 758a, c, d*, 760b, 761d, 763a, 764b, 769e, 779b, 783c, 784b, 795e, 807e, 808c, 814a, 838b, 842d, 867a, 871b, e, 892d, 906a, b, d, 907a*, 914b, 917b, 920a*, b, c, 928a, 934c, 937b, 942b, 952b, 953a, 954b, 962c, 964b, c, d*, e, 965b, c, 966a, b, c, 968a, d, 969c；φρουρός 758b*, 760a*, c*, d*, 762c, 763d, 779a, 843d, 848e, 964e

幻象（Phantom, εἴδωλον）830b, 889d, 959b

黄金（Gold, χρυσός）630a, 645a*, 679b, 698a, 705b, 728a*, 729b, 742a, d, 743d, 746a, 801b, 819b, 831d, 955e

簧管（Aulos, αὔλησις）669e*, 678c, 700d, 764c, 765b, 790e, 791a

回忆（Recollection, ἀναμιμνήσκω, ὑπομιμνήσκω, 对比记忆）649b, 652b, 672c, 673d, 688a, 720a, 732b *, d, 812b, 832a, 843d, 857c, 861a

机运（Chance, luck, fortune, τύχη）625c, 632a*, 640d, 647e, 653a, 653d, 686b, c, e, 690c, 695e, 702b, 709a, b*, c, d, 710c*, 718a, 723e, 732c, d, 736c*, 744e, 747c, 754d, 757e, 758a, 759c, 766a, 771c, 774e, 781b, d, 792a, 798b, 803b, 806a, 811c, 813a*, 832a*, 856e, 8576, 873c, 876b, 877a*, e*, 878a*, 879b, 881e, 888e, 889a, b*,c*, 899c, 905a, c, 908d, 919d, 920d, 922b, d, 924a *, d, 926e, 928a, 929e, 941c*, 944d, 945b, 946b

疾病（Sickness, *νόσος*）628d, 632a, 659e, 660c, 674b, 677a, 691a, c, d, 704d, 709a, 714a, 720c*, d*, 731b*, c, 733e, 734b, c, d, 735e, 736a, 741a, 744d, 761d*, 775d, 783a, 798a, 853d*, 854a*, c, e, 857d*, 862c, e, 864d, 877a, 878c, 888b, 890d, 905e, 906c, 916a*, b, 919b, c, 921e, 922d, 923b, 925e, 928e, 929a, 934a, d, 941d, 942a

集会（Assembly, *σύλλογος*）758d, 764a*, 850b

嫉恨（Envy, *ζῆλος, φθόνος*）635a, 679c, 694b, 730c,e, 731a*, 844c, 863e, 869e, 870c*, 934a

计算；数量（Counting, *ἀριθμέω*; Number, *ἀριθμός*）630c, 633a, 668d, 711a, 728a, 737c, e*, 738a, 740b, 741a*, b, 747a, b, 756c, 757b, 771a, b, c, 785a*, 8046, 817e, 818c*, 819b, c, 828a*, 848c*, 861e, 894b, 895e*, 896b*, 946a, 947b

记忆（Memory, *μνήμη*，对比回忆），629a, 633d, 645e, 646b, 649c, 657d, 660e, 664e, 665a*, 666b, 672c, d, 673d, 678a, 682b, 683e, 688a*, 699a, 705b*, 706a, 709e, 710c, 714e, 715b, 717e , 723c, 732d, 741c, 747b, 772e, 781b, 783c, d, 798b, 811a , 832a, d, 844a, 848d, 857c , 858d , 864b, 865e, 872b, 896c, d, 897e, 908c, 910a , 921d , 933b, 958e, 959a, 964e

技艺（Art, skill, craft, *τέχνη*，对比艺匠）632d, 639b*, 647d, 650b, 657a, 667c, 669a, 673a, c, 677b,c, 678a, c, d, e, 679a, b, d*, 693c, 695a, 709c, d*, 719c, 720b, 722d, 747b, 769b,c, 796a, 799a, 806b, d, 816a, 817b, 831d, 837e, 838e, 839b, 840a, 846d*, e, 847a*, c, d, 850b, 875a, b, 888e, 889a*, b, c*, d*, e*, 890a, d, 892b*, 902e, 919e, 920c*, 921b, d, 936d, 937e*.938a*, 942c, 948d, 967a

祭司（Priest, *ἱερεύς*; priestess, *ἱέρεια*）741c*, 759a*, b*, d*, e, 799b, 800b, 828b, 872e, 877d, 883d, 909d, 947a, b, c, d, 953a, b

祭坛（Altar, *βωμός*，对比虔敬）738c, 753c, 771d, 782c, 800b, d, 814b, 910a, b, 959d

假设（Hypothesis, *ὑπόθεσις*）671a, 743c, 812a

772d, 773a*, b*, c*, d, e*, 774a*, b, d, e*, 775b*, c, e, 776a, 778b*, 779a*, e*, 780a, b, 783b*, d, e, 784a, d*, 785b, 794b, 833d, 834a, 840d, 841d*, 842e, 868d, 874c, 877e, 915a, 924a, 925a, b, c, d, e*, 926c*, d, 930a, b, c, 932b, 944a

姐妹（Sister, ἀδελφή）838a, c, 868e*, 877b*, 924e*, 925d*

解释者（Interpreter, ἐξηγητάς）759c, d, e, 775a, 828b, 845e, 863d, 871d, 873d, 916c, 958d, 964b

经验（Experience, empirical, ἔμπειρος）632d, 635c, 639e, 647d, 659d, 673b, 676a, 677b, 678b, 692b, 720b, c, 722b, 733d, 741d, 752b, 760c, d, 765b*, 772b*, 775b, 790d, 818d, e, 819a, 846c, 857c, 860b, 870a, 892d, e, 904a, 910b, 917e, 920b, 936d, 938a, 951b, 957b, 968b

精灵（Demon, demonic, δαίμονας）713d*, 717b, 730a, 732*, 734a*, 738b, d, 740a, 7 47e, 799a, 801e, 804a*, 818c, 828b, 848d, 877a*, 906a*, 910a, 914b

净化（Purgation, purity, κάθαρσις, 对比神圣的）628d, 716e*, 735b*, c, d*, e, 736a, b*, 759c, 763d, 778c, 779c, 800d, 831a*, 845e*, 854b, 864e, 865b*, c, d*, 866a, c, 868a*, c*, e*, 869a*, d*, e, 870c, 872a, e, 873d, 874b, c*, d, 877e, 881e, 910a, d, 916c, 917b, 919a, 936c, 947d

竞赛（Contest, ἀγών）647d, 657d, 658a*, b, c, 665e, 729d, 746d, 751d, 764c, d*, 765c, 783a, 796d, e, 828c, 829c, 830a*, c*, 831a, b, 832e*, 833a*, 834b*, d*, e, 835a*, b, 840a, 865a, 873e, 881b, 920e, 936a, 943b, 947e*, 950e, 955a*, b*, 956c*

敬畏（Awe, reverence, αἰδώς, 对比羞耻）647a*, 649c, 671d, 672d, 698b, 699c, 713e, 729b, c, 772a, 813c, 837c, 841a, 843c, 867c, 871d, 877a, 879c, 886a, 917a, b, 921a, 943e

酒（Wine, οἶνος, 对比酒会）652a, 666a*, b*, 672b, d, 674b, c*, 773d, 775b, c, 845b, 849d, 906e

酒会（Drinking party, sumposium, 对比酒）637a, 639d*, 641a, b, 648d, 671c, e

酒神颂歌（Dithyramb, διθύραμβος）700b, d

剧场（Theater, θέατρον）659a, c, 665e, 667b, 701a*, 779d, 876b

君王（King, βασιλεύς）680e*, 681d*, 683e*, 684a*, b*, 685c, d, 686a, 688c, 690d, e, 691a*, d, 692a*, 693d, e, 694b, e, 695c, d, e, 696a, 698e, 710e, 711d,712c, e, 713c, 756e, 76le, 904a

恐惧（Fear）：φόβος 632a, 633d, 635b, c, d, 639b, 640a, 642d, 644c, 646e*, 647a*, b*, c*, 647e *, 648b*, d, e, 649a*, b, c*, d, 671d, 677e, 678c, 682c, 685c, 698b, d, 699c*, 701a, b, 727c, 746e, 752b, 780c, 783a,791a, b, c, 792b, 797a, 798b, d, 804e, 806b, 808c, 818e*, 819a, 830d, e, 831a, 832c, 833d, 839c, 840c, 853d, 863e, 864b, 865e, 870c, e, 872c, 873a, 874e, 886a, 887a, 891a, 897a, 904d, 906a, 910a, 922c, e, 927b, 931e, 932a, 933c*, 934a, 943d, 959b, 963e；δέος 640b, 648a, 685c, 699c, 701a, 746e, 819a, 830b, 880e

快乐（Pleasure）：ἡδονή 625a, 631e, 633d, e*, 634a, b*, c, 635b, c*, d*, 636b, c*, d*, e, 637a*, 643a, c, 644c, 643d, 647a, c, d, 649d, e, 653a, b*, c, e, 654a, d, 653d, e, 656a*, 657b, 658a, b, d, e, 659b, c*, e, 660a, b, c, 662a, c, d*, e*, 663a*, b, c*, d, 664b, 665c, e, 667b, c, d*, e*, 668a, b, 670d*, 673e, 684c, 689a, b, 696c, 700d, e, 705a, 710a, 714a, 727c, 732e, 733a*, b*, c, e, 734a*, b*, c*, d*, 763b, 773b, 779b, 782e, 783a, 788b, 792c*, d, e, 793a, 798a, e, 802c*,d*, 811d, 813a, 814e, 815e*, 816b, c, 819b, 823c, 829d, 836d, 838b, 840c, 841a, 843d, 862d, 863a, b, d, e, 864b, 869e, 886a, 887d, 888a, 893a, 902b, 908c, 927b, 934a；τέρπω 656c, 658b, e, 669d

老年人（Elder, elders, embassy, πρέσβυς, 对比年老）631e, 657d, 659d, 665b, d, e, 666b, 680e, 681a, 685a, 687c, 690a, 698d, 701b, 712b, c, 714e, 717b, 718a,721d, 729b, 740e, 742a, 752e, 754c, 762e, 769a, 789b, 799c, 813c, 820c, 821a, 845c, 847c, 853d, e, 863d, 879b *, c*, 880b, c, 892b, c, d, e, 895b, 896b, c*, 914d, 917a, 919e, 924c*, 929e, 932b, c, 935c, 941a*, 950a, d, 951d, e, 952c, 957a, 961a, 964e, 966d,

967b, d

老师/教师，教导（Teacher, teaching, διδάσκω，对比教育）632a, 655a, 656c, 659b, 666a, 720b, d, 727d, 779d, 783d, 788a, 794c, 796b, 803a, 804c*, d, 808d, e*, 810a*, 811d*, e*, 812a, b, e*, 813b, e, 834e, 845b, 858d, 862d, 870b, 880d, 883d, 888a, d, 899c, 929b, 934e, 936b, 942c, 949b, 953d, 957a, 964b, c, 969c

里拉琴（Lyre, λύρα）677d, 794e, 809c, e*, 812d*, e

理智/心智（Intellect, intelligence, νόος，对比无知，思想）628b, d, 631c, d, 632c, 634e, 636c, 638e, 641e, 642b, c, e, 644a, 645b, 646e, 652b, 656e, 657a, 667a, 672c, *, 676b, c, 677a*, b, 679c, e, 685b, 686e*, 687e, 688b*, e, 689b, 691d*, 692c, 694b, c, 695a, d, 699b, 700e, 701d, 702b, d, 710c, 712b, 713a, c, 714b, 716a, d, 717d, 718b, 728d, 729c, 730c, 736b*, 737b, 738a, c, 742d*, 745b, e, 747e, 751c, 752b, 753c, e, 759b, 768e, 769a, b, c*, e, 772d, 776b, e, 777a, 781c, e, 783e*, 788d, 789b, 790b*, 791b, 798b, 801a, 802c, 804a, 809e, 823b, e, 829b, 834b, 835a, d, 836e, 837e, 839c, 854c, 857c, 858d, 859a, d, 860a, 875c, 889c, 892b, 893d, 897b, d, e, 898b, e*, 900d, 901b, 903d, 909d, 913a, 919c, 920a, 921a, 925b, 926d, 927c, 930e, 931a, e, 948d, 952b, 957c, 961d*, e*, 962a, 963a*, b, e, 965a, 967b *, e, 969b

立法者（Lawgiver, νομοθέτης）625e, 626a, 628a*, c, d*, 630c, d*, 631a, d, 632b, 633a, 634a, 635a, b, c, 636e, 637d*, 647a, 648a*, 649a*, 656d, 657a*, 660a, 662b, c, e*, 663a, b*, d, e, 666a, 667a, 671c, 678a, 680a*, 681c, d, 683c, 684b*, c, d*, e, 688a*, e, 690d, 691b, d, 692b*, 693a, b*, c, d, 696a, 697a, b, 699d, 701d*, 704d, 705e*, 707d, 708c, d*, e, 709a*, b, c*, d, e, 710c, d, e, 718b*, c*, 719a, b*, c*, 720a*, e*, 722a, b, c, 723a, b*, c, d, 727c, 728a, d, 729b, 735c, d*, 736a, c, 737d, 738a, c, 739a, 741b, 742d*, e, 743e, 744a*, d, e, 746a, b, c*, 747a, c, d, e, 751b, 752b, 757b, d, 766a, 768c, d, 769d*, 770a*, c, 772a, b, c*, 779d, 780a, b, c*, 781a*, c, 785a, 788b, c, 790b, 798b, 800b, 801d,

领兵术（Generalship, στρατηγικός）640b, 671d, 694a, c, 709b, 755b, c,
　　d, e*, 756a*, 760a*, 847d, 880d, 902d, 906e, 908d, 921d, 943a, 944e,
　　953b, 955c, 961e, 963b

领头（Pilot, ἄρχων）640e, 641a, 674b, 707a, 709b *, c, 902d, 905e,
　　906e, 942b, 961e*, 963a

流放（Exile, φυγή）682e*, 735e, 770e, 855c, 867c, d*, e*, 868a, 871d*,
　　877c*, d, e, 881b*, d, 890c, 955b

论证（Argument，参言辞）

裸体（Naked, γυμνός）633c, 772a*, 833c, 854d, 873b, 925a*, 954a

马（Horse, ἵππος）625d, 643c, 658a, 666e*, 701c, 708d, 735b, 753b,
　　755c, e, 756a*, b, 760a, 764d, 765c, 789d, 794c, 796c, 804c, e, 805a,
　　813e, 822b, 824a, 834b*, c*, d, 847d, 880d, 936e, 943a, b*, 947c*, e,
　　949a, 953b

埋葬（Graves, burial, ταφή）632c, 699c, 717d, 719d, e, 872a, 873d*,
　　885a, 947d*, e, 948a, 959d, 960b

莽撞（Rashness, boldness, θρασύς）630b, 642d, 644d, 647a, b, 649a, *,
　　657a, b, c, 671c*, 685c, 701b, 728e, 797a, 810e, 879d, e, 897a, 959b

美好/高贵（Fine, fair, noble, beautiful, καλός）625a, c, 626b, 627d,
　　630c, 631c, 632b, 633a, 634d*, e, 635a, b, 636a, e, 637a, e, 638a,
　　b*, 639a, 641c, 642c*, 644b, 645a*, 646d, e, 648d, 649c, d, 653a, c,
　　654b*, c*, d*, e*, 655a, b*, c*, e, 656a, c, d*, 657a, 658d, e, 660a,
　　d, e, 661a, e, 663a*, b, e, 664b, 663d*, 666e, 667a, b, c, d, e, 668b*,
　　669a*, 670e*, 671a, c, d, 672d, 674c, 676a, 678b*, 679c, 680a, d,
　　682b, d, 683b, 684e, 685b, d, 686c*, d*, e, 687e, 689a, b, d, 692c, d,
　　693e, 694d, 696b, d, 697b, 698a, 6996, 701a, d, 702e, 705d, 706a,d,
　　707a, 714c, 716d, 717d, 719a, 721a, 722a,c, 723c, 727d, 728a*, c, d,
　　729c, 730b, 7326, 733e, 734d, 743a*, c, 744b, 746b, 7476, 7536, 754a,
　　c, e, 762e*, 765e, 766a*, b, 769a*, b, c, 770c, 772c, e, 773d, 774b, d,
　　775b, 778d, 780e, 783d*, e, 788c, d, 789d, 792a*, 793a, b,*, c*, 795e,

b*, c, e*, 874a, b*, c, e, 876e, 877a*, b, c, e, 937a

母亲（Mother, μήτηρ）672b, 680e, 690a, 693d, 701b, 740a, 754a,
759c, 766c , 774e, 776a* , 789a, 790d, 794e, 806e, 808e, 856d, 859a,
868c, 869c*, 872e , 873a, 874c, 879c, 880e, 881b*, 887d, 918e, 919e,
924b*, 927d, 929b*, 930b, c, 931a*, c, d, 958e

木匠（Carpenter, τέκτων）643c, 793c

木偶（Puppet, θαῦμα, 对比游戏）644d, 645b, d, 658c*, 804b

牧羊人（Herdsman, νομεύς, 对比牧牛人，山羊）677b, e, 679a, 735b,
736c, 737e, 842d, 848b, 906b, e, 931d

牧羊人（Shepherd, ποιμήν, 对比牧牛人，山羊）694e, 695a*, 713d,
735b, 805e, 808d, 906a

男人（Man, ἀνήρ, 对比勇敢，人类，男性）626c, 627c, 629a, c, d,
630e, 633d, 634d, 639b, 640b, 641b, 642d, 643b, d, 644b, 660a, e*,
661b, 662c, 665c, 666d*, 669c, 674a, b, 681b, 684e, 687c, d, 688a,
689b, 694e*, 696a, 701a, 708d, 715e, 716b, 717a, 719e, 728b*, 730d,
731b, 732a, c, 737e, 738a, e, 743d, 746a, 752b, 754c, 755b, 756e,
762e, 763c, d, 764e,769a, 770c, 777a, 780e, 781b, e, 783b, 784a, e,
785b*, 798c, 802a, b, 803c, 804d, e, 805a*, d, 806b, e, 808e, 813c, e,
815b, 816e, 817a, 822b, 824a, 828c, 829e*, 831d, 833c, d, 836a, b,
839b, 841e, 846d*, 854b, c, 856c, 862e, 864a, 868d*, e, 871b, 874c,
877c*, d, e, 878d, e*, 879b, 881d, 882c*, 888e, 890a, 891a, 907a, c,
910c*, 913c, 916d, 917a, 918e, 921e, 922a, 923d, e*, 929c, e*, 930c,
e, 932b, 937a, 943d*, 944d*, e*, 945a, 946a, b, 950c, 955e, 957a,
958c, e, 959e, 969b

男性（Male, ἄρσην, 对比勇敢，男人）631e, 636c*, 660a, e*, 661b,
662c, 665c, 666d*, 669c, 674a, b, 740c*, 764d, 765a, 770d, 778a,
781b, 788a, 792d, 794c, 802d, e, 804e, 803d, 806c, 836a, c*, e, 840d*,
841d*, 879c, 923c, 925a*, c*, 928a, 930b, c, 942a, 947b, 958d

内乱（Civil war, faction, στάσις）628b*, c, 629c, 630b, 636b, 678c,

875d, 877b, 879a*b, 881c, 882a, b, c, 890a, 914a, b, e*, 917d, 930d*,
932d*, 934d, e, 936c*, d, e, 937a*, 941d, 954e, 962e；*θεράπων* 633c；
οἰκέτης 760e, 763a, 776b, 777c, 778a, 720c*, 760e, 763a*, 776b, d,
777a*, c, d, e, 778a*, 794b, 807e, 844b, 846d, e, 848a, 849d, 853d,
909c

懦弱／胆怯（Cowardice, Coward, *δειλός*，对比勇敢）639b*, 640a,
647c, 658b, 649d, 655a*, b, 659a, 688c, 699c, 733e, 734c, d*, 774b,
791b, 814b, 816a, 856c, 870c, 873c, 900e, 901e, 903a, 934a, 957e

女儿（Daughter, *θυγάτηρ*，对比儿童，儿子）650a, 763d, 838b, 868c,
877c, 923d, e*, 924d, e*, 925b, d, 926b

女人（Female, *θῆλυς*，对比男性，妇女，母亲）631e, 636c*, 665c,
740c*,764d, e, 763d,. 770d, 778a, 781a, b, 788a, 792d, 802d, e*, 804d,
e, 803d, 806c, e, 834a, d, 836a, c, e, 839a, 840d*, 872e, 879c, 923e,
924d, e, 925a*, c*, 928a, 930b, d, 942a, 958d

女人，妻子（Woman, Wife, *γυνή*，对比男人，女儿，姐妹）627c,
637c, e, 639b, 650a, 658d, 669c, 674b, 680c, 694d, e*, 695a, 719d,
721c, d, 731d, 739c, 774c, 776a, 780e, 781b*, c, 783b, 784a*, b*, c,
d*, e*, 785b*, 790a, 792e, 794b, 802e, 803c, 804e*, 805a, d*, e, 806a,
b, c, 807b, 813c, e*, 814b, c, 816e, 817c, 828c, 829b, e, 833c, d, 836a,
b, 838d, 839b, d, 840a, 841d*, e, 868d*, e, 871b, 874c*, 877c*, d,
878d*, 879b, 881d, 882c*, 909e, 910c, 917a, 918e, 929c, e, 930a, b, c,
d*, 932b, c, 935a, 937a, 944d, e, 947d, 949b, 956a

平民（Populace, people, tribe, *δῆμος*，对比民主制）626a, d, 647b,
681c, 684b*, c, 689b, 690e, 693d, 697c, d*, 699e, 700a, 710a, 714a,
d, 742b, 746d, 753c*, 754e, 757d, 759b*, 763a, 766c, 767b, e, 768a,
772d, 774d, 780a*, 784c, 800a, c, 817c, 855a, 857b, 864e, 865a, 872b,
873e, 877d, 884a, 890b, 899e, 908d, 909d, 910c*, 915c, 920e, 921d,
932d, 935b, 941c, d, 950d, 952e, 953b*, 953d, 957a, 968a

祈祷（Prayer, *εὔχομαι*）687c, d*, e*, 688b, 700b, 706e, 709d*, 716d,

737b, 738b*, c, d, 739d*, 740a*, b, 741a, b, c, d, 745a*, d, e, 747b, e, 752a, 753c, 757e, 759b*, c*, d, 761c, 762e, 766a, 767d, 771b, c*, d*, 772d, 773d, e, 774b, d, 775b, c, e, 776b, 778b, c, 780e, 782c*, 783b, 791a, 792d*, 796c*, d, 798a, 799a*, b*, e, 801a*, e*, 803c*, e*, 804a*, b, 806c, 807a, 809c, d, 811c, 813d*, 817a, 818b*, c*, e, 821a*, b, c, 822c*, 824a, 828a, b, c, d, 829e, 834e*, 835a,c, 838b, 841c*, d, 843a*, 844d, 847c, 848d*, 853c*, 854b*, e*, 856b, e, 858b, c, 859b, 861b, 864d, 865d, 871b, c*, d, 873a, d, e, 875c, 877e, 879c,*, d, e, 880e, 885b* , c, d, e*, 886a, c, d*, 887a, b*, c*, d, e*,888a, b, c, 889c, e, 890a, b, d, e, 891b, e*, 893b, 897b*, 899a, b*, c*, d*, 900a, b*, c, e, 901a, b, c, d*e, 902b*, c, e*, 903a*, e, 904b, d, e*, 905a*, b, c, d*, 906a*, b, d*, 907a, b, c, 908b*, c*, e, 909b*, d*, e, 910a*, b*, c, 913b*, d*, 914a*, b, 916e, 917a*, b*, d*, 919d, 920e, 921a*, c, 926b, 927b, 930e*, 931a*, b*, c*, d*e, 934c*, 936a, e, 941b*, 943c, 944a, d, 945c, e, 946b, 948b*, c, d, 950b, d, e, 951b, 954a, 955e*, 956a, b, 957c, 958d*, 959b, 965c, e, 966c*, d*, e*, 967a, c, d, 968b, 969a, b

神话（Myth, μῦϑος）632e, 636c, d*, 645b, 663e, 664a, d, 680d, 682a, e, 683d, 699d, 712a, 713a, c, 719c, 752a*, 771c, 773b, 790c, 804e, 812a, 840c, 841c, 865d, 872e, 887d, 903b, 913c, 927c, 941b, 944a

神圣的（Hallowed, ἅγιος, ἁγνός, 对比虔敬，净化）729e, 759e, 782c, 840d, 884a, 904e

神圣的（Sacred, temple, ἱερός, 对比虔敬的，祭司）625b, 645a, 657b, 681e, 699c, 708c, 738c*, 739a, 741c, 745d,753c, 755e, 758e, 759a*, d, e*, 760a*, 761c, 764b, 766b, 767a, 771a, b*, 774b, d, 775a, 778b, c*; 784a, b, 785a, 789e, 794a, b, 799a, b, 800a, b, c, d, 807a, 809b, 813a, 814b, 816c, 824a*, 828c, 829e, 832a, 833b*, 838a, 839c, 841d, 844a, e, 848d*, e, 849a, 853d, 854a*, b*, d, 855c, 856a, c, 857a, b, 859b, 860b, 866a, 868b, d, e*, 869b, 871a, 874b, 878a, 881d, e, 884a, 885a*, 909d, e*, 910a, b*, c*, 914b, 916a, b, 920d, e, 927c, 935b, 936a, 943c,

779d, 817c, 848d, 849a*, b, d, e, 868a, 871a, 874b, 881c*, e, 908a, 913d, 913d, 917a, b, d, e, 918a, 935b, 936c, 946d, 952e, 954c, d

市场管理员（Market Regulator, ἀγορανόμος）759a, 760b, 763c, e, 764b, c, 849a, e, 881c, 913d, 917b, e*, 920c, 936c, 953b

誓言（Oath, ὅρκος）683d, 684a, 691a, 692b, 701c, 755d, 767d, 784c, 908c, 917a*, c*, 948c, d*, e, 949a, b*

收入，雇佣（Wages, hire, μισθοφόρος）630b, 650a, 697e*, 742a*, 759e, 800e*, 804d, 813e, 847b, 918b, 921c, e, 945a

狩猎（Hunting, θηράω）627c, 633b, 654e, 679a, 716a, 728d, 763b, 822d, 823b*, c*, d*, e*, 824a*, 950c

竖琴（Kithara, κιθαρῳδία）658b, 669e, 670a, 700b, d, 722d, 764e, 799e, 812b*, d

摔跤（wrestling, πάλη）814d, 819b

说谎（Lie, falsehood, ψεύδω）659b, 663d*, e, 679c, 727e, 730c, 821b, 822c, 863c, 888b, 916d, e, 917a*, b, 920e, 921a, 937b*, c*, 943d, e

私人（Private, ἰδιώτης）626a, d, 628d, 636d, e, 641b, 644c, 645b, 647b, 667a*, 672e, 681b*, 696a, 702a, 714a*, 717b, 729a, 739c*, 742a, b*, 757b, 758b, 763a, 767b*, c, 768b, 779b, c, 780a*, 788a, 790b, 796d, 800b, 801d, 807b*, 808b, 831c*, 836b, 839e, 844a, 848a, 864a, 875a*, b*, 877d, 885a, 890a, b, 899e, 908d, 909b, 910b*, c*, 916b, c*, 919d, 921b, 925e, 927e*, 933d, 946d, 948e, 950d, 952c, 955c, e, 957a, 961b

思想（Thought, διάνοια，对比理智）626d, 628d, 635a, c, 644d, 646d*, 654c, d, 660c, 676c, 677a, 683c, 685b, e, 686b, d*, 688c, 691d, 692e, 693b, 694c, 704a, 713c, 716b*, 718b, 719e, 721b, d, 722a, b, 729d, e, 733c, d*, 734b, 735a, b, 740a*, b, 755b, 762e, 763a, 763d, 771b, 777a, 779a, 780a*, 783d, 793a, c, d, 798a, b, 803c, 804a, 805d, 816b, d, 818d, 820a, b, 822b, d, 828d, 833c, 837a, 842a, 854e, 856b, 857e, 859a*, 861d, 876a, e, 879b, 888a, b, c, 889a, 890a, b, c, 898e, 903a*, 904b, 907c, 909e, 916a, d, 922e, 925e, 926b, 931a, d, 948b, c, 961c,

铁匠（Smith, χαλκός）846e*

听说（Hear, ἀκούω）624b, 625a, b, 629b, 631b, 634e, 638b, d, 639a, e,
641e, 642b*, c, d*, 643a, 646b*, 652a, 656d, 658c, d, 659c, 661b, c,
662e, 665b, 668c, 671b, 679c, 683c, 692e, 693d, 694a, 696b, 699a,
700c, 708d, 712b*, 713b, 718d*, 719b, 721d, 724b*, 726a*, 729b,
739a, c, 767e, 769b, 770c, 772e, 774b, 780d, 781d*, 782c, e, 790b,
793a, 797a*, d*, 799c, 800d, 802d, 804e, 811d*, 819d, 821e, 823c,
832b, 838c, 839b, 840e, 854c, 855d, 863a, b, d, 870d, 872d, 885c,
d, 886c, 887d*, e, 891a, 893a, 898c, 900d*, 901d, 902c, 903d, 907e,
927b, 931b*, c*, d, 943a, 946e, 953a, 953d, 958b, 961a

统治者（Despot, master, mistress, δεσπότης）640e, 690b, 694a, 697c,
698a, b, 701e*, 713a*, d, 715d, 720b, c, 726a*, 727a, 740a, 757a,
762e, 776e, 777b, e, 790a, 796b, 808a, b*, d, 817e, 841b, 845a, 848b,
859a, 865a, 868b, c, 877b, 882b, 906b, 914a, 915a, b, 930d*, 936d*,
954b, 962e

痛苦（Pain）：ἀλγηδών 633b, 634b*, 646d, 647a, 727c, 735d, 792b；
λύπη 631e, 633d, e*, 634a, 635b, c, 636d, 644c*, 645d, 653a, b*, c,
654d, 657b, 659d*, 663b, 684c, 685a, 689a, b, 696c, 706a, 727c, 729a,
732e, 733a*, b*, c, 734a*, b*, c*, 739d, 782e, 788b, 792b, d*, e, 793a,
848e, 862d, 863e, 864b, 875b, 897a, 902b, 908c, 919c, 934a, 958e

投票（Voting, χειροτονία）659b, 674a, 692a, 753b, c, d, 755d*, e*,
756a*, b*, 759d, 763d, e*, 765b, c*, 766b*, 767d, 801a, 855d*, 856a,
c, 920d, 929b, 937a, 946a, 948b, 949a, 956e, 958b

骰子（Dice, κύβος）968e

推理（Calculation, λογισμός, λογιστική, 对比理智，言辞，思想）
644d, 645a*, 689c, 697e, 728b, 798c, 805a, 809c, 813d, 817e, 819b,
854e, 896c, 897c, 967b

温和（Gentleness, πραότης）629d, 634c, 645a, 720a, 731b, d, 735d, e*,
792e, 815e, 853d, 867b, 888a*, 930a*

文法（Grammar, letters, writing, γράμμα）680a, 689d, 721e, 722a, 741c*, 745a, d, 753c*, 754d*, e*, 755a, 762c, 773e, 784c, d*, e, 785a*, 788b, 790a, 793b*, 809b, c, e*, 810b*, c, 811e*, 812a*, b, 819b, 822e, 823a*, 845e, 850a*, b, d*, 854d, 855b, 856a, 858c, d, e*, 859a*, 871a, 876e, 886b, 889d, 890c, 891a, 914c*, d, 917e*, 918a, 919e, 920c, 922a, 923a, c*, e*, 924a*, b, 928e, 929e*, 934c, 938b, 941a, 943a, b, c, 946d, 947b, e, 948a*, d*, 955b, d, 956c, 957c, d*, 968d

无知（Ignorance, lack of intelligence, ἄγνοια，对比理智）625e, 635e, 637a, 640e, 646c, 654d, 663d, 668e, 670c, 687d, 688e, 689b, 690e, 691d, 695a, 700d, e, 716a, 727e, 733d, 751d, 754b, 769d, 771e, 778a, 779a, 789b, 794d, e, 795a, 797a, 805a, 816e,819d, 822e, 830b, 839b*, 863c*, 891c, 892a, 897b, 898b, 899b, 902a*, 903d, 908e, 909d, 922c, 934a*, 962a*, 964a, b, 967d

无知（Lack of learning, ἀμαθία，对比上一词条）649d, 679d, 688d, e, 689a*, b, c, 691a, 730c, 732a, 734b, 737b, 747b, 784c, 831b, 886b, 957e

舞蹈（Dance, ὄρχησις，对比合唱队，舞姿）653e, 654a, b*, c, d, e, 660b, 670a, 673a, d, 764e, 791a, 7956*, 796c*, 798e, 799a, 800a, 802a*, c, 803e*, 809b, 813a, b*, d, e, 814e, 815a, b*, c, d*, 816a, b*, c*, d, 835b

舞姿（Dance-posture, σχῆμα，对比合唱队，舞蹈）654e*, 655a*, b, c, 656a, d, 660a, 669c*, d, 672e, 700b, 797b, c, 798d, 815a, 816a

希望（Hope, expectation, ἐλπίς）644c, d, 649b, 699b, 718a, 817c, 853d, 864b, 898d, 907d, 923d, 950d

习惯（Habit, custom，对比性情）：ἕξις 625c, 631c, 645e, 650b, 666a, 728e, 778e, 790e, 791b, 792d, 870c, 8936, 894a, 966b；ἔθος 632d, 653b*, 653d, 658e, 659d, 660a, 663b, 673d, 680a, 681b*, 706c, d*, 707a*, 717d, 741e, 781c, 788b, 791b, 792e, 793b, d*, 7946, 793d,

807d, 808c, 817e, 818e, 834d, 841b, 909e, 935b, 942c, 951b, 968d

戏剧（Drama, δρᾶμα）817b

闲暇（Leisure, σχολή）694e, 738b, 763d, 771c, 781e, 813c, 820c, 828d, 832d, 853d, 858b*, 951a, 961b

献祭/牺牲（Sacrifices, θυσία）642d, 716d, 738c, d,741c, 771d, 772b, 782c*, 784a, 791a,799a, b*, 800b, c*, d, 801a, 804a, 809d, 816c, 821d, 828a*, b, c, 829b, 835b, e, 847c, 866a, 871c, 885b, 887a, 888c, 908c, 909b, d*, e*, 910b, c, d, 935b, 947a, 948c, 949d, 950e, 953e

相称的（Fitting, πρέπων）625a, b, 627c, 634d*, 657d, 663d, 666d*, 670d, 678c, 699d, 716e, 731d, 741c, 755c, 756b, 757c, 764c, e, 767b, 772d, e, 775b, c, 778d, 779b, c, 781d, 783c, 784b, 785b, 796c, 799c, 800e*, 801e*, 802b, d, 804e*, 807b, 815b, 816c, 818a, 821a, 828c, 833d, 835b, c, 842d, 847d, 848c, 849e, 855a, 861c, 880a, 887a, 903d, 917a, 920e, 931d, 934e, 944d, 945b, 948d, 949d, 950c, 953d, 956a, c, 957b

相等（Equality, ἰσότης）655a, 667e, 668a*, 671e, 684d*, 692a, 694a*, 695b, c, 733b*, c*, 737c, 741a, 744b*, c*, 745c, d, 757a*, b*, c, d*, e*, 760b, 761e, 773a, d, 777d, 794e, 804e, 805a, 837a*, 845a, 848b*, 855a, 859e, 861a, 895e, 908b, 919d, 929b, 931d, 946a, b*, 957c

谐剧（Comedy, κωμῳδία）658b, d, 816d*, 817a, 933d*, e*

信任（Trust, trustworthy, trusted belief, πιστός, πιθανός）630a, b, c, 635e, 636d, 648d, 663b, e, 663d, 677a, 682c, 685c, 701c,705a*, 730c*, 742c, 771c, 772d, 775d, 776e, 777a, 782b, d*, 791b, 798d, 824a, 836c, 839c, d*, 849e, 850b, 886e, 887b, 890d, 915c, 927a*, 941c, 943c, 947e, 949b, 953d, 965c, 966c, d

星辰（Stars, ἄστρον, 对比天文学）809c, 817c, 818c, 820e, 821b*, 822a, 886a, d, 889b, 898d, 899b, 966e, 967e

行动，言辞（Deed, ἔργον; word, λόγος）626a, 636a, 647d, 677e, 679d, 683e, 688d, 698a, 717d, 728c, 729b, 736b, 737d, 757d, 769d, e, 777b,

序曲（Prelude, προοίμιον）722d*, e*, 723a, b*, c*, d, e*, 724a, 734e*, 772e, 774a, 854a, c*, 870d, e, 880a, 887a, c, 907d*, 916d, 923c, 925e, 926e, 930e, 932a

血气（Spiritedness, spirited anger, θυμός, 对比愤怒）663d, 635c, 643d, 646b, 649d, 659b, 665e, 666a, b, c, 676c, 687e, 688d, 692a, 694b, 697d, 717d*, 718d, 727b, 729e, 731a, b*, d*, 746d, 751e, 763c, 770b, 773a, c, 779a, 800c, 807b, 859b, c, 863b*d, e, 864b, 863d, 866d*, e, 867a*, b, c*, d*, 868a, b, c*, e, 869a, b, c, e, 873a, 874e, 878b, 879c, 887c*, 888a*, 890e, 901c, e*, 907c, 928b, 929a, 931b, 934a, d, 935a*, c, d*, e*, 936a*, 952c, 961c, 962e, 963c, 968b

驯服（Tame, ἥμερος, 对比温和）666e, 709b,713d, 718d, 720d, 761a, 765e*, 766a*, 837b, 867d*, 885e, 890c, 906d, 937e, 951b

严肃（Seriousness, σπουδή）628e, 629a*, 632a, 636c, 643b, 644d, 647d, 652a, 654b, 661a, c, d, 663b, 665d, 668d, 669d, 677c, 688b, c, 707b, 722e, 724a, 732d, 735c*, 740d, 743 e*, 757a, 761d, 769a, 770d, 771e, 773a, 775b, 796d, 797b, 798c, 803b*, c*, d*, 804b, 810e, 814e*, 816d, e, 817a, 818c, 828d, 831d, 834b, 838c, 855d, 870d, 887d*, 889d, 893b, 928a, 935b, 936a, 942a, 952a, 966b, c

言论自由（Freedom of Speech, license in speaking, παρρησία）649b, 671b, 694b, 806d, 811a,829d, e, 835c, 908c

言语，说明，论证，理性（Speech, account, argument, reason, λόγος）625b, 626d, e, 627b, d 628e, 629a*, 630b, 631a, 633a, d, 634d, e, 635e, 636a, 637d, 638b, c, d, e, 641d, e*, 642a*, d, 643a*, e, 645b*, c, 646a, 647d*, 652a, 653b*, c, d, 654e, 655b, 656c, d, 657e, 659c*, d, 660e, 662d, 663b*, d*, 664a*, d, e, 665b, 667a, e, 668a, 669c, d*, e, 670a*, 671a, c, 673e, 674b, c*, 676c, 677a,e, 678a, 680d, e, 683a, c, e*, 684a, 686d, 687b, c*, 688b, c, d*e, 689a, b*, d, 691a, 692a, 693c, e, 694e, 695c, e, 696b, c, e*, 698d*, 699c, e, 700e, 701c*, 702a, b, d, e, 705b, c, 709c, 710b, c, d, 711e*, 712b, 713b, e, 714a, d, 715c, e*,

742c, e, 743c, e*, 744a, d, 751c, d, 752c, 754a, 757a, e, 765e, 768c, 771b*, c, 774a, 776c, 777d,e, 778a, 779e, 780a,c, 781a*, d, e, 782d, e, 783c, 788a*, c*, d, 790b*, c, 791c, 792a, c, 793a*, d, 794e, 795c, 796a, 797c, 798e, 799b, 801c, e, 803b*, e, 806d, 807d, 810c*, e, 812b, 813d, 814e, 815a*, b*, c, 816b, 817a, 818a, d, e*, 821a, d*, 822a*, b, c, 823a, 830a, 831a, e, 832c, d,833c, 834d, 838c, 837a, b, e, 838c, d, 839d, 841b, e, 842a*, 8476, 848b, 853b, d, 857c, e, 858b, e, 859e, 861a, c, d, 862a, 869a, e, 871c, 874b, e, 875d, 876a, c*, e, 888b, e, 890a, d, 891e, 892b, c*, 894d*, 896b*, e, 897a, b*, c, d, 898b, 899c, e, 900c, 901a, e, 903b, 907d, 909e, 914a, 916e, 917c, 916b*, 921c, 925e, 930e, 931a, b, e, 932a, 941a, 950a, c, 953a, 956e, 957c, 960e, 961c, 962a, 963a, 963b, e, 968c*, e, 969a

正义（Justice, δικαιοσύνη）624a, 625a, 627a, b*, c*, 630a, b, c, d, 631c, 632b, c, 643e, 644a, 647c, d, 649e, 658c, 659b, 660e*, 661a, b*, c, d*, e, 662a, c, d*, e, 663a, b*, c*, d*, e, 667d, 671d, 679c, e*, 680e, 682d, 684b*, 685c, 687e, 689a*, d, 690c, 691c, 695d, 696a, c*, d, 699d, 700d, 705b, e, 711d, 712c, 713c, e, 714b*, c, d, 715a, b, 716d, 717d, 718b, 728c*, 730d*, 731a, b, c*, d, e, 732a, 735a, 737a, d*, 743a*, b*, c, d, 746b, 757c, d, e, 759a, 716d, e, 762a*, b, 764b*, c, 766d, 767b*, e, 768a*, 774b, 775d, 777d*, e*, 778d, e, 794b, 801c, 807a, c, 808c, 820e, 829a*, 833e, 839a, 840d, 846b*, 847b, 849a, 854b, c, e*, 855a, 856a, 858d, 859b, c, d*, e*, 860a*, b*, c*, d, e*, 861a*, b, c, e*, 862a*, b*c*, d*, e*, 863a, e*, 864a*, e, 867a, 869b, e, 870c*, 871a, 872c, 873c, 875a, 876a, 879e, 880b, 882a, 885d*, 889e, 890a, b, 896d*, 897d, 899e, 904c, 903d, 906a*, b, c, d*, 907a *, b*, 908b *, c, 910b*, c, 913b, 915a, 919a, 920d, e, 921b*, d, e, 923b, 927c, d, 928d, 931c, d, 932b, d, 934b*, 937e, 938b, 941d, 944c, 946d, 949b, 953b*, 957b, e*, 958a, c, d, 959b, 961d, 962b, d, 964b, 965d*, 966d

政制（Regime, political regime, πολιτεία）625a, 632c, 634d, 635e, 636a,

641d, 666e, 676a, c*, 678a*, 680a, b, d, 681d*, 683a, 684b, 685a,
686c, 693d, 697c, 698a, b, 701e, 707b, d, 708c, 709a, 710b*, e, 712a,
b, c, d, e*, 714b*, c, d, 715b, 734e, 735a, d , 739a, b*, e, 743e, 747a,
75la, c, 753a, b, 756e*, 757a, 762c, 769d, 770e, 781d, 793b, 796d,
802b, 805b, 814b, 817b, 820e, 822e, 832b, c*, d, 835c, 855a, 856b, c,
858a, 864d, 875a, 876c, 886b, 906c, 921c, 928e, 936b, 945c, d, 951a,
957b, 960d, e, 965c, 968e

政治术（Statesmanship, political art, πολιτικῆς）628d, 650b, 657a, 677c,
688a, 693a, 697c, 722e, 736b, e, 737a, 742d, 757c, 768d, 808b, 815d,
875a, 885a, 889d, 902d, 917a, 950e, 959e, 962a, b, 963b

知识（Knowledge, Science, ἐπιστήμη, 对比理智，思想，智慧）636e,
639b*, 643e, 671c, 679c, 686d, e, 687a, 688c, 689b, d, 690b, 723b,
732b, 760c, 763b, 795c, 813e, 818a, 820b*, 857c, 875c, 901d, 933c,
934d, 942c, 958e, 964a, 968e

指控（Accusation, κατηγορέω）636d, 692c, 765b, 767c, 882a, 886e,
929b, 943b, 946e

治家（Household management, οἰκονομικός）694c, 714a, 747b, 808b,
819c, 902d

秩序（Order）: κόσμος 626a, c, 628a, 630c, 677c, 681b*, 685b, d, 686a,
687a, 700c, 710d, 712b,716a, 717e, 718b, 721a, 733c, 736e, 742e,
751a, 755c, 758d, 759a*, 761b, c, d, 763d, 764b*, d, 769b, e, 772a,
773a, 781b, 784d, 785a, 794a, b, 796a, c*, 800e, 802e, 804c, 806e,
807a, 815e, 821a, 829c, 83le, 834e, 844a, 846d, 853a, 864a, 886a,
897c, 898b, c, 899b, 904a, 947a, 949d, 956b, 966e, 967b, c, 968c；
τάξις（对比连队指挥官）632d, 637e, 648c, 653d, e, 657b, 664e,
665a, 668e, 671c, 673e, 687a, 688a, 707d, 721a, 746d, 747a, 755c,
758e, 764e, 780a, d, 782a, 799e, 802c, e, 803d, 806b, 807d, 809d,
814a, 816c, 819c, 823c, 834a, 833a, b, c, 843d, 844b, c, 848c, 875c, d,
878d, 898a, b, 904c, 913a, 925b, 945a, 966e

816e, 817e, 819b, 823e, 832d, 833d, 833d, 841d, 842d, 843d, 845b, c, 848a, c, 857d*, 863d, 874c, 873d, 880a, 881c, d, 882a, b, 909c*, 914a*, c*, e, 919d*, e*, 921b, 927d, 930d*, 932d*, 934d, 936b*, 937a, 941b, 946c, 949c,954 e, 955a, 962e*

自制（Self-mastery, self-restraint, self-control, ἐγκράτεια, 对比节制）636c, 645e, 710a*, 731d, 734b, 793a, 839b, 840c, 869c, 886a, 897b, 908c, 934a, 966e

纵酒（Drunkenness, μέθη, 对比酒）637b*, d*, 638d, e, 639b, 640c, d*, e, 642a, 643d, e, 646a, 649d, 666a, 671d*, e, 672a, 673d, 674a, 682e, 695b, 702a, 775b, c*, d, 890e

祖传（Ancestral, πάτριος）656e, 680a, 717b, 726a, 759a, 785a, 793a, b, 947d, 959b

祖父（Grandfather, πάππος）774e, 856d*, 925a

左边（Left side, ἀριστερός）717a, 794d, e, 795a*, b

图书在版编目（CIP）数据

柏拉图全集. 法义/（古希腊）柏拉图著；林志猛译；刘小枫主编.
—— 北京：华夏出版社有限公司，2023. 5（2023.7重印）
ISBN 978 – 7 – 5222 – 0473 – 4

Ⅰ.①柏…　Ⅱ.①柏…　②林…　③刘…　Ⅲ.①柏拉图（Platon
前 427 – 前 347）– 全集　Ⅳ.①B502. 232 – 52

中国版本图书馆 CIP 数据核字（2023）第 015428 号

柏拉图全集：法义

作　　者	[古希腊]柏拉图	
译　　者	林志猛	
责任编辑	马涛红	
责任印制	刘　洋	
美术编辑	李媛格	
出版发行	华夏出版社有限公司	
经　　销	新华书店	
印　　装	北京汇林印务有限公司	
版　　次	2023 年 5 月北京第 1 版	
	2023 年 7 月北京第 2 次印刷	
开　　本	880 × 1230　1/32	
印　　张	16. 5	
字　　数	460 千字	
定　　价	118. 00 元	

华夏出版社有限公司　　地址：北京市东直门外香河园北里 4 号　　邮编：100028
　　　　　　　　　　　　　网址：www. hxph. com. cn　　　电话：(010) 64663331（转）
若发现本版图书有印装质量问题，请与我社营销中心联系调换。